普通高等教育经管类专业"十三五"规划教材

政治经济学

（第5版）

罗清和　鲁志国　主编

清华大学出版社

北京

内容简介

本书突出了政治经济学的时代特征和理论的前沿性，系统介绍了马克思主义政治经济学的基本理论，重点分析了自由资本主义和垄断资本主义时期的经济现象与经济规律，对社会主义市场经济理论进行了初步探讨。本书遵从政治经济学的教学规律，从基本概念到基本原理，尽可能地实现了理论与实践、规范与实证的结合。

本书适用于高等院校经济类各专业本、专科学生公共课的教学，还可作为相关培训、自学和参考用书。

本书封面贴有清华大学出版社防伪标签，无标签者不得销售。
版权所有，侵权必究。举报：010-62782989，beiqinquan@tup.tsinghua.edu.cn。

图书在版编目(CIP)数据

政治经济学 / 罗清和，鲁志国　主编. —5 版. —北京：清华大学出版社，2019（2020.12重印）
(普通高等教育经管类专业"十三五"规划教材)
ISBN 978-7-302-52688-9

Ⅰ. ①政… Ⅱ. ①罗… ②鲁… Ⅲ. ①政治经济学—高等学校—教材 Ⅳ. ①F0

中国版本图书馆 CIP 数据核字(2019)第 057427 号

责任编辑：崔　伟　高晓晴
封面设计：周晓亮
版式设计：方加青
责任校对：牛艳敏
责任印制：杨　艳

出版发行：清华大学出版社
　　　　网　　　址：http://www.tup.com.cn，http://www.wqbook.com
　　　　地　　　址：北京清华大学学研大厦 A 座　　邮　　编：100084
　　　　社　总　机：010-62770175　　　　　　　　邮　　购：010-62786544
　　　　投稿与读者服务：010-62776969，c-service@tup.tsinghua.edu.cn
　　　　质　量　反　馈：010-62772015，zhiliang@tup.tsinghua.edu.cn
印 装 者：三河市金元印装有限公司
经　　销：全国新华书店
开　　本：185mm×260mm　　印　张：17.75　　字　数：410千字
版　　次：2005年7月第1版　　2019年5月第5版　　印　次：2020年12月第5次印刷
印　　数：161771～164770
定　　价：48.00 元

产品编号：082613-01

第5版前言

本书自 2005 年第 1 版出版发行以来,受到广大读者的支持和喜爱,并于 2009 年、2013 年和 2016 年进行了 3 次修订再版,发行量已达 15 万册。本次修订主要基于两方面的考虑:一方面,2016 年 1 月美国总统唐纳德·特朗普(Donald Trump)上台以来奉行美国优先的执政理念,逆全球化而动,奉行单边贸易保护主义,令当代资本主义发展充满了诸多不确定性;另一方面,中国共产党第十九次全国代表大会明确提出,习近平新时代中国特色社会主义思想是中国未来社会主义建设的指导思想,社会主义政治经济学理论需要进一步完善和发展。针对世界和我国政治、经济方面的变化,我们对本书内容进行了修订。

为方便教师教学和学生课后复习,本书提供练习题答案及教学课件,读者可扫描右侧二维码获取。

第 5 版仍由罗清和(教授、博导)、鲁志国(教授、博导)共同主编,各章具体分工如下:罗清和负责编写第一、二、三、四、五、六章;鲁志国负责编写第七章和第八章;段杰(副教授、博士)负责编写第九章;谢圣远(教授、博导)、马昀(副教授、博士)负责编写第十章。张继海(副教授、博士)、赵崇毅(博士)负责教学课件和练习题,以及习题库的建设。

全书最后由罗清和审定全稿。

教学资源

编 者
2019 年 3 月

第4版前言

本书自2005年第1版出版发行后,深受广大读者厚爱,先后于2009年和2013年两次修订再版,发行量共12万册。2015年10月,本书被评为广东省精品教材。应出版社要求,结合当今世界经济和中国发展面临的新的挑战,本着与时俱进的精神,进行再次修订。本次修订主要基于以下两方面的考虑:一是自欧美债务危机以来,西方主要发达国家经济呈现颓势已成不争事实。面对新兴经济体尤其是中国经济的崛起,美国主导的TPP和TTIP试图围堵中国,削弱中国在世界经济发展中的话语权。对此,中国将如何应对?二是中国经济进入新常态,"十三五"是实现第一个百年目标即全面实现小康水平的关键时期。中共十八届五中全会通过的《中共中央关于制定国民经济和社会发展第十三个五年规划的建议》中提出,实现"十三五"时期发展目标,破解发展难题,厚植发展优势,必须牢固树立并切实贯彻创新、协调、绿色、开放、共享的发展理念。上述内容是本次修订的重点。本书前七章未做大的改动,只对个别地方进行了完善和勘误。

本次修订教材体例也未做改变,但习题类型增加了多项选择题,习题量也有所增加。本书课件可从http://www.TUPWK.com.cn免费下载,以备教学所需。

第4版仍由罗清和(教授、博导)、鲁志国(教授、博导)共同主编,各章具体分工如下:罗清和负责编写第一、二、三、四、五、六章;鲁志国负责编写第七章和第八章;段杰(副教授、博士)负责编写第九章;谢圣远(教授、博导)、马昀(副教授、博士)负责编写第十章。张继海(副教授、博士)、赵崇毅博士负责教学课件和练习题及习题库建设。

全书最后由罗清和审稿定稿。

编　者
2016年3月

第 3 版前言

《政治经济学》一书自 2005 年第 1 版和 2009 年第 2 版出版发行以来,得到广大读者的厚爱,发行量超过 8 万册。此次应出版社要求进行第 3 次修订,本次修订的重点是后三章的内容。一方面,美国次贷危机引发的美、欧债务危机对世界经济造成了前所未有的不利影响,一些发达的资本主义国家如希腊、西班牙、法国、美国等多国甚至出现了国家主权信用下降,这表明当下资本主义的发展出现了新变化。另一方面,十八大提出既不走封闭自守的老路,也不走改旗易帜的邪路,要坚定不移地走中国特色的社会主义道路,坚定对中国特色社会主义的道路自信、理论自信、制度自信,这表明我国社会主义市场经济体制已基本建立并需要不断完善。这些内容将在本次修订中得到体现。本书前七章未做大的改动,只对个别地方进行了勘误。

本次修订教材体例并未做改变,只是应读者的要求,习题量有所增加。

第 3 版仍由罗清和(教授、博导)、鲁志国(教授、博导)共同主编,各章具体分工如下:罗清和负责编写第一、二、三、四、五、六章;鲁志国负责编写第七章和第八章;段杰(副教授、博士)负责编写第九章;谢圣远(教授、博导)负责编写第十章。张继海(副教授、博士)负责教学课件和习题建设,全书最后由罗清和审稿定稿。

编　者
2013 年 3 月

第2版前言

本次修订基于以下两方面的考虑。

一是教材内容。考虑到当代资本主义的发展变化,特别是由美国次贷危机引发的"金融海啸"对世界经济的影响和十七大以来我国经济与社会发展出现的新变化,此次再版对后四章进行了较大修改。前六章未做大的变动,只对个别文字以及一些重要内容进行了技术处理。

二是教材体例。《政治经济学》一书出版后我们先后收到一些读者的来信,这些来信除了对原有体例给予肯定之外,建议增加练习题。此次再版我们根据教学需要,结合每章内容编写了一些练习题供学生练习之用和任课教师参考。限于版面及篇幅,习题量有所控制。

本次再版仍由罗清和(教授、博导)、鲁志国(教授、博导)共同主编,各章具体分工与第一版相同,罗清和负责编写第一、二、三、四、五、六章;鲁志国负责编写第七章和第八章;段杰(副教授、博士)负责编写第九章;谢圣远(教授、博士)负责编写第十章。张继海(副教授、博士)负责教学课件和习题建设,全书最后由罗清和审稿定稿。

编 者

2009 年 5 月

前　言

长期以来，人们对马克思主义政治经济学这一学科的认识上普遍存在着一种误区，即马克思主义政治经济学是一门政治理论。产生这种认识误区的根本原因是基于这样一种认识：马克思主义理论是政治理论。实际上，马克思主义作为一种理论是一个理论体系，即由马克思主义哲学、马克思主义政治经济学和科学社会主义三大理论构成的科学的理论体系。从人类文明发展史的角度来看，哲学的发展远比政治学的发展早得多。现代各种经济学理论的发展，追根溯源，都是源于古典政治经济学理论。因此，简单地把马克思主义哲学、马克思主义政治经济学都纳入政治理论体系中是没有任何科学依据的。

对待马克思主义的科学态度是：一要坚持；二要发展。所谓坚持，就是要坚持马克思主义科学的、符合人类社会发展趋势的基本原理。坚持的前提是，首先要弄清楚究竟什么是马克思主义。所谓发展，就是对待马克思主义理论不能搞教条主义、本本主义，而是坚持其科学的成分，舍弃其过时的结论。马克思主义政治经济学作为马克思主义理论的基石，对它更应该有一个科学的认识。值得注意的是，近年来出版的一些马克思主义政治经济学教材，以所谓发展为名，将许多与马克思主义政治经济学毫不相干的内容都加入其中，有的甚至美其名曰"与时俱进"。我们认为，马克思主义政治经济学是在一定的历史条件下产生的，必然带有历史时代的局限性。发展马克思主义政治经济学，决不意味着可以任意篡改它。马克思主义政治经济学有其自身的科学理论体系，但也存在着某些结论过时的问题。学习马克思主义政治经济学，首先要弄懂它的基本内容，然后才能谈发展。基于这样的认识，在编写这本教材时，我们尽量做到比较完整地介绍其理论体系及基本内容。当然，限于我们的学识水平，书中可能存在这样或那样的不足，对此，恳请大家批评指正。

本书由罗清和拟定编写大纲，并与鲁志国共同担任主编。各章具体分工如下：罗清和编写第一、二、三、四、五、六章；鲁志国编写第七章和第八章；段杰编写第九章；谢圣远编写第十章。最后由罗清和负责审稿定稿。

本书在编写过程中参考并借鉴了大量相关的研究成果，特别是近期国内出版的教材，在此向各位作者表示感谢。

编　者

2005 年 4 月

目录

第一章	导论	1
	第一节　马克思主义政治经济学是经济学而不是政治学	1
	第二节　马克思主义政治经济学的研究对象	7
	第三节　马克思主义政治经济学的研究任务	11
	第四节　马克思主义政治经济学的研究方法	13
	第五节　例证分析	14
	复习与思考	19

第二章	商品经济一般理论	20
	第一节　商品经济的产生与发展	20
	第二节　商品	22
	第三节　货币	27
	第四节　价值规律	33
	第五节　例证分析	35
	复习与思考	41

第三章	资本和剩余价值	42
	第一节　货币转化为资本	42
	第二节　剩余价值的生产过程	45
	第三节　剩余价值生产的两种方法	47
	第四节　资本主义工资	50
	第五节　例证分析	53
	复习与思考	58

第四章	资本积累	59
	第一节　资本主义再生产和资本积累	59
	第二节　资本有机构成和相对过剩人口	63
	第三节　资本主义积累的一般规律及历史发展趋势	65
	第四节　例证分析	67
	复习与思考	73

第五章	资本的流通过程	74
	第一节　资本的循环	74
	第二节　资本的周转	78

第三节　社会资本再生产和流通 ································· 82
　　　第四节　社会资本再生产的矛盾和经济危机 ················· 91
　　　第五节　例证分析 ·· 94
　　复习与思考 ·· 99

第六章　资本和剩余价值的具体形式 ·· 100
　　　第一节　平均利润和生产价格 ································· 100
　　　第二节　商业资本和商业利润 ································· 105
　　　第三节　借贷资本和利息 ······································· 108
　　　第四节　资本主义地租 ··· 113
　　　第五节　例证分析 ·· 116
　　复习与思考 ·· 123

第七章　资本社会化和垄断形成 ·· 124
　　　第一节　资本社会化和垄断的形成 ···························· 124
　　　第二节　国家垄断资本主义 ···································· 132
　　　第三节　例证分析 ·· 139
　　复习与思考 ·· 143

第八章　资本国际化和经济全球化 ·· 145
　　　第一节　生产和资本的国际化 ································· 145
　　　第二节　经济全球化 ·· 149
　　　第三节　区域经济一体化 ······································· 159
　　　第四节　例证分析 ·· 163
　　复习与思考 ·· 175

第九章　社会主义初级阶段的基本经济制度 ································· 176
　　　第一节　社会主义经济制度的建立 ···························· 176
　　　第二节　社会主义初级阶段的所有制结构 ··················· 182
　　　第三节　社会主义初级阶段个人收入分配制度 ············· 189
　　　第四节　例证分析 ·· 201
　　复习与思考 ·· 207

第十章　社会主义市场经济理论 ·· 209
　　　第一节　社会主义市场经济体制的理论依据 ················ 209
　　　第二节　社会主义市场经济的基本特征与市场机制 ······· 216
　　　第三节　社会主义市场经济中政府和市场的关系 ·········· 220
　　　第四节　例证分析 ·· 222
　　复习与思考 ·· 234

练习题 ··· 235

参考文献 ·· 271

导 论

马克思主义政治经济学是马克思主义理论体系的重要组成部分。它和马克思主义哲学(即辩证唯物主义与历史唯物主义)、科学社会主义学说一起构成了马克思主义理论大厦。列宁认为,马克思主义的主要内容就是马克思的经济学说。① 马克思的理论得到最深刻、最全面、最详尽的证明和运用的是他的经济学说。②

第一节 马克思主义政治经济学是经济学而不是政治学

经济学是一个系统学科。政治经济学是经济学这个系统学科中的一门,是以研究社会经济问题为己任的社会科学。作为一门独立的社会科学,政治经济学是伴随着资本主义生产方式的产生与发展而逐渐形成的。然而,在现实社会生活中普遍存在着一种误解,即把政治经济学当作政治理论来看待,亦即认为马克思主义政治经济学就是马克思主义政治理论。例如,在我国教育领域,无论是基础教育还是高等教育,都把政治经济学当作政治课来讲,考试也是当政治课来考试,普通高考如此,研究生入学考试也是如此。其实,"政治经济学"这个学科名称并不是马克思发明的。

一、"经济学"与"政治经济学"的由来

"经济"一词早在我国的古籍中就已经出现,将"经""济"二字连用,始见于《晋书》。在隋朝王通所著的《文中子·礼乐篇》中,曾有"经济之道"之说。唐朝诗人杜甫在其《上水遣怀》的诗作中有"古来经济才,何事独罕有"之句。明朝冯琦曾编著了《经济类编》一书。但古汉语中所用的"经济"一词,与今天的"经济"一词,其含义差距甚大。古汉语中的"经济",是"经邦济世""经世济民",意思是说治理国家,拯救庶民。

在西方文献中,"经济"一词则具有另外的含义。西方文献最早使用"经济"一词的,是古希腊思想家色诺芬(约公元前430—前354)。他在《经济论》一书中,首次用"经济"一词来概括奴隶主组织和管理奴隶制经济活动,意指家庭管理或家政管理。英语中

---

① 中共中央马克思恩格斯列宁斯大林著作编译局. 列宁选集:第二卷[M]. 北京:人民出版社,1995:418.
② 中共中央马克思恩格斯列宁斯大林著作编译局. 列宁选集:第二卷[M]. 北京:人民出版社,1995:428.

的"经济"(economy)一词来源于希腊文,原有含义就是家政管理的意思。后来在法语中,经济和经济学的含义扩展为对国家事务的管理。19世纪日本学者把西方著作中的economy一词译作现代含义的"经济",这一概念直到19世纪下半叶才从日本引进到中国。最初有"生计""理财""经济"等不同译名,最后才统一译作"经济"。

经济学的出现是在奴隶社会产生以后的事情。奴隶占有制在其初期曾加速了生产力的发展,并在残酷剥削和奴役奴隶的基础上发展了人类文化。在奴隶社会科学文化普遍发展的基础上,反映奴隶主阶级利益的经济思想也开始产生,并逐步发展成为经济学。古希腊是古代西方世界科学文化的中心。色诺芬《经济论》的问世,表明西方开始出现了经济学。由于古希腊奴隶制的生产是以家庭为单位由奴隶进行的,因此,奴隶主阶级把组织和管理奴隶的各种经济问题纳入家庭管理的范围内。这种家庭管理学,实际上是奴隶主的经济学。色诺芬的《经济论》就认为,经济学研究的是善良的主人如何管理好自己财产的问题。此后,古希腊杰出的思想家亚里士多德(公元前384—前322)在其《政治学》一书中,首次探讨了经济学的对象和任务,认为经济学就是研究家务,即奴隶主的经济问题。这种观点在欧洲流行了近两千年。

由于最早的经济学出现在奴隶制社会,所以当时占统治地位的经济学便是奴隶主阶级的经济思想。奴隶主阶级的思想家竭力维护奴隶制度,颂扬自然经济。

欧洲封建社会的全部精神生活为僧侣所控制,并表现为宗教的经院哲学形式。因此,中世纪的经济思想常常是神学论著中的一个独特部分。随着商品货币关系的发展,货币贷放行为增多,僧侣本身也参加了这一行列,因而对商品货币行为日益采取宽容和妥协的态度。

虽然早在奴隶制时代和封建社会,经济学原理就被一些思想家所重视,一些重要的经济过程,在色诺芬、柏拉图、亚里士多德等古希腊学者的著作中,以及在古代埃及、罗马、中国、印度等不少思想家的著作中都有过考察,但它们只是在一门统一的、尚未公开的科学范围内形成经济理论的某些要素。因此,古代世界的经济学还没有形成一门独立的学科。

政治经济学作为一门独立的社会科学,是伴随着资本主义生产方式的产生与发展而逐渐形成的。

"政治经济学"这个名词,最早出现在17世纪初。法国重商主义代表人物蒙克莱田在1615年出版的《献给国王和王后的政治经济学》著作中最先使用了"政治经济学"一词。1683年,英国经济学家威廉·配第也使用了"政治经济学"这个概念。他们使用"政治经济学"一词的目的,在于说明他们所论述的经济问题已经超出了经济学原有的含义即家庭或庄园的经济范围,而是涉及国家或社会的经济问题。1767年,英国经济学家詹姆斯·斯图亚特第一个把"政治经济学"用作书名,接着在1771年,维里也出版了《政治经济学思考》。1776年,亚当·斯密出版了他的代表作《国民财富的性质和原因的研究》,虽然没有用"政治经济学"作为书名,但该书的第四篇篇名就是"论政治经济学体系"。到了19世纪,无论是资产阶级古典经济学家还是庸俗经济学家,都把自己的经济学著作称为政治经济学。1817年,英国古典政治经济学的完成者大卫·李嘉图出版了《政治经济学及赋税原理》。1819年,法国古典政治经济学的完成者西斯蒙第在《政治经济学新原理》一书中明确指出：我们已经不是按文字学把经济理解为理家之道了，而是把它看作对财产的保护和节约性的管理。而且我们是分别把对私人财产的管理称为家庭经济，把对国家财产的管理称为政治经济了。1820年，英国庸俗经济学的创始人马尔萨斯出版了《政治经济学原理》。在此之后，政治经济学的著作相继出版，如詹姆斯·穆勒的《政治经济学纲要》、麦克库洛赫的《政治经济学原理》、萨伊的《政治经济学概论》、李斯特的《政治经济学原理》等。直到1890年马歇尔出版了《经济学原理》一书后，这门学科的名称才逐渐由政治经济学改为经济学。但是，马歇尔认为，政治经济学和经济学是通用的，政治经济学或经济学是一门研究人类一般生活事务的学问。在西方国家具有权威性的《新帕尔格雷夫经济学大辞典》中也讲道，在即将进入21世纪的今天，"政治经济学"和"经济学"这两个名词都还存在，两者基本上可以看作同义语。因此，不能把"政治经济学"理解为既研究政治又研究经济的学科，更不能把政治经济学看作是政治学。

当然，随着社会经济的发展和经济学研究对象的不断拓展，经济学现已成为一个涵盖面很广的学科门类，被称为系统学科。目前，经济学所包括的学科很多，大致上可以分为应用经济学和理论经济学两大类。应用经济学又可分为部门经济学和技术经济学。部门经济学包括工业经济学、农业经济学、卫生经济学、军事经济学等，技术经济学包括会计学、审计学、统计学、市场营销学等。理论经济学包括政治经济学、微观经济学和宏观经济学等，其中政治经济学是各个经济学科的共同理论基础。相比之下，微观经济学与宏观经济学侧重于量的分析而较少进行质的研究，它们一般不涉及社会经济制度问题，表现出一种超阶级、超时空的姿态。而政治经济学则表现出强烈的阶级性，不仅马克思主义政治经济学公开表明其鲜明的阶级性，即使是古典政治经济学也不回避它的阶级性。政治经济学侧重于对社会经济制度进行质的研究，但也不忽视必要的量的分析。

如上所述，既然"政治经济学"这个学科名称不是马克思的发明，那么"政治经济学"就不应该成为马克思主义的专用词。不过，政治经济学因其理论框架、理论观点的不同而区分为马克思主义政治经济学(或马克思主义经济学)和非马克思主义政治经济学(或非马克思主义经济学)。马克思主义政治经济学是反映客观经济运动规律的经济理论，具有严格的、高度的科学性。

二、马克思主义政治经济学的产生

政治经济学作为一门独立的科学，是在工场手工业时期才产生的。[①]马克思说的工场手工业时期，是资本主义生产方式发展的一个阶段。这一时期大约从16世纪中叶开始到18世纪末叶结束。马克思主义政治经济学的创立是建立在世界文明成果的基础上的。其理论来源主要来自于英国古典政治经济学。古典政治经济学由威廉·配第(1623—1687)始创，亚当·斯密(1723—1790)集其大成，大卫·李嘉图(1772—1823)最后完成。亚当·斯密在其划时代的经济学著作《国民财富的性质和原因的研究》中，比较深刻地分析了资

---

① 中共中央马克思恩格斯列宁斯大林著作编译局. 马克思恩格斯全集：第二十三卷[M]. 北京：人民出版社，1972：404.

本主义经济的内在联系，从理论上阐明了财富的增长和分配的规律，并奠定了劳动价值论的基础。大卫·李嘉图在《政治经济学及赋税原理》一书中，理论上坚持并发展了劳动价值论，对资本主义的阶级对立关系以及在分配领域中的表现，作了比亚当·斯密更深刻的分析。古典政治经济学克服了重商主义只局限于研究流通领域的缺陷，将研究重点从流通领域转向了生产领域，使真正的现代经济科学得以创立。正如马克思所说的，真正的现代经济科学，只是当理论研究从流通过程转向生产过程的时候才开始。①

资产阶级古典政治经济学是资本主义上升时期的产物。古典政治经济学的主要任务是批判封建主义经济制度，揭示资本主义生产和分配的规律，以促进资本主义的发展。由于古典政治经济学代表的是新兴资产阶级的利益，因而它能够以比较科学的态度对社会经济发展规律进行探讨，并取得有科学价值的成果。例如，他们把政治经济学的研究视点从流通领域转向生产领域，提出了劳动创造价值的理论，继而接触到剩余价值问题，在一定程度上揭示了资本主义生产的内部联系，触及资本主义经济运动的本质，对经济学的形成做出了开创性的贡献，为马克思主义政治经济学的建立提供了丰富的营养。

然而，随着资本主义经济制度的各种社会经济矛盾的发展，特别是进入19世纪30年代，资产阶级政治经济学的研究出现了重大转折。一方面，随着资本主义社会阶级矛盾和阶级斗争的尖锐化，资产阶级需要有为它辩护的经济理论。于是，为资本主义制度辩护的庸俗经济学便应运而生，并逐渐取代古典政治经济学而占据统治地位。其主要代表人物有法国的让·萨伊、英国的托马斯·马尔萨斯和詹姆斯·穆勒。另一方面，随着资本主义矛盾的日益激化，无产阶级也开始作为一支独立的政治力量登上了历史舞台，蓬勃发展的工人阶级斗争，也强烈地呼唤着无产阶级政治经济学的诞生。同时，在这一时期还出现过小资产阶级政治经济学，如法国的西斯蒙第等，以及空想社会主义经济思想，如英国的欧文、法国的圣西门和傅里叶等。空想社会主义抨击资本主义社会的各种弊端和不公，揭露了资本主义的内在矛盾，否定资本主义制度的永恒性，并提出了代替资本主义制度的一系列未来社会的美好设想。空想社会主义为马克思主义政治经济学阐明社会主义代替资本主义的客观必然性提供了重要的理论来源。

古典政治经济学和空想社会主义都存在着非科学的因素。古典政治经济学虽然认识到资本主义剥削的事实，但受阶级利益的局限，没有考察剩余价值的来源和实质，从而不能揭示资本主义经济的实质。空想社会主义既不能阐明资本主义雇佣劳动制度的本质，又不能发现资本主义发展的规律，也尚未找到能够成为新社会制度创造者的社会力量。他们甚至拒绝无产阶级反对资产阶级的斗争，寄希望于资产阶级中的明智之士接受他们的方案，以期实现社会制度的变革。空想社会主义的经济理论虽然起过一定的进步作用，但终究是一种无法实现的空想。

马克思主义政治经济学并不是全盘地接受古典政治经济学和空想社会主义的经济理论，而是继承其科学的成分，批判其非科学的因素，在此基础上对政治经济学进行了革命和创新，创立了科学的政治经济学。马克思第一部政治经济学笔记形成于1843年10月至1845年1月，这本笔记后来被称为《巴黎笔记》，它对马克思初期研究政治经济学

---

① [德]卡尔·马克思. 资本论：第三卷[M]. 北京：人民出版社，2002：376.

产生了很大影响。1844年恩格斯发表了《政治经济学批判大纲》，第一次站在社会主义立场上对资产阶级政治经济学和资本主义制度进行了严厉的批判，为创立无产阶级政治经济学的一系列基本原理奠定了初步的基础。马克思第一部较为系统的政治经济学著作是《1844年经济学哲学手稿》，该书分析了异化劳动与私有制的关系，揭示了资本主义直接生产过程的实质。1847年7月，马克思发表了《哲学的贫困》，第一次运用辩证唯物主义和历史唯物主义的基本原理研究社会经济现象，揭示了价值是个历史范畴，为马克思主义劳动价值论奠定了基础，成为马克思主义政治经济学产生的一个重要标志。同年冬，马克思发表了《雇佣劳动与资本》，该书阐明了资本主义制度下劳动力成为商品的观点，揭示了资本主义工资的本质；分析了剩余价值的产生以及来源，揭示了资本的本质；考察了资本积累及其对无产阶级的影响等一系列问题，这是马克思主义政治经济学形成过程中十分重要的著作。1848年，马克思、恩格斯共同发表了《共产党宣言》，该书论述了资本主义制度产生、发展直至灭亡的规律，分析了无产阶级的伟大历史使命，提出了无产阶级专政的思想。《共产党宣言》成为马克思主义诞生的标志。1859年马克思出版了《政治经济学批判》，1867年，马克思的《资本论》第一卷出版。1883年，马克思去世以后，恩格斯完成了马克思的《资本论》第二卷、第三卷手稿的整理编辑工作，分别于1885年和1894年正式出版。1954年至1961年，苏联重新整理马克思的手稿，出版了《剩余价值学说史》，作为《资本论》的第四卷。《资本论》改造和发展了由古典政治经济学奠定了基础的劳动价值论，并在此基础上创立了剩余价值学说。根据剩余价值学说，建立了马克思主义政治经济学的理论体系，揭示了资本主义运动规律。《资本论》的出版，标志着马克思主义政治经济学的形成。

马克思主义政治经济学第一次从一切社会关系中划分出生产关系，指出它是一切社会关系中最根本、最本质的关系；第一次明确指出政治经济学所要研究的不是物，而是在物掩盖下的人与人的关系，这种关系在阶级社会中表现为阶级与阶级的关系；第一次发现了劳动二重性，建立了科学的劳动价值论，并以此为基础，创立了剩余价值学说，彻底揭露了资产阶级剥削无产阶级的秘密，揭露了无产阶级和资产阶级对立的根源。马克思主义政治经济学的创立，解决了前人未曾解决的问题，并创立了新的经济范畴，揭示了人类社会的各个发展阶段中支配物质资料生产、交换以及与之相适应的产品分配规律，使政治经济学发生了根本变革。

马克思主义政治经济学的主要研究对象是资本主义经济，通过对资本主义生产方式的分析，特别是对资本主义生产关系的详细研究，得出了资本主义制度必然被社会主义制度所替代的结论，并对未来的社会主义社会的经济制度以及社会经济资源的配置方式等提出了原则构想。但是，马克思、恩格斯毕竟没有亲眼看到社会主义革命的胜利，更没有亲身经历过社会主义建设的实践，因而只能对未来社会做出一些科学的预测和判断，告诉人们研究未来社会的立场、观点和方法，而不是现成的结论。更何况社会主义实践远比马克思、恩格斯想象得要丰富得多、复杂得多。所以，学习马克思主义政治经济学，要有一个历史的、科学的而不是僵化的、教条的态度。学习马克思主义政治经济学，重在方法论而不是结论。同时，马克思主义政治经济学只有不断地充实、丰富和发展，才能显示其强大的生命力。

三、马克思主义政治经济学的发展

马克思主义政治经济学是不断发展的科学理论,具有与时俱进的理论品质。恩格斯曾多次强调:我们的理论是发展的理论。[①]列宁也指出,马克思主义绝不是离开世界文明发展大道而产生的故步自封、僵化不变的学说。恰巧相反,马克思的全部天才正在于他回答了人类先进思想已经提出的种种问题。[②]马克思主义政治经济学的精髓是观察与分析错综复杂的经济现象的世界观、基本原理和方法论,而不是某些结论。马克思所处的时代是自由资本主义发展的顶峰时期,他对自由资本主义发展的分析所得出的某些结论,可能会随着时间的推移和社会实践的变化而过时,但是马克思观察与分析经济现象的世界观、基本原理和方法论并不会过时。马克思主义政治经济学作为一门科学的理论,它没有也不可能穷尽政治经济学的一切科学真理,更不可能提供解决一切问题的现成答案。对于不同时代的任务、不同的问题,只能用马克思主义政治经济学提供的世界观、基本原理和方法论加以完成和解决,这本身就意味着马克思主义政治经济学的丰富、完善和发展。马克思主义政治经济学要保持旺盛的生命力,就必须根据社会经济实践的变化而不断修改、补充、完善和发展自己的理论,使其适应和解释变化了的实践。对于那些被实践证明已经过时的个别结论要敢于放弃、敢于修正,这也是坚持解放思想、实事求是的马克思主义思想路线本身的要求。同时,马克思主义政治经济学的发展也应该吸收各种经济学流派的合理成分,无视各种经济学发展的优秀成果,孤立地、教条地研究马克思主义政治经济学,结果只能使其偏离世界文明的发展,最终导致落后直至失去生命力。

马克思主义政治经济学诞生一百多年来,始终没有停止过它的发展。第一个对马克思主义(包括马克思主义政治经济学)发展做出重大贡献的是列宁。列宁所处的时代是资本主义已经进入帝国主义阶段,列宁揭露了资本主义最后阶段的经济实质和最深厚的经济基础就是垄断,并分析了帝国主义的基本特征,确定了它的历史地位,建立了帝国主义或垄断资本主义理论。列宁还通过分析资本主义经济、政治发展不平衡规律在垄断资本主义阶段作用的新特点,得出了社会主义可以首先在一个或几个国家取得胜利的结论,改变了马克思、恩格斯根据以前的社会条件做出的社会主义革命只能在一切或大多数先进资本主义国家取得胜利的结论,创造性地发展了马克思主义,并指导俄国无产阶级发动十月社会主义革命,建立了世界上第一个无产阶级专政的社会主义国家。列宁还对现实社会主义的经济关系和经济运行问题做了开创性的研究,确立了社会主义还不能消除而是必须利用商品、货币关系来发展社会主义经济的理论,明确了社会主义在经济上的主要特征是公有制和按劳分配,并付诸实践。在列宁之后,斯大林在领导社会主义建设的实践中,对社会主义经济建设的许多重大理论问题作了新的探索。以斯大林的《苏联社会主义经济问题》为基础,苏联科学院经济研究所在20世纪50年代初出版了《政治经济学教科书》,该书的基本体系是阐述社会主义社会

---

① 中共中央马克思恩格斯列宁斯大林著作编译局. 马克思恩格斯全集:第四卷[M]. 北京:人民出版社,1995:40.

② 中共中央马克思恩格斯列宁斯大林著作编译局. 列宁选集:第二卷[M]. 北京:人民出版社,1995:441.

的经济规律。毛泽东把马克思列宁主义的普遍真理同中国革命的具体实践相结合，实现了马克思列宁主义同中国实际相结合的第一次历史性飞跃，提出了新民主主义革命的理论和纲领，进一步丰富和发展了包括马克思主义政治经济学在内的马克思主义理论体系。毛泽东深刻论述了中国半殖民地、半封建社会的经济结构和阶级关系，精辟地剖析了中国农村和农民的土地问题。毛泽东把经济、政治发展不平衡规律运用于中国革命的具体实际，建立农村红色政权，并提出农村包围城市、武装夺取政权的理论，为中国革命的胜利指明了正确的道路。在转向社会主义的新时期，毛泽东又进一步探索和提出建设与发展社会主义的新思路，如调动一切积极因素，处理好十大关系，为社会主义事业服务的基本方针，对适合我国情况的社会主义建设道路进行了初步的探索。邓小平根据当代资本主义发展的新特点和社会主义经济体制改革的实际情况，实现了马克思列宁主义同中国实际相结合的第二次历史性飞跃。邓小平的经济理论是当代中国的马克思主义政治经济学，主要内容包括社会主义本质论、社会主义初级阶段论、社会主义改革开放论和社会主义市场经济论。以江泽民为核心的中国共产党第三代领导集体发扬了马克思主义政治经济学与时俱进的理论品质，对社会主义初级阶段基本经济制度、公有制实现形式、新世纪战略目标等方面作了一系列的新探索，提出了"三个代表"的重要思想，即中国共产党要始终代表着中国先进生产力的发展要求，代表着中国先进文化的前进方向，代表着中国最广大人民的根本利益。进入21世纪后，根据我国当前经济改革和发展的新情况，党的十六大在经济理论上又进行了一系列重大的突破和发展，主要内容有：全面建设小康社会，走新型工业化道路，尊重劳动、尊重知识、尊重人才、尊重创造，完善社会主义基本经济制度，确立劳动、资本、技术和管理等生产要素按贡献参与分配，保护合法的非劳动收入，深化国有资产管理体制改革，扩大中等收入者的比重，初次分配注重效率、再分配注重公平等。在社会主义实践中，党的十八大提出既不走封闭自守的老路，也不走改旗易帜的邪路，要坚定不移地走中国特色的社会主义道路，坚定对中国特色社会主义的道路自信、理论自信、制度自信，必须牢固树立并切实贯彻创新、协调、绿色、开放、共享的发展理念。这些理论上的创新，又一次丰富和发展了马克思主义的社会主义政治经济学。

马克思主义政治经济学在实践中的不断丰富和发展，正是这门科学具有强大生命力的原因所在。

第二节 马克思主义政治经济学的研究对象

马克思主义政治经济学是研究社会生产关系及其发展规律的科学。要研究社会生产关系，就必须首先分析物质资料的生产。

一、物质资料的生产是政治经济学研究的出发点

物质资料的生产，就是人们以一定的方式结合起来，改造自然和创造物质资料(物质财富)的过程。人类为了生存，首要解决的问题是必须有衣、食、住、行等方面基本的物

质资料。要获取这些物质资料就必须进行生产。离开物质资料的生产，人类就无法生存。进而论之，只有社会物质资料生产发展了，人们才能有更多的时间去从事政治、文化、科学、教育、艺术等其他社会活动，人类社会才能不断地进步和发展。因此，物质资料的生产是人类社会存在和发展的基础。作为人类社会存在和发展基础的物质资料生产，是人类最基本的实践活动。

人类社会要进行物质资料的生产，必须具备三个基本要素：人的劳动、劳动对象和劳动资料。

劳动就是劳动力的支出和消耗。具体来说，是指具有劳动能力和生产经验的人，为了获取满足自身或他人需要的有用产品而进行的有意识、有目的的活动。

劳动对象是劳动者把自己的劳动加于其上的东西。人们要进行劳动，就必须有劳动对象。如煤矿工人挖煤，煤就是劳动对象。劳动对象分为两类：一类是未经劳动加工的自然物，如原始森林、地下矿藏和海洋资源等；另一类是经过劳动加工过的物质资料，如用于机器制造的钢铁、纺纱用的棉花等。

劳动资料(或劳动手段)是指人们用来影响或改变劳动对象的一切物质资料，**是使人的劳动与劳动对象连接起来的媒介物。**劳动资料包括的范围极其广泛，一般可分为生产工具、基础设施和能源设施三大类，其中最基本也最为重要的是生产工具。生产工具是人类劳动力发展的测量器。人类生产能力的大小，直接反映在生产工具的技术进步程度上。

上述三个要素是劳动过程中最一般、最基本，也是最具普遍性的要素。无论是生产力十分低下的原始社会，还是生产力比较发达的现代社会，劳动过程都必须具备这三个要素，否则物质生产活动根本不可能进行。在这三个简单要素中，人的劳动是生产中能动的主体因素；劳动对象和劳动资料的总和叫作生产资料，它是生产中的客观因素，是物质资料生产的物质条件。随着社会生产和劳动过程的发展，会在简单要素的基础上逐渐加上某些新的要素，如科学技术、经营管理、经济信息等。

物质资料的生产过程，就是劳动者通过自己有目的的活动，借助于劳动资料，使劳动对象发生预期变化的过程。它是人类从事其他社会活动的前提，并决定其他一切活动，因而它是政治经济学研究的出发点。

二、生产力和生产关系

在物质资料的生产过程中，人们既要同自然界发生关系，人与人之间也要发生一定的关系。前者表现为生产力，后者表现为生产关系。所以，任何社会的生产都包括生产力和生产关系两方面的内容。

生产力是人们改造自然、征服自然，获取物质资料的能力。它反映的是生产过程中人与自然界的关系。生产力包括人的因素和物的因素。人的因素是指具有一定生产经验、劳动技能和科学知识，并实现物质资料生产的劳动者，它在生产中起着最根本的作用。物的因素是指生产资料，即在生产过程中使用的劳动对象和劳动资料的总和。在生产资料中，生产工具具有重要作用，它不仅是社会生产力发展水平和发展状况的物质标志，也是划分社会经济发展时期的主要标志。对此，马克思指出，动物遗骸的结构对于认识已经绝迹的动物的机体有重要意义,劳动资料的遗骸对于判断已经消亡的社会经济形态也有同样重要的意义。各种经济时代的区别,不在于生产什么,而在于怎样生产,用什么劳动资料生产。劳动资料不仅是人类劳动力发展的测量器,而且是劳动借以进行的社会关系的指示器。[①]在生产力构成中,人的因素最重要,因为任何先进的生产工具都是人创造的,并要由人来加以利用。人类之所以能够改造自然、征服自然和保护自然界,关键在于人的劳动。所以,劳动者是生产力中最重要的因素,起着最基本的作用。

生产力中人的因素和物的因素,总是同一定的科学技术紧密关联。人的科学技术知识越丰富,劳动技能就越高;社会科学技术水平越发展,生产工具也就越先进。因此,马克思认为:"生产力中也包括科学。"[②]在人类历史发展过程中,科学技术呈加速发展态势,对生产力发展的影响也越来越大。对此,邓小平进一步发展了马克思的观点,提出了"科学技术是第一生产力"[③]的论断。科学技术是第一生产力,并不是说在生产力中科学技术已经成为一个独立的要素,而是指随着社会经济的发展,科学技术作为一个加强性因素,越来越渗透到人的因素和物的因素中,引起这两个因素的变化,从而对促进社会生产力发展发挥着巨大作用。

生产关系是指人们在物质资料生产过程中相互结成的关系。生产关系也称经济关系,它反映的是生产过程中人与人之间的社会关系,是各种社会关系中最基本的关系,其他社会关系如政治关系、宗教关系、家庭关系等都受生产关系的支配和制约。生产关系有广义与狭义之分。狭义的生产关系是指人们在直接生产过程中所发生的相互关系,如企业中股东、经理、工程技术人员、工人等之间的关系。广义的生产关系是指人们在社会再生产过程中建立的各种经济关系的总和,具体包括生产、分配、交换和消费四个方面的关系。政治经济学研究的生产关系是广义的生产关系。

在社会生产总过程中,生产、分配、交换、消费四个环节是一个相互联系、相互制约的有机整体。首先,生产是社会再生产过程的起点,起着决定作用。所谓生产起决定作用,主要表现在:生产的社会性质决定分配、交换、消费的社会性质、水平与结构及具体方式。其次,分配、交换、消费对生产具有反作用,即促进或阻碍生产的发展。如果分配、交换、消费适应于生产,就会促进生产的发展;否则,就会阻碍生产的发展。例如,平均主义的分配,会挫伤人们生产的积极性,不利于生产的发展;扩大消费,可以拉动经济的增长;缩小消费,会降低经济增长率。

生产资料所有制是生产关系的基础,它从根本方面决定着生产、分配、交换、消费的社会性质,是生产关系性质的首要标志。这是因为生产资料所有制以及生产资料与劳动者的结合方式,是人们进行物质资料生产的前提,在很大程度上决定着生产、分配、交换和消费关系。生产资料所有制的性质决定生产关系的性质,也是区分不同生产关系

---

① 中共中央马克思恩格斯列宁斯大林著作编译局. 马克思恩格斯全集:第二十三卷[M]. 北京:人民出版社,1972:204.

② 中共中央马克思恩格斯列宁斯大林著作编译局. 马克思恩格斯全集:第四十六卷[M]. 北京:人民出版社,1980:211.

③ 中共中央文献研究室. 邓小平文选:第三卷[M]. 北京:人民出版社,1993:274.

类型的主要标志。生产资料所有制是通过生产、分配、交换、消费诸方面的关系得到实现的,而且后者对生产资料所有制也有反作用。这种反作用表现在:当它们适应所有制的性质与要求时,就会对生产资料所有制起巩固、发展的作用;否则,就会对生产资料所有制起削弱、瓦解的作用。

三、生产力与生产关系的关系

生产力和生产关系的统一,构成社会的生产方式。生产力和生产关系是社会生产不可分割的两个方面。在社会生产中,生产力是生产的物质内容,生产关系则是生产的社会形式。社会生产的这两个方面之间存在着必然的有机联系。**生产力决定生产关系,生产关系又反作用于生产力。**

生产力决定生产关系。这种决定作用表现在两方面:一是生产力的性质决定生产关系的性质。有什么样的生产力,就有什么样的生产关系;二是生产力的发展变化决定生产关系的发展变化。人类社会生产关系的阶段性更替归根到底是由生产力的发展决定的,生产关系内容的调整与变革是生产力发展客观要求的反映。正如马克思指出的,手推磨产生的是封建主为首的社会,蒸汽机产生的是工业资本家为首的社会。①

生产关系反作用于生产力。这种反作用表现在:一方面,当生产关系适应生产力的发展要求时,生产关系就能有效地促进生产力的发展;另一方面,当生产关系不适应生产力的发展状况和要求时,生产关系就阻碍生产力的进一步发展,无论这种生产关系是陈旧的还是"超前的"。

生产关系一定要适应生产力的发展状况,是人类社会发展的客观规律。它要求生产关系的变革必须同生产力性质的变化相适应。换言之,只有当生产力的性质发生了质的飞跃(如新的生产工具普遍替代了旧的生产工具)时,生产关系的变革才具备了客观物质基础。

生产关系和生产力的矛盾运动是人类社会发展的根本动力。其中,生产力是人类社会发展的根本动力,生产力在人类社会发展中起决定作用。到目前为止,人类社会相继经历了原始社会、奴隶社会、封建社会、资本主义社会和社会主义社会五种社会形态,正是这一规律推动人类社会由低级向高级发展。

当然,生产关系一定要适应生产力状况这一规律的作用,并不是任何时候都能顺利实现的。生产关系作为一种物质利益关系,要变革它,必然会引起既得利益者的抵制和反对。在存在阶级对抗的社会里,代表落后生产关系的统治阶级,为了维护其阶级利益,总是要拼命维护旧的生产关系。此时,只有代表生产力发展要求的先进阶级的自觉行动,通过阶级斗争和社会革命,才能摧毁社会腐朽势力的反抗,变革旧的生产关系,建立和发展新的生产关系,为生产力的迅速发展扫清阻碍。

---

① 中共中央马克思恩格斯列宁斯大林著作编译局. 马克思恩格斯选集:第一卷[M]. 北京:人民出版社,1995:108.

四、政治经济学是研究生产关系及其发展规律的科学

生产关系实质上是一种物质利益关系。研究人们在生产总过程中的生产、分配、交换、消费的关系,实质上就是研究在社会生产的四个环节上,不同阶级、不同人在什么样的条件下发挥什么作用,得到什么样的物质利益。马克思主义政治经济学的研究对象就是研究人们的生产关系,研究人们在不同生产关系中所处的经济地位和物质利益,从而揭示其发展的客观规律。

在一定社会形态中,占主导地位的生产关系的总和,构成该社会的经济基础。建立在经济基础之上并与之相适应的政治法律制度和社会意识形态,是社会的上层建筑。

经济基础决定上层建筑。主要表现在:经济基础的性质决定上层建筑的性质;经济基础的变化决定上层建筑的变化。

上层建筑反作用于经济基础。主要表现在:上层建筑适应经济基础的需要,就会促进经济基础的巩固与发展;上层建筑不适应经济基础的需要,就会阻碍经济基础的发展。随着经济基础的发展和变革,上层建筑或迟或早地必然随之变革。

马克思主义政治经济学认为,不能把生产关系当作一种孤立的现象来研究,必须一方面联系生产力的决定作用,另一方面联系上层建筑的反作用来研究生产关系的演变规律。同时,也不能把生产关系当作一种静止的现象来研究,必须从社会经济的运动过程来研究它,因而也就要求连带研究社会经济运行的规律,揭示生产、分配、交换、消费等社会生产的各个环节,是受什么经济规律的支配,通过什么样的机制来运转的。

第三节 马克思主义政治经济学的研究任务

马克思主义政治经济学的研究对象是社会生产关系,其研究任务是透过生产关系的表面现象,揭示其内在的发展变化规律,即经济规律。

一、政治经济学揭示经济运动的客观规律

经济规律是经济现象和经济过程内在的、本质的、必然的联系。它反映了经济过程运行与发展的必然趋势。

经济规律有三种类型:第一,各种社会形态共有的经济规律,如生产关系一定要适应生产力的发展状况的规律;第二,某几个社会形态共有的经济规律,如商品经济条件下的价值规律;第三,某个社会形态特有的经济规律,如资本主义社会的剩余价值规律和社会主义社会按劳分配规律等。

经济规律具有客观性,即经济规律作为经济运动过程的必然趋势,具有不以人们的意志为转移的客观性质。这种客观性表现在两方面:一方面,任何经济规律都是在一定的客观经济条件下存在并发挥作用的,经济条件的客观性决定了经济规律的客观性;另一方面,任何经济规律都是独立于人们的意志之外而存在的,任何人,包括任何阶级、政党、国家和领袖人物、精英等,既不能消灭、废除和改造经济规律,也不能创造或制定经济规律。

强调经济规律的客观性，是要求人们必须尊重经济规律，按照经济规律的要求办事，并不是否定人的主观能动性的作用。人们不能随意创造、改造或消灭经济规律，绝不是说人们在经济规律面前无能为力，只能听凭经济规律的摆布。相反，正因为经济规律具有客观性，人们可以通过充分发挥自己的主观能动性去认识经济规律，自觉利用经济规律，按照经济规律的客观要求来规划自己的行动，从而较快实现自己预定的目标。

凡规律都有客观性，无论是经济规律还是自然规律，概莫如此。比较而言，经济规律又有区别于自然规律的特点。首先，经济规律总是与人的经济活动紧密联系在一起的，离开人的经济活动，就无经济规律可言。自然规律则是完全离开人的活动而独立存在和发挥作用的。其次，经济规律一般不是永恒不变的，它不能长久存在。当作用于经济规律的客观经济条件消失，这些经济规律也就随之消失。而自然规律则一般都是长久不变的。再次，认识和利用经济规律的阶级局限性较大，因为经济规律作用的结果直接关系处于不同经济地位的人们的切身利益。当认识和利用某些经济规律会触犯某些社会势力的狭隘利益时，往往会遇到来自这些社会势力的反抗与阻挠。而自然规律则受阶级局限性较小，一般不会引起大的社会震荡。

二、政治经济学是阶级性与科学性统一的科学

马克思主义政治经济学是一门具有强烈阶级性的科学，这是由其研究对象的特殊性质所决定的。作为政治经济学研究对象的生产关系，直接关联着社会各阶级最基本的利益即经济利益。在阶级社会里，由于人们的社会阶级地位和经济地位的不同，其物质利益也就不同。社会各阶级或社会集团从自己的物质利益出发，就会对社会经济现象和经济过程做出不同的甚至截然相反的解释和评价。马克思主义政治经济学是阶级性与科学性统一的科学。它的阶级性是鲜明的，因为它公开声明是为无产阶级的根本利益服务的，作为武装工人的思想武器，指导无产阶级的行动，为最终推翻资本主义制度而斗争。同时，它又是被实践反复检验了的、严密而完整的科学理论体系，是一门反映客观经济规律的科学。在经济学领域，马克思主义政治经济学的诞生并没有穷尽真理，而是打通了通向真理的道路。

马克思把政治经济学的研究对象界定为社会生产关系及其发展规律，这是由马克思揭示资本主义经济制度产生、发展、灭亡的运动规律的时代任务所决定的。但是，当我们进入社会主义社会以后，政治经济学所面临的历史任务发生了改变，它不是要摧毁一个旧世界，而是要建立一个新世界，特别是在一个发展中大国建设社会主义，发展就成为硬道理。因此，在建立马克思主义社会主义政治经济学时，毫无疑问，政治经济学仍然要研究生产关系，但仅仅联系生产力研究生产关系是不够的，政治经济学的研究对象要依据它所完成的历史使命与时俱进地加以扩展，即马克思主义社会主义政治经济学，既要研究生产关系以及作为其表现形式和实现形式的经济体制、运行机制，也要研究生产力和资源的有效配置，以促进社会主义经济的快速发展。

第四节 马克思主义政治经济学的研究方法

建立科学的理论体系,需要有科学的研究方法。马克思主义政治经济学之所以成为科学,一个重要的原因在于马克思实现了政治经济学研究方法的革命,创造性地运用了科学的方法论。学习马克思主义政治经济学,必须掌握以下基本研究方法:唯物辩证法、科学抽象法、逻辑分析与历史分析统一的方法、定性分析与定量分析结合的方法。

一、唯物辩证法

唯物辩证法是马克思主义政治经济学的基本方法。运用唯物辩证法研究政治经济学,就是运用对立统一规律、质量互变规律、否定之否定规律,分析经济现象和经济过程的矛盾运动及其发展变化过程,揭示经济现象和经济过程的本质及其发展运动的必然趋势。

运用对立统一规律研究社会经济现象与经济过程,就是通过揭示与分析各种经济现象与经济过程中的矛盾,来寻找解决这些矛盾的方法与途径。只有如此,才能揭示经济过程发展的状况、发展的动力以及未来发展的趋势,从而掌握社会经济关系发展运动的规律性。

运用质量互变规律研究社会经济现象与经济过程,就是揭示一定的社会生产关系怎样由量变的积累到部分质变,再到根本的质变这一发展过程的必然性。

运用否定之否定规律研究社会经济现象与经济过程,就是揭示一定的社会生产关系如何经过否定之否定,螺旋式地由低级向高级发展的必然性。

二、科学抽象法

科学抽象法是在唯物辩证法的指导下,从复杂的经济现象中揭示其本质的重要方法,即从具体到抽象的研究方法和从抽象到具体的叙述方法的统一。马克思指出,分析经济形式,既不能用显微镜,也不能用化学试剂。二者都必须用抽象力来代替。[①]

从具体到抽象的研究方法,就是从大量复杂的经济关系的表象入手,首先占有大量的感性材料,然后经过去粗取精、去伪存真、由此及彼、由表及里的过程,抽取出本质的东西,上升为理性认识。具体来说,从大量经济现象中抽象出一系列经济范畴和概念,然后进一步运用这些经济范畴和概念去揭示经济现象,从而使人们能够更科学地认识经济现象。

从抽象到具体的叙述方法,就是运用经济关系的本质和规律,通过经济范畴进行理论叙述,用来科学地说明具体的经济现象,这是一个从抽象到具体的过程。此时的"具体"不再是原来的具体经济现象的简单描述,而是经过科学思维加工后复制出来的具体。例如,马克思在分析资本主义生产关系时,首先从复杂的经济现象中抽象出反映这些经济现象本质的经济范畴,如商品、货币、资本、剩余价值等,然后根据这些理论抽象,逐步阐明利润、利息、地租等剩余价值的具体形式,从而形成完整的、科学的马克思主义政治经济学理论体系。

---

① 中共中央马克思恩格斯列宁斯大林著作编译局. 马克思恩格斯全集:第二十三卷[M]. 北京:人民出版社,1972:8.

三、逻辑分析与历史分析统一的方法

逻辑分析方法，就是在研究社会经济现象时，按照经济范畴的逻辑关系，从比较简单的经济关系和经济范畴，逐步上升到比较复杂的、具体的经济关系和经济范畴，阐明社会经济现象和经济过程的逻辑发展进程。

历史分析方法，是指在研究社会经济现象时，按照历史发展的真实进程来研究经济现象和经济发展过程。运用历史分析方法研究社会经济现象和经济过程时，必须排除历史发展进程中的偶然现象和因素以及各种曲折过程，从复杂的、曲折的历史材料中，揭示出社会经济发展的规律性。

一般而言，逻辑的进程要符合经济发展的历史进程，是社会经济历史发展过程的反映。例如，马克思在分析资本主义生产关系时，从商品生产和商品流通出发，按照商品、货币、资本、剩余价值等，这样的一个逻辑顺序来展开，正是反映了历史上商品形式由低级向高级发展并转化为资本的历史进程。正如恩格斯所指出的，历史从哪里开始，思想进程也应当从哪里开始。而思想进程的进一步发展不过是历史过程在抽象的、理论上前后一贯的形式上的反映。[①]

四、定性分析与定量分析结合的方法

定性分析是对事物运动过程中质的变化进行分析。定量分析是对事物运动过程中量的变化进行分析。质与量是相互依存的统一体，任何事物都包括质和量两个方面，政治经济学的研究对象也不例外。要充分揭示人类社会经济运行过程和经济关系的内在本质和运动规律，客观描述其表现形式和各种变量之间的关系，必须同时从质与量两方面进行考察，把定性分析与定量分析结合起来。

在研究社会经济现象时，研究其质的变化固然重要，但对量的变化的研究也不能忽视。只有通过对量变的研究，认识量变如何引起部分质变乃至全部质变的发展过程，才能正确揭示经济发展的客观规律。马克思在研究资本主义经济时，特别是在《资本论》中，既注意对资本主义经济进行定性分析，又注意进行定量分析，即从质和量两方面来研究资本主义经济的运动过程。

在政治经济学的研究过程中，除了上述方法以外，还应该借鉴和运用现代科学与西方经济学中的一些方法，如学科交叉研究、实证分析、均衡分析、边际分析、总量与个量分析、静态分析、动态分析等方法。

第五节 例证分析

一、科学技术是第一生产力

在生产力中，科学技术对人的因素和物的因素的发展变化都起着非常重要的作用。随着社会生产力的发展，人类社会正步入知识经济时代，科学技术因素对生产力发展所

[①] 中共中央马克思恩格斯列宁斯大林著作编译局. 马克思恩格斯选集：第二卷[M]. 北京：人民出版社，1995：122.

起的促进作用越来越重要。对此,邓小平进一步发展了马克思关于"生产力中也包括科学"的思想,提出了"科学技术是第一生产力"的论断。

这里讲的科学技术是生产力,是指科学技术在生产过程中被应用,变为巨大的物质力量,从而转化为现实的直接的生产力。应当指出,科学技术本身只是一种知识形态的、潜在的、间接的生产力,而并不构成生产力的独立要素。科学技术要转化为现实的、直接的生产力,就需要一个"物化"的过程,即要把科学技术物化在生产力的各个要素中。具体途径是,将科学技术广泛、深入地渗透到劳动者、劳动资料和劳动对象中,提高其素质。劳动者掌握了科学技术,可以提高自身素质和劳动技能,可以革新、创造生产工具,提高人们征服自然、改造自然的能力。科学技术的发展可以扩大劳动对象的范畴,提高劳动对象的质量等,从而大大促进生产力的发展。此外,科学技术的发展还会引起生产过程的其他各个方面如生产管理、工艺流程等发生变化。

现代科学技术发展的一个重要特点,就是它在日益加速地转变为现实的、直接的生产力。这一方面是因为当代科学技术高水平的发展,不仅能够提出新理论,而且能够指明在实践中应用这些新理论的途径;另一方面,也由于当代生产力的高度发展,能够迅速地掌握新产品的生产技术,并把新产品投放市场。据苏联科学家计算,在1885—1919年间,一种发明从产生到在工业上的应用,即"成熟期",平均时间要30年;从生产上掌握它到投入市场,平均是7年时间,整个实现时间是37年。1920—1944年间,这些时间的平均年限相应缩短为16年、8年和24年。到1945—1964年间,即第二次世界大战以后,这些时间又分别缩短为9年、5年和14年。另据有关人员对世界上39项重大科学技术发明的统计,从开始研究到研制出新产品,18世纪末以前,一般都在70年以上,19世纪一般在14~70年之间,20世纪以后都在20年以内,最短的在1年以内。

"二战"以后,由于科学技术日益加速地转化为直接生产力,因此,科学技术的发展水平已经成为当代衡量一个国家国民经济发展水平的重要标志。现在衡量一个国家的富强程度,不仅要看它有多少资源和财富,更重要的是要看它掌握了多少现代科学技术。能够创造物质财富的科学技术是比财富本身更为重要的东西,没有科学技术或科学技术落后,已有的资源也不能转变或顺利地转变为现实的财富。因此,现代科学技术已经成为一种战略资源,成为一个国家经济发展成败的关键因素,成为经济和社会发展的重要动力。

现代科学技术的进步决定着生产的发展方向,为生产的发展开辟了广阔的道路。科学技术来源于生产实践,反过来又回到生产实践中,推动生产向前发展。人类历史进入近代以来,发生过三次重大的科学技术革命,每一次都对生产力的发展产生过决定性的影响。

第一次科技革命是在16世纪,科学革命在天文学、力学、数学、生理学、解剖学等学科领域实现了质的变革后,到18世纪中叶,以牛顿力学为背景,以纺织机械为起点,以蒸汽机的发明和应用为标志,从而实现了工业生产从手工工具到机械化的转变,使"资产阶级在它不到一百年的阶级统治中所创造的生产力,比过去一切时代创造的全部生产力还要多，还要大。"[①]

第二次科技革命是18世纪末开始的科学革命，以热力学、电磁学、化学、生物学为代表。这次科技革命的结果，使科学由落后于技术与生产的局面一跃而至主导地位，并对技术和生产起到了重要的指导作用，令科学、技术、生产之间发生紧密的连锁反应。到19世纪中叶，以电磁理论的形成与发展为基础，以电力技术的发明和应用为标志，使重工业生产逐渐占据生产的主导地位，在此之后的一个多世纪里，全世界工业总产值增长了20多倍。

现代科技革命即第三次科技革命，以系统论、控制论、信息论为基本内容的系统科学的产生与发展同信息技术的发明与应用几乎是同步进行的。现代科技革命以原子能的利用、电子计算机和空间技术的发展为标志，使发达资本主义国家在"二战"以后的20多年里生产的产品，超过了过去200多年生产的总和。现代科学技术已经成为提高劳动生产率的关键因素。据统计，战后主要资本主义国家工业生产的增长，75%是依靠劳动生产率的提高，而在工业劳动生产率的提高中，60%~80%是依靠采用新的科学技术取得的。另据苏联学者计算，在战后苏联工农业的增长中，大约85%~90%是由于劳动生产率的提高带来的，而劳动生产率的提高中，约70%是技术进步的结果。在现代生产中，由于一项新的科技成果被采用，几倍、几十倍甚至上百倍地提高劳动生产率的实例比比皆是。通过采用最新科技成果提高劳动生产率，已经成为加速资本积累，实现扩大再生产的最有效途径。

二、生产关系一定要适合生产力的发展状况

生产力决定生产关系，生产关系反作用于生产力。生产关系一定要适合生产力的发展状况，这是人类社会发展的基本规律。

人类历史上最初出现的原始公社的生产关系，与当时极度低下的生产力水平相适应。在原始社会的漫长历史时期中，生产力水平十分低下。由于生产工具简陋，单个的人无法同凶猛的野兽和自然界力量做斗争，因而人们不得不联合起来进行集体的共同劳动。

例如，在澳大利亚，原始公社的全体成员都会参加猎取大袋鼠的生产活动。妇女和儿童跑到土岗上吆喝，把大袋鼠往山谷里赶；男子则彼此相隔不远地隐藏在土岗下面的草丛里，当大袋鼠跑到他们面前时，就突然跃起用坚木制成的长矛来杀死它。

在巴布亚，原始公社耕种土地的情况是这样的：男人把尖硬的木棍深深插入土地里，翻起一大块土；女人跟在男人后面，用木棍把男人翻起的土块打碎；大大小小的儿童则跟在大人后面，用手把土搓细，然后女人们再用木棍将土刨个小洞，把种子埋进去。这种状况一直延续到19世纪。

必要的共同劳动促使形成原始公社的生产资料公有制。土地是原始公社最重要的公共财产。共同劳动、生产资料原始公有制和极度低下的生产力水平，决定了产品的平均分配。因为，在生产力水平极低的条件下，可供消费的劳动产品十分有限，如果不实行平均分配

[①] 中共中央马克思恩格斯列宁斯大林著作编译局. 马克思恩格斯选集：第一卷[M]. 北京：人民出版社，1995：256.

原则，就意味着必然使一部分原始公社成员饿死，使集体遭到破坏，而当时的人们只有依靠集体才能在同自然界的斗争中求得生存。因此，原始公社成员自觉地遵守平均分配的原则。由于劳动生产率极低，没有剩余的劳动产品，所以也不能产生人对人的剥削。

生产资料的原始公社公有制，按原始分工进行的集体劳动和产品的平均分配，这就是原始公社生产关系最基本的特征。

奴隶制的生产关系是继原始公社公有制生产关系之后出现的第一种有阶级存在的社会形态中的生产关系。原始公社后期，在生产力发展的过程中，出现了畜牧业和农业分离的第一次社会大分工。后来，随着金属工具和简单机械的发明和应用，又出现了手工业从农业中分离出来的第二次社会大分工。生产工具的改进和社会分工的发展，使人的劳动生产能力有了很大的提高，从而引起了生产关系的一系列变化。

由于劳动生产能力的提高，过去必须由原始公社全体成员共同进行的生产活动，现在可能以一个家庭为单位来进行了。这样，就逐渐导致土地和其他生产资料私有制的产生。

由于劳动生产率的提高，一个人生产出来的产品，除了养活自己以外，还有了剩余。这样，就开始出现必要产品(养活生产者本人所必需的那部分产品)和剩余产品(生产者的全部劳动除去必要劳动以外的剩余部分)的区分。于是，就产生了人剥削人的可能性。从此，在部落战争中，俘虏就不再被杀掉或吃掉，而是把他们当作奴隶，强迫他们劳动，掠夺他们的剩余产品。

随着私有财产的出现，原始公社内部各个家族之间渐渐出现了贫富分化。穷人借了富人的债还不起，就成为富人的奴隶。随着奴隶数量的逐渐增加，人类社会第一次出现了在社会生产中地位和利益根本对立的两大阶级，即奴隶阶级和奴隶主阶级，第一次出现了人剥削人的生产关系。

奴隶制生产关系的基础是奴隶主占有生产资料和劳动者。奴隶制下的劳动者，就是可以被奴隶主当作牲畜买卖和屠杀的奴隶。奴隶完全丧失了人身自由，变成会说话的工具，其全部劳动产品归奴隶主所有。为了防止奴隶逃跑，奴隶主常常让奴隶戴上脚镣进行劳动。

奴隶主对奴隶的这种残酷剥削，常常引起奴隶的逃亡和大规模的奴隶暴动。为了镇压奴隶的反抗，产生了人类社会历史上第一个阶级压迫阶级的机器——国家。古希腊和古罗马是欧洲最著名的奴隶制国家。我国的夏、商两朝是中国奴隶制最兴盛的时代。

大规模奴隶劳动的运用，使社会生产特别是手工业生产有了相当程度的发展。青铜器特别是铁器工具的发明和改善，使生产工具有了很大的改进。但是，奴隶制下的劳动者——奴隶对于提高劳动生产能力根本没有兴趣，他们常常用破坏生产工具的方式来表示对奴隶制的反抗。因此，奴隶主给奴隶使用的只能是笨重而不易毁坏的生产工具。更精巧的生产工具必须由对生产有某种积极性的劳动者来使用，生产力的发展客观上要求有更合适的生产关系来配合它。正是生产关系一定要适应生产力发展的规律的作用，使奴隶制的生产关系被封建制的生产关系所代替。

三、经济规律的客观性与人的主观能动性

经济规律具有客观性，是由经济条件的客观性所决定的。经济条件是指被一定的生

产力所决定的社会生产关系。经济规律是在一定的经济条件下存在并发生作用的,只要存在着某种社会经济条件,就必然会存在与之相适应的经济规律。当某种经济条件消失了,与之相适应的经济规律就会退出历史舞台。当新的经济条件产生了,又必然会出现与之相适应的新的经济规律。这一切都是不以人们的意志为转移的。任何人的经济活动都只有遵循经济规律的客观要求,才能达到预期的目的。无论谁违背经济规律,都势必要受到经济规律的惩罚。例如,商品经济条件下的价值规律,不管个别商品生产者或个别企业在生产某种商品时花费多少劳动时间,这种商品的价值量只能决定于生产这种商品的社会必要劳动时间。个别商品生产者或个别企业生产这种商品实际消耗的劳动时间,只是个别劳动时间,只能形成这种商品的个别价值,而不是它的社会价值。在进行商品交换时,不能把个别价值作为依据,必须以社会价值为基础。

在阶级社会里,一般来说,代表先进生产力的阶级能自觉地认识和利用经济规律。如在资本主义初期,资产阶级能够在一定时期和一定程度上利用这一经济规律为发展资本主义经济服务。相反,阻碍生产力发展的旧的统治阶级往往会阻碍这一经济规律的实现。如在封建社会末期,封建地主阶级为了维护其封建统治地位,极力反对变革生产关系,阻碍生产力的发展。在社会主义条件下,经济的发展和广大人民群众的利益是完全一致的,因此,人们能够认识经济规律,并自觉地运用它们。

但是,要正确地认识和利用经济规律,也不是一件容易的事情。既要掌握有关经济规律的理论知识,又要在不断反复的实践中总结本国和国际上的经验教训,使认识逐步深入。正确认识经济规律和正确利用经济规律都要有一个发展过程。当前,我国在改革开放的社会经济建设过程中,要不断加强理论学习,加强调查研究,认识和研究经济规律的作用,按照经济规律的客观要求办事,以便使改革开放的各项工作做得更快、更好。

承认经济规律具有客观性,不等于人们在经济规律面前无能为力。人们要能够发现这些规律,认识它们,利用它们,并充分发挥自己的主观能动性。人们在认识经济规律客观性的基础上,利用经济规律来为发展社会经济服务,为人们谋福利,这就是人的主观能动性。例如,在社会主义社会,人们认识了按劳分配规律,就可以利用它,通过对个人消费品的分配调动人们的生产积极性,促进生产的发展。

在不同的社会条件下,人们对经济规律的利用情况是不同的。在资本主义制度下,资产阶级只能在一定时期内和一定程度上利用经济规律,为他们谋利益。例如,随着生产的发展,资本家组织股份公司联合形成各种垄断组织,实行国家垄断,大力拓展国内市场和开辟国际市场,以适合生产力发展的要求。这是资产阶级利用生产关系一定要适合生产力状况这一规律的表现。但是,对于资产阶级而言,他们利用这一规律是不得已而为之。因为资产阶级只是为了他们自己的切身利益,觉得需要才那样去做,而不是在认识这一规律的基础上主动地、自觉地去利用它。一旦生产力的发展要求改变生产资料资本主义私有制,要求改变资本主义生产关系的时候,资产阶级就不可能再去利用这一规律,哪怕是不得已也不为之。相反,他们为了维护自身的利益,会极力反对利用这一规律。这时,只有代表先进生产力的无产阶级能够利用这一规律。为了适应生产力发展的要求,他们推翻资产阶级的统治,建立起自己的政权,从而把生产资料资本主义私有制改变为社会主义公有制,把资本主义生产关系改变为社会主义生产关系。

本章小结

马克思主义政治经济学是无产阶级的政治经济学，是一门揭示社会经济发展规律的科学，是阶级性与科学性统一的科学。

马克思主义政治经济学的理论来源有二：古典政治经济学和空想社会主义经济理论。马克思对前人的研究成果批判地继承，对政治经济学进行了革命与创新，建立了科学的政治经济学。

马克思主义政治经济学是经济学，而不是政治学。其精髓是运用它所提供的世界观、基本原理和方法论对不同时代的任务和不同的问题做出不同的研究和回答，因而它是一种开放的、不断发展的、与时俱进的理论。因此，学习马克思主义政治经济学，重在方法论而不在某些结论。

物质资料的生产是政治经济学研究的出发点。人类社会要进行物质资料生产，必须具备三个基本要素：人的劳动、劳动对象和劳动资料。

生产力决定生产关系，生产关系反作用于生产力。生产关系一定要适应生产力的发展状况，是人类社会最基本、最普遍的规律。马克思主义政治经济学的研究对象是社会生产关系及其发展规律。研究生产关系必须结合生产力和上层建筑的作用，才能正确揭示其变化和发展的规律。

政治经济学的研究任务，是透过生产关系的表面现象，揭示其内在的发展变化规律，即经济规律。经济规律是经济现象和经济过程内在的、本质的、必然的联系，反映了经济过程运行与发展的必然趋势。

马克思主义政治经济学实现了方法论上的革命，创造性地运用了科学的方法论。在坚持辩证唯物主义和历史唯物主义的基础上，具体运用了唯物辩证法、科学抽象法、逻辑分析与历史分析统一的方法和定性分析与定量分析结合的方法。此外，政治经济学的研究方法还需要运用归纳与演绎、分析与综合、规范分析与实证分析等方法，所有这些共同构成了马克思主义政治经济学的方法论体系。

复习与思考

1. 名词解释。
   劳动资料　　劳动对象　　生产力　　生产关系　　生产方式
2. 为什么说马克思主义政治经济学是经济学而不是政治学？
3. 马克思主义政治经济学是怎样产生的？
4. 如何理解科学技术是第一生产力？
5. 为什么说生产关系一定要适合生产力的发展状况是人类社会最基本的规律？
6. 马克思主义政治经济学的研究对象是什么？
7. 怎样正确认识和利用经济规律？
8. 马克思主义政治经济学的研究方法有哪些？

第二章
商品经济一般理论

商品是资本主义社会财富的细胞,是资本主义社会中最普遍、最简单的经济现象,也是市场经济社会最基本的经济现象。商品经济作为一种社会经济形式,需要具备一定的社会条件。马克思分析资本主义生产方式就是从分析商品开始的。本章通过对商品货币关系的分析,阐明马克思主义的劳动价值论以及商品经济的一般规律。

第一节 商品经济的产生与发展

人类社会的发展史表明,社会经济形式是沿着自然经济→商品经济→产品经济的轨迹向前发展的。其中,自然经济和商品经济是迄今为止人类社会的两种基本经济形式。自然经济也叫自给自足经济,即自己生产满足自己的需要。自然经济以自然分工(如自然地域分工等)为基础,与较低的社会生产力水平相适应。"男耕女织"是自然分工与自然经济的最好写照。

在自然经济条件下,生产是为了直接满足生产者家庭或经济系统本身的需要,而不是为了交换,产品不进入流通过程,或只有极少部分进入流通过程。自然经济在原始社会广泛存在,在奴隶社会和封建社会占统治地位,在当今世界上的不少国家和地区也不同程度地存在着。

商品经济是以商品生产和商品交换为内容的经济形式。商品经济作为人类社会的一种相互交往的经济形式,是随着社会生产力的发展而逐步发展起来的。在原始社会末期,由于生产力的发展,出现了剩余产品,开始出现了偶然的交换。在奴隶社会和封建社会的漫长时期内,商品经济虽然也有一定的发展,但始终处于从属的地位,因为无论是交换的内容、交换的范围,还是交换的频率,都受到很大的限制,所以,在资本主义以前的商品经济称之为小商品经济。

只有到了资本主义社会,商品经济才成为社会普遍的经济形式。在商品经济条件下,生产不是为了直接满足生产者自己的需要,而是为了交换。生产者与消费者之间以及生产者之间的经济联系是通过市场交换建立起来的。

一、商品经济产生的条件

商品是从产品转化而来的,产品转化为商品,必须具备以下两个条件。
一是**社会分工**。社会分工是商品经济产生的前提条件。由于社会分工,不同生产者各自生产不同的产品,但他们的需要是多方面的,就要"以其所有,易其所无",互相交换产品。产品通过交换,就发展成为商品。如果生产者们生产的是同样的东西,交换就没有必要了。正是由于社会分工,使得生产者之间或生产单位之间相互联系、相互依存、相互交换其产品。但是,社会分工只是商品生产的前提条件,还不是商品生产的决定性条件。只有社会分工,不一定会出现商品生产。如古代印度公社就已有了社会分工,但产品只在公社内部共同分配,产品并不成为商品。

二是**生产资料和劳动产品归不同所有者所有**。这是商品经济产生和存在的决定性条件。如果生产出来的产品为同一所有者占有,由社会分工而生产的不同产品,自己可以直接使用,无须进行交换(因为用自己的产品同自己的产品相交换毫无意义)。从事不同产品生产的不同财产权利主体(包括所有权、占有权和使用权主体)都具有各自的经济利益,他们利用自己所有或占有、使用的生产资料进行劳动,或者支配他人劳动,作为劳动结果的物质产品也就归生产资料的所有者占有支配。只有在不同产品归属于不同的所有者,非所有者不能直接占有它,而所有者又有权支配时,才使交换成为可能。特别是在生产资料私有制条件下,产品为不同私有者所占有,只有通过交换,商品才能进入消费领域。商品交换,实质上是实现所有权的转移。

由此可见,社会分工使得商品交换具有必要性;生产资料和劳动产品归不同所有者所有,才使商品交换成为现实。

二、商品经济是社会经济发展不可逾越的阶段

原始社会末期,生产力的发展促使社会分工的出现,游牧部落从其余的部落中分离,出现了人类历史上第一次社会大分工,即农业和畜牧业的分工,提高了劳动生产率,使人们生产出来的产品,除了满足劳动者再生产所必需的部分外还略有剩余。这些剩余产品的出现,为公社之间的交换提供了条件。由于农业部落和游牧部落各自需要本部落内部不能生产的产品,商品交换开始出现。随着社会生产力的进一步发展,手工业生产从农业中分离出来,出现了第二次社会大分工,即农业和手工业的分离。同时,由于私有制的出现,以交换为目的的商品生产发展起来,使产品变成商品,产品生产变成商品生产,因而产生了商品经济。之后,由于商品交换日益频繁,交换的产品日益增多,交换的地区日益扩大,出现了不从事生产而专门从事商品交换的人,人类社会第三次社会大分工出现了,即商人的形成。商人的出现缩短了商品买卖时间,开拓了远方市场,促进了生产力的发展,推动了剩余产品的增加和私有制的发展,使商品生产和商品交换日益发展起来。

不同社会的商品经济有不同的类型。在奴隶社会和封建社会里,商品经济处于从属地位,是简单的商品经济(或称小商品经济)。因为,在奴隶社会和封建社会,商品交换的内容少、规模小、频率低、范围小。到了资本主义社会,商品生产和商品交换占据统治地位。资本主义经济是建立在商品经济的基础上的,不仅生活资料是商品,生产资料也是商品,甚至连人的劳动力都变成了商品。商品是资本主义社会中最常见、最普遍的经济现象,是资本主义的细胞。马克思就是从分析商品开始,从而揭示了资本主义经济的本质和运动规律。我国社会主义建设过程中存在着以公有制为基础的商品经济,特别是在我国生产力水平还不高的情况下,发展商品生产和商品交换,以推动生产力的发展,

尤其重要。

从自然经济过渡到商品经济以及商品经济的充分发展，是社会经济发展不可逾越的阶段。在社会经济发展过程中，尤其是在生产力落后的国家进行社会主义建设，资本主义发展阶段可以逾越，但商品经济的发展阶段是不可逾越的。

第二节 商 品

在商品经济社会，商品表现为社会财富的元素形式，人们之间一切基本经济关系都通过商品交换关系表现出来，商品关系渗透到社会生活的方方面面，商品经济主体之间的一切矛盾都包含在商品与商品的矛盾之中，并只有通过商品交换才能得到解决。所以，马克思主义政治经济学研究生产关系，揭示经济规律，从对商品的分析入手是一种必然的选择。

一、商品的二因素

商品是用来交换的有用的劳动产品。任何商品都具有使用价值和价值两个因素或两种属性。

(一) 使用价值

商品的使用价值就是物品的有用性，或者说是物品能够满足人们某种需要的属性。马克思指出，商品首先是一个外界的对象，一个靠自己的属性来满足人的某种需要的物。[①]

使用价值是商品的自然属性，反映的是人与自然的关系。商品既然是用来交换的劳动产品，它首先必须是一个有用物，能用来满足人的某种需要。每一种商品的使用价值具有各自不同的性质，用来满足人的各种不同的需要。这是由物品的自然属性，即由物品的物理、化学、生物等属性所决定的。例如，粮食可以充饥，衣服可以蔽体，钢笔可以写字。同一物品可能对人有多方面的效用，即同一种物品可以有多方面的使用价值。如自来水，可以饮用，也可以灌溉，还可以用于消防灭火。一个物品要成为商品，它首先必须具有使用价值，没有任何使用价值的东西，谁也不会去买它，也就不能成为商品。物品多方面效用的发现，是人类的生产经验和科学技术发展的结果。使用价值构成社会财富的物质内容。

物品的有用性即使用价值，可以从质和量两方面来考察。从质的方面来说，各种不同的物品具有不同的使用价值，同一类物品又可能具有多方面的使用价值。从量的方面来看，任何一种使用价值都可以用一定的计量单位来衡量，用来表示其大小或多少。计量不同使用价值的计量单位根据物品的性质和各地不同时期的习惯而定，如汽车用"辆"、粮食用"公斤"、煤炭用"吨"等。

商品必须具有使用价值，但是，并非具有使用价值的物品都是商品。因为作为商品的使用价值，是指其社会使用价值，就是说这种使用价值并不是用来满足生产者自身的

[①] 中共中央马克思恩格斯列宁斯大林著作编译局. 马克思恩格斯全集：第二十三卷[M]. 北京：人民出版社，1972：47.

需要，而是通过交换来满足别人的需要。一种物品当它既具有使用价值，又具有交换价值时，才能成为商品。

（二）交换价值和价值

交换价值是指一种使用价值同另一种使用价值相交换的量的比例。例如，一只羊换两把斧子，这两把斧子就是一只羊的交换价值。市场上，一种商品可以和多种多样的其他商品以不同的数量比例相交换，因此，一种商品可以有多种交换价值。在交换过程中，各种商品交换的比例会因时因地的不同而不断变化。如羊和斧子的交换比例，在不同的时间和不同的地点可能是不同的。但在同一时间、同一市场上，两者的交换比例是比较稳定的。

那么，商品的交换价值，即两种商品交换时的数量比例，究竟是由什么决定的呢？

从表面上看，商品的交换价值好像是偶然确定的，其实不然。不同使用价值的商品之所以能够按照一定的比例相交换，说明在不同的商品中存在某种共同的东西，即某种同质的东西。因为不同质的东西在量上是无法比较的，只有同质的东西，才能从量上计算它们的比例关系。所以，在寻找决定交换价值的因素时，不能从商品的不同点上去寻找，而必须寻找它们的共同点。如果撇开商品的不同使用价值，我们就会发现它们都是劳动产品，人们在生产它们时都耗费了一定量的劳动，即付出了一定量的体力和脑力。正如马克思的观点，如果把商品的使用价值撇开，商品就只剩下一个属性，即劳动产品这个属性。①这就是一切商品的共同点。这种无差别的一般人类劳动，创造了商品的价值。

价值是凝结在商品中无差别的一般人类劳动。价值是商品的社会属性，它体现着商品生产者互相交换劳动的社会关系。劳动创造了商品的价值，价值就是决定交换价值的因素。一只羊换两把斧子，是因为生产一只羊和生产两把斧子都耗费了等量的劳动，具有等量的价值。正是在商品价值的基础上，具有各种不同使用价值的商品才可以按一定的数量比例进行交换。因此，**价值是交换价值的基础，交换价值则是价值的表现形式**。

（三）使用价值和价值的关系

商品是使用价值和价值的矛盾统一体。其统一性表现在：使用价值和价值，二者互相依存，互为条件，缺一不可。使用价值是价值的物质承担者。没有使用价值的东西不可能有价值，有使用价值不一定有价值。其矛盾性表现在：对商品生产者和消费者来说，商品的使用价值和价值二者不可兼得。对于生产者来说，生产商品的使用价值是为了取得价值，而要取得价值，必须让渡使用价值。对消费者来说，购买商品的目的是为了获得商品的使用价值，为此，必须支付商品的价值。无论是生产者还是消费者，都不能既占有某种商品的使用价值，又同时实现商品的价值，这就是矛盾。要解决这个矛盾，就必须通过商品交换，交换实现了，生产者和消费者各得其所，商品内部的矛盾才能得以解决。

二、生产商品的劳动二重性

商品的二因素是由生产商品的劳动二重性决定的。生产商品的劳动具有二重属性：一方面是具体劳动；另一方面是抽象劳动。

---

① 中共中央马克思恩格斯列宁斯大林著作编译局. 马克思恩格斯全集：第二十三卷[M]. 北京：人民出版社，1972：50.

(一) 具体劳动

具体劳动是在一定的具体形式下进行的劳动。如木匠的劳动和铁匠的劳动,这些劳动都是在特定形式下进行的,都有不同的生产目的、劳动对象、劳动手段、劳动方法和劳动结果。具体劳动的多样性,决定了使用价值的多样性。"各种使用价值或商品体的总和,表现了同样多种的,按照属、种、科、亚种、变种分类的有用劳动的总和,即表现了社会分工。"[①]这种分工是商品生产存在的条件。具体劳动创造商品的使用价值,体现了人与自然的关系,是劳动的自然属性,也是人类社会存在和发展的永恒条件。

(二) 抽象劳动

抽象劳动是撇开劳动具体形式的无差别的一般人类劳动。当我们把生产商品的劳动的特定性质撇开,即把劳动的具体活动形式撇开,人们的生产活动就只剩下一点:他们都是人类劳动力在生理学意义上的耗费,都是人的体力和脑力的支出。不论是木匠的劳动,还是铁匠的劳动,都是支出了一定的脑力和体力,这正是一切劳动共有的东西。这种撇开了劳动的具体形式的一般人类劳动,即抽象劳动的凝结,形成商品的价值。抽象劳动体现着商品生产者之间互相交换劳动的社会关系,是劳动的社会属性,也是商品经济特有的历史范畴。

(三) 具体劳动和抽象劳动的关系

具体劳动和抽象劳动的关系是既有联系又有区别。二者的联系表现在:具体劳动和抽象劳动是生产商品的同一劳动过程的两个方面,既不是两种劳动,也不是两次劳动。商品生产者在进行具体劳动的同时,也支出了抽象劳动,没有具体劳动,就无抽象劳动可言。两者的区别表现为:具体劳动考察的是劳动的特性,在质上相异,因而在量上无法比较,表明的是怎样劳动、什么劳动的问题;抽象劳动考察的是劳动的共性,在质上相同,在量上有异,表明的是劳动多少、劳动时间长短的问题。

生产商品的劳动二重性学说是由马克思首先提出并加以科学论证的,是马克思对政治经济学做出的重大贡献,具有重要的历史意义。正是由于劳动二重性的发现和论证,使亚当·斯密和大卫·李嘉图等资产阶级古典政治经济学家提出的劳动价值理论发生了革命性变革。马克思第一次科学地回答了什么劳动创造价值的问题,并在此基础上创立了剩余价值理论,科学地说明了资本有机构成理论、资本积累理论、社会再生产理论等。总之,马克思主义政治经济学中的许多重大理论问题,都与劳动二重性学说有着密切的关系。因此,劳动二重性学说是理解马克思主义政治经济学的枢纽。

三、商品的价值量

商品的价值是质与量的统一。商品的价值是劳动创造的,所以商品的价值量是由体现在商品中的劳动量决定的。劳动量是以劳动时间作为计量尺度的。因此,商品的价值量取决于生产该商品所耗费的劳动时间的多少,即商品的价值量与生产商品所耗费的劳动时间成正比。但是,由于不同的商品生产者生产的条件不同,生产同一种商品实际耗

---

① 中共中央马克思恩格斯列宁斯大林著作编译局.马克思恩格斯全集:第二十三卷[M]. 北京:人民出版社,1972:55.

费的劳动时间也各不相同。既然如此，是否意味着生产商品所耗费的劳动量越大，价值量也就越大呢？

(一) 个别劳动时间与社会必要劳动时间

个别劳动时间是指不同生产条件的商品生产者实际耗费在同一种商品上的各自的劳动时间。由于各个商品生产者的条件不可能完全相同，如有的人技术熟练，有的人不熟练；有人使用的生产工具及设备较先进，有人使用的生产工具及设备比较落后。因此，在生产同一种商品过程中，各个生产者在同一种商品上实际耗费的劳动时间也就各不相同。如果商品的价值量由个别劳动时间来决定，就会出现同一种商品具有不同的价值量，那就必然会鼓励落后和懒惰，束缚生产力的发展。因此，商品的价值量不是由个别劳动时间决定的，而是由生产这种商品的社会必要劳动时间决定的。

社会必要劳动时间，是指在现有的社会正常的生产条件下，在社会平均的劳动熟练程度和劳动强度下，制造某种使用价值所需要的劳动时间。[①]"现有的社会正常的生产条件"，指的是现时某一生产部门大多数产品生产已经达到的技术装备水平，是生产的客观条件。"平均的劳动熟练程度和劳动强度"，指的是中等水平或部门平均水平的劳动熟练程度和劳动强度，是生产的主观条件。

社会必要劳动时间对商品生产者具有极其重要的意义。商品生产者耗费的个别劳动时间能否符合社会必要劳动时间，直接关系他们在市场竞争中的成败得失。如果个别劳动时间大于社会必要劳动时间，他的劳动耗费就有一部分得不到补偿，在竞争中就会处于不利地位，甚至会破产；如果两者正好相等，生产者的劳动耗费能够得到全部补偿，但无额外收益；如果个别劳动时间少于社会必要劳动时间，生产者的劳动耗费除全部得到补偿外，还可以获得额外的收益，因而在竞争中就处于有利地位。

(二) 简单劳动与复杂劳动

生产商品的劳动，依据其复杂性的程度不同可分为简单劳动和复杂劳动。**简单劳动是指不需要经过专门训练的劳动者都能胜任的劳动。复杂劳动是指需要经过专门训练才能从事的劳动。复杂劳动是加倍的简单劳动。**"比较复杂的劳动只是自乘的或不如说多倍的简单劳动，因此，少量的复杂劳动等于多量的简单劳动。"[②]

简单劳动和复杂劳动的差别，是由社会条件主要是社会分工和科技发展水平的差别及其在生产中的应用程度决定的。这种差别具有相对性，即在不同的国家和不同的历史时期，区别的标准是不同的。在一定的时期内，简单劳动与复杂劳动的差别是一定的。随着科学技术的不断发展，过去的复杂劳动可以变成简单劳动，整个社会简单劳动的标准会比过去提高。

商品的价值量是由社会必要劳动时间决定的，而社会必要劳动时间以简单劳动作为计量标准。由于复杂劳动包含着比简单劳动更多的劳动量，在相同的时间里，复杂劳动

[①] 中共中央马克思恩格斯列宁斯大林著作编译局. 马克思恩格斯全集：第二十三卷[M]. 北京：人民出版社，1972：52.

[②] 中共中央马克思恩格斯列宁斯大林著作编译局. 马克思恩格斯全集：第二十三卷[M]. 北京：人民出版社，1972：58.

要比简单劳动创造更多的价值。因此,在商品交换中,少量的复杂劳动的产品可以和多量的简单劳动的产品相交换。这种折算的比例是在生产者背后,通过无数次的竞争和交换过程而自发形成的。

(三) 劳动生产率与商品价值量的关系

上述对商品价值量决定的分析是静态分析,随着时间的推移和条件的变化,社会必要劳动时间及其决定的价值量也会发生变化,决定这一变化的主要因素是劳动生产率及其变化。

劳动生产率是指劳动者生产某种使用价值的效率。通常有两种表示方法:一是以单位时间内生产某种产品的数量来表示;二是以生产单位产品所消耗的劳动时间来表示。劳动生产率的高低,取决于多种因素,主要有:劳动者的技术熟练程度;科学技术的发展水平及其在生产中的应用程度;生产过程的社会结构(分工协作、劳动组织、生产管理等)状况;生产资料的规模和效能;自然条件的优劣等。其中,科学技术水平及其应用程度的作用日趋重要。

劳动生产率与商品价值量有着十分密切的关系。**商品价值量是指单位商品的价值量。单位商品的价值量与生产商品的社会必要劳动量成正比,与劳动生产率成反比**。由于劳动生产率是具体劳动的生产效率,不论劳动生产率如何变化,同一劳动在同一时间内所创造的价值总量是不变的。就单位商品的价值量而言,劳动生产率越高,单位时间内生产的使用价值越多,生产单位商品的社会必要劳动时间越少,单位商品的价值量越小。反之,劳动生产率越低,单位时间内生产的使用价值越少,生产单位商品的社会必要劳动时间越多,单位商品的价值量越大。正如马克思的观点,商品的价值量与体现在商品中的劳动量成正比,与这一劳动的生产力成反比。①

由于社会必要劳动时间是由部门平均劳动生产率决定的,在部门劳动生产率不变和商品的社会必要劳动时间所决定的社会价值量不变的情况下,个别企业生产的商品仍然按照社会价值来出售。因此,个别企业劳动生产率的提高,虽然导致单位商品个别价值降低了,但单位商品的社会价值量仍不变,因而它在同一时间内创造出了更多的社会价值量。

四、商品经济的基本矛盾

商品经济的特征在于交换,从这个意义上讲,商品经济就是交换经济。商品交换的存在源于生产商品的劳动具有私人劳动和社会劳动两重属性。私人劳动是指生产商品的劳动具有私人性质,是商品生产者为了自己的利益而进行的劳动。社会劳动是指生产商品的劳动具有社会性质,是为满足社会需要而进行的劳动,是作为社会总劳动的有机组成部分的劳动。**私人劳动和社会劳动的矛盾是商品经济的基本矛盾**。在市场经济条件下,表现为个别劳动和社会劳动的矛盾。

私人劳动和社会劳动产生的基础是社会分工和生产者独立的经济利益。前者决定了任何商品生产者的劳动都是社会总劳动的有机组成部分,劳动产品最终是为了满足社会

---

① 中共中央马克思恩格斯列宁斯大林著作编译局. 马克思恩格斯全集:第二十三卷[M]. 北京:人民出版社,1972:53.

需要；后者决定了商品生产者生产什么、生产多少、怎样生产、为谁生产，完全取决于生产者的意志。因而任何生产商品的劳动都是个别劳动。

之所以说私人劳动和社会劳动的矛盾是简单商品经济的基本矛盾，是因为：第一，这一矛盾是**商品内在各种矛盾的根源**。商品经济的内在矛盾如使用价值与价值的矛盾、具体劳动与抽象劳动的矛盾、简单劳动与复杂劳动的矛盾都源于私人劳动与社会劳动的矛盾。第二，这一矛盾**决定了商品经济的产生和发展的全过程**。只要存在私人劳动与社会劳动的矛盾，商品经济就必然存在。第三，这一矛盾**决定着商品生产者的命运**。如果商品不能顺利地卖出去，商品生产者的私人劳动就不能顺利地转化为社会劳动，商品生产者就要亏本甚至破产；如果商品能够顺利地卖出去，商品生产者的私人劳动就能够顺利地转化为社会劳动，得到社会认可，商品生产者就有利可图。

第三节 货 币

商品具有使用价值和价值两个因素，相应也有两种表现形式，即使用价值形式和价值形式。商品的使用价值形式就是商品的自然形式，人们可以看得见、摸得着、感觉到。商品的价值形式就是商品的交换价值，是看不见、摸不着的，只有在交换中通过交换才能表现出来。这种商品与商品相交换的关系和比例，即交换价值，称为价值形式。为了弄清货币的起源和本质，需要结合商品交换发展的历史进程，分析价值形式发展的过程。

一、价值形式的发展和货币的产生

价值形式的发展是同商品交换的发展历史进程相适应的。它经历了简单的价值形式、扩大的价值形式、一般价值形式和货币形式四个阶段。

(一) 简单的价值形式

最初的商品交换出现于原始社会末期，当时人们并不是特意为交换而从事生产，而只是把少量多余的产品用于同其他人交换自己所没有的东西。例如，"1只羊=2把石斧"。这种交换是一种以物易物的直接交换，带有偶然性质，且很简单，因而称之为简单的或偶然的价值形式。

在这种价值形式中，等式两端的商品所处的地位和作用不同。等式左边的商品"羊"处于主动地位，它要求把自己的价值相对地表现在另一种商品"石斧"上，因此叫作相对价值形式。等式右边的商品"石斧"则处于被动地位，它用自己的商品来表现"羊"的价值，起着等价物的作用，因此叫作等价形式。

相对价值形式的内容是：处于相对价值形式的商品的价值，相对地表现在处于等价形式的商品的使用价值上。之所以如此，是因为它们都是劳动产品，都耗费了抽象的一般人类劳动，都具有价值。等价形式就是某种商品充当价值的代表能够与另一种商品直接交换的形式。这样的商品叫作等价物，也叫价值镜，即反映处于相对价值形式上商品价值的一面镜子。在简单价值形式下，价值作为无差别的人类劳动凝结物的这种社会属性表现得还不充分。

(二) 扩大的价值形式

随着生产力的发展，特别是人类社会出现第一次社会大分工以后，人们之间彼此交换的商品种类和数量逐渐增加。原始公社之间乃至公社内部成员之间的产品交换变得比较经常了，一种商品已经不是偶然地和另一种商品相交换了，而是与许多种商品经常交换。这样一来，价值的表现也就由简单的或偶然的价值形式发展到扩大的价值形式。用等式表示如下：

$$1\text{只羊}\begin{cases} = \text{两把石斧} \\ = 20\text{斤大米} \\ = 1\text{两黄金} \\ = 5\text{斤茶叶} \\ = \text{一定量其他商品} \end{cases}$$

这一价值形式反映了日益扩大的商品交换关系。在这一价值形式中，处于相对价值形式上的商品"羊"，其价值被表现在一系列其他商品体上。扩大的价值形式与简单的价值形式相比较，价值表现的范围扩大了，从而促进了生产力的发展，这是一种进步。但是，这也反映出扩大的价值形式的缺点和局限性，即各种商品的价值仍然没有一个共同的、统一的表现，也就是没有一个一般的、为大家所公认的等价形式。

随着交换内容的增加和交换范围的扩大，扩大的价值形式使这种以物易物的交换的局限性逐渐暴露出来。因为这种物物交换的实现，需要同时具备许多前提条件。例如，有羊的人希望用羊去换大米，但有米的人却需要茶叶，有茶叶的人需要石斧，如果有石斧的人正好需要羊，则有羊的人要经过羊换石斧，再用石斧换茶叶，最后才能用茶叶换到大米。在这个交换过程中，如果其中的任何一个环节出了问题，就可能导致交换无法进行。例如，有石斧的人不需要羊，那么，羊就卖不出去，其价值就无法实现，后面的一系列交换也就没有办法进行。在物物交换中，卖者同时又是买者，买和卖局限于同一时间和空间，交换双方只有同时需要对方的产品，且在价值量上大致相当，交换才能进行。

(三) 一般价值形式

随着交换的进一步发展，人们发现，如果用自己的商品先去交换一种大家普遍愿意接受的商品，然后再拿这种商品去交换能满足自己需要的商品，就会省去许多麻烦。这样，有的商品在交换中逐渐从其他商品中分离出来，专门作为交换的媒介物，这种专门作为交换媒介的商品称为一般等价物。通过它来表现一切商品的价值，这样一来，扩大的价值形式就过渡到一般价值形式。用公式表示如下：

$$\left.\begin{aligned}\text{两把石斧} &= \\ 20\text{斤大米} &= \\ 1\text{两黄金} &= \\ 5\text{斤茶叶} &= \\ \text{一定量其他商品} &= \end{aligned}\right\}1\text{只羊}$$

这个价值形式之所以叫作一般价值形式，是因为在这个价值形式中，商品价值的表现：一是简单的，因为都是表现在唯一的商品上；二是统一的，因为都是表现在同一的商品上。它们的价值形式是简单的和共同的，因而是一般的"。

一般价值形式的出现，克服了扩大的价值形式的缺点和局限性，大大地促进了商品交换的发展。但是，在这种价值形式中，一般等价物还没有固定在一种商品上。在不同国家和地区，在同一国家和地区的不同时期，充当一般等价物的商品往往是多种多样的。历史上充当过一般等价物的商品有贝壳、布帛、牛、羊、兽皮、盐等。

由于一般等价物的不固定、不统一，随着商品交换范围的扩大，其局限性也日益暴露出来，给商品交换带来了新的困难和障碍。在这种情况下，客观上就要求有一个固定的、统一的商品来充当一般等价物。此时，一种新的价值形式——货币形式应运而生。

(四) 货币形式

当一般等价物固定地由某种商品例如黄金来承担时，这种商品就成了货币商品。也就是说，货币是从一般商品中分离出来的、固定充当商品交换一般等价物的商品。当一般等价物固定到贵金属上后，价值形式就从一般价值形式发展到货币形式。用等式表示如下：

$$\left.\begin{array}{r}2只羊=\\20斤大米=\\5斤茶叶=\\2把石斧=\\一定量其他商品=\end{array}\right\} 1两黄金$$

在货币形式中，处于相对价值形式上的商品，其价值是用黄金、白银等贵金属货币来表现的。商品价值的货币表现就是商品的价格。因而，商品的相对价值形式便转化为价格形式。处于等价形式上的货币，便成为社会公认的唯一的一般等价物。

为什么只有黄金和白银才能固定充当一般等价物呢？在商品交换发展历史上，有许多商品都充当过一般等价物，如牲畜、兽皮、贝壳等，但这些东西充当一般等价物都有其自身不可克服的不足之处，因而只在短时期内和较小范围内流通。随着交换的进一步发展，一般等价物逐渐固定在金银上。由于金银质地均匀，便于分割和携带，体积小而价值大，不易磨损，最适合充当货币材料。当金银固定地充当一般等价物时，金银就转化为货币。因此，马克思说："金银天然不是货币，但货币天然是金银。"[①]

货币形式是价值形式的完成形式。货币产生后，整个商品世界分为两极：一极是各种各样的商品，它们都作为特殊的使用价值存在，要求转化为价值；另一极是货币，它直接作为价值的化身而存在，随时可以转化为任何一种有特殊使用价值的商品。于是，原来商品内部使用价值与价值的对立统一关系，现在变为商品与货币的对立统一关系。

二、货币的本质和职能

货币是固定地充当一般等价物的特殊商品，它体现着商品生产者之间的社会经济关系。这就是货币的本质。

货币是价值形式发展的结果，是商品交换过程的产物。

货币的出现使整个商品世界分化为两极：一极是商品，它们都是特殊的使用价值；另一极是货币，它是一切商品价值的代表。商品的使用价值和价值的矛盾，发展为商品和货币的矛盾。

货币的本质是通过货币的职能体现的。货币的职能是指货币在商品经济社会生活中

---

① 中共中央马克思恩格斯列宁斯大林著作编译局. 马克思恩格斯全集：第二十三卷[M]. 北京：人民出版社，1972：145.

所起的作用，它是由货币的本质决定的，是货币本质的具体体现。在发达的商品经济中，货币具有价值尺度、流通手段、贮藏手段、支付手段、世界货币五种职能。其中，价值尺度和流通手段是两个最基本的职能，其他三种职能是派生职能。

（一）价值尺度

货币的价值尺度职能是指货币以自己为尺度来表现和衡量其他一切商品的价值。货币之所以能充当价值尺度的职能，是因为货币本身也是一种商品，具有价值，因而能以自身的价值作为尺度去衡量其他商品的价值，就像尺子以自身的长度去衡量其他物体的长度一样。

商品的价值用货币来表现，就是商品的价格。价值是价格的基础，价格是价值的货币表现形式。商品价格的高低，取决于商品本身的价值和货币的价值。商品的价格与商品本身的价值成正比，与货币的价值成反比。

货币作为价值尺度，只是计量和表现商品的价值，并不是实现商品的价值。因此，货币在执行价值尺度的职能时，并不需要现实的货币，只需要观念上的货币就行了。货币作为价值尺度的职能，是通过价格标准来实现的。货币要计量和比较各种商品的价值量，技术上要求给货币本身确定一个计量单位，这种被确定的货币单位及其等分就是价格标准。如我国历史上用白银充当货币时，就以"两"作为货币单位，再把"两"分割为"钱""分""厘"。我国现行的货币单位为元，1 元分为 10 角，1 角分为 10 分；美国的货币单位也是元，1 元分为 100 分；英国的货币单位为英镑，1 镑分为 10 先令，1 先令分为 10 便士等。

在理解货币的价值尺度职能时，需要注意的是，作为价值尺度的货币和作为价格标准的货币是两个不同的范畴，其区别表现在以下三方面。

第一，作为价值尺度的货币代表一定量的社会劳动，用来衡量其他商品的价值；作为价格标准的货币代表一定量的贵重金属，用来衡量货币本身的量。

第二，作为价值尺度的货币是在商品经济中自发地发生的，它不依存于国家的权力；作为商品的货币则是国家以法律规定的。

第三，作为价值尺度的货币本身具有价值，其价值随着生产货币的劳动生产率的变化而变化；而作为价格标准的货币则与劳动生产率的变化无关。

（二）流通手段

货币的流通手段职能是指货币充当商品交换的媒介。商品流通就是以货币为媒介的商品交换。其流通公式是：商品→货币→商品。

货币出现以前，商品交换是以物易物，对交换双方而言，既是买又是卖，买和卖同时完成。货币出现以后，商品交换是通过货币这个中介来进行的，商品交换过程分为卖和买两个阶段。这种以货币为媒介、包括卖和买两个阶段的商品交换，就叫商品流通。货币在商品流通中的这种媒介作用，就是货币作为流通手段的职能。执行流通手段职能的货币必须是现实的货币，而不能是观念上的货币。

作为流通手段的货币，最初是以金属条块出现的。为了解决交易上的不便，于是生产了具有一定形状、重量、成色和标明面额价值的金属货币——铸币，如我国古代的刀币、近代的银元等。

铸币在长期流通中会由于磨损，从足值的货币变成不足值的货币。此时，不足值的铸币能和足值的铸币一样使用。这是因为，货币在作为流通手段的职能时，它的作用是瞬息即逝的。商品生产者用自己的商品去交换货币，目的不是为了获得货币本身，而是为了用货币再去交换他所需要的其他商品。正因为如此，不同国家逐渐出现了用贱金属铸造的辅币，与金属铸币一起流通，如我国清末民初的铜元等。也正因为如此，一种更方便的代用货币——纸币诞生了。

纸币是由国家发行并强制流通的价值符号。纸币不是货币，只是一种货币符号，是金属货币的代表，它本身没有价值。纸币是按照它所代替的金属货币的价值执行流通手段的职能的。我国是世界上最早使用纸币的国家，如北宋的交子，已具有纸币的特性，金国的交钞和南宋的会子，则已经是纯粹的纸币。而欧美国家直到17世纪才开始使用纸币。

随着信用制度的发展和电子技术的广泛应用，各种信用货币的替代物不断出现，如支票、信用卡、电子货币等逐渐成为重要的流通手段。

(三) 贮藏手段

贮藏手段是指货币退出流通领域，被当作社会财富的一般代表保存起来。只要商品流通中断，商品所有者在出卖商品后不立即购买他所需要的其他商品，货币就退出流通领域而成为贮藏货币。

货币之所以能成为贮藏手段，是因为它是一般等价物，是社会财富的一般代表，人们有了货币就能够买到任何商品。货币作为贮藏手段的职能，是随着商品流通的发展而发展起来的。当人们还只是把剩余产品用于交换时，商品所有者取得货币后，不急于购买就把它贮藏起来。随着商品生产和商品交换的发展，生产商品和购销商品都需要一定时间，因此，为了使生产不至于中断，就需要有一定量的货币贮藏。此外，在有些情况下，人们也会将货币作为社会财富的绝对形式贮藏起来。

执行贮藏手段职能的货币，既不能是观念上的货币，也不能是作为价值符号的纸币，它必须是足值的金属货币或金条银块。

在金属货币流通条件下，一般不会出现通货膨胀的问题。

(四) 支付手段

支付手段是指货币用于偿还赊购赊销商品过程中的延期支付以及清偿债务或支付赋税、租金、工资、利息等的工具。

货币在执行支付手段的职能时，是以价值尺度和流通手段职能的存在为前提的。换言之，货币在执行支付手段的职能时需要先完成价值尺度和流通手段的职能。一方面，对所卖商品执行价值尺度的职能，由买卖双方协议商品的价格，计量买者的债务额；另一方面，执行观念的流通手段的职能，因为交换时买者并未支付现金，只是对卖者做出到期支付的承诺，但商品交易实现了。只有在支付日期到来时，货币作为支付手段才真正进入流通过程。

货币作为支付手段，一方面可以使商品在缺乏现金的情况下得以流通，减少流通中所需要的货币量，从而有利于商品经济的发展；另一方面它又扩大了商品经济的矛盾。随着支付手段的发展，许多商品生产者之间会形成一系列错综复杂的债权债务关系，一旦某个债务人不能如期偿还债务，就会造成整个债务链条关系的混乱，引起一系列的连锁反应，加深商品经济的矛盾，从而阻碍社会再生产的顺利进行。

(五) 世界货币

世界货币的职能是指货币超出国界而在世界市场上执行一般等价物的职能。货币的世界货币职能，实际上是货币的其他职能在世界范围内的延伸。作为世界货币的货币，一般是贵金属(金、银)本身。

随着货币形式的发展和国际经济关系的发展，少数经济发达且经济实力雄厚的国家或国家联盟发行的纸币，例如，美国的美元、英国的英镑、日本的日元以及欧盟的欧元等，尽管已不再有黄金作为其物质基础，但也可以在一定程度上充当世界货币的角色。

货币作为世界货币主要执行以下职能：①作为国际购买手段，用来购买外国商品或劳务；②作为国际支付手段，用来平衡国际贸易的差额；③作为社会财富的代表，由一国转移到另一国，如支付战争赔款、对外直接投资、在国外存款等。

三、货币流通规律

货币作为流通手段，其投放量不是随意规定的，而是有其自身的规律，即货币流通规律。

货币流通规律是指在一定时期内流通中所需要的货币量的规律。其内容是：一定时期内**流通中所需要的货币量，与商品价格总额成正比，与货币流通速度成反比**。货币流通是由商品流通引起的，货币流通的规模和速度也是由商品流通的规模和速度决定的。流通中所需要的货币量取决于以下三个因素：①参加流通的商品数量；②商品的价格水平；③货币的流通速度，即一定时期内同一单位货币的平均周转次数。前两项的乘积就是商品的价格总额。

货币流通规律用公式表示如下：

$$流通中所需要的货币量 = \frac{商品价格总额}{同一单位货币的流通速度}$$

上述公式并没有考虑赊购赊销延期支付的因素，而随着商品经济的发展，大量的商品买卖都采取赊购赊销的方式进行。因此，在货币执行支付手段职能的条件下，上述公式应进行如下补充。

$$流通中所需要的货币量 = \frac{商品价格总额 - 赊销商品价格总额 + 到期支付总额 - 互相抵消的支付总额}{同一单位货币的流通速度}$$

上述的货币流通规律是指金属货币的流通规律，它决定了流通中的货币量必须同流通中的货币需要量保持一致。如果流通中的货币量超过了需要量，就会引起物价上涨；反之，会引起物价下跌。由于金属货币具有贮藏手段的职能，能起到自动调节货币流通量的作用，因而不会引起持续的物价上涨，也不会引起持续的物价下跌。

在纸币普遍使用的情况下，纸币的流通规律可表述为：纸币的发行量必须与流通中所需要的金属货币量相一致。如果**纸币的发行量超过了流通中所需要的金属货币量，引起纸币贬值和物价上涨，这种现象被马克思称为通货膨胀**。

值得注意的是，马克思关于通货膨胀的概念，是以当时的历史条件(如金本位制)为背景的，根据现代经济学界的普遍观点，物价上涨并不等于通货膨胀。**通货膨胀是指普遍的、持续的物价上涨**，也就是说，物价上涨的范围广泛，时间较长且持续不断，一般认为时间至少在半年以上。因为，导致通货膨胀的原因是多方面的，既有纸币的发行过量，也有需求拉动、成本推动以及经济结构等多种因素的影响。因此，在现代经济学中，将通货膨胀分为三种类型：需求拉动型、成本推动型和结构性通货膨胀。①

第四节 价值规律

在商品经济中有许多影响和制约商品经济运动的经济规律，如价值规律、供求规律、竞争规律、自愿让渡规律、货币流通规律等。但是，支配商品生产与流通过程的是价值规律。价值规律是商品经济的基本规律，是不以人们的意志为转移的客观经济规律。只要存在商品生产和商品交换，价值规律就必然存在并发生作用。

一、价值规律的基本内容

价值规律是商品价值决定和实现的规律。其基本内容是：商品的价值量是由生产商品的社会必要劳动时间决定的，商品交换以价值量为基础，实行等价交换。价值规律的核心内容是社会必要劳动时间决定商品的价值量，等价交换实际上是价值决定在流通领域里的实现。

价值规律是商品经济的基本规律，因为：第一，不论在任何社会形态里，只要存在商品生产和商品交换，价值规律就必然发挥作用；第二，价值规律决定和影响商品经济的各个方面，商品的生产、交换、分配和消费无不受到价值规律的影响和调节；第三，价值规律是其他商品经济规律(如供求规律、竞争规律等)存在和发挥作用的基础和前提，它决定和影响着其他商品经济的规律。

二、价值规律的表现形式

商品的价值是用货币来表现的，**价值的货币表现就是价格**。商品价格是商品价值的货币表现，因此，商品价格应该以价值为基础。价格表现价值，不仅取决于商品的价值量，而且还取决于货币本身的价值量。商品价格的变化与商品价值的变化成正比，与货币价值的变化成反比。

商品的价格不仅受商品的价值和货币的价值的影响，而且还受到市场供求关系的影响。在商品经济条件下，市场供求经常不平衡，供求不平衡必然引起商品生产者之间的竞争，使价格经常发生波动。当某种商品供不应求时，价格就会上涨至价值以上；当某种商品供大于求时，价格就会下跌至价值以下。供求关系对价格的影响，引起价格与价值的背离。与此同时，价格的涨落又反过来调节供求关系。当某种商品价格上涨时，会

---

① 张绍焱. 政治经济学概论[M]. 北京：中国经济出版社，2004：44.

引起供给增加，需求减少；当某种商品价格下降时，又会引起供给减少，需求增加。正是价格变动对供求关系的这种反作用，使价格的偏离始终以价值为基础，即围绕价值这个轴心上下波动。例如，一辆小汽车的价格始终不会波动到高于一架飞机的价格。价格的上下波动，既不可能无限制地上涨，也不可能无限制地下跌，它始终以商品的价值为基础，涨涨跌跌，跌跌涨涨。这正好表明商品的价格波动归根到底要受价值的制约。因此，价格围绕价值上下波动，是价值规律的表现形式。

三、价值规律的作用

在私有制为基础的商品经济中，价值规律通过市场机制的调节，对商品经济的发展起着以下三方面的基本作用。

(一) 自发调节生产资料和劳动力在社会生产各部门之间的分配，从而调节商品生产和商品流通

在私有制为基础的商品经济中，每个商品生产者生产什么、生产多少、怎样生产完全是由他自己决定的。但是，市场上究竟需要什么商品、需要多少商品，个别商品生产者并不完全清楚，也不知道自己生产的商品能否在市场上卖出去，或者卖出去以后能否补偿自己的劳动耗费等。他们往往是通过商品的价格上涨和下跌，来判断社会需要什么、需要多少。因此，商品的市场价格的涨落就成为商品生产者了解市场供求状况的晴雨表。而社会再生产的顺利进行，要求生产资料和劳动力按照一定的比例关系分配到社会生产的各个部门中去。在商品经济条件下，社会生产资源在生产部门之间的分配是通过价值规律的调节来实现的。商品的价格自发地围绕价值上下波动，使生产资料和劳动力流入供不应求、价格高于价值的部门，导致这些部门生产的扩大和供给的增加，进而价格开始下降；同时它又使生产资料和劳动力退出供过于求、价格低于价值的部门，导致这些部门生产的缩小和供给的减少，进而价格开始上涨。价值规律就是这样作为一种在生产者背后发挥作用的自发力量，调节着社会劳动在各部门之间的分配，扮演着资源配置者的角色，调节商品生产和商品流通，使生产与消费、供给与需求之间保持一种大体平衡的关系。正如马克思的观点，价值规律不过作为内在规律，对单个当事人作为盲目的自然规律起作用，并且是在生产的各种偶然变动中，维持着生产的社会平衡。[①]

但是，由于价值规律的调节作用是自发调节，而且是事后调节。因此，它必然伴随着生产比例和供求平衡的不断破坏，造成社会生产资源的巨大损失和浪费，从而使社会生产力遭到巨大破坏。

(二) 刺激生产技术的改进和管理水平的提高，推动社会生产力的发展

价值规律要求商品价值量由社会必要劳动时间决定，商品价值量又同劳动生产率成反比例变化。由于各个生产者的劳动生产率不同，生产同种商品所耗费的个别劳动时间也不同，但该商品仍然按照由社会必要劳动时间决定的社会价值出售。因此，在商品生产中，个别劳动时间低于社会必要劳动时间的生产者在竞争中就处于有利地位，反之，就处于不

---

① 中共中央马克思恩格斯列宁斯大林著作编译局. 马克思恩格斯全集：第二十五卷[M]. 北京：人民出版社，1974：995.

利地位。正是由于价值规律的客观要求和市场竞争规律的强制作用，促使各个商品生产者不断地改进技术，改善管理，提高劳动生产率，从而推动整个社会生产力的发展。

但是，商品生产者为了在竞争中处于有利地位，保持自己在竞争中的优势，总是千方百计地保守技术秘密，阻碍新技术的推广，从而又会阻碍社会生产力的发展。

(三) 促使商品生产者的两极分化

在私有制为基础的商品经济中，由于各个商品生产者掌握的生产资料的数量与质量不同，生产技术水平高低不一，经营与管理水平存在着差异，因而生产同种商品所耗费的个别劳动时间也不相等。这些主客观条件不同，因而劳动生产率也不同，但是按照价值规律的要求，任何商品生产者的商品在市场上都必须按照社会必要劳动时间决定的社会价值出售。因此，那些生产条件好、劳动生产率高、个别劳动时间低于社会必要劳动时间的商品生产者，作为竞争中的胜利者，能够不断地扩大生产规模和经营范围，不断地发财致富；相反，那些生产条件差、劳动生产率低、个别劳动时间长期高于社会必要劳动时间的商品生产者，就会在竞争中败下阵来，甚至被淘汰出局。竞争的结果，使商品生产者两极分化，这种两极分化在封建社会末期导致了资本主义生产关系的产生。

第五节　例证分析

一、商品是使用价值和价值的矛盾统一体

任何商品都具有使用价值和价值两个因素。

商品首先必须是一个有用物，能够满足人们的某种需要。不同的物品，由于它们的自然属性(物理的或化学的)不同，因而用途也不一样。例如，布匹、大米、房屋、车船，可以满足人们衣、食、住、行方面的物质生活需要；书籍、报刊、电视机、电脑等，可以满足人们精神文化生活方面的需要；机器、设备、原材料等，可以满足人们物质生产方面的需要。物品的这种能够满足人们某种需要的属性，即物的有用性，就是物品的使用价值。使用价值是商品的自然属性。

不同的物品有不同的用途，同一种物品也可以有多种用途。如水，既可用于饮用，也可用于灌溉，还可用于灭火。随着科学技术的发展和应用，物品的新的使用价值不断被发现和利用。如煤炭，过去一般用作燃料，现在则可从中提取不少化工产品，用来制作化肥、染料、药品、合成纤维等。

物品的有用性，不反映社会生产关系，不会随社会经济关系变化而变化。如小麦，不论是农奴生产的，还是农业雇佣工人生产的，还是社会主义农民生产的，都是小麦，都可以用来做面包、面条。从小麦本身是看不出它究竟是由农奴、农业雇佣工人还是社会主义农民生产的。

使用价值是商品交换价值的物质承担者，没有使用价值的东西就不能进行交换，当然也不会成为商品。有使用价值的东西用于交换时，这种有用物就具有交换价值。交换

价值首先表现为一种使用价值与另一种使用价值相交换的量的关系或比例。[①] 例如，1 斤米与 2 尺布相交换，1 斤米就是 2 尺布的交换价值，反过来说，2 尺布是 1 斤米的交换价值。一种商品可以同其他多种商品相交换，因而会有多种交换价值。

由于不同商品的使用价值在质上是各不相同的，而不同质的使用价值在量上是无法比较的。1 斤米之所以能与 2 尺布相交换，说明在米和布的背后存在一种同质异量的东西，这就是价值。

价值是凝结在商品中的一般人类劳动。1 斤米能和 2 尺布相交换，是因为 1 斤米中所凝结的人类劳动同 2 尺布所凝结的人类劳动一样多，或者说，生产 1 斤米和生产 2 尺布花费了同样多的人类劳动。作为劳动，凝结在不同的商品体内，都是同质的，由于不同的商品体凝结的劳动在量上各不相同，所以可以互相比较。

商品是使用价值和价值的矛盾统一体。使用价值和价值互相依赖，互为存在前提，共同存在于同一商品中。没有任何用途的东西，决不会有人买它，因而生产它所耗费的劳动是无效劳动，不能凝结在物体内形成价值。有使用价值的东西，如果不是劳动生产出来的，也没有价值，不能成为商品，如阳光、空气等对人类有用，但不是人类劳动生产出来的，而是自然界天然存在的，不是劳动产品，不具有价值，不能通过交换成为商品。作为商品，其使用价值和价值，对于它的所有者来说，二者不能同时占有。例如，农民把生产的一部分粮食拿到市场去卖，以便买回其他生产资料。这被卖的那部分粮食具有使用价值和价值。但对于该农民来说，他要想得到粮食的价值去购买其他生产资料，就必须把粮食的使用价值即粮食本身让渡出去。粮食的价值和使用价值对农民来说，二者是不可兼得的。

二、商品的价值量与劳动生产率的关系

商品的价值是由劳动创造的，所以商品的价值量是由体现在商品中的劳动量决定的。劳动量又是怎样确定的呢？劳动量是由劳动的持续时间来计量的，劳动时间则用一定的时间单位如小时、工作日等作为尺度。生产某种商品所耗费的劳动量越多，这种商品的价值量也越大。既然商品的价值量是由生产商品所耗费的劳动量来决定，那么，是否意味着某个人越懒，技术越不熟练，他所生产的商品因耗费的劳动时间长而越有价值了呢？假如这样，有谁还愿意勤勉劳动，还肯提高劳动技能，提高劳动生产效率呢？事情当然不会是这样。

生产同一种商品，由于生产的主客观条件的差异，各个商品生产者所实际耗费的劳动时间必然是不等的。有些人勤恳，技术比较熟练，使用的生产工具设备比较先进；有些人懒惰，技术生疏，生产设备落后，因此，在生产同一种商品上所耗费的劳动时间也就各不相同。每个商品生产者生产某种商品所耗费的自己的劳动时间，是个别劳动时间。商品的价值量不是由个别劳动时间决定，而是由社会必要劳动时间决定的。例如，假定在某个社会里，皮鞋生产者分为产量相等的甲、乙、丙三组。生产同一品种的 1 双皮鞋，甲组的生产耗费 8 小时的劳动，乙组耗费 10 小时，丙组耗费 12 小时。在这种情况下，生产 1 双皮鞋的社会必要劳动时间或社会必要劳动量，就是 10 小时的社会劳动。丙组的生产者

---

① 中共中央马克思恩格斯列宁斯大林著作编译局. 马克思恩格斯全集：第二十三卷[M]. 北京：人民出版社，1972：49.

虽然生产1双皮鞋实际耗费了12小时，但其中比社会必要劳动时间所多耗费的2小时劳动只能算是无效劳动，因而社会对此是不予承认的。而甲组的生产者虽然实际上仅耗费了8小时劳动，但他们所生产的每1双皮鞋，社会却承认它具有10小时社会劳动的价值。

商品的价值量是由生产商品的社会必要劳动时间决定的。但生产商品的社会必要劳动时间不是永恒不变的，它是伴随着劳动生产率的变化而变化。如上例，当甲、乙、丙三组皮鞋生产者都提高了劳动生产率，生产同一品种的1双皮鞋，甲、乙、丙分别耗费6小时、8小时和10小时，这时，生产1双皮鞋的社会必要劳动时间就由原来的10小时下降到8小时。劳动生产率是指劳动的生产效率，通常用单位时间内生产某种产品的数量来表示，如煤矿工人每人每小时挖煤10吨。也可用生产单位产品的劳动时间来表示，如每个煤矿工人过去挖10吨煤需要1个小时，现在由于挖煤工具的改进和劳动技能的提高，挖10吨煤只需要半小时，或者说现在每小时挖煤20吨，这说明煤矿工人的劳动生产率提高了1倍。

当我们说商品的价值量与劳动生产率成反比时，是指单位商品的价值量同劳动生产率的关系。例如，甲组皮鞋生产者进一步提高劳动生产率1倍，生产1双皮鞋从原来的8小时减少为4小时，这说明甲组生产的每双皮鞋的价值比原来减少了一半，或者说甲组生产每双皮鞋所花费的社会必要劳动时间只有原先的一半。但这并不意味着甲组皮鞋生产者所创造的社会价值减少了，相反，由于产量的增加，他们创造的社会价值比原来更多。正因为如此，我们不难理解，为什么商品的价值量与劳动生产率成反比，人们还要不断想方设法地去提高劳动生产率。

三、货币形式的发展

货币形式最初是采用金银条块的形式，后来发展成为铸币形式，到我国宋代和欧美近代出现了纸币，并相继出现了信用货币。

信用货币是代替金属货币充当支付手段和流通手段的信用证券。如银行券、支票、期票、汇票等，其中银行券是主要形式。信用货币是从货币作为支付手段的职能中产生的，但它产生以后，既可作为支付手段，又可在市场上流通，作为流通手段。信用货币本身没有价值，它的流通是以信用为基础的。发行人的信用对信用货币的流通影响极大。现代一些发达国家信用制度得到了广泛发展，一般大额支付都使用信用货币，甚至在人们购买消费品时，也大量使用信用卡。

银行券是信用货币的主要形式，它是由发行银行发行的用以代替商业票据的银行票据。银行券是不定期的，持票人可以随时向发行银行要求兑现。银行券主要是通过银行贴现商业票据而发行到流通中去的，目的是为了解决商业票据流通的局限性和银行现金不能满足商业票据持有人贴现需求的矛盾，由银行发行银行票据来代替私人票据。典型的银行券是一种不定期的债务证券，发行者必须保证随时可以兑现。银行券代替金属货币发挥流通手段的职能，从而节约了金属货币，方便了交易。第一次世界大战后，资本主义国家相继放弃了金本位制，银行券也就停止兑换黄金白银，因而成为不兑现的纸币。纸币是国家发行并强制流通的价值符号。

银行券与纸币虽然都是本身无内在价值的货币符号，但二者之间是有区别的。第一，纸币是从货币的流通手段职能中产生的，是价值符号的完成形式；而银行券却产生于信用关系，是在货币作为支付手段职能的基础上形成的。第二，纸币是由政府发行，依靠国家权力强制流通的；而银行券则是由银行通过短期商业票据贴现而发行的。第三，纸币不能兑现，而银行券可以随时兑现，它具有黄金和商业票据的双重保证。第四，纸币如发行过多就会贬值，而银行券不会贬值，如果它停止兑现，就变成了纸币，并受纸币流通规律的支配。

银行券变为不兑现的信用货币，是资本主义国家20世纪以来的主要货币形式，因而称之为现代纸币。现代纸币的形式主要有两种：钞票和支票存款。钞票就是纸币，又称现金；支票存款也叫存款货币，是指存在银行的、使用支票可以随时提取的活期存款。由于银行支票可以流通，具有通货的作用，因而银行活期存款余额应视为通货，故称之为存款货币。

现代纸币制度具有以下主要特点：第一，通过信用程序，由国家的中央银行垄断发行，而不是由政府直接发行；第二，它是一国流通中的合法货币，其发行数量与黄金储备没有联系；第三，国家对货币流通的管理和调节日益加强，各国都把货币政策作为实现宏观经济目标的重要手段。

随着信用制度的发展和电子技术的广泛应用，货币形式的发展从有形到无形，现代纸币将逐渐发展到电子货币，即贮存于电子计算机中的存款货币。这样，一切交易都不需要现金，可以通过银行电脑转账。目前，一些发达国家在广泛使用支票和信用卡的基础上，已有90%以上的交易由记账形式的银行存款货币取代了有形的纸币。现在，由于银行电子计算机网络化的形成，存款货币逐渐为电子货币所替代。

电子货币是一种纯粹观念性的货币，它不需要任何物质性的货币材料。这种无形的货币，既迅速又简便，可以节省银行处理大量票据的费用，电子货币汇兑系统最终可能导致现金和支票的消失。当然，货币的主要功能仍然存在，变化的只是货币的形式而已。

随着国际贸易和国际金融的发展，货币作为世界货币职能的形式也发生了很大变化，出现了一些新型的国际货币形式。如国际货币基金组织在1970年建立的集体结算单位——特别提款权，这是国际货币基金组织成员国之间标准信贷基金，并没有黄金作为物质基础，却可以代替黄金起世界货币作用，故称为"纸币黄金"。

当前，在西方一些国家，货币的概念和货币的供应量的内涵发生了变化。当代西方经济学认为，货币应该包括那些在商品和劳务买卖及债务支出中被作为交换媒介和支付手段而被普遍接受之物。因而把货币定义为通货(即流通中的现金)和活期存款(或支票存款)。这是狭义的货币供应量，以 M_1 表示。

$$M_1 = 通货 + 所有金融机构的活期存款$$

有经济学家认为，各种金融机构的定期存款、储蓄存款以及其他一些短期流动资产，是潜在的购买力，很容易变成现金，具有不同程度的流动性，因而主张以流动性为标准，确定广义的货币层次，从而提出了广义的货币供应量指标 M_2, M_3, M_4 等。

$$M_2 = M_1 + 商业银行的定期存款和储蓄存款$$
$$M_3 = M_2 + 其他金融机构的定期存款和储蓄存款$$

$M_4 = M_3 +$ 其他短期流动资产(如国库券、商业票据、短期公司债券、人寿保单等)①

四、商品的价值如何决定和如何实现

商品的价值不是由生产商品的个别劳动时间决定，而是由社会必要劳动时间决定的。个别劳动时间形成商品的个别价值，社会必要劳动时间形成商品的社会价值，商品交换是按照社会价值进行的。

假定生产某种商品的企业分为优等条件、中等条件和劣等条件三类情况，它们生产同一种单位商品的个别劳动时间分别为 1 小时、2 小时、3 小时，假定其中中等条件的企业代表社会正常的生产条件，具有社会平均的劳动熟练程度和劳动强度，因而它生产单位商品所耗费的 2 小时劳动，就是该部门生产同种单位商品的社会必要劳动时间，决定该种商品的社会价值量。以此为标准，劣等条件企业生产同种单位商品的个别劳动时间为 3 小时，比社会必要劳动时间多 1 小时，多出的部分就不能被社会所承认，从而不能形成社会价值；而优等条件企业生产同种单位商品的个别劳动时间仅 1 小时，比社会必要劳动时间少 1 小时，但是，社会承认这 1 小时形成 2 小时的社会价值，即同样的劳动时间可以形成更大的社会价值。

上述分析的是，同一部门内部生产同种商品的社会必要劳动时间形成该种商品的社会价值，这是部门内部竞争和比较的结果。不同的部门之间的竞争和劳动比较是如何进行的呢？这就涉及商品价值如何实现的问题。为此，马克思提出了"另一种意义"的社会必要劳动时间的概念，即价值不是由某个生产者个人生产一定量商品或某个商品所必要的劳动时间，而是由社会必要的劳动时间，由当时社会平均生产条件下生产市场上这种商品的社会必需总量所必要的劳动时间决定。②这就是说，商品要按照社会价值进行交换，就必须使社会生产这种商品所耗费的劳动总量时间，与根据社会需要应当使用的必要劳动时间相适应，即表现在市场上对该种商品的总供给量与需求量大体一致。

例如，假定社会有甲、乙、丙三个生产部门，社会对其产品需要量以及投入的社会必要劳动量分别为：甲部门 90 件，共 900 小时；乙部门 1600 件，共 8000 小时；丙部门 550 件，共 1100 小时。当在实际生产过程中，甲部门生产了 100 件，耗费 1000 小时；乙部门生产了 1600 件，耗费 8000 小时；丙部门生产了 500 件，耗费 1000 小时。这样，乙部门生产的商品数量与社会对该部门商品的需求量相适应，所耗费的社会必要劳动量与社会需要这种商品的社会必要劳动量相一致，于是该部门单位商品的社会价值及其总价值就得到完全实现。而甲部门生产商品的劳动总量超过社会需要这种商品的必要劳动量 100 小时，对该类商品的供给超过需求 10 件，于是甲部门的商品只能按低于其价值去进行交换，即由 10 小时降为 9 小时来实现。丙部门生产商品的劳动总量小于社会需要这种商品的必要劳动量 100 小时，表现为需求超过供给，该部门的商品将高于其社会价值，由 2 小时上升为 2.2 小时来实现。③

---

① 吴树青，等. 政治经济学：资本主义部分[M]. 北京：中国经济出版社，1993：52-54.
② 中共中央马克思恩格斯列宁斯大林著作编译局. 马克思恩格斯全集：第二十五卷[M]. 北京：人民出版社，1974：722.
③ 吴树青，等. 政治经济学：资本主义部分[M]. 北京：中国经济出版社，1993：57-58.

本章小结

人类社会经济形式是沿自然经济→商品经济→产品经济的轨迹向前发展的。其中，自然经济和商品经济是迄今为止人类社会的两种基本经济形式。自然经济以自然分工为基础，与较低的社会生产力水平相适应。商品经济是以商品生产和商品交换为内容的经济形式。商品经济作为人类社会的一种相互交往的经济形式，是随着社会生产力的发展而逐步发展起来的。只有到了资本主义社会，商品经济才成为社会普遍的经济形式。社会分工，使商品交换具有必要性；生产资料和劳动产品归不同所有者所有，才使商品交换成为现实。商品经济是社会经济发展不可逾越的阶段。

商品经济产生的条件有二：一是社会分工，社会分工是商品经济产生的前提条件；二是生产资料和劳动产品归不同所有者所有，这是商品经济产生和存在的决定性条件。

商品是用来交换的劳动产品。任何商品都具有使用价值和价值两个因素或两种属性。

商品是使用价值和价值的矛盾统一体。其统一性表现在：使用价值和价值，二者互相依存，互为条件，缺一不可。其矛盾性表现在：对商品生产者和消费者来说，商品的使用价值和价值二者不可兼得。要解决这个矛盾，就必须通过商品交换。

商品的二因素是由生产商品的劳动二重性决定的。生产商品的劳动具有二重属性：一方面是具体劳动；另一方面是抽象劳动。具体劳动和抽象劳动的关系是既有联系又有差别。二者的联系表现在：具体劳动和抽象劳动是生产商品的同一劳动过程的两个方面，既不是两种劳动，也不是两次劳动。两者的区别表现为：具体劳动考察的是劳动的特性，在质上相异，因而在量上无法比较，表明的是怎样劳动、什么劳动的问题；抽象劳动考察的是劳动的共性，在质上相同，在量上有异，表明的是劳动多少、劳动时间长短的问题。

生产商品的劳动二重性学说是由马克思首先提出并加以科学论证的，是马克思对政治经济学做出的重大贡献，具有重要的历史意义。马克思主义政治经济学中的许多重大理论问题，都与劳动二重性学说有着密切的关系。因此，劳动二重性学说是理解马克思主义政治经济学的枢纽。

商品的价值是质与量的统一。商品的价值量是由社会必要劳动时间决定的，而社会必要劳动时间是以简单劳动作为计量标准的。劳动生产率与商品价值量有着十分密切的关系。单位商品的价值量与生产商品的社会必要劳动量成正比，与劳动生产率成反比。

私人劳动和社会劳动的矛盾是商品经济的基本矛盾。在市场经济条件下，表现为个别劳动和社会劳动的矛盾。

商品与商品相交换的关系和比例，即交换价值，叫作价值形式。价值形式的发展是同商品交换的发展历史进程相适应的。它经历了简单的价值形式、扩大的价值形式、一般价值形式和货币形式四个阶段。

货币是价值形式发展的结果，是商品交换过程的产物。货币是固定充当一般等价物的特殊商品，它体现着商品生产者之间的社会经济关系，这就是货币的本质。货币的出现，使整个商品世界分化为两极：一极是商品，它们都是特殊的使用价值；另一极是货币，它是一切商品价值的代表。货币的本质是通过货币的职能体现的。在发达的商品经济中，货币具有价值尺度、流通手段、贮藏手段、支付手段、世界货币五种职能。其中，价值尺度和流通手段是两个最基本的职能，其他三种职能是派生职能。

货币流通规律是指在一定时期内流通中所需要的货币量的规律。其内容是：一定时期内流通中所需要的货币量，与商品价格总额成正比，与货币流通速度成反比。上述货币流通规律是指金属货币的流通规律。在纸币普遍使用的情况下，纸币的流通规律可表述为：纸币的发行量必须与流通中所需要的金属货币量相一致。如果纸币的发行量超过了流通中所需要的金属货币量，引起纸币贬值和物价上涨，这种现象被马克思称之为通货膨胀。

价值规律是商品价值决定和实现的规律。其基本内容是：商品的价值量是由生产商品的社会必要劳动时间决定的，商品交换以价值量为基础，实行等价交换。价值规律是商品经济的基本规律，因为：第一，不论在任何社会形态里，只要存在商品生产和商品交换，价值规律就必然发挥作用；第二，价值规律决定和影响商品经济的各个方面，商品的生产、交换、分配和消费无不受到价值规律的影响和调节；第三，价值规律是其他商品经济规律(如供求规律、竞争规律等)存在和发生作用的基础和前提，它决定和影响着其他商品经济的规律。

商品的价值是用货币来表现的，价值的货币表现就是价格。商品价格是商品价值的货币表现。商品价格的变化与商品价值的变化成正比，与货币价值的变化成反比。商品的价格不仅受商品的价值和货币的价值的影响，而且还受到市场供求关系的影响。价格围绕价值上下波动，是价值规律的表现形式。

在私有制为基础的商品经济中，价值规律通过市场机制的调节，对商品经济的发展起着以下三方面的基本作用：第一，自发调节生产资料和劳动力在社会生产各部门之间的分配，从而调节商品生产和商品流通，但这一作用有时具有破坏性；第二，刺激生产技术的改进和管理水平的提高，推动社会生产力的发展，但有时也会人为地阻碍技术进步，从而阻碍生产力的发展；第三，促使商品生产者的两极分化。

复习与思考

1. 名词解释。
   商品经济　　　　　使用价值　　　　　交换价值
   社会必要劳动时间　货币　　　　　　　价值规律
2. 简述商品经济产生的条件。
3. 如何理解商品是使用价值和价值的矛盾统一体？
4. 简述价值和交换价值的关系。
5. 简述生产商品的劳动二重性。
6. 为什么说商品经济的基本矛盾是私人劳动与社会劳动的矛盾？
7. 货币具有哪些职能？
8. 什么是货币流通规律？
9. 简述价值规律的内容、表现形式及其作用。

第三章 资本和剩余价值

剩余价值的生产过程,就是资本价值的增值过程。资本的价值增值过程,是资本家剥削雇佣劳动者创造剩余价值的过程。剩余价值理论是马克思主义政治经济学的基石,它贯穿于马克思对资本主义生产方式的全部分析过程。本章从货币转化为资本开始,进一步考察资本的形成、特征与增值过程,分析剩余价值的来源和生产方法,并对资本主义工资的本质、形式作必要的探讨。

第一节 货币转化为资本

货币作为商品交换发展的产物,也是资本最初的表现形式。因为谁想要当资本家,那他必须拥有一定数量的货币。

一、资本总公式及其矛盾

货币是资本的最初表现形式,但货币并不就是资本。货币与资本的区别,从静止的状态是看不出来的,因为单从单位货币本身,无法判断它是货币还是资本。从动态上看,即从货币流通与资本流通来看,二者的区别就清楚地表现出来了。

作为商品交换媒介的货币,其运动公式如下:

$$W(商品) —— G(货币) —— W(商品)$$

公式两端是使用价值不同而价值量相等的两种商品,货币起着交换的媒介作用,即商品生产者先出卖商品取得货币,然后再用货币购买其他商品。

作为资本的货币,其运动公式如下:

$$G(货币) —— W(商品) —— G(货币)$$

公式两端都是同一性质的货币。表明货币的所有者(资本家)先用货币购买商品,然后再把商品卖出去,换回货币。

比较两种运动公式,不难发现它们的区别表现在以下几个方面:第一,两者**买卖顺序**不同。前者是先卖后买,即商品生产者先把自己生产的商品卖出去换回货币,再用货币去购买自己需要的商品;后者是先买后卖,即资本所有者用货币购买商品(包括劳动力商品和生产资料商品),经过生产加工成新商品后,再把新商品卖出去换回更多的货币。第二,两者的**起点和终点**不同。前者的起点和终点都是商品,即两种不同的商品相交换,货币充当交换的媒介；后者的起点和终点都是货币，即用货币换回更多的货币，货币充当价值增值手段。第三，两者的**流通媒介不同**。前者的流通媒介是货币，后者的流通媒介是商品。第四，两者的**流通目的不同**。前者流通的目的是为了取得使用价值，即为了消费，是为买而卖；后者流通的目的是为了价值增值，是为卖而买。第五，两者的**流通限界不同**。前者流通的目的是为了消费或满足一定的需要，因此，目的达到了，流通过程也就完结了；后者流通的目的是为了价值增值，而价值增值是无止境的，这就决定了资本流通是一个永无止境的运动过程。

在 G——W——G 中，如果两端的货币在数量上是相等的，流通对于货币所有者来说就毫无意义。实际上，作为资本的货币，其运动公式为

$$G\text{——}W\text{——}G' \ (G'=G+\Delta G)$$

公式中的 G 是资本家的预付价值；G' 是资本运动过程结束时增大了的货币额；ΔG 是扣除预付价值以后剩余的那一部分价值，马克思称之为剩余价值。当货币在流通中发生了增值，取得了剩余价值，这时的货币已经不再是普通的货币，而成为资本。

资本是能够带来剩余价值的价值。G　　W　　G'，这就是资本的总公式。

资本的总公式存在着矛盾，因为价值规律要求商品交换必须是等价交换，即流通的结果不应该出现价值增值，而从资本流通的结果来看，却发生了价值增值，这就是资本总公式的矛盾。

要解决资本总公式的矛盾，关键在于说明剩余价值究竟是怎样产生的。换言之，解决资本总公式矛盾的条件是什么呢？

剩余价值不可能在流通中产生，因为无论是等价交换，还是不等价交换，都不可能产生剩余价值。如果是等价交换，无论是 G——W，还是 W——G，都不会发生价值增值；如果是不等价交换，只能变换财富的分配，一部分资本家通过贱买贵卖取得更多的价值，他所多得的部分，只是他人少得的部分，决不会增加社会财富的总量。对于资本家总体来说，他们不可能因此而获得剩余价值。

离开流通领域，剩余价值也不可能产生。如果离开了流通领域，一方面，商品生产者只同他自己的商品发生关系，他可以利用手中的商品从事生产，形成新的价值，但不能使他手中原有的商品增大价值。因为，商品的价值量是由生产该商品的社会必要劳动量决定的，这个社会必要劳动量不可能既表现为商品的价值量，又表现为一个大于该价值量的价值量。所以，商品的生产者离开了流通领域，不与其他商品生产者发生联系，也不能使价值增值。另一方面，资本家如果不把货币投入流通，不买也不卖，而是把货币贮藏起来，那么无论他贮藏多长时间，也不会使价值增值。不会产生剩余价值，货币也就不会自然转化为资本。

剩余价值的产生，即货币转化为资本，既不可能发生在流通领域，又不能离开流通领域。这就是解决资本总公式矛盾的条件。也就是说，货币所有者必须在市场上能够买到一种特殊的商品，这种商品的使用能够创造出比自身价值更大的价值。这种特殊商品就是劳动力。**劳动力成为商品，是解决资本总公式的矛盾的根本条件**，是货币转化为资本的关键。

二、劳动力成为商品

劳动力是指人的劳动能力，是存在于活的人体中体力和脑力的总和。用马克思的话来说，是指活的人体中存在的，每当人生产某种使用价值时就运用的体力和智力的总和。[①] 劳动力在任何社会都是重要的生产要素。

劳动力要成为商品，则必须具备**两个条件**：第一个条件是**劳动者必须有人身自由**。没有人身自由，劳动者就不可能把他的劳动力当作商品出卖。第二个条件是**劳动者必须丧失生产资料**。劳动者除了自己的劳动力以外一无所有，既没有生产资料，也没有生活资料，不得不靠出卖劳动力来维持生活。劳动者如果有自己的生产资料，那他就会像个体手工业者和个体农民那样自己进行生产，出卖他的劳动产品，而不是出卖劳动力。这两个条件是在封建社会后期发生的资本原始积累过程中逐渐形成的，是人类社会历史长期发展的结果。

劳动力作为商品，和其他商品一样，具有**商品的二重属性**，即**价值和使用价值**。

劳动力商品的价值，是由生产和再生产劳动力商品的社会必要劳动时间决定的。劳动力商品价值的决定不同于一般商品的价值决定。由于劳动力存在于活的人体之中，因此，劳动力的价值表现为劳动者维持劳动力再生产所必需的生活资料的价值，它包括三个部分：①劳动者自身生存所必需的生活资料的价值，以保障劳动者劳动能力消耗的恢复和正常的劳动；②劳动者抚育后代所必需的生活资料的价值，以延续后代，不断提供新的劳动力；③劳动者接受教育训练所支出的费用，使劳动者具有一定的知识和技能，以适应生产的需要。

除此之外，劳动力商品的价值决定还包含着历史和道德的因素。因为，劳动者必要的生活资料的种类和数量要受一定历史条件下的经济、文化发展水平以及各个国家风俗习惯的制约，劳动者必要的生活资料不仅仅指人在生理上的需要，而是指在一定社会历史条件下维持劳动者正常生活的需要。随着社会经济和文化的发展，必要生活资料的种类和数量也会增加，质量和结构会发生变化，再生产劳动力所需的物质内容会不断扩大。但是，在一定国家的一定历史时期，必要生活资料是一个可以确定的量，它是决定劳动力价值的标准。

劳动力的使用价值就是劳动者创造商品、创造价值的能力。它的使用或消费就是劳动。劳动凝结在商品中形成价值。劳动力的使用价值具有特殊性。一般商品的使用价值在满足人们某种需要的过程中随之消失，或者转移到新的商品中去，它本身不能创造出新价值。而劳动力商品的使用价值就是劳动，通过对劳动力的消费(使用)，不仅能创造价值，而且还能创造出比它自身价值更大的价值。劳动力商品的使用价值是价值的源泉，并且是大于自身价值的源泉，也是剩余价值的唯一源泉。劳动力的使用能够为其购买者创造剩余价值，对于剩余价值的生产具有决定性的意义。资本家正是在市场上购买到了劳动力这个特殊商品，资本总公式中价值增值与价值规律所要求的等价交换的矛盾才找到了解决的途径。

[①] 中共中央马克思恩格斯列宁斯大林著作编译局. 马克思恩格斯全集：第二十三卷[M]. 北京：人民出版社，1972：834.

第二节 剩余价值的生产过程

资本家在市场上购买到生产资料和劳动力以后，还必须在生产过程中消费所购买的劳动力，使生产资料和劳动力结合起来进行生产，才能获得剩余价值。由此展开了资本主义的生产过程。

一、资本主义生产过程是劳动过程和价值增值过程的统一

资本主义生产过程具有二重性：一方面是具体劳动创造使用价值的劳动过程；另一方面是生产剩余价值的价值增值过程。资本主义生产过程是劳动过程和价值增值过程的统一。

劳动过程是劳动者通过有目的的活动，**运用劳动资料对劳动对象进行加工，创造出满足人们某种需要的使用价值或物质资料的过程。**它体现的是人与自然的关系。劳动者将自己的劳动与生产资料相结合，这是劳动过程最一般的性质，任何社会制度下的劳动过程都具有这一性质。但是，在不同社会里，由于生产资料掌握在不同社会集团、不同阶级的手里，劳动过程又具有不同的特点。在资本主义制度下，生产资料归资本家私人占有，工人一无所有，不得不靠出卖劳动力维持生存，这就决定了资本主义的劳动过程就是资本家使用工人劳动力的过程。

资本主义劳动过程具有以下两个特点：①工人的劳动属于资本家，工人必须服从资本家的意愿，为资本家的利益而生产；②工人的劳动产品属于资本家，由于生产资料和劳动力都归资本家所有，因而劳动产品也必然全部属于资本家所有。

在资本主义劳动过程中，资本家之所以让工人生产某种使用价值，是因为使用价值是价值和剩余价值的物质承担者。资本家购买劳动力的目的不是为了生产使用价值，而是为了生产比劳动力价值更大的价值。

资本主义的生产过程不仅是一个生产使用价值的劳动过程，而且还必须是一个使资本家获得剩余价值的价值增值过程。

要正确理解价值增值过程，首先需要考察价值的形成过程。**价值的形成过程既是物化劳动旧价值的转移过程，又是活劳动创造新价值的过程。**生产商品所耗费的劳动，既包括过去已经消耗在生产资料上的物化劳动，也包括劳动力的消耗即活劳动的支出。价值形成过程是包含在生产资料中的旧价值的转移过程和新价值的创造过程的统一。资本主义商品的价值形成过程与一般商品的价值形成过程一样，是抽象的人类劳动形成价值的过程。在生产过程中，一方面，劳动者在通过具体劳动生产使用价值的同时，把已经消耗的生产资料的旧价值转移到新产品中去；另一方面，劳动者又支出了抽象劳动并凝结在新商品中，形成新价值。转移的旧价值和形成的新价值，共同构成商品的价值。但是，资本主义生产过程，不仅是价值形成的过程，而且是价值增值的过程。生产剩余价值是资本家生产经营的目的和动机。

劳动过程与价值形成过程的统一，是一般的商品生产过程。**资本主义生产过程**实际上

是劳动过程与价值增值过程的统一。价值形成过程究竟怎样才能变成价值增值过程呢？

假定，某纱厂一天的资本投入共 15 元，其中付给工人的工资 3 元，相当于 6 小时的劳动；购买生产资料 12 元(10 公斤棉花价值 10 元，纱锭等生产设备费 2 元)。资本家让工人劳动 6 小时，将 10 公斤棉花纺成棉纱，价值 15 元(其中购买生产资料的价值 12 元转移到棉纱中，工人劳动 6 小时形成新价值 3 元也包含在棉纱中)。如果仅仅如此，资本家一天投入的资本价值 15 元，与新产品棉纱的价值 15 元相等，这意味着资本家没有剩余价值可得，因而这仅仅是一般的价值形成过程。

事实上，资本家花 3 元钱的工资购买了工人劳动力一天的使用权，他并不会只让工人工作 6 小时，而是要工人工作更长时间如 12 小时。这样，工人 12 小时可以将 20 公斤棉花纺成棉纱，资本家购买生产资料的成本也必须增加一倍，即 20 公斤棉花价值 20 元，纱锭等设备费 4 元，共 24 元，再加上工人的工资 3 元，资本家的总成本为 27 元。而 20 公斤棉花纺成棉纱后价值 30 元。这样，资本家用价值 27 元的资本投入，换回 30 元的价值，多出的 3 元就是剩余价值。价值增值过程实现了。

由此可见，**价值增值过程是超过一定点而延长了的价值形成过程**。在价值增值过程中，工人的劳动时间被延长到补偿劳动力价值所需要的时间以上，从而使工人的劳动时间分为两个部分：一部分是**再生产劳动力自身价值的时间，叫作必要劳动时间**；另一部分是无偿为资本家创造剩余价值的时间，叫作剩余劳动时间。工人的剩余劳动时间提供的剩余劳动是剩余价值的源泉。在资本主义商品经济中，**剩余价值是由雇佣工人创造的而被资本家无偿占有的超过劳动力价值以上的那部分价值**。由于资本主义的价值形成过程也就是价值增值过程，这就使得资本总公式的矛盾最终得以解决，即在流通领域中所购买的劳动力商品，在生产领域中创造出剩余价值。

二、资本的本质

资本能够带来剩余价值的价值，它体现着资本家剥削雇佣工人的社会生产关系，这就是资本的本质。

在现实生活中，资本总是以物的形式表现出来，如机器、厂房、设备、原材料等。但这些物本身不是资本，因为这些生产资料作为某种特定用途的使用价值，属于一个永恒的范畴。而资本属于历史的范畴，只有当生产资料成为剥削雇佣工人创造的剩余价值的手段时，才成为资本。资本的本质不是物，而是被物的外壳掩盖着的资本家剥削雇佣工人的社会生产关系。这种生产关系的基础就是生产资料资本主义私人占有制。资本家占有生产资料，工人一无所有，不得不出卖劳动力，受资本家的剥削。可见，资本是随着资本主义生产关系的建立而产生的。

三、不变资本和可变资本

资本在资本主义生产过程中以生产资料和劳动力两种形式存在。马克思根据这两部分资本在剩余价值生产过程中所起的作用不同，把资本区分为不变资本和可变资本。

不变资本是以生产资料形式存在的那部分资本。在剩余价值的生产过程中，不变资本只是借助于工人的具体劳动，将已消耗掉的部分的价值转移到新的产品中去，并不发生价值增值，只不过是它原有价值在新产品中的再现。

可变资本是以劳动力形式存在的那部分资本。在剩余价值的生产过程中，可变资本的价值不是转移到新产品中去，而是通过劳动力的使用，生产出比劳动力价值更大的价值，从而实现价值增值，其增值部分就是剩余价值。**剩余价值是雇佣工人创造的被资本家无偿占有的超过劳动力价值以上的那一部分价值**。用字母 m 表示。

马克思把资本划分为不变资本和可变资本，其意义在于：它进一步揭露了剩余价值的真正源泉和资本主义的剥削实质。通过不变资本和可变资本的区分，说明了剩余价值既不是由全部资本产生的，也不是由不变资本产生的，而是由可变资本产生的。工人的剩余劳动是剩余价值的唯一源泉。

四、剩余价值率

剩余价值率是剩余价值与可变资本的比率。用字母 m' 表示，它表明资本家对工人的剥削程度。

如果用 C 代表不变资本，用 V 代表可变资本，用 m 代表剩余价值，那么，资本主义生产过程生产出来的产品价值，就等于 $C+V+m$。其中 $C+V$ 是资本家的预付资本，$V+m$ 是工人在生产中新创造的价值。

剩余价值率用公式表示为

$$剩余价值率(m') = \frac{剩余价值(m)}{可变资本(v)} = \frac{剩余劳动}{必要劳动} = \frac{剩余劳动时间}{必要劳动时间}$$

后两个公式以活劳动的形式表明资本主义的剥削程度，即工人在一个工作日的全部劳动时间中，究竟有多少时间为自己劳动，有多少时间无偿地为资本家劳动。

剩余价值率是决定剩余价值量的重要因素。而剩余价值量的大小则取决于剩余价值率和可变资本两个因素，用公式表示为

$$m = m' \times V$$

可见，资本家为了追求更多的剩余价值，可以通过两条途径，即提高对工人的剥削率(m')和增加可变资本(V)总量。在一定时期内，由于资本家的资本规模是有限的，因而所能雇佣的工人人数也是有限的，所以，资本家总是力图用各种提高剥削程度的方法来增加剩余价值量。剥削程度的提高，也就意味着剩余价值率的提高。

第三节　剩余价值生产的两种方法

资本家提高对工人的剥削程度的方法主要有两种：绝对剩余价值的生产和相对剩余价值的生产。

一、绝对剩余价值的生产

绝对剩余价值的生产，是指在必要劳动时间不变的条件下，通过延长工作日来生产剩余价值的方法。这种在必要劳动时间不变的条件下，依靠绝对延长工作日而生产的剩余价值，叫作绝对剩余价值。

假定，工作日的时间为12小时，其中必要劳动时间为6小时，剩余劳动时间为6小时，剩余价值率为100%。现在资本家把工作日延长到15小时，必要劳动时间仍为6小时，剩余劳动时间就从6小时增加到9小时，剩余价值率就提高到150%。

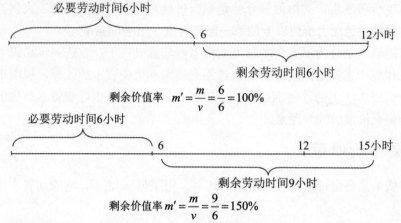

工作日的长度是一个可变量，但它的变动是有限度的，不可能无限延长。其最低限度必须大于必要劳动时间，否则就不能生产剩余价值。工作日的最高限度取决于两个因素：生理因素和道德因素。从生理因素上讲，每天只有24小时，工人必须有一部分时间用来吃饭、睡觉，以满足生理上对劳动力恢复的需要。从道德因素来说，工人要有一定时间参加文化生活、社会活动、照顾家庭等，以满足精神生活和社会生活的需要。因此，工作日长度的确定，最终取决于资本家阶级和工人阶级之间的力量对比。

二、相对剩余价值的生产

相对剩余价值的生产，是指在工作日长度不变的条件下，通过缩短必要劳动时间，相对延长剩余劳动时间的方法。这种在工作日长度不变的条件下，由于必要劳动时间的缩短而剩余劳动时间相对延长所生产的剩余价值，叫作相对剩余价值。

假定，工作日的时间为8小时，其中必要劳动时间为4小时，剩余劳动时间为4小时，剩余价值率为100%。在工作日8小时不变的条件下，必要劳动时间由4小时缩短为2小时，剩余劳动时间则由4小时增加到6小时，剩余价值率则提高到300%。

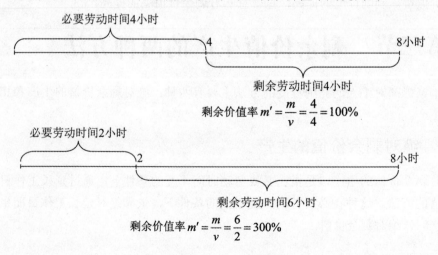

相对剩余价值是全社会劳动生产率普遍提高的结果,而全社会劳动生产率的提高,是通过各个部门的资本家追逐超额剩余价值实现的。

超额剩余价值是商品的个别价值低于社会价值的差额。它是个别资本家采用先进技术提高劳动生产率而获得的。

假定,在社会正常生产条件下,皮鞋工人每天生产皮鞋 2 双,每双皮鞋的社会价值为 12 元,其中生产资料转移价值为 9 元,新创造的价值为 3 元,工人新创造的价值总额为 6 元。如果某个企业采用新技术后劳动生产率提高 1 倍,工人每天生产皮鞋 4 双,生产资料转移价值为 36 元,工人新创造的价值总额仍为 6 元,共计 42 元,每双皮鞋的个别价值为 10.5 元,按照社会价值 12 元出售,其差额 1.5 元就是超额剩余价值,4 双皮鞋共获超额剩余价值 6 元。

超额剩余价值的源泉也是工人的剩余劳动。因为个别企业采用先进技术,其劳动复杂程度和效率高于一般企业。因此,该企业工人的劳动,在同样多的时间里创造了更多的价值,即在同样的时间里创造的剩余价值比一般企业的工人多。

个别企业获得超额剩余价值只是一种暂时现象。为了追求超额剩余价值,各个资本家也会竞相采用新技术。当新技术普及后,整个部门的劳动生产率得到普遍提高,原来先进的生产条件转化为一般的生产条件,生产单位商品的社会必要劳动时间减少,超额剩余价值消失。社会劳动生产率普遍提高的结果,使单位商品的价值降低,从而劳动力的价值也相应降低,必要劳动时间缩短,剩余劳动时间相应延长。此时,所有的资本家都因此而得到相对剩余价值。

相对剩余价值的生产是以绝对剩余价值生产的存在为前提的。绝对剩余价值生产,是假定劳动生产率不变,从而必要劳动时间不变,而工作日绝对延长;相对剩余价值生产,是假定工作日长度不变,而劳动生产率提高,从而必要劳动时间缩短。绝对剩余价值生产是资本主义剥削制度的基础,也是相对剩余价值生产的出发点。这是因为只有把劳动日绝对延长到必要劳动时间以上,资本家才能无偿占有剩余劳动时间创造的剩余价值。同时,在劳动日被分割为必要劳动时间和剩余劳动时间两个部分的条件下,资本家才有可能通过提高劳动生产率,缩短必要劳动时间,相应延长剩余劳动时间,从而实现相对剩余价值的生产。

绝对剩余价值生产和相对剩余价值生产在资本主义生产发展的不同时期所起的作用是不同的。在资本主义发展过程中,早期由于生产技术发展缓慢,资本家主要采用绝对剩余价值生产的方法剥削工人。随着资本主义的发展,生产技术日趋先进,劳动生产率不断提高,相对剩余价值的生产日益成为资本家加强剥削的主要方法。

三、剩余价值规律是资本主义基本经济规律

基本经济规律是指在一定社会经济形态里诸多经济规律中起主导作用的经济规律,其基本内容是社会生产的目的以及实现目的的手段。资本主义社会的基本经济规律是剩余价值规律。**剩余价值规律的内容,就是通过不断扩大和加强对雇佣劳动的剥削,来达到获取尽可能多的剩余价值的目的。**

剩余价值规律决定着资本主义生产的实质。资本主义生产的实质,就是剩余价值的

生产。资本主义生产的目的，不是为了满足社会需要，而是为了追求剩余价值。这是由资本主义生产资料私有制所决定的。资本主义生产以雇佣劳动为基础，在生产过程中，生产资料和劳动力都是以资本的要素形式存在，而资本的使命就是要实现价值增值。因此，生产必须服从追求剩余价值的目的。

剩余价值规律决定着资本主义生产的一切主要方面和主要过程。 资本主义生产的各个环节都受剩余价值规律的支配。资本主义生产是为了创造剩余价值；资本主义流通是为生产剩余价值做准备和实现剩余价值；资本主义分配实质上是瓜分剩余价值；资本主义消费过程是资本家个人消费受制于剩余价值生产和工人个人消费是为了提供资本主义再生产所需的劳动力的过程。

剩余价值规律决定着资本主义生产方式产生、发展直至灭亡的全部过程。 剩余价值的生产，在推动社会生产力迅速发展的同时，也使资本主义私人占有和生产社会化之间的矛盾日趋加剧，最终必然导致资本主义生产方式被更高的社会生产方式所替代。在当代，虽然资本主义生产要素和生产环境发生了巨大变化，但剩余价值规律仍然起作用，而且仍然是资本主义的基本经济规律。因为，资本主义生产的经济条件——生产资料资本主义私人占有制没有变；资本主义生产的目的和动机——追求最大限度的剩余价值没有变；资本主义剥削的对象——雇佣工人没有变；资本主义剥削的基本手段——绝对剩余价值生产和相对剩余价值生产没有变；剩余价值的来源——雇佣劳动者的剩余劳动没有变。

第四节 资本主义工资

在资本主义条件下，工人为资本家劳动，资本家则支付工人工资。表面上看，工人劳动一天，资本家付给一天的工资；劳动一个月付给一个月的工资；或者按照工人生产的合格产品的数量付给工资。这就造成一种假象，好像工人出卖给资本家的是劳动，而不是劳动力，工资被看作是工人全部劳动的报酬，这种假象掩盖了剩余价值的真正来源和资本主义的剥削关系。因此，揭示资本主义制度下工资的实质，对剩余价值理论的确立意义重大。

一、资本主义工资的本质

资本主义工资是劳动力价值或价格的转化形式，它体现了资本家剥削雇佣工人的关系，这就是资本主义工资的本质。 但在资本主义社会，工资却以"劳动的价格"表现出来，资本家根据工人的劳动时间支付工资，表面上，似乎工人的全部劳动都得到了报酬。实际上，在工人与资本家的交换中，工人出卖的是劳动力而不是劳动，资本家支付的工资是劳动力的价格而不是劳动的价格。**劳动不是商品**，没有价值或价格。

第一，劳动没有价值，也没有价格。 由于商品的价值是人类的一般劳动，劳动是形成价值的源泉和衡量价值量大小的内在尺度。如果劳动是商品，必然有价值，这等于说，劳动的价值是由劳动决定的。显然，这是毫无意义的同义重复。

第二，劳动在交换时并不存在。任何商品在出卖前必须独立存在。当工人与资本家进行交换时，劳动并没有开始，工人不可能拿不存在的东西来出售。成交之后，工人的劳动和劳动产品都属于资本家，而不属于工人，工人不可能拿资本家的东西卖给资本家。

第三，劳动如果是商品，有悖于价值规律和剩余价值规律。因为，如果劳动是商品，按等价交换，资本家付给工人的工资就是工人全部劳动的报酬，资本家就得不到剩余价值，资本主义生产就不复存在；如果按不等价交换，资本家用较少的物化劳动换取工人较多的活劳动，这就违背了价值规律的等价交换原则。

资本主义工资在现象上表现为劳动的价值或价格，是由资本主义生产关系决定的。从资本与劳动的交换关系来看，劳动力的买卖与其他商品的买卖一样，买者支付货币，卖者付出一种与货币不同的商品。此时，人们所关注的是交换时应遵循的对等原则，至于买卖的这个商品是劳动还是劳动力，一般人不会去深究。从工资的支付形式来看，资本家通常情况下是在工人劳动以后才支付工资，这也使得工资被看作是劳动的价值或价格。从工人的角度来看，由于劳动是工人谋取生活资料的手段，因而工人很容易把他出卖劳动力所得的工资看成是劳动所得。从资本家的角度来看，他总是希望以尽可能少的货币换取尽量多的劳动，以便获取利润。实际上，这个利润是劳动力价值和劳动力的使用所创造的价值之间的差额。但是，这个差额表现为资本家购买商品和销售商品的差价，因而资本家就把低价购买和高价卖出看成是利润的源泉，把工资说成是劳动的价值或价格。从工资的实际运动来看，一方面，工人劳动的时间越长所得工资越多；另一方面，劳动熟练程度不同的工人所得到的工资也不同，这也容易使人们误认为工资是劳动的价值或价格。

在资本主义制度下，由于劳动力的价值或价格转化为工资，这就掩盖了工人的必要劳动和剩余劳动、有酬劳动和无酬劳动之间的区别和对立，从而掩盖了资本家对工人的剥削。马克思对资本主义工资本质的揭示，使剩余价值学说得以最终确立起来。

二、资本主义工资的形式

资本主义制度下的工资形式多种多样，**但基本形式有两种**：计时工资和计件工资。

计时工资是按工人的劳动时间支付的工资，如月工资、周工资、日工资等。实行计时工资制对资本家十分有利。资本家可以根据自己的实际需要和经营状况，时而延长工作日时而缩短工作日；并可以在不降低甚至在提高工资额的情况下，采取延长劳动时间和提高劳动强度的办法来变相压低工人的计时工资，降低劳动的价格。随着资本主义的发展，工资的时间单位呈现出缩短的趋势。"二战"以后，许多发达国家普遍采用小时工资制，并在此条件下缩短工作日。这既有利于资本家提高劳动强度，在单位时间内榨取工人更多的剩余价值，又有利于在工人处于半失业的状态下，使更多的人就业，从而避免因失业人口过多所引起的麻烦。

计件工资是按工人生产的产品数量或完成的工作量支付的工资。计件工资是在计时工资的基础上转化而来，具有更大的欺骗性，从而更有利于资本家加强对工人的剥削。因为，资本家往往只将身强力壮和技术熟练的工人所能完成的产品数量，作为确定计件工资单价的标准，迫使工人提高劳动强度。同时，计件工资还迫使工人不得不拼命干活，

"自动"延长工作日。此外，在实行计件工资的条件下，工人劳动的质量、数量以及强度是由产品来控制的，这使资本家节约了雇用监工等监督工人劳动的成本。

随着科学技术的进步和资本主义的发展，在计时工资和计件工资两种基本形式的基础上，出现了"血汗工资制度"。这种工资形式的特点**是通过科学的"操作研究"，将工人的劳动强度提高到极限，以加强对工人的剥削**。这种工资形式中最具代表性的是"泰罗制"和"福特制"。"泰罗制"是由美国工程师弗雷德里克·泰罗发明的。他用摄影机将技术最好的工人的操作过程记录下来，一分一秒加以分析，去掉多余的动作，制定出效率最高的劳动方法，并以此作为决定产量定额的标准，定出不同的工资等级。据泰罗自己所说，在这种工资制度下，工人工资虽然较原来增加了63%，但劳动强度却提高了270%，工人减少了2/3，资本家的支出则减少了1/2。"福特制"是由美国汽车大王亨利·福特首先在自己的工厂中推行的。这种制度是以自动化生产线为技术条件，通过提高流水线的运转速度，来提高和控制工人的劳动强度。"血汗工资制度"说明，在资本主义社会里，科学技术的进步意味着榨取工人血汗的艺术的进步。

此外，在资本主义社会里，还有许多工资的派生形式，如奖金、津贴、分红利、优先持股等。所有这些，就其本质上讲，无非是劳动力价值的转化形式。资本家之所以这样做，目的在于除了刺激工人更加卖力干活外，还企图在工人中间制造一种错觉，似乎企业的利益与工人的利益不是对立的，而是一致的。

三、名义工资和实际工资

名义工资是指工人出卖劳动力所得到的货币数量，也称货币工资。

实际工资是指工人用货币工资所能实际购到的生活资料和服务的数量。

名义工资和实际工资有着密切的联系。在其他条件不变的情况下，二者的变动是一致的，即名义工资越高，实际工资也就越高，反之亦然。但二者也常常不一致，即名义工资不变甚至提高，实际工资却可能下降。因为，实际工资的高低不仅取决于名义工资的高低，同时还取决于物价水平、税收负担、住房租金和医疗费用的高低等多种因素。

在资本主义社会，名义工资和实际工资背离的现象是经常发生的，产生这种现象的主要因素是消费品和服务的价格总水平。

名义工资、实际工资、价格水平三者之间的关系如下：

$$\text{实际工资} \downarrow = \frac{\text{名义工资} \rightarrow}{\text{价格水平} \uparrow} \tag{1}$$

$$\text{实际工资} \downarrow = \frac{\text{名义工资} \uparrow}{\text{价格水平} \uparrow\uparrow} \tag{2}$$

$$\text{实际工资} \uparrow = \frac{\text{名义工资} \uparrow\uparrow}{\text{价格水平} \uparrow} \tag{3}$$

式(1)表明，名义工资不变，生活资料价格上涨，实际工资必然下降；式(2)表明，名义工资增加，但生活资料价格上涨幅度更大，实际工资仍然减少；式(3)表明，只有在名义工资增长的幅度大于生活资料价格上涨的幅度时，实际工资才会增长，但增长的幅度仍小于名义工资增长的幅度。

从资本主义工资水平的变动趋势来看,名义工资和实际工资均呈上升趋势,但名义工资的增长要快于实际工资的增长。

四、工资的国民差异

工资的国民差异是指不同国家的工资水平存在着差异。由于工资是劳动力的价值或价格,因此,凡是影响劳动力价值的各种因素,都会影响到工资水平。不同国家和同一国家的不同发展阶段,影响劳动力价值的因素不完全相同,因而其工资水平也不相同。一般来说,工资水平的差异,主要是由各国生产力发展水平、劳动生产率、文化发展水平以及生活习惯等多种因素决定的。

在如何看待发达资本主义国家较高的工资水平时,应把握以下几点:一是实际工资大大低于名义工资,伴随着高工资的是高物价和高税负;二是工资在国民收入中所占份额呈下降趋势;三是工人的劳动熟练程度和劳动强度普遍提高。

第五节 例证分析

一、劳动力商品的特殊性

劳动力成为商品,是指劳动者把劳动力的使用权当作商品出让,而不是像其他商品那样,转让其所有权。换言之,在工人与资本家进行交换时,工人出卖的是劳动力而不是工人自身,而一般商品在交换时,得到商品价值的一方,必须把商品本身出让给对方。因为商品是使用价值的物化形式。

劳动力作为商品,其使用价值和价值与一般商品的使用价值和价值不同。

从劳动力的价值来看,由于劳动力是存在于活的人体之中,因此,劳动力的价值就表现为劳动者维持劳动力再生产所必需的生活资料价值。即是说,劳动力商品的价值不是通过自身来表现的,而是借助其他商品(生活资料)的价值来表现,而一般商品的价值则是由其自身直接表现出来。

劳动力的价值决定除了由劳动者维持自身生存所需的生活资料的价值、劳动者抚育后代所需的生活资料的价值,以及劳动者为提高劳动能力所支出的培训费用决定之外,还包含着历史的和道德的因素。劳动者对生活资料的需要是在一定的历史条件下形成的。即劳动者必要的生活资料的种类和数量,要受到在一定历史条件下的经济和文化发展水平以及各国的风俗与习性的制约。例如,在汽车未出现之前,住在离工厂较远的工人,为了上班不迟到,每天必须早早起床步行赶到工厂。当汽车出现以后,坐汽车上班已经成为最普遍、最基本的工作需要。因此,汽车就成为工人必要的生活资料。劳动者必要的生活资料,不仅仅是指人在生理上的最低需要,而且是指在一定的社会历史条件下维持劳动者正常生活的需要。随着社会经济发展和文化水平的提高,必要生活资料的种类和数量也会不断增加,质量和结构也会发生变化,劳动力价值的物质内容也会不断丰富。

例如，在当代发达资本主义国家，汽车、别墅、空调、冰箱以及其他高档耐用的消费品，都已成为工人必要的生活资料。虽然不同国家的社会经济发展水平和生活水平存在差别，但是，在一定国家的一定发展时期内，必要生活资料的基本种类和平均数量是一个可以确定的量，它是决定劳动力价值的标准。

从劳动力的使用价值上讲，同其他商品相比，劳动力的使用价值具有独特之处。一般商品的使用价值被消费时，不能创造出新的价值，其使用价值也随之转化或消失，其价值随着使用价值的消失被转移到新的商品里去或消失掉。而劳动力这种特殊商品的使用价值则不同，劳动力的使用价值就是劳动，劳动者在劳动中，不仅能创造出新的使用价值，并把生产资料的价值转移到新的商品中去，更重要的是还可以创造出比劳动力本身的价值更大的价值。也就是说，劳动力商品的使用过程可以使资本的价值增值。因此，劳动力商品的使用价值的特殊性，就在于它是价值的源泉，并且是大于自身价值的价值源泉，劳动力的使用能为其购买者创造剩余价值，这对剩余价值的生产具有决定性意义。

二、资本主义生产过程是劳动过程与价值增值过程的统一

在资本主义条件下，劳动过程是资本家消费劳动力的过程，即工人运用劳动资料对劳动对象进行加工，创造新的使用价值的过程。资本主义生产过程不仅仅是生产使用价值的过程，因为生产新的使用价值不是资本家的最终目的。资本主义生产过程同时还是使资本家获得剩余价值的价值增值过程。

价值增值过程是以价值形成过程为基础的。先看价值形成过程：假定，生产 1 双皮鞋需用牛皮价值 10 元，鞋钉、鞋绳、机器耗损等价值 5 元，也就是说，生产 1 双皮鞋所需生产资料的价值共 15 元。这些生产资料经过制鞋工人的具体劳动，制成了皮鞋，创造了一个新的使用价值。生产过程中所消耗掉的牛皮、鞋钉等生产资料的价值，已转移到新产品皮鞋中去，成为皮鞋价值的一部分。

制鞋工人的劳动，不仅是创造使用价值的具体劳动，而且也是形成价值的抽象劳动。假定，制鞋工人 1 小时的劳动形成 1 元价值，每小时生产 1 双皮鞋，也就是说，每双皮鞋里凝结着 1 元新创造的价值。这样，加上生产资料的转移价值 15 元钱，每双皮鞋的价值共 16 元。

假定，制鞋工人的劳动力日价值 6 元，且资本家按照劳动力的价值支付给制鞋工人。现在，制鞋工人每天工作 6 小时，生产 6 双皮鞋。这样，资本家购买生产资料和劳动力的资本价值共计 96 元(=15×6+6)，而 6 双皮鞋的价值也是 96 元(=16×6)，皮鞋的价值和预付资本的价值相等，价值没有增值，这就是价值形成过程。

事实上，资本家在购买了工人 1 天的劳动力以后，就获得了工人 1 天的劳动力的使用权。资本家要工人每天劳动不是 6 小时，而是 12 小时，生产 12 双皮鞋。这样，资本家在 12 双皮鞋上的预付资本共 186 元(=15×12+6)，出售 12 双皮鞋共得 192 元(=16×12)，两者相差 6 元。资本家按照价值购买生产资料和劳动力，按照价值出售皮鞋，这多出的 6 元剩余价值无偿地被资本家占有。

由此可见，价值增值过程是超过一定点而延长了的价值形成过程。这个一定点，就是工人新创造的价值正好等于劳动力价值的时间。

三、机器人不能创造剩余价值

在当代许多发达资本主义国家，由于科学技术的迅猛发展，特别是在第三次科技革命的推动下，生产过程开始向自动化生产阶段发展，机械手、机器人、自动控制设备等可以部分代替人的体力劳动和脑力劳动，并出现了"无人车间"和"无人工厂"，直接出现在现场的工人趋于减少。这些高度自动化企业，劳动生产率迅速提高，产品数量和种类日益增加，产品质量不断优化，资本家所获得的剩余价值因此也大大增加。

如何看待这些雇佣很少工人的企业却能获得更多剩余价值这一现象，换言之，**机器人能否创造剩余价值？答案是不能。**因为，在资本主义自动化的条件下，剩余价值的来源依然且只能是雇佣工人的剩余劳动。

第一，机器人是生产工具，不是生产工人。机器人无论性能如何先进，实质上依然是机器，只是比普通机器更先进、更精密、更复杂而已。尽管机器人能够模拟人的某些动作，代替人的某些劳动，但它仍然是一种生产工具，作为生产的物质条件，它并没有因技术先进而改变它作为不变资本的性质。在生产过程中，机器人同别的生产资料一样，仍然是不变资本的存在形式，它的价值仍然要按照其磨损程度，逐渐地转移到新产品中去。机器人既不能创造新价值，更不能为资本家创造剩余价值。

第二，机器人是人创造的，不能完全代替人。机器人无论多么先进，都是人类劳动的产物。机器人在生产中的应用，使参加直接生产过程的雇佣工人减少了，但并不能因此完全代替人的劳动。机器人本身需要人来安装、调试、操作和维修，而制造机器人更需要人来研究、设计、试验和生产，花费了人的大量复杂的劳动。离开了人的劳动，机器人等自动化装置就不可能制造出来，即使制造出来，没有人的安装、调试和操纵，它也会成为一堆废物。机器人的出现，并不能改变劳动者在生产过程中的作用。

第三，在自动化生产条件下，生产工人的范围扩大了。在自动化生产过程中，不仅有直接操作机器人的工人，而且更包括那些研究发明、设计制造、安装和维修的大批科学家、工程师、技术人员和管理人员。他们和普通工人共同构成生产社会产品的"总体工人"，共同创造剩余价值。正是由于这些"总体工人"进行了大量的、高级的复杂劳动，复杂劳动在生产中的比重大大提高，因而创造出的价值和剩余价值也就更多。

第四，个别企业使用机器人等自动化设备，劳动生产率大大提高，使生产商品的个别劳动时间大大低于社会必要劳动时间，从而获得了更多的超额剩余价值。进一步说，由于整个社会的生产自动化程度提高了，整个社会的劳动生产率也随之提高，从而降低了劳动力的价值，增加了相对剩余价值的生产。

四、资本的一般特征

资本是能够带来价值增值的价值。从价值形态看，资本是投资者预先垫支的本金。从实物形态看，资本表现为厂房、设备、生产工具、劳动力、原材料等生产要素。资本可以是有形的，如各种实物形态的生产要素；也可以是无形的，如生产中的技术专利、商品信息等。

资本的特性是通过使用能够使价值增值。在商品生产条件下，小到一个经济单位，大到一个经济社会，要想增加财富，就必须使价值不断地增值。即预先投入一定量的货币，经过一定的生产过程，然后收回更多的货币。因此，从广义上说，资本是商品生产最初垫支的本金，是实现价值增值的价值，属于市场经济的基本范畴。资本具有以下五方面的特征。

第一，预付性。资本的价值在其运动的开始，是作为本钱垫支出去的，具有预付的性质。投资者在预支时，就预期要重新得到它。因此，资本经过一定时期的运动之后，必须回流到垫支者手中。而一般商品进入流通之后，其价值不再回流。

第二，增值性。实现价值增值是资本预先投入的目的，也是区分资本货币与一般货币的根本标志。资本的本性就是在运动中不断增值，以带来更多的财富。而普通商品无论经过多少次流通，其价值量都不会增加。

第三，风险性。资本的预先投入会带来多种可能性。当投资者对未来的预期与客观实际一致时，投资者可能获得巨额的收益。当投资者的未来预期与客观实际不一致时，收益非但没有增加，本金也可能成为泡影。因此，对于资本来说，收益与风险并存，且二者正相关联。而普通商品和货币投入流通，一般没有风险或风险很小。

第四，运动性。资本的本性就是实现价值增值，而资本只有在运动中才能增值，离开了运动，资本就丧失了生命力。因此，具有资本性质的一切投资品，必须处在不断地运动之中。资本的闲置，表明商品生产经营不善。而一般商品的运动，只是通过流通实现它们的价值而已。

第五，社会性。资本作为生产要素，具有两面性：从自然属性来看，资本是生产的一般要素，是商品生产的逻辑起点。从社会属性看，资本体现的是一种社会生产关系，谁拥有它，它就为谁服务。

资本的上述五个特征是密切联系的一个有机整体：对于投资者来说，预付性是基础，增值是目的，风险是压力和动力，运动是实现增值目的的条件，而无论哪一种资本形态，都是某种社会生产关系的具体条件。

五、资本主义工资的变动趋势

资本主义工资的变动，受多种因素的影响。一方面，大量的失业人口、通货膨胀、工人劳动强度的提高和劳动时间的延长，以及税收负担的加重等，使实际工资下降；另一方面，劳动生产率的提高、科学技术的进步、生产发展对劳动力素质要求的提高，以及工人阶级有组织的斗争等因素，也会阻碍实际工资的下降。所以，实际工资的变动取决于上述两方面因素的力量对比。这些因素与影响资本主义工资变动的一般因素是一致的。

资本主义工资的变动趋势表现为以下几个方面。

第一，名义工资一般呈增长趋势。因为，货币工资是劳动力价值的货币表现，而资本主义国家的通货膨胀是一种普遍现象，通货膨胀致使物价不断上涨，从而使名义工资不能不有所增加。但是，资本主义国家偶尔也会出现名义工资下降的情况。例如，近年来，由于主要资本主义国家经济普遍不景气，通货紧缩情况严重，企业效益普遍不好，因而，资本主义国家的许多企业采取了多种措施来应对这种情况，降低工资就是其中的措施之一。当然，工人名义工资下降的情况在资本主义国家不多见，这是因为，根据工资的刚性理论，名义工资具有很强的向下的刚性，名义工资下降，会带来许多社会问题，资本主义国家对此不得不有所顾忌。此外，资本主义国家的工人阶级普遍建立起代表自身利益的自发性组织——工会组织，工会组织的存在与斗争，也是阻止名义工资下降的重要因素。

第二，**从资本主义发展的历史过程来看，实际工资有升有降，时高时低**。从长期来看，呈缓慢上升趋势。例如，"二战"以后，发达资本主义国家工人的实际工资总的来看具有提高的趋势。美国非农业工人 1947 年按不变价格计算的周实际工资为 123.52 美元，1972 年上升到 198.41 美元，提高了 60.63%；1986 年周实际工资比 1947 年提高了 38.5%。其他西方发达资本主义国家战后工人实际工资也是不断提高的。如果以 1973 年工人实际工资指数为 100，日本 1979 年为 111，1988 年达到 128；联邦德国 1979 年为 111，1988 年则为 113；法国 1979 年为 117，1988 年升至 119；意大利 1979 年为 118，1988 年升为 124；英国工人实际工资增长幅度最大，1976 年为 106，1988 年则达到 136。[①]

"二战"以后西方发达资本主义国家工人实际工资提高的原因是多方面的，主要原因有二：一是在现代科技革命的推动下，社会生产力有了较快发展，这是实际工资提高的根本原因；二是工人长期斗争的结果，例如，美国参加工会组织的工人每周的平均工资 1986 年为 444 美元，1987 年为 458 美元，1988 年为 474 美元；而没有参加工会组织的工人，这 3 年的平均周工资分别为 325 美元、339 美元和 353 美元。[②]工会会员的工资比非工会会员高出 1/3 还多。

战后发达资本主义国家工人实际工资的提高，归根到底还是工人劳动力价值提高的结果。劳动力价值的变动存在着下降和上升两种趋势。一方面，由于社会劳动生产率的提高，维护工人劳动力再生产的生活必需品价值下降，从而导致工人劳动力价值下降；另一方面，由于社会生产力的发展和经济文化生活水平的提高，工人所必需的生活资料的范围和数量也会扩大和增多。另外，科技革命使资本的技术构成不断提高，要求工人受教育的程度也随之不断提高，于是造成教育费用的增加。这些因素又造成了劳动力价值提高的趋势。战后发达国家工人实际工资的增加，就是工人劳动力价值上升趋势的反映。

不过，在看待资本主义工资具有提高的趋势时，有两点值得注意。第一，实际工资呈上升趋势，并不排斥工资低于劳动力价值。事实上，在资本主义生产过程中，由于大量失业和半失业人口的存在，资本家把工资压低到劳动力价值以下的情况屡见不鲜。第二，实际工资呈上升趋势并不排斥相对工资的下降。所谓相对工资，是指在工人创造的价值($V+m$)中，工资同剩余价值相比较所占的份额。据统计，美国工人收入在国民收入中所占的比重，从 1948 年的 29.7%下降到 1977 年的 26.3%。[③]这表明在资本主义经济发展的过程中，相对工资呈不断下降的趋势。

---

① 陈喜田. 马克思主义政治经济学原理[M]. 北京：高等教育出版社，1998：97.
② 张绍焱. 政治经济学概论[M]. 北京：中国经济出版社，2004：88.
③ 张绍焱. 政治经济学概论[M]. 北京：中国经济出版社，2004：89.

本章小结

劳动力商品与其他商品一样具有使用价值和价值。劳动力商品的特殊性在于它具有特殊的使用价值,即劳动力在使用过程中能够创造比它自身价值更大的价值,从而成为剩余价值的源泉。所以,劳动力成为商品是货币转化为资本的关键。

资本是能够带来剩余价值的价值。资本的本质不是物,它体现了资本家剥削雇佣工人的社会生产关系。

剩余价值是由雇佣工人创造的新价值中被资本家无偿占有的超过劳动力价值以上的那部分价值。剩余价值不是资本家全部预付资本的产物,而是可变资本的产物。剩余价值率是剩余价值与可变资本的比率,它准确地反映了资本家对工人的剥削程度。

资本主义生产过程是劳动过程与价值增值过程的统一,其实质是价值增值过程,即剩余价值的生产过程。

绝对剩余价值生产和相对剩余价值生产是资本主义提高剥削程度的两种基本方法。

资本主义工资是劳动力价值或价格的转化形式。劳动力价值或价格转化为工资,表现为劳动的价值或价格,掩盖了资本主义的剥削关系。

工资的国民差异是指不同国家的工资水平存在着差异。一般来说,不同国家工资水平的差异,主要是由各国生产力发展水平、劳动生产率、文化发展水平以及生活习惯等多种因素决定的。

"二战"以后,发达国家工人的工资水平的变动趋势是,名义工资不断提高;实际工资有升有降,时高时低,从长期变动趋势看是缓慢上升。但是相对工资则呈下降的趋势。

复习与思考

1. 名词解释。
   资本　　　　　剩余价值　　　　　绝对剩余价值
   相对剩余价值　　超额剩余价值
2. 简述货币与资本的区别。
3. 为什么说剩余价值的产生既在流通中又不在流通中?
4. 如何理解劳动力成为商品是货币转化为资本的关键?
5. 试述剩余价值生产的两种基本方法。

第四章
资本积累

人类社会要生存，要发展，就必须不断地进行再生产。进行再生产，就必须不断地进行资本积累，从而不断地扩大生产规模，以满足人类社会生存和发展的需要。本章重点介绍资本积累的过程，从资本主义再生产过程着手，进一步分析资本积累的实质，揭示资本积累的一般规律以及历史发展趋势。

第一节 资本主义再生产和资本积累

资本主义生产方式的特征，不是生产过程在原有规模上的简单重复即简单再生产，而是生产规模不断扩大即扩大再生产。资本主义再生产的特点是扩大再生产。由于扩大再生产的基础和出发点是简单再生产，因此，要分析资本主义扩大再生产，就必须从分析简单再生产开始。

一、再生产及其分类

物质资料的生产，是人类社会存在和发展的基础。人类社会要生存和发展，就必须不断地进行再生产。马克思指出，不管生产的社会形式怎样，它必须是连续不断的，或者说，必须周而复始地经过同样一些阶段。一个社会不能停止消费，同样，它也不能停止生产。因此，每一个社会生产过程，从经济的联系和不断更新来看，同时也就是再生产过程。①每一次生产过程都是上一次生产过程的重复和更新，同时又是下一次生产过程的开始。这种不断重复、不断更新的生产就叫再生产。任何社会的再生产，都是物质资料的再生产和生产关系的再生产的统一。

社会再生产按其规模来划分，可分为**简单再生产和扩大再生产**。

简单再生产是指生产规模在原有基础上不变的再生产。扩大再生产是指生产规模在扩大基础上的再生产。

任何社会的**扩大再生产**按其实现方式来划分，可分为**内涵的扩大再生产和外延的扩大再生产**。

内涵的扩大再生产是指依靠生产技术的进步、生产要素质量的改善和劳动生产率的提高来扩大原有生产规模的再生产。

---

① 中共中央马克思恩格斯列宁斯大林著作编译局. 马克思恩格斯全集：第二十三卷[M]. 北京：人民出版社，1972：621.

外延的扩大再生产是指在生产技术、劳动效率和生产要素质量不变的情况下，单纯依靠扩大生产场所、增加生产资料和劳动力的数量来扩大原有生产规模的再生产。

在现实经济生活中，扩大再生产的两种方式通常结合起来进行。生产在外延扩大的同时，也会伴随着内涵的提高，即在进行外延扩大再生产时，一般都伴随着生产技术的改进和使用更先进的机器设备。而内涵的提高，一般也要求外延上有适当的增加，即扩建企业、扩建生产场所、增加生产资料和劳动力数量。一般来说，在生产技术水平较低的条件下，生产以外延的扩大再生产为主；在生产技术有了较快的发展以后，内涵的扩大再生产就成为再生产的主要方式。

二、资本主义简单再生产

资本主义社会条件下的再生产与其他社会条件下的再生产一样，也分为简单再生产和扩大再生产。资本主义再生产的特征是扩大再生产，但由于简单再生产是扩大再生产的基础，因此，要分析资本主义扩大再生产，首先必须分析资本主义简单再生产。

资本主义简单再生产是指资本家把工人在生产过程中所创造的剩余价值全部用于个人消费，使生产规模在原有的基础上重复进行的再生产。例如，某资本家拥有资本 5000，其中 $4000C$ 用于购买生产资料，$1000V$ 用于购买劳动力，假定剩余价值率为 100%，生产周期为一年，那么，生产过程完成后，资本家可获得 $1000m$ 剩余价值。即

$$4000C + 1000V + 1000m = 6000$$

如果资本家把 $1000m$ 剩余价值全部用于个人消费，那么，下一次生产时投入的资本和原来一样，仍然是 $4000C + 1000V$，生产在原有规模上重复进行。

通过对资本主义简单再生产的分析，可以辨别它作为孤立的过程所具有的假象，认清资本主义生产过程的新特征，从而进一步揭示资本主义剥削的实质。

第一，资本家用于购买劳动力的可变资本是由工人创造的。资本主义的生产过程是从资本家购买劳动力开始的。资本家为了进行生产，必须用可变资本购买劳动力，工人为资本家劳动一定时间以后，得到工资。如果孤立地从一次生产过程来看，资本家支付给工人的工资好像是资本家用自己的钱预付的，因为工人得到工资时，工人生产的产品可能还没有卖出去。这就造成资本家养活工人的假象。但是，从再生产过程考察，工人这一时期得到的工资是工人前一时期劳动创造的，资本家将前一时期工人生产的产品卖出以后所得货币的一部分，用来支付后一期工人的工资。这表明，工人的工资是他自己创造的价值的一部分。不是资本家养活了工人，而是工人自己养活自己，并且养活了资本家。

第二，资本家的全部资本都是由工人创造的。从单个生产过程来看，资本家在生产过程开始以前所投入的资本似乎是资本家自己的。但从再生产过程来看，不难发现，资本家的全部预付资本，都是由工人劳动创造的剩余价值积累起来的。还以上例为例，假定资本家每年把工人创造的剩余价值全部消费掉，那么，5 年以后，资本家实际已经消费了 5000 剩余价值，可资本家原来的 5000 资本不变。可见，资本家的 5000 资本本质上就是工人在 5 年中创造的、被资本家无偿占有的、积累起来的剩余价值。由此可见，无论

资本家原有的资本是怎样来的,只要经过一个或长或短的资本主义简单再生产过程以后,它必然会被不断积累起来的剩余价值所取代。因而,资本家的全部资本也是工人的劳动创造的。

第三,**工人的个人消费是为资本家再生产劳动力**。劳动力的再生产,是资本主义再生产不可或缺的必要条件。劳动力的再生产离不开工人的个人消费。工人的消费有两种:一是生产消费,即工人在生产过程中消费自己的劳动力和资本家的生产资料,并把生产资料转化为价值超过资本价值的产品。这种生产消费的过程实际上就是剩余价值的生产过程,它是属于资本家的。二是个人消费,即工人把出卖劳动力所得到的货币用于购买生活资料。从单个生产过程来看,工人的个人消费是在生产过程以外进行的,与生产无关,与资本主义生产过程无关。但从再生产过程来看,工人的个人消费是把在生产过程中消耗掉的劳动力再生产出来,以便提供下一次生产过程所需要的劳动力。可见,无论是在生产过程之中还是生产过程之外,工人都是资本的附属物,工人的个人消费从属于资本家追逐剩余价值的需要,是资本主义再生产的必要条件。

从动态的角度来考察资本主义生产过程,不难发现,它不只是生产商品,也不只生产剩余价值,而且还生产和再生产资本关系本身:一方面是资本家;另一方面是雇佣劳动者。由此可见,资本主义再生产不仅是物质资料再生产和资本价值的再生产,而且是资本主义生产关系的再生产。

三、资本积累和资本主义扩大再生产

资本家把工人创造的剩余价值的一部分转化为资本,用来追加投入生产过程,使生产在扩大的规模上重复进行,这就是资本主义扩大再生产。

资本主义再生产的特征是扩大再生产。资本家要扩大生产规模,必须要有追加的资本。因此,**资本家不能把工人在生产过程中创造的剩余价值全部用于个人消费,而必须把剩余价值的一部分转化为资本,用于追加投资,即资本积累**。

假定某资本家拥有资本 5000,其中 $4000C$ 用于购买生产资料,$1000V$ 用于购买劳动力,假定剩余价值率为 100%,生产过程完成后,资本家可获得 $1000m$ 剩余价值。假如资本家把剩余价值的一半即 500 用于个人消费,另一半用于追加投资,按照原来的资本有机构成分别追加 $400C$ 用于购买生产资料,$100V$ 用于购买劳动力,那么,下一个生产过程开始时,资本家的资本就扩大为 $4400C + 1100V = 5500$,假定剩余价值率不变,仍是 100%,结果再生产过程完成时,资本家得到的剩余价值为 $1100m$,再生产过程的产品价值为 $4400C + 1100V + 1100m = 6600$。由此可见,再生产时资本的数量增加了,再生产的规模扩大了,资本家获得的剩余价值和产品的价值都增加了。如此进行下去,生产规模会越来越大,剩余价值也会越来越多。

资本积累是剩余价值的资本化,也就是资本家把剩余价值的一部分转化为资本。资本积累是一个不断扩大的过程。**剩余价值是资本积累的源泉**,没有剩余价值,没有资本家对工人的剥削,就没有资本积累,就不会有资本主义扩大再生产或生产的发展。**资本积累是扩大再生产的源泉**,资本积累的过程就是资本主义的扩大再生产过程。资本积累的目的就是为了追求更多的剩余价值。追求最大限度的剩余价值的生产本质,决定了资本家一方面不断地提高剥削程度，另一方面不断地扩大剥削范围，为此，资本家必须不断地进行资本积累，扩大生产规模。与此同时，竞争作为一种外在的强制力量，迫使资本家不断地进行资本积累以增强竞争实力，从而保证能不断地榨取工人生产的剩余价值。

通过对资本主义扩大再生产的分析，可以进一步认识资本主义剥削的实质。如果说在简单再生产的条件下，资本家预付的全部资本要经过一段时间之后，才能变成资本化的剩余价值，那么，在扩大再生产的条件下，资本家用于追加投资的资本一开始就是工人创造的剩余价值。资本主义扩大再生产表明，剩余价值的资本化，即资本积累，其实质就是资本家用过去无偿占有的雇佣工人创造的剩余价值，去不断地扩大生产规模，不断地无偿占有工人更多的剩余价值。因为资本家用于积累的资本，是剩余价值的一部分，是资本家过去剥削工人的结果，但在积累时被资本家重新变成资本，成为继续剥削工人的手段。

四、决定资本积累量的因素

在资本主义条件下，加快资本积累和扩大再生产规模是生产发展的必然趋势。一方面，对剩余价值的无限追求，是资本家增加积累和扩大再生产的内在动力；另一方面，资本主义竞争，是资本积累的外在压力，竞争迫使资本家不断地积累资本，扩大生产规模，改进生产技术，提高劳动生产率，以增强竞争实力，取得竞争优势。

资本积累的规模大小决定于剩余价值量的大小和资本积累率的高低。在资本积累率，即消费和积累占剩余价值的比例确定的情况下，影响剩余价值量的因素也就是影响资本积累量的因素。

第一，对工人的剥削程度。在其他条件不变的情况下，剥削率即剩余价值率越高，同量可变资本创造的剩余价值就越多，资本积累的数量也就越多。资本家常常通过提高劳动强度、延长劳动时间、提高劳动生产率等方式来提高剩余价值率，从而增加资本积累量。

第二，社会劳动生产率的水平。社会劳动生产率的提高，有利于资本积累。首先，社会劳动生产率的提高，使单位商品的价值量降低，劳动力价值随之降低，必要劳动时间缩短，剩余劳动时间相对延长，剩余价值率提高，资本积累量增加。其次，社会劳动生产率的提高，商品价值降低，使同量资本可以购买更多的生产资料和劳动力，从而生产出更多的剩余价值。再次，社会劳动生产率的提高，商品价值量下降，使资本家可以在不降低甚至提高个人消费水平的情况下，增加资本积累。最后，社会劳动生产率的提高，有利于生产中使用效率更高的生产资料，个别企业因此可获得更多的超额剩余价值，部门因此可增加相对剩余价值，进而扩大资本积累的规模。

第三，所用资本和所费资本的差额。所用资本是指投入生产过程的全部资本，所费资本是指生产过程中耗费掉的资本。由于投入生产中的资本并不是在一次生产过程中全部消耗掉，因此，所用资本总是大于所费资本，两者之间形成了一个差额。这个差额的大小，取决于劳动资料的质量和数量。劳动资料的数量越多，其差额也随之增大。所用资本与所费资本差额越大，一部分劳动资料就像阳光、空气等自然力一样为生产提供无偿的服务越多，产品价值中用于补偿资本耗费的部分就越小，其结果必然引起商品价值下降，使资本家获得超额剩余价值和相对剩余价值。

第四，预付资本量的多少。在剩余价值率和不变资本与可变资本的比例不变的条件下，预付资本量越多，可变资本也就越多。被剥削的工人越多，剩余价值的价值量就越大，资本积累的规模也就越大。

第二节 资本有机构成和相对过剩人口

资本积累促使资本有机构成不断提高，伴随着资本有机构成的提高，造成人口相对过剩，对社会经济生活及无产阶级的命运产生了重大影响。

一、资本有机构成

在资本积累的过程中，随着资本总额的不断增大，资本的构成也在发生变化。

资本的构成可以从物质形态和价值形态两方面进行考察：从物质形态看，资本是由生产资料和劳动力构成的，它们之间的比例关系是由生产的技术水平决定的。这种由生产技术水平决定的生产资料和劳动力的比例，称之为资本的技术构成。生产技术水平越高，每一个劳动力所能推动的生产资料的数量就越多；反之则相反。从价值形态看，资本是由不变资本和可变资本构成的，不变资本和可变资本的比例，叫作资本的价值构成。资本的技术构成与资本的价值构成之间有着密切联系，资本的技术构成决定资本的价值构成，资本的价值构成一般反映着资本的技术构成的变化。

由资本技术构成决定并反映资本技术构成变化的资本价值构成，叫作资本的有机构成。通常用 $C:V$ 来表示。

理解资本有机构成的概念时应该注意两个问题：一是资本价值构成的变化，并不都是由技术构成的变化引起的。例如，价格的变化也会引起价值构成的变化，但这种变化并不反映技术构成的变化，因而对工人阶级的状况不具有直接影响。二是不同的生产部门和企业的生产条件是不同的，所以，他们的资本有机构成是不一样的。一般来说，重工业部门的资本有机构成较高，轻工业部门的资本有机构成较低。在考察资本有机构成的变化对工人阶级的影响时，通常为了研究的方便，把价格因素对价值构成的影响和不同部门、企业生产条件的差别舍去，而将所有企业的资本有机构成都作为社会平均有机构成来研究。

在资本积累过程中，资本有机构成具有不断提高的趋势。因为资本家为了追求更多的剩余价值，并在竞争中占据优势地位，必然要不断地改进生产技术，提高劳动生产率，其结果最终导致在全部资本中，不变资本所占比重逐渐提高，可变资本所占比重逐渐下降，从而导致资本有机构成不断提高。

二、资本积聚与资本集中

资本有机构成的提高，一般是以单个资本规模的增大为前提，而单个资本规模的增大，主要通过资本积聚和资本集中两条途径来实现。

资本积聚是指单个资本通过剩余价值的资本化而增大它的规模，表现为所支配的生产资料和劳动力的增加，而生产资料增加的比例更大。资本积聚是资本积累的直接结果。资本积聚有两个特征：第一，在其他条件不变的情况下，社会生产资料在单个资本手中积聚的发展，要受社会财富增加的限制，例如，社会生产的某种机器设备供不应求，单个资本应用这种机器设备的积聚就会受到限制；第二，社会资本分散在许多单个资本家手中，他们作为独立的相互竞争的商品生产者彼此对立，具体表现为许多单个资本的相互排斥。

资本集中是指把若干个规模较小的资本合并成为大资本。资本集中的方式有两种：一是大资本吞并小资本，即"大鱼吃小鱼"；二是通过组建股份公司把许多分散的小资本集合成一个大资本。与资本积聚不同，资本集中既不受单个资本依靠自身积累和积聚来增大规模的影响，而是现有资本的组合；资本集中也不受社会财富绝对增长或积累的绝对界限的限制。

资本积聚和资本集中是扩大生产规模的既有区别又有联系的两种方式。区别在于，资本积聚会增加社会资本总额。资本集中是单个资本重新组合的结果，不会增加社会资本总额。二者的联系是，资本积聚越快，经济实力越强，在竞争中越有优势，会促进资本集中；资本集中加快，有利于采用先进技术，扩大生产规模，从而加快资本积聚。

资本积聚和资本集中使个别资本不断增大，为改进技术提高劳动生产率创造了条件，从而使资本有机构成不断提高。资本有机构成提高的结果，必然会导致相对过剩人口的产生。

三、相对过剩人口

随着资本积累规模的不断扩大和资本有机构成的不断提高，**社会总资本中不变资本与可变资本的比例就会发生变化**，出现了如下两种对立的趋势。

一是资本对劳动力的需求相对减少，有时甚至是绝对减少。资本有机构成的提高，意味着可变资本在全部资本中的比重相对下降，资本对劳动力的需求相对减少，有时甚至绝对减少。这主要表现在两方面：一方面，原有资本有机构成提高了，不再需要那么多的劳动力，出现机器排挤工人的现象，即资本对劳动力需求的绝对减少；另一方面，追加资本的有机构成比原资本有机构成提高了，从而使追加的资本为劳动者提供的就业机会相对减少，即资本对劳动力需求的相对减少。

二是劳动力的供给绝对增加。随着资本积累的增加，劳动力对资本的供给也在绝对地增加。这是因为：第一，由于技术的进步和机器的广泛使用，使操作变得简单，从而使大量的妇女和儿童成为雇佣工人；第二，破产的农民和手工业者涌入工人队伍；第三，在竞争中破产的中小企业主加入雇佣工人行列。

这两种对立趋势发展的结果，必然形成相对过剩人口。

相对过剩人口是指相对于资本的需求表现为过剩的劳动人口。换言之，这些劳动人口相对于资本的需求来说是"多余"的。这种相对过剩人口就是**失业人口**。相对过剩人口是资本主义制度造成的。正如马克思的观点，工人人口本身在生产出资本积累的同时，也以日益扩大的规模生产出使他们自身成为相对过剩人口的手段。这就是资本主义生产方式所特有的人口规律。①

相对过剩人口不仅是资本主义制度的必然产物，而且也是资本主义方式存在和发展的必要条件。首先，相对过剩人口是可以随时调节和满足不同时期资本主义生产对劳动力需求的产业后备军；其次，相对过剩人口的存在是资本主义经济周期运行的需要，是保证资本主义经济运行的"劳动力蓄水池"；再次，相对过剩人口的存在是资本家获得廉价劳动力的保证。资本家可以在劳动力供过于求的买方市场上，迫使工人接受较低的工资、较差的劳动条件，并对在业工人形成潜在的竞争压力。**相对过剩人口**主要以三种**形式**存在。

第一，流动的过剩人口。这是指大城市的那些随着生产的周期波动时而就业、时而失业的劳动者。他们在经济繁荣时被资本吸收，在经济萧条时又被资本排斥，处于流动状态。

第二，潜在的过剩人口。这是指农村的过剩人口。随着资本主义在农村的发展和农业资本有机构成的提高，大量的农民破产，处于失业和半失业状态，虽然他们占有少量的土地和生产资料，但不足以维持生计，随时需要进城找工作。

第三，停滞的过剩人口。这是指那些没有固定职业的临时工。他们为了维持生活，不得不接受最长的劳动时间和最低的工资标准，他们的劳动条件最差，且时刻面临失业的威胁，其生活状况处在工人正常的平均水平之下，因而处在社会的底层。

第三节 资本主义积累的一般规律及历史发展趋势

随着资本积累的不断增长，一方面，资本家获得的社会财富越来越多，另一方面，雇佣工人的生活越来越陷入贫困的境地。这表明伴随资产阶级财富的积累，是无产阶级贫困的积累，这是资本主义积累一般规律作用的必然结果。

一、资本主义积累的一般规律

资本主义积累的一般规律，是指在资本积累发展过程中资产阶级财富的积累和无产阶级贫困的积累两者之间的内在联系和必然性。正如马克思所指出的，社会的财富即执行职能的资本越大，它的增长的规模和能力越大，从而无产阶级的绝对数量和他们的劳动生产力越大，产业后备军也就越大。可供支配的劳动力同资本的膨胀力一样，是由同一些原因发展起来的。因此，产业后备军的相对量和财富的力量一同增长。但是同现役劳动军相比，这种后备军越大，常备的过剩人口也就越多，他们的贫困同他们所受的劳动折磨成正比。最后，工人阶级中贫苦阶层和产业后备军越大，官方认为需要救济的贫

---

① 中共中央马克思恩格斯列宁斯大林著作编译局. 马克思恩格斯全集：第二十三卷[M]. 北京：人民出版社，1972：692.

民也就越多。这就是资本主义积累的绝对的、一般的规律。①

资本主义积累的一般规律表明,随着资本积累的不断进行,必然产生两个对立的方面:财富在资产阶级一方积累,贫困在无产阶级一方积累,形成严重的两极分化。这一规律深刻地揭示了资本主义生产关系的对抗性。虽然无产阶级创造的社会财富越来越多,但是他们始终不能摆脱贫困的境地。这反映了资产阶级和无产阶级在根本利益上的对立和不可克服的内在矛盾。

二、无产阶级的贫困

无产阶级的贫困是指随着资本积累的发展,工人阶级与资本家阶级之间的贫富差距越来越大,工人阶级的生活状况恶化。看待无产阶级的贫困,不仅要看工人在业时的状况,而且要看失业时的状况;不仅要看经济繁荣、生产高涨时的状况,还要看经济危机、萧条时的状况;不仅要看大企业的工人的状况,也要看小企业的工人的状况;不仅要看发达国家的工人状况,更要看欠发达国家以及殖民地附属国的工人状况。只有这样,才能比较全面正确地认识和理解无产阶级的贫困问题。

无产阶级的贫困,具体表现为两种形式:相对贫困和绝对贫困。

无产阶级的相对贫困,是指在资本主义国家的全部国民收入中,工人阶级所占比重与资本家阶级所占比重相比日趋下降。这表明工人阶级的生活水平相对于资本家阶级的生活水平来说,其差距越来越大。

无产阶级的绝对贫困,是指在资本主义制度下,工人阶级的生活状况有时会出现绝对的恶化。这主要表现在:失业人口不断增加;生活在"贫困线"以下的人口不断增加;工人的实际工资有时下降。无产阶级的绝对贫困,不能简单地理解为无产阶级的生活状况不断地恶化。

三、资本主义积累的历史发展趋势

资本主义生产方式自建立之日起,其内部就包含着自身无法解决的矛盾,即资本主义的基本矛盾。

资本主义基本矛盾是指生产社会化和生产资料资本主义私人占有之间的矛盾。

生产的社会化主要表现如下。

第一,生产资料使用的社会化。随着生产规模的扩大,要求劳动者共同劳动,共同使用生产资料。

第二,生产过程的社会化。由于社会分工的发展,生产的专业化程度越来越高,因而社会生产的各部门、各企业相互之间的联系越来越密切,整个社会生产日益连接成为一个不可分割的整体,生产活动由一系列个人行动变成了一系列的社会行动。

第三,产品的社会化。一方面,任何产品不再是某个个人劳动的产品,而是许许多多劳动者共同劳动的产品;另一方面,任何产品不再是为某个个人或某个狭小的市场而生产,而是为整个社会的广大市场而生产。

---

① [德]卡尔·马克斯. 资本论:第一卷[M]. 北京:人民出版社,1975:707.

生产的社会化，客观上要求由社会共同占有生产资料，由社会统一占有和分配劳动成果。但是，在资本主义社会化程度不断提高的同时，随着资本积累规模的扩大，资本家的私人占有制进一步得到加强，生产资料的所有权和生产的支配权日益集中到少数大资本家手中，生产成果也由资本家私人占有和分配。这样，生产的社会化和生产资料的私人占有之间的矛盾日益尖锐化。

资本主义基本矛盾的加剧，严重阻碍着社会生产力的发展，社会生产力的发展必然要求消灭资本主义私有制，建立与生产社会化相适应的生产资料所有制、社会化的生产关系。

资本主义的积累过程，不仅为资本主义的灭亡准备了客观物质条件——生产社会化，而且也为自己的灭亡准备了社会力量——无产阶级。

资本主义的积累过程加剧了资本主义的基本矛盾，这表明资本主义的生产关系已日趋不能适应社会生产力发展的要求。因此，社会主义公有制代替资本主义私有制是生产关系一定要适应生产力发展规律的结果，是社会历史发展的客观规律。马克思指出，资本的垄断成了与这种垄断一起并在这种垄断之下繁荣起来的生产方式的桎梏。生产资料的集中和劳动的社会化，达到了同它们的资本主义外壳不能相容的地步。这个外壳就要炸毁了。资本主义私有制的丧钟就要敲响了。剥夺者就要被剥夺了。[①]资本主义制度必然灭亡，社会主义制度必然胜利，这就是资本主义积累的历史发展趋势。

第四节 例证分析

一、资本家的资本是工人创造的

资本家在生产过程开始之前，必须垫支预付资本。因此，预付资本被资本家及其代言人宣传为"勤俭、节制"的结果。事实果真如此吗？从简单再生产过程来看，不难发现，资本家的全部预付资本，归根到底，都是由雇佣工人劳动创造的剩余价值转化而来的。

假定，某资本家有 10 000 元预付资本，其中，不变资本为 8000 元，可变资本为 2000 元。再假定，年剩余价值率为 100%，那么，10 000 元的预付资本每年能为资本家带来 2000 元的剩余价值。如果资本家把 2000 元的剩余价值全部用于个人消费，这样，经过 5 年以后，资本家用于个人消费的总额已经达到 10 000 元，资本家 10 000 元的预付资本正好已经消费完。但是，事实上经过 5 年之后，资本家仍然还有 10 000 元的资本。不过，这 10 000 元资本已经不是他原来的资本，而是工人所创造的剩余价值转化而来的，是资本家无偿占有工人创造的剩余价值的结果。工人每年为资本家创造的 2000 元剩余价值，在资本家手中资本化了。因此，资本家的全部资本，不论其最初来源如何，经过一定时期以后，

---

① 中共中央马克思恩格斯列宁斯大林著作编译局. 马克思恩格斯全集. 第二十三卷[M]. 北京：人民出版社，1972：831-832.

都是工人劳动创造的。

二、资本主义扩大再生产

资本主义再生产的特征是扩大再生产，资本主义扩大再生产指的是资本家不是把工人所创造的剩余价值全部用于个人消费，而是把其中的一部分转化为资本，用于购买追加的生产资料和劳动力，使生产在扩大的规模上继续进行。剩余价值转化为追加资本，追加资本又随着原来的预付资本再带来更多的剩余价值，新的剩余价值又再转化为追加资本，这样不断地积累，形成一个螺旋式的上升运动。结果资本愈加积累，资本的总和或总资本也越来越大，再生产的规模也就日益扩大。

假定，资本家原有预付资本为 10 000 元，其中不变资本为 8000 元，可变资本为 2000 元，剩余价值率为 100%。第一年生产的结果为

$$8000C + 2000V + 2000m = 12\ 000(元)$$

资本家为了扩大再生产，就不能把 $2000m$ 全部消费掉，而必须拿出一部分作为追加资本。再假定，资本家把剩余价值的一半即 1000 元用于个人消费，另一半也是 1000 元转化为资本，用于追加生产资料和劳动力。同时假定原有预付资本的有机构成即不变资本与可变资本的比例 $C:V = 4:1$ 不变，用于追加的 1000 元资本按此比例分配，即 800 元追加不变资本，200 元追加可变资本。则第二年的生产规模为

$$8000C + 800\triangle C + 2000V + 200\triangle V \rightarrow 8800C + 2200V = 11\ 000(元)$$

预付资本总额 11 000 元比第一年的 10 000 元扩大了。假定剩余价值率仍然不变，为 100%，则第二年的生产结果为

$$8800C + 2200V + 2200m = 13\ 200(元)$$

上例说明，在资本主义扩大再生产条件下，由于资本家把一部分剩余价值转化为资本，所以投入的资本总量增加了，原来为 10 000 元，现在为 11 000 元；生产规模扩大了，原来为 12 000 元，现在为 13 200 元；资本家所得到的剩余价值量也增加了，原来是 2000 元，现在是 2200 元。

资本主义扩大再生产表明，剩余价值的资本化，即资本积累，是扩大再生产的源泉，而剩余价值是资本积累的唯一源泉。

三、所用资本与所费资本的差额对资本积累的影响

所用资本，是指在生产过程中整体投入使用的**以劳动资料形态表现出来的资本**。如厂房、机器、设备等劳动资料再生产过程中全部被投入使用。**所费资本，是指在生产过程中实际耗费的那部分资本**。所用资本总是大于所费资本，二者之间存在着一个差额。例如，某资本家投入的资本中厂房、机器、设备等价值为 100 000 元，平均使用年限为 10 年，每年转移到新产品中的价值就是 10 000 元，所用资本与所费资本的差额就等于 100 000 - 10 000 = 90 000 元。这个差额对资本积累有什么影响呢？

假定，该资本家的厂房、机器、设备可以使用20年，那么每年转移到新产品中的价值就是5000元，所用资本与所费资本的差额就由90 000元扩大到95 000元。使用10年时每年有10 000元要加到生产的新产品价值中去，使用20年时仅有5000元加到新产品价值中，后者无偿为新产品提供服务的资本比前者大。之所以是无偿服务，是因为劳动资料即所用资本只有一部分被消费(10 000元或5000元)，其余部分(90 000元或95 000元)虽然也在新产品生产过程中发生作用，但未被消耗，在相当长一段时间内依然保持原样，其价值没有加到新产品中去。这就像阳光、空气等自然力一样，无代价地为生产服务。这种无偿服务越多，可以使产品和剩余产品增加，从而使产品便宜，劳动力价值降低，剩余价值率提高，剩余价值量增大，进而增加资本积累。

四、相对过剩人口的形成

相对过剩人口，即失业人口，是资本主义国家普遍存在的社会经济问题。失业人口的存在，是资本积累增加过程中资本有机构成提高的必然结果。

在整个资本积累过程中，随着技术的发展和进步，资本的有机构成在不断提高。在这种条件下，资本积累对无产阶级命运最重要的影响，就是造成相对人口过剩。资本有机构成提高，可变资本在总资本中的比重就会下降，这一趋势由于下面一些因素而加速：在资本积累过程中，不仅追加资本的有机构成在提高，而且原有资本在更新时，有机构成也会提高。此外，与积累同时并进的还有资本集中，由资本集中而形成的大资本，比原来分散的小资本的有机构成也要高。因此，随着资本积累的进行，总资本中可变资本必然相对减少。

资本对劳动力的需求是由可变资本的多少决定的，而不是由总资本的多少来决定。一方面，资本总额的增长虽然也包含着可变资本的绝对量的增加，从而对劳动力的需求也会绝对增加。但由于有机构成的提高，可变资本的增长速度大大落后于总资本的增长速度，从而使资本对劳动力的需求相对减少。这种情况可用表4-1来说明。

表4-1 资本总额与不变资本和可变资本的关系

资本总额 /美元	资本有机构成 C∶V	不变资本 C	可变资本 V	需用工人数 (每人工资为50美元)	每万元资本 所需工人数/人
10 000	1∶1	5000	5000	100	100
50 000	4∶1	40 000	10 000	200	40

表4-1表明，假定每个工人工资为50美元，随着资本总量从10 000美元增加到50 000美元，资本有机构成从1∶1提高到4∶1，需要雇佣工人的总量从100名增加到200名。即资本总额增加了4倍，由于资本有机构成提高了，可变资本只增加了1倍。而且每10 000美元资本需要雇佣工人的人数则由原来的100人减少到40人，表明了资本对劳动力的需求相对减少了。不仅如此，在有些部门和企业，由于采用大幅度提高生产效率的机器设备，资本有机构成的提高非常迅速，对劳动力的需求甚至会绝对减少，把原有工人的一部分从生产中挤出去，即所谓"机器排挤工人"。

另一方面，劳动力的供给却在增加。因为：①工人工资往往被压低到劳动力价值以下，为了维持生计，工人家庭中的妇女甚至儿童也被迫出卖劳动力。例如，美国从1946—1976年的30年间，妇女劳动力由1680万人增加到3840万人；②破产的农民和手工业者等不断涌入劳动力市场。例如，美国自营业主在就业人口中的比重，1950年为17.9%，1969年为9.2%，20年间减少了8.7%；③一部分破产的中小资本家也加入到雇佣劳动者的队伍中来。

总之，在资本主义社会，随着资本积累的增加和资本有机构成的提高，一方面资本对劳动力的需求相对减少；另一方面劳动力对资本的供给不断增加，这必然导致劳动力的供给和需求失衡，出现大量相对过剩的人口。

五、资本有机构成不断提高的趋势

资本的构成，可以从价值形态和物质形态两种意义上来理解。从价值形态上说，资本是由不变资本和可变资本依一定的比例构成的，即资本的价值构成。从物质形态或技术方面来讲，资本是由生产资料和劳动力依一定比例构成的，即资本的技术构成。由于不变资本是用于购买生产资料的，可变资本是用于购买劳动力的，因此，一旦技术构成发生了变化，价值构成也必然发生变化。

假定，某资本家开办的纺织工厂，原有资本10万元，其中，5万元购买生产资料(包括厂房、机器、原材料等)，5万元购买劳动力。此时的资本有机构成是$C:V=5:5=1:1$。后来由于社会生产力提高了，技术有了新发展，工人由原来每人操作1台机器，现在提高到每人操作4台机器。在这种情况下，假定总资本没有增加，但购买生产资料的不变资本要增加，假定从5万元增加到8万元，而用于购买劳动力的可变资本就从5万元减少到2万元。于是，资本的价值构成也由原来的$1:1$变成了$8:2=4:1$。由此可见，技术构成是价值构成的基础，技术构成提高了，价值构成也会随之提高。

在资本积累过程中，资本有机构成的总趋势是不断提高的。因为，资本家为了榨取更多的剩余价值和在竞争中取得优势，就要不断地提高劳动生产率。劳动生产率的提高反映在资本技术构成上，表现为工人所使用的生产资料增加了。其中，劳动资料的增加是提高劳动生产率的条件；同一时间内加工的原材料的增加是劳动生产率提高的结果。不论是条件还是结果，劳动生产率的提高总是表现为生产资料同使用它的劳动力相比是增加了。资本技术构成的这种变化反映在价值构成上，是资本价值的不变资本部分的增加和可变资本部分的减少。因此，随着资本积累的增长，劳动生产率的提高，科学技术的进步，资本有机构成必然是不断提高的。在整个资本主义发展中，有机构成的提高已成为一种趋势。例如，从美国加工业的发展来看，资本有机构成1889年为$4.44C:1V$，1899年为$5.33C:1V$，1909年为$6.31C:1V$，1919年为$6.33C:1V$，1929年为$6.40C:1V$，1939年为$6.48C:1V$。当然，伴随着资本有机构成的提高，出现了相对过剩人口。

六、当代发达国家无产阶级的贫困

在当代发达资本主义国家，由于科学技术的迅猛发展和劳动力再生产条件的变化，无产阶级的生活状况确实得到了一定程度的改善。但是，这并没有从根本上改变工人阶级被剥削的经济地位,也没有使工人阶级摆脱贫困的命运。具体表现在以下几方面。

第一,工人与资本家之间的贫富差距越来越大。随着资本主义的进一步发展,资本家对工人的剥削程度在不断提高,在全部国民收入中,工人获得的工资收入所占的比重趋于减少,资本家的剥削收入所占的比重趋于扩大。以美国为例,整个工业的剩余价值率,1899 年为 128%,1929 年为 158%,1935 年为 200%,1955 年为 235%,1958 年为 267%。在制造业中,剩余价值率 1947 年为 146%,1971 年增加到 237%;工人的工资占制造业国民收入的比重,1947 年为 50%,1954 年为 47.4%,1963 年为 43.3%,1973 年为 41.8%。"二战"以后,发达资本主义国家工人的名义工资和实际工资都有了提高,工人的生活状况也确实得到一定程度的改善,但是,这种提高和改善,远远比不上工人为社会创造的财富的增长速度,比不上资本家获得的利润的增长速度。仍以美国为例,从 1950 年至 1977 年,制造业资本家纳税后的利润,共计增长 4.46 倍,而同期工人工资只增长了 2.89 倍。另据资料统计,1989 年美国家庭的净资产共 15.1 万亿美元,其分配比例是:1%最富有家庭占其中的 37%,9%的富有家庭占其中的 31%,其余 90%的家庭只占其中的 32%。① 这种贫富差距不断拉大的情况说明,在当代发达国家中,工人阶级和资本家阶级之间贫富的鸿沟和阶级对立,非但没有缩小,反而进一步扩大和加深了。正如马克思的观点,在劳动生产率提高时,劳动力的价格能够不断下降,而工人的生活资料量同时不断增加。但是相对地说,即同剩余价值比较起来,劳动力的价值还是不断下降,从而工人和资本家的生活状况之间的鸿沟越来越深。②

第二,失业和半失业人口普遍存在。"二战"以后,随着科学技术的进步和经济的发展,资本主义各国失业问题十分严重,解决失业问题成为绝大多数国家政府工作的头等大事。在美国,"二战"以后失业和半失业人数一直很大,1984 年达到 1400 万人,失业率在 20 世纪 50 年代为 4.5%,60 年代为 4.8%,70 年代为 6.2%,80 年代为 7.5%。欧洲经济共同体 12 个国家,1979 年经济危机开始时,失业率为 5.5%,以后直线上升,1984 年虽然欧洲经济明显回升,但失业率却上升至 11%。目前,在资本主义国家,失业人口中不仅有"蓝领"的普通工人,甚至连"白领"的科技人员、管理人员也经常面临失业的危险,失业问题已经成为严重的社会问题。一些国家的政府为了缓和因工人失业而引起的不满,采取缩短工作时间的办法来扩大就业面,但仍然还有大量的工人处于失业和半失业状态中,尽管他们可以领到一些失业救济金,但只能维持最低的生活水平。

第三,工人实际工资下降,使劳动力价值得不到全部补偿。通货膨胀和物价上涨是造成工人实际工资下降的主要原因。例如,1977 年,各主要资本主义国家消费品价格的上涨率分别为:美国 6.5%,日本 8.1%,英国 15.9%,法国 9.5%,意大利 15%,都比 20 世纪 50 年代和 60 年代高得多。到 20 世纪 80 年代初,各主要资本主义国家的通货膨胀更为严重。1981 年,几个主要发达国家的价格上涨率分别为:美国 10.2%,法国 13.4%,意大利 19.6%。价格上涨,工资不涨或增长较少,工人的实际工资必然下降。在通货膨胀

---

① 张绍焱. 政治经济学概论[M]. 北京:中国经济出版社,2004:102.
② 中共中央马克思恩格斯列宁斯大林著作编译局. 马克思恩格斯全集:第二十三卷[M]. 北京:人民出版社,1972:571.

严重的 1974 年和 1975 年，美国工人的名义工资虽然分别上涨了 8.7% 和 6.8%，但实际工资却分别下降了 3.1% 和 0.2%。

第四，生活在"贫困线"以下的人口不断增长。所谓"贫困线"，是指资本主义国家官方规定的维持最低生活需要的收入标准。例如，1990 年，美国政府规定的"贫困线"是四口之家的年收入不足 13 359 美元。美国生活在"贫困线"以下的人数经常保持在 2000 万人以上，且呈不断上涨的趋势。1969 年为 2130 万人，1972 年为 3450 万人，1981 年为 3180 万人，1990 年为 3360 万人。在这部分人中，黑人的贫困率最高，达到 32%，白人为 11%，拉丁美洲人为 28%，亚太移民为 12%。据美国政治和经济联合中心发表的一份报告说，按家庭收入不到全国中等收入的 40% 为贫困标准来计算，20 世纪 80 年代中期美国家庭的贫困率为 13.6%，加拿大为 8.9%，英国为 7%，法国为 6.1%。

第五，科技进步加强了工人的劳动强度。本来随着科学技术的发展，生产的自动化可以减轻工人的劳动强度，但是，资本家却用它作为提高工人劳动强度的手段。在现代高科技的生产条件下，要求工人在工作时间内精力高度集中，高度紧张的劳动和过快的工作节奏，使工人加倍付出脑力和体力，身心健康受到损害。同时，工人患有各种职业病的人数增多，工伤事故也不断出现。生活的贫困和劳动的折磨造成工人精神上的沉重负担和痛苦，许多人精神空虚、苦闷，甚至吸毒、犯罪和自杀。据报道，1969 年，美国因工伤事故而死亡的工人就有 1.4 万人，受伤残废的有 200 多万人，其中有 9 万人终生残疾。连美国政府也不得不承认，有很多美国工人随时冒着受伤的危险在工作，每年有 3%～5% 的工人因工伤亡。①

总之，随着资本积累的增长，工人阶级的状况趋于恶化。正如马克思在一百多年前所指出的那样，不管工人的报酬高低如何，工人的状况必然随着资本的积累而日趋恶化。在一极是财富的积累，同时在另一极，即在把自己的产品作为资本来生产的阶级方面，是贫困、劳动折磨、受奴役、无知、粗野和道德堕落的积累。②

本章小结

社会再生产按其规模来划分，可分为简单再生产和扩大再生产。简单再生产是指生产规模在原有基础上不变的再生产；扩大再生产是指生产规模在扩大基础上的再生产。

资本主义再生产的特征是扩大再生产。资本主义扩大再生产是指资本家把工人创造的剩余价值的一部分转化为资本，使生产在扩大的规模上进行的再生产。

资本家要扩大再生产，必须要有追加的资本。因此，资本家不能把工人在生产过程中创造的剩余价值全部用于个人消费，而必须把剩余价值的一部分转化为资本，用于追加投资，即资本积累。资本积累是指剩余价值的资本化。剩余价值是资本积累的源泉，资本积累是资本主义扩大再生产的源泉。

---

① 吴树青，等. 政治经济学[M]. 北京：中国经济出版社，1993：104-106.
② 中共中央马克思恩格斯列宁斯大林著作编译局. 马克思恩格斯全集：第二十三卷[M]. 北京：人民出版社，1972：708.

资本积累的规模大小决定于剩余价值量的大小和资本积累率的高低。在资本积累率即消费和积累占剩余价值的比例确定的情况下，影响剩余价值量的因素也就是影响资本积累量的因素。主要有四点：对工人的剥削程度；社会劳动生产率的水平；所用资本与所费资本的差额；预付资本量的多少。

资本有机构成是指由资本技术构成决定并反映资本技术构成变化的资本价值构成。在资本积累的过程中，资本有机构成具有不断提高的趋势。

随着资本积累规模的不断扩大和资本有机构成的不断提高，出现了两种对立的趋势：一是资本对劳动力的需求相对减少，有时甚至绝对减少；二是劳动力的供给绝对增加。这两种对立趋势发展的结果，形成了相对过剩人口。

相对过剩人口即失业人口，是指相对于资本的需求表现为过剩的劳动人口。相对过剩人口主要以三种形式存在：流动的过剩人口；潜在的过剩人口；停滞的过剩人口。

随着资本积累的不断增长，一方面，资本家获得的社会财富越来越多；另一方面，雇佣工人的生活越来越陷入贫困的境地。这表明伴随资产阶级财富的积累，是无产阶级贫困的积累，这是资本主义积累一般规律作用的必然结果。资本主义积累的一般规律，是指在资本积累发展过程中资产阶级财富的积累和无产阶级贫困的积累两者之间的内在联系和必然性。

无产阶级的贫困是指随着资本积累的发展，工人阶级与资本家阶级之间的贫富差距越来越大，工人阶级的生活状况恶化。具体表现为两种形式：相对贫困和绝对贫困。

资本主义的积累过程加剧了资本主义的基本矛盾，这表明资本主义的生产关系已日趋不能适应社会生产力发展的要求。因此，社会主义公有制代替资本主义私有制是生产关系一定要适应生产力发展规律的结果，是社会历史发展的客观规律。资本主义制度必然灭亡，社会主义制度必然胜利，这就是资本主义积累的历史发展趋势。

复习与思考

1. 名词解释。
   简单再生产　　扩大再生产　　资本积累
   资本有机构成　　相对过剩人口
2. 分析资本主义简单再生产有什么意义？
3. 决定资本积累量的主要因素有哪些？
4. 什么是资本主义积累的一般规律？
5. 怎样认识资本主义积累的历史发展趋势？
6. 如何看待当代无产阶级的贫困问题？

第五章 资本的流通过程

资本的运动过程包括生产过程和流通过程。资本的生产过程生产剩余价值，资本的流通过程实现剩余价值。资本只有在运动过程中才能实现价值增值。本章讨论的是广义的资本流通过程，即包括生产过程和流通过程在内的资本运动过程，同时既包括单个资本的运动，也包括社会资本的运动。本章从分析单个资本的运动着手，进而分析社会资本的再生产和流通。

第一节 资本的循环

考察资本循环，重点是分析资本运动过程所经历的三个阶段和相应采取的三种职能形式及资本的循环，阐明资本运动的连续性以及资本连续运动的条件及其矛盾，进而揭示资本只有在连续不断的循环运动中才能实现价值增值。

一、产业资本循环的三个阶段和三种职能形式

资本的本质在于价值增值。资本只有经过不断地运动，才能实现价值增值。而能够产生剩余价值的资本只有产业资本。**产业资本是指投放在工业、农业、建筑业、矿业等物质生产部门的资本**。产业资本家从投入货币到收回价值增值了的更多的货币，使产业资本经历了一个循环，这种循环可用公式表示为

$$G - W \genfrac{}{}{0pt}{}{\nearrow A}{\searrow P_m} \cdots P \cdots W' - G'$$

公式中，G 代表货币，——代表流通过程，W 代表商品，A 代表劳动力，P_m 代表生产资料，$\cdots P \cdots$ 代表流通过程的中断和生产过程的进行，W' 代表生产出来的包括剩余价值的新商品，G' 代表价值增值的货币量。产业资本的这种循环运动，必须依次经过三个阶段，相应采取三种职能形式。

第一阶段为购买阶段。用公式表示为

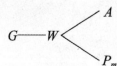

在这一阶段，从形式上看，货币执行着一般商品流通的职能，但实际上这里的货币

同时又具有资本的职能。资本家用他的货币在市场上购买的商品不是一般的商品,而是生产资本,即生产资料和劳动力,为剩余价值的生产准备必要的条件。尽管资本在数量上没有发生变化,但在形式上已经发生了变化,即由货币形式转变为生产要素形式。这里的货币不是一般的货币,而是为产业资本生产剩余价值做准备,充当**货币资本**职能的货币。货币资本转化为生产资本,是产业资本循环第一阶段的内容。

第二阶段为生产阶段。用公式表示为

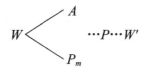

在这一阶段,生产资料与劳动力的结合,开始了资本主义的生产过程。在生产过程中,劳动力和生产资料不仅发挥着一般生产要素的作用,而且发挥着资本的作用。工人在生产过程中生产出某种新商品的同时,也生产出了剩余价值。生产资料和劳动力作为一般的生产要素,成为资本家榨取剩余价值的手段,因而取得了生产资本的职能形式。生产阶段是产业资本循环的决定性阶段。经过生产阶段,**生产资本**变为商品资本,是产业资本循环第二阶段的内容。

第三阶段为售卖阶段。用公式表示为

$$W'——G'(G'=G+\Delta G)$$

公式中,ΔG 表示比第一阶段预付的货币资本增加的货币额,即剩余价值。在这个阶段,资本家把工人新生产的商品 W' 拿到市场上出售,换回货币。此时的 W' 从实物形式上看是工人新生产出来的商品,从价值形式上看,W' 的量大于生产过程开始前的量,因为它包含着增值的部分,即剩余价值。W' 作为增大了的资本价值的承担者,取得了商品资本的形式。**商品资本**的职能,就是通过商品的出售,一方面收回资本家以货币资本预付的资本价值;另一方面实现工人在生产过程中创造的剩余价值。商品资本转化为货币资本,是产业资本循环第三阶段的内容。

综上所述,**产业资本循环是指产业资本顺次经过购买阶段、生产阶段和售卖阶段,相应采取货币资本、生产资本和商品资本三种职能形式,实现了价值增值,最后又回到了原来出发点的运动过程。**

资本循环的上述三个阶段和三种职能形式必须紧密相连,相互依存,不能间断。资本只有不断地从一个阶段转到另一个阶段,以一种职能形式转为另一种职能形式,资本循环运动才能顺利进行。如果资本循环在第一阶段发生困难,资本家购买不到生产资料和劳动力,货币资本就会成为贮藏货币,不能发挥资本的功能。如果在第二阶段发生停滞,生产无法进行,剩余价值就无法生产出来。如果在第三阶段遇到障碍,工人生产的新商品销售不出去,资本家的预付资本就无法收回来,剩余价值也就无法实现。资本循环的第一阶段和第三阶段是流通过程,第二阶段是生产过程。因此,产业资本循环是生产过程和流通过程的统一。

二、产业资本循环是三种循环形式的统一

资本家对剩余价值的追求是无止境的。为了不断地获取剩余价值,产业资本不能经过一次循环之后就终止自己的运动,而必须将这种循环运动不停顿地进行下去。产业资本只有在不断的循环中才能使自己的价值保值和增值,这也决定了产业资本的循环是一个连续不断的周而复始的过程。这种连续不断的循环运动,用公式表示为

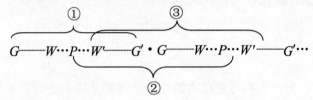

公式中,①表现为货币资本的循环,即 $G\cdots G'$;②表现为生产资本的循环,即 $P\cdots P$;③表现为商品资本的循环,即 $W'\cdots W'$。

第一,货币资本的循环。 用公式表示为

$$G\text{——}W\cdots P\cdots W'\text{——}G'$$

货币资本的循环就是指从货币资本出发,经过购买生产要素即生产资料和劳动力并投入到生产过程,生产出包含剩余价值的商品,并销售出去,最后又回到货币资本的运动过程。

货币资本的循环是产业资本循环所采取的第一种形式,也可以说是产业资本循环的一般形式。因为,循环的起点是预付货币资本 G,终点是包含剩余价值在内的增大的货币 G'。这就最明显地表现出价值增值是资本运动的目的和动机,反映出产业资本的本质特征。但是,货币资本循环又是资本主义生产的歪曲表现。因为,在这个循环中,起点和终点都是货币形式,两者只有数量上的差别,而作为产业资本运动中具有决定意义的生产阶段成了两个流通阶段的中间环节,这就造成一种假象,仿佛货币本身能够生产出更多的货币,掩盖了剩余价值的真正来源。因而,货币资本循环最具有片面性。正如马克思指出的,货币资本的循环,是产业资本循环的最片面、从而最明显和最典型的表现形式。①

第二,生产资本的循环。 用公式表示为

$$P\cdots W'\text{——}G'\text{——}W\cdots P$$

生产资本的循环就是指以生产资本为出发点,经过销售商品,购买生产要素并投入到生产过程中,最后又回到生产资本的运动过程。生产资本的循环特点表现在如下方面。一是循环的起点和终点都是生产过程 P,因此,从它的一次循环中就可以看出资本的生产过程就是剩余价值的再生产过程。二是在这个循环中,起点和终点都是生产过程,流通过程成了两个生产过程的中间环节,这明确地显示出资本价值是在生产过程中得到增值,而不是在流通中。三是生产资本的循环造成另一种假象,似乎资本主义生产的目的和动机不是为了获取剩余价值,而是为了生产某种使用价值,是为生产而生产,这掩盖了资

---

① 中共中央马克思恩格斯列宁斯大林著作编译局. 马克思恩格斯全集:第二十四卷[M]. 北京:人民出版社,1972:71.

本主义生产的实质。

第三，商品资本的循环。用公式表示为

$$W'\text{——}G'\text{——}W\cdots P\cdots W'$$

商品资本的循环就是指以商品资本为出发点，经过销售商品，购买生产要素并投入到生产过程中，生产出包含剩余价值的商品，由生产资本再转化为商品资本的运动过程。商品资本循环的特点如下：

① 起点和终点都是商品资本 W'，是生产过程的结果形成的已经增值的资本价值。

② 在商品资本循环中，两个相互独立又相互联系的商品买卖的流通阶段占首要地位。第一个流通阶段 $W'\text{——}G'$ 是商品销售过程，它的顺利流通必须使商品以社会消费为基础；第二个流通阶段是用货币购买生产要素，因而要以社会已经生产出所需要的生产要素为前提。因此，商品资本循环表现出"全部商品产品的消费是资本本身循环正常进行的条件"[①]，揭示了生产和消费的内在联系。

③ 商品资本循环产生另一种片面性，仿佛资本主义生产不是为了获取剩余价值，而是为了满足社会需要，从而掩盖了资本主义生产的真正目的。

产业资本循环的公式表明，在产业资本连续不断的循环过程中，资本的每一种职能形式，包括货币资本、生产资本和商品资本，都要经过循环的三个阶段，再回到各自的出发点。货币资本、生产资本和商品资本，作为产业资本的职能形式，其具体职能各不相同：货币资本的职能是购买生产资本和劳动力，为剩余价值的生产准备物质条件；生产资本的职能是生产剩余价值；商品资本的职能是实现剩余价值。尽管如此，但它们都服务于价值增值这一共同的目的。因此，产业资本循环是三种循环形式的统一。

产业资本要想不断地顺利**循环**，必须具备两个**基本条件**，即产业资本的三种职能形式及其循环的三种形式，在**空间上同时并存**；在**时间上依次继起**。空间上的并存性，要求产业资本家必须把预付资本相应分为三个部分，按一定比例投放在货币资本、生产资本和商品资本上。如此才能使产业资本反复循环下去而不至于出现中断的现象。时间上的继起性，要求产业资本的每一种职能形式都要顺次经过三个阶段，相应执行三种职能，并依次改变它们的职能形式，最后回到原来的出发点，完成各自的循环并且相互衔接。正如马克思所指出的，产业资本的连续进行的现实循环，不仅是流通和生产过程的统一，而且是它的所有三种循环的统一。[②]

产业资本循环的并存性和继起性是互为前提、互相依存的。并存性是继起性的前提，同时又是继起性的结果。资本的本性要求资本循环连续不断地进行。但是，在资本主义生产无政府状态中这种连续性并不总是可以实现的，资本主义社会的各种矛盾，经常使资本连续不断循环的条件遭到破坏。

[①] [德]卡尔·马克思. 资本论：第二卷[M]. 北京：人民出版社，1975：108-109.
[②] 中共中央马克思恩格斯列宁斯大林著作编译局. 马克思恩格斯全集：第二十四卷[M]. 北京：人民出版社，1972：119.

第二节 资本的周转

资本主义生产的目的就是为了获取更多的剩余价值,使资本不断增值。为此,资本家必须使他的资本不断地周而复始地循环下去。这种**周而复始不断重复进行的资本循环,就是资本周转**。

资本循环和资本周转都是产业资本的运动方式。资本的运动,首先表现为循环,资本循环是资本的一次循环运动;其次才表现为周转,资本周转是不断重复进行的资本循环运动。在考察资本运动时,资本循环和资本周转考察的侧重点是不同的。资本循环对资本运动的考察是定性分析,主要分析产业资本所经历的三个阶段及其所采取的三种职能形式,揭示资本运动连续进行的条件,阐明价值增值是怎样发生的;资本周转对资本运动的考察是定量分析,主要从资本运动的速度揭示影响资本周转速度的因素以及资本周转速度对剩余价值生产的影响。

一、资本周转时间和周转速度

资本周转时间是指资本循环一次所需要的时间。或者说,是产业资本从一个循环周期到下一个循环周期所经历的时间。资本运动的一个周期,要经过生产领域和流通领域,因此,资本周转的时间由资本的**生产时间**和**流通时间**两部分组成。资本周转时间是资本的生产时间和流通时间的总和。

资本的生产时间是指资本处在生产领域的时间,它是从生产资料和劳动力进入直接生产领域开始到生产出产品为止的这一段时间。根据劳动力与生产资料是否结合,生产时间分为劳动时间和非劳动时间。劳动时间是指一定生产部门为提供一件产品所需的相互联系的工作日总数。它**是劳动者运用劳动资料作用于劳动对象生产出某种产品所经历的时间**,这是生产时间的主要部分,只有这一部分时间才创造价值和剩余价值。劳动时间的长短取决于生产过程及产品的性质和生产技术条件两个因素。**非劳动时间是指生产资料已经进入直接生产过程**,但没有与劳动力结合的时间,包括劳动过程中断、自然力独立作用于劳动对象的时间,停工时间,生产资料的储备时间。劳动过程中断、自然力独立作用于劳动对象的时间,是指某些产品在生产过程中,劳动对象经过一定的加工后,需要独立发生物理、化学和生理变化的时间。如农业中的某些农作物的自然生长时间、酿酒业的发酵时间等。停工时间是指机械设备正常维修和工人休息、罢工等而停止劳动的时间。这段时间劳动过程中断,生产资料没有发生作用,但已停留在生产领域里,因而也包括在生产时间之中。生产资料的储备时间是指生产连续进行所必需的生产资料暂时停留在仓库备用的时间。非劳动时间内没有人的劳动的具体消耗,因而不能创造价值和剩余价值。相反,它所占的比重过大,还会加大企业的成本和价值损耗。

资本的流通时间是指资本处在流通领域的时间。它包括生产要素的购买时间和商品的售卖时间。由于流通时间内不直接创造价值和剩余价值,为了获取更多的剩余价值,必须缩短流通时间。流通时间的长短,取决于商品的市场供求状况、生产地距离市场的远近、交通运输条件以及信息的可获得性等多种因素。

资本周转的核心问题是资本周转速度。**资本周转速度是指资本在一定时期内的周转次数**。资本的周转次数与资本的周转时间有着密切的联系。资本周转时间的长短，标志着资本周转速度的快慢。周转时间越短，表明周转速度越快；周转时间越长，表明周转速度越慢。因此，资本的周转时间与周转速度成反比。如果用 n 表示资本周转的次数，U 表示一年的时间，u 表示一定量资本周转一次的时间，其计算公式为

$$n = \frac{U}{u}$$

例如，甲企业资本 4 个月周转一次，该资本的周转速度为每年周转 3 次(12/4=3)。乙企业资本 6 个月周转一次，该资本的周转速度为每年周转 2 次(12/6=2)。很显然，甲企业的资本周转速度比乙企业资本的周转速度要快。可见，资本的周转速度与周转时间成反比，与周转次数成正比。

二、固定资本和流动资本

影响资本周转速度的因素，除了资本周转时间以外，生产资本的构成，即固定资本和流动资本的比例，也是其重要因素之一。生产资本根据其价值周转方式的不同，可以划分为固定资本和流动资本。

固定资本是指以厂房、机器、设备、工具的劳动资料形式存在的那部分生产资本。从实物形态上看，固定资本是一次投入生产过程，并在多次生产过程中发挥作用，其实物形态经若干年使用直至报废以后才能更新。从价值形态上看，固定资本的价值根据它在生产过程中的磨损程度，一部分一部分地逐渐转移到新产品中去，直至其价值全部转移完毕。

流动资本是指以原材料、燃料、辅助材料等劳动对象形式和以劳动力形式存在的那部分生产资本。从实物形态上看，以原材料等形式的那部分流动资本在生产过程中一次全部投入并全部被消费掉。从价值形态上看，流动资本的价值一次全部转移到新产品中去，并随着商品的出售一次全部收回。至于以劳动力形式存在的那部分流动资本(工资)，是进入劳动者的个人消费，它的价值不是转移到新产品中去，而是由雇佣工人的活劳动在生产过程中重新创造出来。工人在生产过程中创造的相当于资本家预付在劳动力上的资本价值，也是全部一次加入到新产品中去，并随着产品的出售又全部回流到资本家手中。

固定资本和流动资本的区别，主要体现在以下几个方面：

一是价值转移方式不同。固定资本多次转移；流动资本一次转移。

二是周转时间不同。固定资本周转时间长；流动资本周转时间短。

三是价值回报方式和期限不同。固定资本是一次投入，分次收回，回收期限长；流动资本是一次投入，一次收回，回收期限短。

四是实物更新方式不同。固定资本在使用年限内无须进行实物更新；流动资本必须通过不断更新和购买来实现。

固定资本的周转速度直接受固定资本的磨损的影响。**固定资本的磨损分为两种：有形磨损和无形磨损**。

有形磨损，也称物质磨损，是指固定资本在生产过程中因使用和自然力的作用而造

成的磨损。引起这种磨损的原因有二：一是由于使用所引起的磨损，使用的时间越长，强度越大，磨损的程度就越严重；二是由于自然力的作用而引起的磨损，例如，金属工具会生锈，建筑物会风化，木制设备会腐朽等。这种磨损看得见、摸得着，因而称为有形磨损，或物质磨损。

无形磨损，也称精神磨损，是指固定资本在使用过程中由于生产技术的进步而引起的价值上的损失。无形磨损是由两方面的原因引起的：一是由于劳动生产率的提高，生产同样的机器设备所需要的社会必要劳动时间减少，从而使原有的机器设备的价值贬值；二是科学技术的进步，新技术的发明和应用，出现了效率更高、性能更好的机器设备，从而引起原有机器设备的提前报废和贬值。随着科学技术的进步，竞争加剧，无形磨损造成的损失呈现上升趋势。这种磨损在物质形式上看不见，摸不着，因而称为无形磨损，或精神磨损。

为了减少固定资本的磨损损失，保证再生产的顺利进行，必须根据固定资本的有形磨损的程度，把这部分资本的价值从商品的销售收入中提取出来，以备将来用于固定资本更新。这种**根据固定资本的磨损程度进行价值补偿的方式，叫作折旧**。而按照固定资本的磨损程度逐年提取的补偿金额叫作折旧费或折旧基金。用公式表示为

$$折旧费用 = \frac{固定资本原始价值}{固定资本平均使用年限}$$

折旧费与固定资本原始价值的比率，叫作折旧率。用公式表示为

$$折旧率 = \frac{折旧费}{固定资本原始价值}$$

马克思关于固定资本和流动资本的划分，与不变资本和可变资本的划分，其划分的依据和意义是不同的。固定资本和流动资本的划分依据，是资本的价值周转方式不同，划分的意义在于考察资本的周转速度及其对剩余价值生产的影响。不变资本和可变资本的划分依据，是二者在剩余价值生产中的不同作用，划分的意义在于揭示剩余价值的真正来源。因此，不能把固定资本与流动资本混同于不变资本与可变资本。具体区别见表5-1。

表5-1 固定资本和流动资本的区别

按在剩余价值生产中的作用不同划分	资本的各个部分	按价值周转方式不同划分
不变资本	厂房、机器、设备、工具等	固定资本
	原材料、燃料、辅助材料等	流动资本
可变资本	工资	

三、预付资本的总周转

由于固定资本和流动资本的价值周转方式不同，因而它们的周转速度也各不相同。固定资本的周转速度比流动资本的周转速度慢得多。即使是固定资本，其各个组成部分的周转速度也不尽相同。预付资本总周转是指它的不同组成部分的平均周转，通常以一

定时期内(一般为一年)预付资本总周转次数表示。在计算预付总资本的周转速度时,必须把固定资本和流动资本的周转速度平均来计算。其计算公式为

$$预付资本总周转次数 = \frac{固定资本年周转价值总额 + 流动资本年周转价值总额}{预付资本总额}$$

公式表明,预付总资本的周转速度取决于两个因素:一是固定资本和流动资本各自的周转速度;二是固定资本和流动资本的比例。前者表明固定资本与流动资本各自的周转速度与预付总资本的周转速度成正比,后者表明固定资本的比例越大,预付总资本的周转速度越慢,流动资本的比例越大,预付总资本的周转速度越快。

四、资本周转速度对剩余价值生产的影响

资本周转速度的快慢对剩余价值的生产和实现有着重大的影响,主要表现为两方面。

第一,加快资本周转速度,可以节约预付资本,特别是节约预付资本中的流动资本。例如,假定甲乙两个企业的生产规模和生产条件完全相同,每年需要流动资本12万元,即每个月需要投入的流动资本为10 000元。但是,两个企业的流动资本的周转速度不同,甲企业的资本周转速度快,一个月周转一次,一年周转12次,因此,只要投入10 000元,即可满足全年12万元流动资本的需要。乙企业的资本周转速度比甲企业慢,两个月周转一次,一年周转6次,因此,乙企业必须预付比甲企业多一倍的流动资本即20 000元,才能满足全年生产对流动资本的需要。可见,资本周转速度越快,周转时间越短,预付流动资本数量就越少。如果把节约的流动资本投入生产,还能扩大生产规模,获取更多的剩余价值。

在生产技术日趋进步和劳动生产率日趋提高的条件下,加快资本周转,还可以提高固定资本价值的利用率,加快固定资本更新,从而减少或避免由于固定资本的无形磨损而造成资本价值的损失。例如,假定某企业原有固定资本周转一次的时间是20年,加快资本周转速度以后,固定资本周转一次的时间缩短为10年。这样,资本家预付的资本就可以更快地回收用来进行固定资本更新,购置新的生产效率更高的机器设备,还可以扩大生产规模,从而获取更多的剩余价值。

第二,加快资本周转速度,可以增加年剩余价值量,提高年剩余价值率。在资本家的全部预付资本中,只有流动资本中用于购买劳动力的那部分资本即可变资本才是剩余价值的真正源泉。资本周转速度越快,其中预付可变资本的周转速度也就越快,因而一定数量的可变资本发挥的实际作用就会更大,从而创造更多的剩余价值。在剩余价值率一定的条件下,可变资本的周转速度同年剩余价值量成正比。年剩余价值量是指一年内创造的剩余价值总量,它等于预付的可变资本量同剩余价值率及其周转次数的乘积。由于年剩余价值率是指年剩余价值量和预付的可变资本量的比率,因此,当预付可变资本量一定,年剩余价值量越多,年剩余价值率也就越高。如果用 M 表示年剩余价值量,M' 表示年剩余价值率,v 表示预付的可变资本,m' 表示剩余价值率,n 表示可变资本的年周转次数,则用公式表示为

$$M = v \times m' \times n$$

$$M' = \frac{M}{v} = \frac{v \times m' \times n}{v} = m' \times n$$

例如，假定有甲、乙两个企业的预付可变资本相等，都是 10 万元，两个企业的剩余价值率也一样，都是 100%。甲企业的可变资本周转速度快，一年周转 5 次，而乙企业的可变资本周转速度慢，一年只周转 2 次。根据上述公式可计算出甲、乙两个企业的年剩余价值量和年剩余价值率。

甲企业　　$M = v \times m' \times n = 10 \times 100\% \times 5 = 50$(万元)

$$M' = \frac{M}{v} = \frac{10 \times 100\% \times 5}{10} = 100\% \times 5 = 500\%$$

乙企业　　$M = v \times m' \times n = 10 \times 100\% \times 2 = 20$(万元)

$$M' = \frac{M}{v} = \frac{10 \times 100\% \times 2}{10} = 100\% \times 2 = 200\%$$

甲、乙两个企业的预付可变资本量和剩余价值率都相等，但是，由于可变资本的周转速度不同，因而甲企业的年剩余价值量和年剩余价值率分别都是乙企业的 2.5 倍。可变资本周转速度快的企业之所以会使年剩余价值量增加和年剩余价值率提高，是因为预付资本周转速度快的企业，预付可变资本周转快，在一年中实际发挥作用的可变资本价值就大，从而被剥削的雇佣工人劳动量也就多，因而年剩余价值量就越多，年剩余价值率就越高。

分析表明，预付可变资本和实际使用的可变资本是两个不同的经济范畴，因而年剩余价值率和剩余价值率所体现的关系也就不同。年剩余价值率与剩余价值率是两个既有联系又有区别的概念。二者的联系在于：年剩余价值率与剩余价值率正向相关，后者的高低直接决定前者的高低。二者的区别在于：年剩余价值率揭示的是一年内预付可变资本的增值程度，而剩余价值率揭示的是一个周期内资本家对工人的剥削程度。

马克思关于资本循环和资本周转的理论，揭示了在社会化大生产为基础的条件下资本运动的规律，反映了商品经济和市场经济的内在要求。撇开资本主义生产关系的性质不谈，它对社会主义市场经济的发展，同样具有重要的指导意义。

第三节　社会资本再生产和流通

资本的循环和周转，研究的是单个资本的运动，即个别资本的再生产和流通。个别资本是不能脱离社会资本而存在的。本节研究的是作为个别资本运动总体的社会资本运动，即社会资本再生产和流通。

一、个别资本和社会资本

在资本主义社会里，众多的企业分属于不同的资本家所有。每个企业的资本在再生产的过程中独自循环和周转，实现价值增值。这种独立发挥职能的资本就是个别资本。

但是，每一个个别资本彼此并不是孤立的，它们互为前提、互相依存。每一个个别资本既要向其他企业购买生产资料和生活资料，同时又要向其他企业出售自己的产品。甲企业的售卖阶段，同时又是乙企业的购买阶段，或者是丙企业的生产阶段，这种相互交错、互为条件的众多个别资本运动的总和，构成了社会资本的运动。**社会资本是指相互联系和相互依存的个别资本的总和。**

社会资本运动与个别资本运动既有**共同点**，也有不同之处。其共同点表现如下。

第一，运动的内容相同。二者都包含着生产剩余价值或资本增值的生产消费。

第二，运动的形式相同。二者都依次采取货币资本、生产资本、商品资本三种职能形式，并各自完成自己的循环。

第三，运动的过程相同。二者都经过购买、生产、售卖三个阶段，都是生产过程和流通过程的统一。

第四，运动的目的相同。二者都是为了价值增值，生产和实现剩余价值。

社会资本运动与个别资本运动相比较，也有许多**独有的特点**。

第一，**社会资本的运动，既包括生产消费，也包括个人消费，即资本家和工人的个人生活消费**。从单个资本运动来看，与之有关的只是生产消费即生产资料和劳动力再生产过程中的耗费。至于资本家把剩余价值的一部分用于个人消费和工人将工资用于个人消费，这是在单个资本运动过程以外进行的，不属于资本流通的范围。但是从社会资本运动来看，资本家和工人的个人消费，同资本家的生产消费一样，都成为社会资本再生产、保持资本运动连续性的必要条件，成为社会资本运动不可或缺的组成部分。因为资本家和工人购买消费品的过程，同时也就是那些生产消费品的资本家出卖商品的过程，即他的商品资本转化为货币资本的过程。正如马克思的观点，这个总过程，既包括生产消费（直接的生产过程）和作为其媒介的形式转化（从物质方面考察，就是交换），也包含个人消费和作为其媒介的形式转化或交换。①

第二，**社会资本的运动，既包括资本流通，也包括媒介个人消费的一般商品流通**。资本流通是与资本家生产和实现剩余价值有着直接关系的资本价值的流通。而资本家用所得收入和工人用工资购买生活消费品，与剩余价值生产和实现没有直接关系，属于一般商品流通。考察单个资本运动时，这个一般商品流通被排除在资本运动过程之外。而在社会资本运动中，这个一般商品流通是供给资本家和工人个人消费品的那些单个资本再生产的必要条件，从而成为社会资本运动的有机组成部分。所以，马克思说："社会总资本的循环却包括那种不属于单个资本循环范围内的商品流通，即包括那些不形成资本的商品的流通。"②

第三，**社会资本的运动，既包括资本的流通，也包括剩余价值的流通**。在单个资本运动中，在简单再生产条件下，全部剩余价值都用于资本家个人消费，退出了资本运动；在扩大再生产条件下，只有作为追加资本的那一部分剩余价值才加入资本运动。而在社会资本运动中，在简单再生产条件下，剩余价值全部用于资本家个人消费，加入一般商

---

① [德]卡尔·马克思. 资本论：第二卷[M]. 北京：人民出版社，1975：390.
② [德]卡尔·马克思. 资本论：第二卷[M]. 北京：人民出版社，1975：392.

品流通；在扩大再生产条件下，剩余价值流通分为两部分：一部分作为追加资本用于生产消费，进入资本流通；另一部分作为资本家的收入用于个人消费，加入一般商品流通。无论是简单再生产还是扩大再生产，在社会总资本运动中，全部剩余价值都要进入资本流通，既包括剩余价值由商品形态转化为货币形态，也包括剩余价值由货币形态转化为实物形态——生产要素和消费品。

第四，社会资本的运动，既要考察价值补偿，也要考察实物补偿。在单个资本运动中，只考察价值补偿，不考察实物补偿。在考察单个资本运动时，通常是假定资本家能够在市场上购买到他所需要的生产资料和劳动力，劳动力也能够购买到所需要的消费资料，而且能够顺利地出售所生产的商品。而在考察社会资本运动时，则不仅要考察价值补偿，还要研究实物补偿。因为，社会资本包括全部个别资本，它所需要的生产资料和消费资料，只能从它自身的产品中得到补偿。况且，社会总产品的实物补偿是社会资本再生产顺利进行的重要内容。

二、社会资本再生产的核心问题是社会总产品的实现

考察社会资本再生产和流通，必须以社会总产品作为研究的出发点，如此才能正确认识社会资本运动所必需的条件。社会资本运动的核心问题，是社会总产品的实现问题。**社会总产品是指在一定时期（通常为一年）内社会各个物质生产部门所生产的物质生产资料的总和**。从社会总产品出发考察社会资本运动，核心问题是社会总产品如何实现，也就是社会总产品的补偿问题。

社会总产品的补偿包括价值补偿和实物补偿两方面。这种补偿是通过市场上商品的交换实现的，所以也称为社会总产品的实现。**社会总产品的实现问题包括两方面：一方面是社会总产品的价值补偿**，即社会总产品的各个部分如何在市场上卖出去，使其价值转化为货币形式，用以补偿生产中预付的不变资本和可变资本的价值，并获得剩余价值，实现价值补偿。另一方面是**社会总产品的实物补偿**，即社会总产品的各个部分的价值转化为货币形式以后，如何进一步转化为所需要的物质产品，也就是社会总产品价值如何通过市场再转化为再生产所必需的生产资料和生活资料，实现实物补偿。这是同一个过程的两个方面。社会总产品的价值补偿是实物补偿的前提，只有预付的不变资本和可变资本价值都得到补偿，同时获得剩余价值，才能重新购买再生产所需要的生产资料和劳动力，社会再生产才能重新进行。如果社会总产品的各个部分在市场上不能按价值全部卖出去，再生产所需要的物质资料就不能按价值全部买到，社会资本再生产就不能正常进行。社会总产品的实物补偿是社会资本运动正常进行的关键，因为，社会资本再生产运动的正常进行的起码条件，是保证上一个生产过程中所消耗掉的生产资料和消费资料能够得到补偿和替换，否则，社会再生产过程就会发生中断或者萎缩。

既然社会总产品的实现问题是社会资本再生产的核心问题，因此，为了揭示社会资本再生产的过程和规律，就必须对社会总产品的构成以及与之相应的社会生产类别进行分析。为此，马克思提出了**两个基本理论前提：社会总产品在价值上由不变资本价值（C）+可变资本价值（v）+剩余价值（m）三部分组成；社会生产分为生产生产资料的部类（Ⅰ）和生产生活资料的部类（Ⅱ）两大部类**。

从价值形式来看，社会总产品由不变资本价值、可变资本价值和剩余价值所构成，即 $C+V+m$。其中，不变资本价值是旧价值的转移，用于补偿生产中消耗掉的生产资料价值，可变资本价值和剩余价值是工人活劳动所创造的新价值，前者用于补偿生产中已消耗的预付可变资本价值，后者用于投资者的个人消费和扩大再生产的资本积累。

从实物形式来看，社会总产品在最终用途上，不是用于生产就是用于生活，因而它们可分为生产资料和生活资料两大类。其中生产资料用于补偿生产中消耗掉的生产资料和扩大再生产所必需追加的生产资料，生活资料则用于资本家的个人消费和工人劳动力再生产消费的需要。与此相适应，整个社会生产分成两大部类，第一部类是生产生产资料的所有部门，用符号"Ⅰ"表示；第二部类是生产生活资料的所有部门，用符号"Ⅱ"表示。

马克思正是通过这两个基本理论前提，为分析社会资本运动奠定了科学的基础，从而揭示了错综复杂的社会资本再生产和流通的规律。

三、社会资本简单再生产的实现条件

社会再生产主要有两种类型：简单再生产和扩大再生产。资本主义再生产的特征是扩大再生产。但是，简单再生产包含着社会资本再生产的一般规律性，是扩大再生产的基础和出发点，因此，要考察社会资本再生产问题，首先必须从简单再生产开始。

社会资本再生产和流通是一个十分复杂的过程，为了便于揭示社会资本再生产的规律，同时也为了理论分析的方便，在考察社会资本再生产时，必须进行合理的抽象，排除一些不利于说明这种规律性的次要因素及其影响。为此，需要做一些理论上的假定：整个社会生产都是纯粹的资本主义生产，社会上只有无产阶级和资产阶级；生产周期为一年，不变资本的价值在一个生产周期内全部转移到新产品中去；商品按价值出售，没有价值和价格的背离；没有对外贸易，社会总产品全部在国内得到补偿和实现；剩余价值率为100%。

社会资本简单再生产，是指生产规模不变的社会资本再生产，其特点是资本家把剩余价值全部用于个人消费，再生产的规模在原有的基础上重复进行。

根据社会总产品在价值形式上分为 $C+V+m$，在实物形式上表现为生产资料即第Ⅰ部类产品和生活资料即第Ⅱ部类产品，假定社会总产品的组成表现为

$$\text{Ⅰ(第一部类) } 4000C + 1000V + 1000m = 6000\text{(生产资料)}$$
$$\text{Ⅱ(第二部类) } 2000C + 500V + 500m = 3000\text{(生活资料)}$$
$$\overline{\text{社会总资本 } 6000C + 1500V + 1500m = 9000\text{(社会总产品)}}$$

上述公式是社会总资本在一定时期(假定为一年)的生产过程。为了使第二年生产在原有规模上进行，两大部类所生产的全部产品都必须实现，即在价值上得到补偿，实物上得到更替。为此，需要进行三方面的交换。

第Ⅰ部类内部各部门之间的交换。即第Ⅰ部类中的产品 $4000C$，在实物上是由各种生产资料构成，在价值形式上代表本部类内已经消耗的不变资本的价值。为了维持简单再生产的进行，生产中已经消耗掉的 $4000C$，必须用新生产出来的生产资料来补偿和替换，而第Ⅰ部类本身就是生产生产资料的部门，也就是说，这 $4000C$ 在实物形式上就是

新生产出来的生产资料。因此，这部分产品在价值和实物上的实现和替换可以在第Ⅰ部类内部得到实现，即通过本部类内部各部门、各企业之间相互交换产品来实现，其中有少数生产资料因可直接留归本企业内部使用而不需要同其他企业进行交换(如发电厂用自己生产的电、钢厂用自己生产的钢、机械制造厂使用自己制造的机械等)。

第Ⅱ部类内部各部门之间的交换。即第Ⅱ部类 500V 和 500m，在实物上是由各种生活资料构成，在价值上代表本部类资本家和工人用于个人消费的可变资本和剩余价值。为了维持再生产的进行，工人和资本家在个人生活消费中所消耗掉的消费资料同样要用新的消费资料来补偿，而第Ⅱ部类本身是生产消费资料的部门，也就是说，第Ⅱ部类 500V+500m 在实物形态上就是各种消费资料，因此，这部分产品可以通过本部类内部交换，在价值和实物形式上得到实现，即通过第Ⅱ部类的工人和资本家购买本部类的各种生活消费品而得到实现。

两大部类之间的交换。第Ⅰ部类 1000V 和 1000m，在价值上代表本部类的可变资本和剩余价值，用于第Ⅰ部类的工人和资本家的个人消费，但这些产品在实物形式上却是生产资料，不能直接进入个人消费，必须同第Ⅱ部类生产的消费资料进行交换。第Ⅱ部类 2000C，在价值上代表本部类已经消耗掉的不变资本，但它在实物形式上却是消费资料，因而也无法直接用来替换第Ⅱ部类所需要的生产资料，必须同第Ⅰ部类生产的生产资料进行交换。因此，两大部类都有部分产品需要同对方进行交换。第Ⅰ部类中价值 1000V+1000m 的生产资料，与第Ⅱ部类中价值 2000C 的消费资料正好价值相等，通过交换，第Ⅰ部类的工人和资本家得到 2000 消费资料，第Ⅱ部类的资本家得到所需的 2000 生产资料。这两部分在价值和实物形式上全部得到实现。

以上三方面的交换可表示为

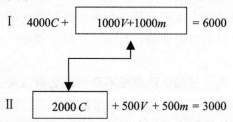

经过以上三方面的交换，社会总产品的各个部分在价值上得到实现和补偿，在实物上也得到了替换，这样，简单再生产就可以继续进行下去。需要明确的是，上述三方面的交换绝不是一次完成的，而是在一年中经过各部门、各企业的资本家以及工人的无数次交换逐步实现的。社会资本再生产过程本身就是这种复杂的商品流通和资本流通的过程。

从上述分析可以看出，**社会资本简单再生产的实现必须具备一定的基本条件**，即两大部类的生产之间必须保持一定的比例关系。具体来说，就是**第Ⅰ部类的可变资本与剩余价值之和必须等于第Ⅱ部类的不变资本。**用公式表示为

$$\text{Ⅰ}(V+m)=\text{Ⅱ}C$$

这个条件表明，在社会资本简单再生产条件下，社会生产两大部类之间存在着互为条件、相互依存、相互制约的内在联系，即第Ⅰ部类提供给第Ⅱ部类的生产资料和第Ⅱ部类对生产资料的需求之间、第Ⅱ部类提供给第Ⅰ部类的消费资料和第Ⅰ部类对消费资

料的需求之间，必须保持一定的比例关系(不仅是一种数量关系，而且也是一种结构关系)。所以，Ⅰ($V+m$)=ⅡC是社会资本简单再生产得以实现的基本条件。如果Ⅰ($V+m$)<ⅡC，意味着第Ⅱ部类所生产的消费资料不能得到完全实现，出现了生产过剩。同时，第Ⅱ部类所消耗的不变资本和生产资料也不能得到充分补偿和替换。同样，如果Ⅰ($V+m$)>ⅡC，意味着第Ⅰ部类所生产的一部分生产资料就不能实现，也出现了生产过剩。同时，第Ⅰ部类所消耗掉的生活资料也得不到充分补偿。在这两种情况下，再生产条件都遭到破坏，从而使总产品的实现遇到困难。

由Ⅰ($V+m$)= ⅡC 这个基本条件，还可引申出两个派生的实现条件。

一个是Ⅰ($C+V+m$)=ⅠC+ ⅡC，它反映了第Ⅰ部类生产资料的生产与两大部类对生产资料的需求之间的内在联系，即第Ⅰ部类生产的生产资料必须满足两大部类对生产资料的需要，并且，它们必须在价值量上相等，在物质形式上相符合。

另一个是Ⅱ($C+V+m$)=Ⅰ($V+m$)+Ⅱ($V+m$)，它反映了第Ⅱ部类消费资料的生产与两大部类的工人和资本家对消费资料的需求之间的内在联系，即第Ⅱ部类生产的消费资料必须满足两大部类对消费资料的需要，并且，它们也必须在价值量上相等，在物质形式上相符合。

上述三个公式，体现了在社会资本简单再生产过程中，两大部类之间以及两大部类内部都必须遵循的基本比例关系。这些基本的比例关系从不同侧面反映了社会资本简单再生产的规律性，即社会生产与社会消费之间、社会生产两大部类之间、生产资料生产与消费资料生产之间、消费资料生产与生活消费之间、供给与需求之间，都必须保持一定的比例关系，只有这样，社会资本再生产才能得以正常进行。这正是马克思再生产理论所揭示的基本内容。

需要指出的是，在考察社会资本简单再生产的实现条件时，对不变资本运动的假设，即不变资本在一个生产周期中全部消耗掉，其价值在一年内全部转移到新产品中去，并且在当年的社会总产品实现中全部得到补偿，这与现实经济生活不相符合。因为不变资本中的一部分(如机器、厂房、设备等固定资本)是不可能在一年内全部消耗、全部转移和全部得到补偿的。因此，在考察社会总产品的实现条件之后，有必要对固定资本的补偿问题进行单独考察和分析。

前面对固定资本的分析表明，固定资本补偿的特点，是其价值补偿与实物补偿(或替换)的不同步进行。固定资本的价值补偿，是根据其平均损耗程度逐渐转移到新产品中去，在产品销售之后得到补偿，并以折旧基金形式积累起来。而固定资本的实物补偿，则是其使用期满之后才进行的，固定资本在实物形式上的使用期限没有结束、其价值没有全部转移完毕之前，其实物形式仍然在生产中发挥作用，并不需要用新的劳动资料加以替换。固定资本补偿的这个特点，对社会总产品的实现会产生一定的影响。因此，为了使社会资本简单再生产的实现不至于遭到破坏，固定资本的补偿必须根据以下条件进行：全社会一年间在实物形式上更新的固定资本总额，等于当年在货币形式上积累的折旧基金总额。如果不具备这个条件，即使具备了社会总产品实现的基本条件，社会总产品也不能完全得到实现，社会资本简单再生产也不可能正常进行。[①]

四、社会资本扩大再生产的前提条件

资本主义再生产的特征是扩大再生产。要扩大再生产，就必须有积累，即资本家不能把剩余价值全部消费掉，而必须把其中的一部分用于资本积累，作为追加资本投入生产。资本积累所形成的追加资本分为两部分：一部分作为追加不变资本价值，用于购买追加的生产资料；另一部分作为追加可变资本价值，用于购买追加的劳动力。至于追加的劳动力，可以从庞大的产业后备军中得到补充。因此，要实现社会资本扩大再生产，必须具备两个物质前提：一是要有可供追加的生产资料；二是要有用于追加劳动力所需要的消费资料。

社会资本扩大再生产必须具有以下两个前提条件。

(1) 第 I 部类的可变资本与剩余价值之和，必须大于第 II 部类的不变资本，这是社会资本扩大再生产的基本前提条件。用公式表示为

$$\text{I}(C+V+m) > \text{I}\,C + \text{II}\,C$$

或

$$\text{I}(V+m) > \text{II}\,C$$

这表明第 I 部类生产的全部生产资料，除了维持两大部类简单再生产所需要的生产资料外，还有一个剩余，可用来满足两大部类在扩大再生产时对追加生产资料的需要。

(2) 第 II 部类的不变资本与用于积累的剩余价值之和，必须大于第 I 部类的可变资本与资本家用于消费的剩余价值之和。用公式表示为

$$\text{II}(C+V+m) > \text{I}(V+m/x) + \text{II}(V+m/x)$$

或

$$\text{II}(C+m-m/x) > \text{I}(V+m/x)$$

公式中，m/x 表示剩余价值中用于资本家生活消费的部分；$m-m/x$ 表示剩余价值中用于资本积累的部分。这表明第 II 部类生产的全部消费资料，除了满足两大部类简单再生产过程中工人和资本家所需要的消费资料外，也有一个剩余，可用来满足两大部类在扩大再生产时对消费资料的需要。

以上两个公式是社会资本扩大再生产的前提条件，只有同时具备这两个条件，资本积累才有可能转化为实际的扩大再生产。要使这种可能性转变为现实性，即使简单再生产转化为扩大再生产，还必须使社会总产品按照扩大再生产的上述两个前提条件进行调整和重新组合，使社会总产品的各个组成部分全部得到实现。

五、社会资本扩大再生产的实现条件

根据扩大再生产的前提条件要求，马克思设计了社会资本扩大再生产的公式为

$$\text{I}\,(4000C + 1000V + 1000m) = 6000$$
$$\text{II}\,(1500C + 750V + 750m) = 3000$$

上式中，$\text{I}(1000V+1000m) > \text{II}\,1500C$，符合 $\text{I}(V+m) > \text{II}\,C$ 这个扩大再生产的基本前提条件，具备了进行资本积累和扩大再生产的可能。在资本积累中，必须使社会总产

[①] 张绍焱. 政治经济学概论[M]. 北京：中国经济出版社，2004：137-138.

品的各个组成部分在简单再生产的基础上按照扩大再生产的要求进行重新组合，即资本家把剥削到的剩余价值作适当的分割，一部分用作追加的不变资本(ΔC)，一部分用作追加的可变资本(ΔV)，一部分用作资本家的消费(m/x)。

假定第Ⅰ部类的资本家把 $1000m$ 中的一半用于积累，另一半用于资本家个人消费，同时假定积累的资本按原有的资本有机构成进行追加，则用于积累的 $500m$ 就转化为追加不变资本 $400\Delta C$ 和追加可变资本 $100\Delta V$。这样，第Ⅰ部类的年产品价值按照扩大再生产的用途重新组合为

$$\mathrm{I}\,(4000C + 400\Delta C) + (1000V + 100\Delta V) + 500\,m/x = 6000$$

为了适应第Ⅰ部类扩大再生产的需要，第Ⅱ部类也要进行相应的积累。而且积累的规模取决于第Ⅰ部类能为第Ⅱ部类所提供的生产资料的数量。由于第Ⅰ部类提供的生产资料为 $1600(1100V + 500m)$，除了补偿第Ⅱ部类原来消耗掉的 1500 生产资料外，还有 100 的剩余。这决定了第Ⅱ部类扩大再生产可以追加 $100\Delta C$ 的不变资本(生产资料)，按照第Ⅱ部类 2∶1 的资本有机构成，还必须同时追加 $50\Delta V$ 的可变资本。这就决定了第Ⅱ部类的资本家必须从 $750m$ 中拿出 150 进行积累，剩余的 600 剩余价值用于本部类资本家的个人生活消费。这样，第Ⅱ部类的年产品按照扩大再生产的用途重新组合为

$$\mathrm{II}\,(1500C + 100\Delta C) + (750V + 50\Delta V) + 600\,m/x = 3000$$

这样，两大部类的年生产品，按照剩余价值资本化的要求，在价值形态上的重新组合，为社会资本扩大再生产条件下社会总产品的实现创造了条件。

经过第Ⅰ部类内部交换、第Ⅱ部类内部交换，以及两大部类之间的交换，社会总产品全部得到实现。即

$$\mathrm{I}\,(4000C + 400\Delta C) + \boxed{(1000V + 100\Delta V) + 500\,m/x} = 6000$$

$$\mathrm{II}\,\boxed{(1500C + 100\Delta C)} + (750V + 50\Delta V) + 600\,m/x = 3000$$

第一年的社会总产品按上式实现，则第二年的生产过程开始时，两大部类的资本构成为

$$\mathrm{I}\ \ 4400C + 1100V$$
$$\mathrm{II}\ \ 1600C + \ 800V$$

假定剥削率不变，则第二年社会总资本的生产过程将表现为

$$\mathrm{I}\,(第一部类) 4400C + 1100V + 1100m = 6600(生产资料)$$
$$\underline{\mathrm{II}\,(第二部类) 1600C + 800V + 800m = 3200(生活资料)}$$
$$社会总资本\ 6000C + 1900V + 1900m = 9800(社会总产品)$$

社会总产品价值由第一年的 9000 增加到 9800，实现了扩大再生产。根据上述方法，以后各年社会资本扩大再生产的实现过程都可以做类似的分析。

根据以上分析可看出，社会资本扩大再生产的基本实现条件为

$$\mathrm{I}\,(V+\Delta V+m/x) = \mathrm{II}\,(C+\Delta C)$$

公式表明，社会资本扩大再生产的实现，必须使两大部类相交换的产品之间保持一定的比例关系，即第Ⅰ部类原有的可变资本加上追加的可变资本，再加上本部类资本家用于个人消费的剩余价值，三者之和等于第Ⅱ部类原有的不变资本加上追加的不变资本之和。公式还说明，在社会资本扩大再生产条件下，社会生产两大部类之间存在着互为条件、互相依存的内在联系，即第Ⅰ部类提供给第Ⅱ部类的生产资料与第Ⅱ部类对生产资料的需求之间、第Ⅱ部类提供给第Ⅰ部类的消费资料与第Ⅰ部类对消费资料的需求之间必须保持一定的比例关系。否则，社会资本扩大再生产就不能顺利地实现。

由社会资本扩大再生产的基本实现条件，可以引申出如下两个实现条件。

$$\mathrm{I}\,(C+V+m) = \mathrm{I}\,(C+\Delta C) + \mathrm{II}\,(C+\Delta C)$$

这表明第Ⅰ部类生产资料的生产与两大部类对于生产资料的需求之间的关系，即第Ⅰ部类生产的全部产品在价值上必须等于两大部类原有的不变资本加上追加的不变资本之和。它反映了第Ⅰ部类生产资料的生产必须同两大部类对补偿已经消耗的生产资料的需求和追加的生产资料的需求相适应。

$$\mathrm{II}\,(C+V+m) = \mathrm{I}\,(V+\Delta V+m/x) + \mathrm{II}\,(V+\Delta V+m/x)$$

这表明第Ⅱ部类消费资料的生产与两大部类对于消费资料的需求之间的关系，即第Ⅱ部类生产的全部产品在价值上必须等于两大部类原有的可变资本、追加的可变资本和资本家用于个人消费的剩余价值之和。它反映了第Ⅱ部类的消费资料生产必须同两大部类原有工人、资本家对消费资料的需求和追加的工人对消费资料的需求相适应。

六、生产资料生产优先增长规律

马克思在考察社会资本扩大再生产的实现条件时，是在一定的假设条件下进行的，即在资本积累和扩大再生产时，资本的有机构成是不变的，也就是说排除了技术进步因素的影响。实际上，在资本积累过程中总是伴随着技术进步的因素，这使得社会资本的有机构成呈现不断提高的发展趋势。由于资本有机构成的提高，在资本积累和扩大再生产过程中，使原有预付资本和追加资本中转变为不变资本的部分会越来越大，因而不变资本的增长速度会快于可变资本的增长速度。

在技术不断进步和资本有机构成不断提高的扩大再生产过程中，生产资料生产优先增长之所以具有客观必然性，是因为资本有机构成的提高，表明在社会总资本中不变资本的比重趋于增大，可变资本的比重趋于缩小。不变资本的物质内容是生产资料，可变资本的物质内容是维持和再生产劳动力的消费资料。不变资本比重的增大和可变资本比重的缩小，意味着同等数量的资本，对生产资料的需求，比对消费资料的需求更大，也意味着同等数量的劳动力将推动更多的生产资料，因而在客观上要求生产资料生产优先增长。

生产资料生产优先增长，是指在技术进步的扩大再生产条件下，由于资本有机构成提高，生产资料生产的增长快于消费资料生产的增长。"增长最快的是制造生产资料的生产资料生产，其次是制造消费资料的生产资料生产，最慢的是消费资料生产。"[①]这是列宁在研究马克思再生产理论时，考虑到技术进步和资本有机构成提高的因素而得出的结论。事实上，没有技术的高度发展，进而没有资本有机构成的提高，生产资料的生产是不可能快于消费资料增长的。

生产资料生产的优先增长，并不意味着生产资料生产的发展可以脱离消费资料生产的发展。相反，生产资料生产的增长最终要受消费资料生产增长的制约。更不排除在某个时期内，消费资料生产可以比生产资料生产增长得更快。列宁指出，社会产品的第一部类(生产资料的制造)能够而且应当比第二部类(消费品的制造)发展得更快。但是决不能由此得出结论说，生产资料的生产可以完全不依赖消费品的生产而发展，也不能说与这毫无联系。生产消费(生产资料的消费)归根到底总是同个人消费联系着，总是以个人消费为转移的。[②]在现实经济中，生产资料生产和消费资料生产每年增长速度的具体比例关系，是由各国具体的历史条件、技术条件和经济条件决定的。由于不同时期其条件各不相同，生产资料生产不可能每年都比消费资料生产增长得更快。有时甚至会出现生产资料生产与消费资料生产交替快速增长。不过，无论生产资料生产和消费资料生产如何交替出现快与慢的差异，只要技术不断进步，资本有机构成不断提高，生产资料生产快于消费资料生产的增长就是一种必然的趋势。

马克思关于社会资本再生产理论揭示了资本主义经济发展的内在规律性，即无论是简单再生产还是扩大再生产，社会生产的两大部类之间以及两大部类内部各部门之间，必须保持一定的比例关系。这种理论的伟大意义在于：它不仅揭示了资本主义社会化大生产的特殊性质，还揭示了一般社会化大生产各部门都必然要保持相应的比例关系的内在必然性。当然，马克思的社会资本再生产理论的最终目的，是为了揭示资本主义再生产过程中存在的各种矛盾，这些矛盾的综合作用使社会资本再生产的比例失调，从而导致经济危机的爆发。

第四节 社会资本再生产的矛盾和经济危机

社会资本再生产理论表明，社会生产的两大部类以及两大部类内部各部门之间，必须保持一定的比例关系，社会资本再生产才能顺利进行。但是，随着资本主义扩大再生产的发展，资本主义的基本矛盾日趋尖锐，使得社会资本再生产所必须的比例关系经常遭到破坏，结果必然导致周期性的经济危机。

一、社会资本再生产的矛盾

社会资本再生产理论所揭示的社会总产品的实现条件，实质上就是要求社会生产应当有组织有计划地协调进行。但是，在资本主义制度下，生产资料私有制却把整个社会

[①] 中共中央马克思恩格斯列宁斯大林著作编译局. 列宁全集：第一卷[M]. 北京：人民出版社，1984：66.
[②] 中共中央马克思恩格斯列宁斯大林著作编译局. 列宁全集：第四卷[M]. 北京：人民出版社，1984：44.

生产割裂开来,使各个企业的生产成为每个资本家的私事。生产什么,生产多少,怎样生产,完全是由资本家个人决定。从而使社会生产两大部类之间以及各个生产部门之间不可能经常保持协调的关系,社会资本再生产的实现条件经常遭到破坏。生产社会化和生产资料资本主义私人占有制之间的矛盾日趋尖锐,从而引发了一系列矛盾。

第一,个别企业生产的有组织性和整个社会生产的无政府状态的矛盾。生产资料资本主义私人占有制决定各个资本主义企业都由资本家主宰,资本家为了追求更多的剩余价值和增强竞争能力,在他所属企业内部加强对生产过程的监督、调节和管理,从而实现了生产的有组织性。但从整个社会范围来看,生产资料的私有制又把整个社会生产分割开来,每个企业的生产完全成为资本家个人的事情,整个社会生产处于无政府状态。此外,庞大的市场造成了每个资本家除本企业外,都不能全面了解整个社会的生产和需求。而生产的社会化使资本主义社会各部门、各企业联成一个有机整体,要求企业与企业之间密切联系,整个社会生产有组织、有计划地协调进行。这与资本主义私有制是相矛盾的,矛盾发展到一定程度,必然导致社会再生产所要求的比例关系失调,爆发经济危机。

第二,生产无限扩大的趋势与广大劳动群众有支付能力的需求相对缩小的矛盾。一方面,资本家在追求剩余价值的内在动力和竞争的外在压力推动下,必然不断积累,不断采用新技术,扩大生产规模;另一方面,由于资本家为了追逐超额利润,加强对工人的剥削,并尽量降低工人的工资,使劳动群众有支付能力的需求相对缩小。同时,随着资本有机构成的提高,工人受到机器的排挤,失业人口不断增加,工人阶级的经济地位和生活状况恶化,广大劳动群众的购买力下降。当生产和消费的矛盾发展到一定程度时,供给与需求的比例关系遭到严重破坏,就不可避免地引起生产相对过剩的经济危机。

二、资本主义经济危机的实质和根源

资本主义经济危机的实质,是生产相对过剩的危机。从1825年英国爆发第一次大规模的经济危机以来,资本主义世界每隔若干年就爆发一次。每当危机爆发时,大量商品积压,工厂停工,工人失业,银行等金融企业倒闭,信用关系遭到严重破坏,整个社会一片混乱。1929—1933年席卷整个资本主义世界的经济危机,不仅极大地打击了资本主义国家,而且殃及许多殖民地和附属国,使资本主义经济倒退了30年。1997年下半年在东南亚爆发的金融危机,其影响范围之大、范围之广,更令世人瞠目结舌。尽管每次危机发生的历史条件不同,但是"生产过剩"都是历次危机的最基本现象。这种生产过剩不是绝对过剩,而是相对过剩。不是生产的商品太多了,而是相对于劳动群众有支付能力的需求来说,商品过多而卖不出去。这种生产相对过剩的危机,就是资本主义经济危机。

资本主义经济危机的根源,在于资本主义的基本矛盾。经济危机是所有商品经济社会都可能发生的现象。因为当货币作为流通手段以后,商品的买与卖在时间上和空间上已分为两种相互独立的行为,从而产生买和卖的脱节,商品存在卖不出去的可能。这种可能性只有在资本主义经济制度下才能变为现实。因为,资本主义生产是社会化大生产,社会化生产要求社会占有生产资料,对全社会实行统一组织和管理,以及对产品按照劳动者的利益进行分配。只有这样，生产关系才能适应社会化大生产的性质，保证社会化大生产按比例地协调发展。因此，社会化大生产就内在地、不可避免地与生产资料的私人占有制之间存在着深刻的矛盾。正是由于这一基本矛盾，造成了资本主义再生产过程中的一系列矛盾。当这些矛盾不断激化和尖锐时，必然导致经济危机的爆发。

当然，资本主义社会并非时时刻刻都处在经济危机之中，**经济危机**是周期性出现的。经济危机的周期性爆发，使资本主义再生产也出现周期性。从一次危机爆发到下一次危机爆发，就构成一个再生产周期。这个周期**包括危机、萧条、复苏、高涨四个阶段**。

在危机阶段，整个经济处于衰退、瘫痪和混乱状态。危机阶段是资本主义再生产周期的决定性阶段，它既是上一个周期的终点，又是下一个周期的起点。危机爆发后，资本家为了阻止商品价格下降，不惜采取破坏生产力的手段，毁坏一部分商品和机器设备，使产品的过剩现象逐步得到缓解和消除，市场的供求关系逐步恢复平衡，整个社会经济状况不再进一步恶化，而是处于一种不景气的萧条之中。

在萧条阶段，社会生产不再继续下降，失业人数不再增加，商品价格也停止下跌。但是，仍然有大批失业者找不到工作，商品销售也不顺畅，整个经济生活呈现一片萧条景象。为了改变这种状况，一部分企业积极进行生产调整和产品创新，加速技术和设备的更新，从而带动了商品市场逐步活跃起来，使社会经济逐步得以复苏。正是由于固定资本的更新，使生产资料部门生产逐步恢复，并相应拉动对消费资料的需求，这样，使整个社会生产恢复和发展起来，萧条阶段转入复苏阶段。

在复苏阶段，市场供求关系进一步好转，资本家开始进行大规模生产，工人就业规模进一步扩大，社会购买力进一步提高，资本周转加快，企业利润增加，社会投资更加活跃，社会生产开始恢复到危机前的水平。社会经济出现繁荣景象，复苏阶段过渡到高涨阶段。

在高涨阶段，生产进一步发展，就业人数增加，社会购买力不断提高，市场上商品畅销，整个资本主义经济又呈现出一片繁荣昌盛的景象。但在一派繁荣的背后，整个资本主义经济又孕育着新的危机。经济危机的这种周期性，正如恩格斯所描绘的，运动逐渐加快，慢步转成了快步，工业快步转成跑步，跑步又转成工业、商业、信用和投机事业的真正障碍赛中马的狂奔，最后，经过几次平民的跳跃重新陷入崩溃的深渊。如此反复不已。①

资本主义经济危机的周期性爆发的物质基础，是固定资本的大规模更新。因为一方面，在危机的萧条阶段，商品价格的普遍低廉为资本家大规模固定资本更新提供了契机，而竞争的需要为资本家提供了动力。固定资本的大规模更新，必然推动生产资料部门生产的恢复和发展，进而推动消费资料部门生产的恢复和发展，促进整个社会经济从萧条走向复苏和高涨。另一方面，大规模的固定资本更新，在促进社会生产力急剧增长的同时，又造成社会资本有机构成和劳动生产率的提高，其结果必然会增加社会相对过剩人口，引起劳动者有支付能力的需求相对缩小，从而引发新的经济危机。

---

① 中共中央马克思恩格斯列宁斯大林著作编译局. 马克思恩格斯选集：第三卷[M]. 北京：人民出版社，1972：316.

第二次世界大战以后，由于发达资本主义国家普遍实施对宏观经济的干预和调节，使经济危机出现了一些新特点，主要表现如下。

危机爆发的周期缩短。19世纪经济危机的周期大约为10~12年；20世纪初至第二次世界大战以前差不多是7~8年；"二战"以后则是4~5年。经济危机的周期缩短，主要是由于经济危机的物质基础发生了变化。"二战"以后，在第三次科技革命浪潮的推动下，科技革命及其在生产中应用速度加快，固定资本更新的周期缩短，从而使危机的周期时间缩短。

危机的阶段性模糊。"二战"以前，危机阶段生产急剧下降，高涨阶段生产迅速上升，二者形成鲜明的对照。"二战"以后，由于国家的干预，在各种反危机政策的作用下，经济危机的四个阶段的交替以及各阶段的特点并不明显，经济波动的幅度减小。

危机的冲击力减弱，工业生产下降幅度较小。这主要是资本主义国家采取了扩大政府投资、降低利息刺激投资和扩大消费信贷等宏观经济政策，从而在一定程度上缓解了经济危机的程度。

资本主义经济危机既是社会化大生产比例严重失调的表现，又是强调性地重新建立社会化大生产比例关系的途径。经济危机的周期性爆发，使经济资源和社会劳动周期性地被破坏和浪费。尽管当代发达国家采取了一系列宏观调控政策，对社会再生产过程进行调节，从而在一定程度上缓解了经济危机，但由于它没有从根本上消除资本主义经济制度所固有的基本矛盾，从而没有也不可能完全避免经济危机的爆发和社会资源的浪费。经济危机本身虽然并不能导致资本主义经济制度的解体，但是它也确实表明资本主义生产方式并不是发展生产力的绝对形式，它最终必然会被一种更先进的、能够为社会生产的发展和人的全面发展创造无限空间的社会生产方式所代替。

第五节　例证分析

一、固定资本与流动资本对资本周转速度的影响

资本周转速度是指整个预付资本的总周转次数。预付资本的总周转是指它的不同组成部分即固定资本和流动资本的平均周转。由于固定资本和流动资本的价值周转方式不同，因而它的周转速度也不相同。即使是固定资本，其各组成部分的周转速度也不尽相同。

假定，某资本家的全部预付资本为600万元。其中固定资本为500万元，流动资本为100万元。固定资本中用于修建厂房的资本是100万元，使用期为20年，每年周转1/20次，年周转额为5万元；用于购买机器设备的资本是300万元，使用期为12年，每年周转1/12次，年周转额为25万元；用于购买工具的资本是100万元，使用期为5年，每年周转1/5次，年周转额为20万元。流动资本每年周转4次，年周转额为400万元。预付资本总周转次数的计算公式为

$$\text{预付资本总周转次数} = \frac{\text{固定资本年周转价值总额} + \text{流动资本年周转价值总额}}{\text{预付资本总额}}$$

$$= \frac{(100 \times \frac{1}{20} + 300 \times \frac{1}{12} + 100 \times \frac{1}{5}) + (4 \times 100)}{600}$$

$$= \frac{5 + 25 + 20 + 400}{600}$$

$$= 0.75(\text{次})$$

由此可见,固定资本和流动资本对资本周转速度的影响包括:一是两者各自的周转速度,它与预付资本总周转速度成正比;二是两者的比例,由于固定资本的周转速度慢于流动资本的周转速度,因此,固定资本的比重越大,预付总资本的周转速度就越慢。相反,流动资本的比重越大,预付总资本的周转速度就越快。

二、资本周转速度对剩余价值生产的影响

资本周转速度对剩余价值生产有着两方面的重大影响。

第一,加快资本周转速度,可以节省预付的流动资本。假定,甲、乙两个企业的生产规模相同。每年需要流动资本100万元。甲企业的资本年周转次数比乙企业快,前者是4次,后者是2次。显然,甲企业每年只需要流动资本25万元即可,乙企业每年则需要流动资本50万元。由此可见,在生产规模相同的条件下,资本周转速度越快,所需预付的流动资本就越少;反之,资本周转速度越慢,所需预付的流动资本就越多。与此同时,加快资本周转速度,减少流动资本占用,既可以减少利息支出,又可以把节省下来的流动资本用于扩大再生产,创造更多的剩余价值。

第二,加快资本周转速度,可以增加年剩余价值量,提高年剩余价值率。假定,甲、乙两个企业预付的可变资本都是5万元,剩余价值率100%,甲企业可变资本周转速度快于乙企业,甲企业的可变资本一年周转4次,乙企业的可变资本一年周转2次。这样,甲企业的年剩余价值量为5×100%×4=20万元;乙企业的年剩余价值量为5×100%×2=10万元。可见,虽然两个企业的预付可变资本相同,但由于周转速度不同,实际生产中所用的可变资本量就不同,年剩余价值量也就不同,甲企业比乙企业多一倍。

加快可变资本的周转速度,不仅能增加年剩余价值量,而且还能提高年剩余价值率。因为,在剩余价值率一定的条件下,生产的年剩余价值量越多,年剩余价值率就越高。如上例,甲、乙两个企业预付的可变资本都是5万元,但是甲企业的年剩余价值率为20万/5万=400%,而乙企业的年剩余价值率为10万/5万=200%,甲企业比乙企业高一倍。

三、当代资本主义经济危机的新特征

经济危机的周期性爆发是资本主义积累过程的固有特征。经济危机是一种周期性的每隔若干年爆发一次的经济现象。从一次危机开始,到下一次危机爆发的经历时间,构成再生产的一个周期。自1825年第一次资本主义经济危机爆发以来,每隔一定时期,在主要资本主义国家或大部分资本主义国家就要爆发一次经济危机。例如,在1836年、

1847—1848年、1857年、1866年、1873年、1882年、1890年、1900—1903年、1907年、1920—1921年、1929—1933年、1937—1938年、1948年、1957—1958年、1973—1975年、1979—1982年都爆发了资本主义经济危机。1997年东南亚国家爆发的金融危机从根本上来说也是资本主义经济危机。①

在1929—1933年资本主义世界性大危机期间，整个资本主义世界的工业产量下降了44%，社会生产大约后退到1908—1909年的水平，还毁坏了大量的社会财富。美国毁坏了92座炼钢炉、英国毁坏了72座、德国毁坏了28座、法国毁坏了10座；1933年，美国有1040万亩棉花在棉田中被铲倒毁掉，有640万头猪被抛进密西西比河；英国的大批鲜橘子、巴西有2200万袋咖啡被倒进了大海。危机还使劳动者大批失业。据1932年9月《幸福》杂志估计，美国有3400万成年男女和儿童，即约占全国总人口的28%无法维持生计，200万人到处流浪，平均每3个可以工作的人中，就有1个人失业。②

经济危机之所以周期性地爆发，根本原因在于资本主义基本矛盾运动过程本身的阶段性。资本主义矛盾是不断运动的，只有当矛盾十分尖锐，社会再生产各种比例关系严重失调，特别是生产迅速扩大和有支付能力的消费需求相对缩小之间发生猛烈地冲突，大量商品找不到销路时，才会爆发经济危机。经济危机的爆发又会使资本主义再生产中的那些矛盾得到暂时的、强制的解决，从而使资本主义经济逐渐恢复过来，又继续发展。经过一段时期，当资本主义基本矛盾决定的各种矛盾又重新激化起来，又会导致新的经济危机的爆发。

第二次世界大战以后，由于国家垄断资本主义的发展和垄断资本主义积累条件的变化，经济危机和经济周期也开始出现了一些新的特征。主要表现在以下方面：

第一，危机爆发频繁，周期缩短。在19世纪，经济危机的周期为10~12年；进入20世纪以后，危机的周期平均为8~12年，第二次世界大战以后，经济危机的周期则为3~5年。这是因为资本主义国家在危机期间所采取的各种刺激经济的政策，一方面可以缓解危机的程度，但另一方面又使经济中存在的各种矛盾不能得到充分解决，因而危机必然再度发生。

第二，再生产周期变形，阶段的界限不明显。"二战"以后，由于国家的干预，实行反危机的措施，经济危机的4个阶段不如战前明显。停滞阶段比较短，与复苏时期难以区分。同时危机持续时间较短，生产下降幅度较小。这表明战后一些发达资本主义国家采取的人为消除危机和刺激经济发展的某些措施，在短期内起到了一定的作用，但并没有从根本上解决问题。在危机程度减轻的同时，却又出现了新的情况，即危机阶段不能使再生产的各种矛盾得到有力的缓解，从而使经济复苏阶段恢复缓慢，形成萧条阶段与复苏阶段之间界限不明显。高涨阶段生产增长也很缓慢，使再生产周期变形。

第三，经济危机期间生产下降幅度减小。以美国为例，"二战"以后共发生过9次经济危机，生产连续下降的时间，最短的仅有6个月，最长的也只有17个月；生产下降的幅度，少的仅有5.8%，大的也只有15.1%。这与1929—1933年大危机持续4年、生产

---

① 卫兴华，林岗. 马克思主义政治经济学原理[M]. 北京：中国人民大学出版社，2003：130.
② 张雷声. 马克思主义政治经济学原理[M]. 北京：中国人民大学出版社，2003：107.

下降46.2%相比,是大大减轻了。[①]

第四,经济停滞与通货膨胀交织并存。"二战"以前,经济危机时期的突出特征是生产严重过剩,出现停滞的同时,物价猛跌。"二战"以后,在经济危机期间,虽然生产过剩,但物价不仅不跌,反而上涨,甚至比非危机期间上涨的速度更快、幅度更大。物价的猛涨不跌,既有垄断组织人为地维持垄断价格,更有国家为了摆脱和减轻危机,采取各种刺激消费和投资的政策,滥发公债和纸币,引起通货膨胀,从而形成了经济停滞与通货膨胀交织并存的"滞胀"局面。

"二战"以后,由于第三次科技革命和国家垄断资本主义的发展,资本主义积累的经济条件发生了巨大的变化,这对经济危机和再生产的周期的表现形式产生了重大影响。这些影响表现在如下方面。

(1) 资本主义生产的计划性有所加强。一方面,垄断大公司由于资本雄厚,实行跨部门跨国经营,具有较强的经济稳定性。它们在内部实行严格的科学管理,为维护垄断价格而控制产量,计划畅销。许多大公司实行订货制度,目前,发达国家工业生产的大约一半以上是按照先期订货进行生产。另一方面,资本主义国家也加强了社会生产的计划性。一些国家制定经济发展的中长期计划,以结构调整为中心,提出一定时期经济发展的具体目标,为私人企业组织生产提供指导,并通过各种经济手段推动计划的实施。上述措施无疑有助于减少社会生产的盲目性和无政府状态,降低企业库存的积压程度和行情突变对大股市及金融机构的冲击力,从而缓解危机期间生产下降的规模和经济震荡的深度。但是,尽管如此,在以私有制为基础的资本主义条件下,社会生产的无政府状态不可能消除,无论是大公司的组织性还是国家的计划性,都不可能使资本主义生产真正做到按比例发展。生产与消费脱节这个最根本的比例失调,是资本主义制度无法克服的。

(2) 资本主义国家加强对社会经济的干预和调节。国家垄断资本主义的发展,改变了传统的、自由放任的资本主义,使国家对经济的干预和调节成为资本主义积累过程正常进行所不可或缺的重要条件。国家对经济进行宏观调节的根本目的就在于反危机,保证资本积累和经济的稳定增长。国家干预经济的主要任务是扩大社会需求总量,以解决资本积累和生产扩张中的市场不足问题。国家所采取的主要干预手段,包括国家投资,政府对商品和劳务的购买,通过转移支付扩大个人消费,通过减税、补贴、低息贷款等方法刺激投资等,这种宏观调节尽管不能彻底消除危机,但确实使周期的起伏变得比较平滑,也确实在一定时期和一定程度上保证或扩大了市场,缓解了积累过程中生产和消费的尖锐矛盾及其派生的生产过剩危机的剧烈程度。但是,由于国家对经济的干预人为地扰乱了周期的进程,使得周期的长度不规则。而各国进行经济干预的手段上的差异则可能破坏各国危机爆发的同期性。国家强大的经济作用虽然能够使经济周期变形,但却不能消除危机和周期,因为危机的根源在于资本主义经济制度及其固有的生产与消费的矛盾。

(3) 战后服务业的发展加强了对经济周期波动的缓冲作用。"二战"以后,在第三次科技革命浪潮的推动下,资本主义产业结构发生了重大变化。非物质生产部门的劳务产值在国民生产总值中所占比重已经超过了物质生产部门。由于危机和周期波动的影响主

[①] 张绍焱. 政治经济学概论[M]. 北京:中国经济出版社,2004:149.

要是在工业和制造业，而劳务部门的一系列特点如生产率提高缓慢、就业增长较快、小企业和个体经营者比重大、某些劳务领域的收入比较稳定等，使劳务部门对经济波动的抵抗力和适应力较强，对危机的反应较为迟缓，从而能够在周期性震荡中起缓冲作用。劳务部门在国民经济中的比重越大，这种缓冲作用也越强。这也是战后历次危机中国民总产值下降幅度大大低于工业生产下降幅度的主要原因。但是，非物质生产部门的存在和发展是不能最终脱离工业和其他物质生产部门的，它的扩大也不可能彻底消除危机和周期。大部分劳务部门是与人们的消费需求相联系的，因而也不能不最终受到社会有支付能力的需求水平的制约。战后劳务部门的急剧扩大，固然是物质生产部门生产力增长的必然现象，但部分也是由于资本主义矛盾发展的结果。市场问题尖锐化、商品销售困难、国家对经济的干预、投机活动的猖獗等，都促使劳务部门盲目膨胀。其结果不但造成社会资源的严重浪费，而且已经导致在某些发达国家出现被称为"服务业危机"的新现象，反过来成为加剧周期性危机的因素。例如，在美国 1990 年发生的经济危机中，由于 20 世纪 80 年代金融业和房地产业等第三产业部门的盲目扩张和狂热投机活动而造成大量的企业破产，就起着危机催化剂的作用。

本章小结

资本的本质在于价值增值。资本只有经过不断运动，才能实现价值增值。而能够产生剩余价值的资本只有产业资本。产业资本在循环过程中分别采取不同的形式，完成不同的职能，从而实现价值增值。资本循环中的货币、生产要素、商品，既执行一般货币、生产要素和商品的职能，同时它们又分别作为货币资本、生产资本、商品资本完成资本职能。

产业资本循环是指产业资本顺次经过购买阶段、生产阶段和售卖阶段，相应采取货币资本、生产资本和商品资本三种职能形式，实现了价值增值，最后又回到了原来出发点的运动过程。单个资本连续循环的必要条件是：三种职能形式和三种循环形式在空间上并存，在时间上继起，这两个条件是互为前提、互为条件的。

资本周转是不断重复进行的资本循环运动。资本周转与资本循环的区别主要在于，资本循环反映的是资本的形态变化，而资本周转反映的是资本的价值运动。影响资本周转速度的主要因素是生产时间、流通时间和生产资本的结构。固定资本和流动资本是根据它们在价值流通和价值周转方式上的差别来划分的，这种划分与不变资本和可变资本的划分是不同的。资本周转的速度越快，所需的预付资本量越小，年剩余价值率和年剩余价值量越大。因此，加快资本周转速度，就成为资本家十分关注的问题。

社会资本运动与个别资本运动的特点不同，社会资本运动的核心问题是社会总产品的实现和补偿问题。为了考察社会资本的运动过程，马克思根据其劳动二重性理论和剩余价值理论，提出了两个基本的理论前提：社会生产分成两大部类；社会总产品的价值分成 C、V、m 三个组成部分。

社会资本简单再生产的基本实现条件是：Ⅰ$(V+m)=$ⅡC。由 Ⅰ$(V+m)=$ⅡC 这个基本条件，还可引申出两个派生的实现条件：一个是 Ⅰ$(C+V+m)=$Ⅰ$C+$ⅡC，它反映了

第 I 部类生产资料的生产与两大部类对生产资料的需求之间的内在联系；另一个是 $II(C+V+m)= I(V+m)+II(V+m)$，它反映了第 II 部类消费资料的生产与两大部类的工人和资本家对消费资料的需求之间的内在联系。

社会资本扩大再生产的基本前提条件是：$I(V+m) > IIC$。这表明第 I 部类生产的全部生产资料，除了维持两大部类简单再生产所需要的生产资料外，还有一个剩余，可用来满足两大部类在扩大再生产时对追加生产资料的需要。$II(C+m-m/x) > I(V+m/x)$。这表明第 II 部类生产的全部消费资料，除了满足两大部类简单再生产过程中工人和资本家所需要的消费资料外，也有一个剩余，可用来满足两大部类在扩大再生产时对消费资料的需要。

社会资本扩大再生产的基本实现条件是：$I(V+\Delta V+m/x) = II(C+\Delta C)$。由社会资本扩大再生产的基本实现条件，可以引申出以下两个实现条件：$I(C+V+m) = I(C+\Delta C)+II(C+\Delta C)$，这表明第 I 部类生产资料的生产与两大部类对于生产资料的需求之间的关系；$II(C+V+m) = I(V+\Delta V+m/x) + II(V+\Delta V+m/x)$，这表明第 II 部类消费资料的生产与两大部类对于消费资料的需求之间的关系。

资本主义经济危机的实质是生产相对过剩的危机。经济危机的根源在于资本主义经济制度的内在矛盾，即根本原因是生产社会化与生产资料资本主义私人占有制的矛盾。经济危机具有周期性，在不同的历史时期具有不同的特点。

复习与思考

1. 名词解释。
   资本循环　　资本周转　　社会总产品　　经济危机
2. 资本为什么必须进行不断的循环？
3. 单个资本连续循环的基本条件是什么？
4. 资本周转速度对剩余价值生产有什么影响？
5. 马克思研究社会资本再生产运动的两个理论前提是什么？
6. 如何理解社会资本再生产的核心问题是社会总产品的实现问题？
7. 简述社会资本简单再生产的实现条件及其含义。
8. 简述社会资本扩大再生产的实现条件及其实现过程。
9. 怎样理解生产资料生产的优先增长规律？
10. 什么是资本主义经济危机的实质和根源？
11. 如何理解资本主义经济危机的周期性？
12. "二战"以后资本主义经济危机具有哪些新特点？

第六章
资本和剩余价值的具体形式

本章从资本主义生产总过程的角度,考察资本和剩余价值所采取的具体形式,分析剩余价值如何采取利润、商业利润、利息和地租的形式,在产业资本家、商业资本家、借贷资本家、大土地所有者与农业资本家之间进行分割,透过资本主义经济的各种表面现象,进一步揭示资本主义经济制度的剥削实质。

第一节 平均利润和生产价格

剩余价值是由物质生产部门生产出来的,但是并不能完全归物质生产部门的资本家所占有,而必须在参与资本主义生产总过程的资本家中进行再分配。在剩余价值的各种具体形式中,利润是其他各种形式的基础。本节主要分析剩余价值如何转化为利润,利润如何转化为平均利润,以及价值如何转化为生产价格。

一、成本价格和利润

资本主义企业生产的商品价值包括三个部分:不变资本的价值(C)、可变资本的价值(V)和剩余价值(m)。用公式表示为

$$W = C + V + m$$

在公式中,C 和 V 代表资本家为生产商品所实际耗费的资本额。这部分价值对资本家来说就是生产成本,或称为成本价格。

成本价格是指生产商品所耗费的不变资本与可变资本之和。如果用 k 表示成本价格,则 $k = C + V$,商品价值公式便转化为 $W = k + m$。

资本主义商品的成本价格是商品价值的一部分,它小于商品的价值,两者的差额就是剩余价值。用公式表示为:$W - k = m$。

成本价格这个经济范畴,在资本主义经济活动中具有重要意义。第一,成本价格是商品销售价格的最低界限。如果商品销售价格低于成本价格,资本家就要亏本;如果商品销售价格高于成本价格,资本家就能赚钱。因此,成本价格得到补偿,是资本主义再生产连续进行的条件。第二,成本价格的高低,是决定资本家竞争成败的关键。在生产同种商品的不同企业中,成本价格低的企业,在激烈的市场竞争中就处于有利地位。相反,成本价格高的企业,在竞争中就处于不利地位,甚至有可能被淘汰出局。因为,消费者总是喜欢物美价廉的商品。

成本价格出现以后，资本家就**把剩余价值当作全部预付资本的产物**。这时，**剩余价值就转化为利润**。在资本家看来，全部预付资本中虽然只有部分加入成本价格的形成，但作为生产的物质条件，全部预付资本都参加商品的生产过程，从而也参加了剩余价值的生产过程。这样，资本家就把剩余价值看作是全部预付资本的产物。正如马克思所指出的，剩余价值，作为全部预付资本的这样一种观念上的产物，取得了利润这个转化形式。①

利润是剩余价值的转化形式。利润和剩余价值本来是同一个东西，所不同的是，剩余价值是对可变资本而言的，而利润是对全部预付资本而言的。剩余价值是利润的本质，利润则是剩余价值的转化形式。剩余价值转化为利润以后，商品的价值就转化为成本价格加利润。如果用 P 来代表利润，则商品的价值公式就由 $W = k + m$ 转化为 $W = k + P$。

这样，成本价格的出现，掩盖了剩余价值的真正来源，从而掩盖了资本对雇佣劳动的剥削关系。

剩余价值转化为利润之后，剩余价值率就转化为利润率。马克思指出，用可变资本来计算的剩余价值的比率，叫作剩余价值率，用总资本来计算的剩余价值的比率叫作利润率。② **利润率是剩余价值和预付总资本的比率**。以 P' 代表利润率，则利润率的计算公式为

$$P' = \frac{m}{C+V}$$

由于剩余价值率和利润率是同一个剩余价值量与不同资本量的对比得出的不同比率，所以利润率是剩余价值率的转化形式，但二者还是有区别的。一方面，由于预付总资本($C+V$)恒大于可变资本 V，因此，利润率恒小于剩余价值率。另一方面，剩余价值率表示资本家对雇佣工人的剥削程度，而利润率则掩盖了资本家对雇佣工人的剥削程度，它表示的是全部预付资本的增值程度。资本主义生产的目的，是以最小量的预付资本获得最大限度的利润。在资本总量一定时，资本家获利多少就取决于利润率的高低。所以，对于每一个资本家而言，利润率是越高越好。正如马克思在《资本论》中引用 19 世纪中叶英国评论家登宁所描绘的那样：资本害怕没有利润或利润太少，就像自然害怕真空一样。一旦有适当的利润，资本就胆大起来。如果有 10%的利润，它就保证到处被使用；有20%的利润，它就活跃起来；有50%的利润，它就铤而走险；为了100%的利润，它就敢践踏一切人间法律；有300%的利润率，它就敢犯任何罪行，甚至冒绞首的危险。③

利润率是经常波动的，影响利润率高低的主要因素有：

第一，剩余价值率。在预付总资本和资本有机构成不变的条件下，利润率与剩余价值率呈正相关变化。剩余价值率越高，利润率就越高。反之，剩余价值率降低，利润率

---

① 中共中央马克思恩格斯列宁斯大林著作编译局. 马克思恩格斯全集：第二十五卷[M]. 北京：人民出版社，1974：44.

② 中共中央马克思恩格斯列宁斯大林著作编译局. 马克思恩格斯全集：第二十五卷[M]. 北京：人民出版社，1974：51.

③ 中共中央马克思恩格斯列宁斯大林著作编译局. 马克思恩格斯全集：第二十三卷[M]. 北京：人民出版社，1972：829.

也相应降低。因此，凡是能提高剩余价值率的方法，同时也是提高利润率的方法。

第二，资本有机构成。在剩余价值率和劳动力价值不变的条件下，利润率与资本有机构成呈负相关变化。资本有机构成越高，同量资本中可变资本就越少，所使用的劳动力也就越少，因而创造的剩余价值也就越少，利润率就越低。反之，资本有机构成越低，同量资本中可变资本的比重越大，所使用的劳动力也就越多，因而创造的剩余价值也就越多，利润率就越高。部门利润率同部门的资本有机构成呈反向变化，是就整个部门来说的。对同一部门内部的个别企业而言，情况正好相反。个别企业的资本有机构成越高，意味着技术越先进，劳动生产率越高，其产品的个别价值低于社会价值，因而可以获得超额剩余价值，即超额利润，其利润率也就越高。

第三，资本周转速度。在其他条件不变时，资本周转速度与利润率呈正相关变化。资本周转速度越快，可变资本的周转速度就越快，同量资本所带来的剩余价值就越多，因而利润率就越高；反之，资本周转速度越慢，利润率就越低。因此，资本家总是想方设法加速资本的周转速度，以便提高利润率。

第四，不变资本的节省。在剩余价值量和剩余价值率不变的条件下，不变资本越节约，预付总资本就越少，同量剩余价值与较少的预付资本相比，利润率越高。节省不变资本的方法主要有：充分利用社会化大生产的优越条件，组织大规模的生产，集中使用生产资料；节省用于建筑物、机器设备、动力、照明等方面的资本支出；延长工人的劳动时间；实行轮班劳动制度，在不增加厂房、机器等方面投资的情况下，可以获得更多的剩余价值，从而提高利润率。

二、利润转化为平均利润

资本家为了获得更多的利润，相互之间必然开展激烈的竞争。这种竞争包括部门内部的竞争和部门之间的竞争。

部门内部的竞争，是指同一生产部门内部生产同类商品的各个企业之间的竞争。竞争的目的是为追逐超额利润；竞争的**结果形成了商品的社会价值**。部门内部竞争还促使本部门的平均资本有机构成提高和利润率的下降，从而引起和加剧各个不同部门之间的竞争。

部门之间的竞争，是指不同生产部门的企业之间的竞争。竞争的**目的是为了取得有利的投资场所和更高的利润率**，竞争的**结果使各企业部门的利润率趋于平均化，形成平均利润率**。

部门之间的竞争，导致不同生产部门的利润率趋向平均化。因为，资本家为了追逐较高的利润率，会把自己的资本从利润率较低的部门转移到利润率较高的部门，这就引起资本在各部门间的分配比例发生变化。原先利润率高的部门，由于资本流入，生产规模扩大，供给增加，在市场需求不变的情况下，会造成商品供过于求，必然引起商品价格下降，因而利润率也随之下降。相反，原来利润率低的部门，由于资本的流出，生产规模缩小，供给减少，在市场需求不变的情况下，会造成商品供不应求，必然引起商品价格上涨，利润率也随之提高。这种资本在各生产部门之间的自由转移和各部门产品价格不断涨落的状况，将一直持续到各部门的利润大致相当时，才会暂时稳定下来。部门之间的竞争，既表现为资本从利润率低的部门向利润率高的部门转移，也表现为新增资本向利润率较高部门的投入。这样，由于生产部门之间的竞争，各部门不同的利润率趋于平均，形成了平均利润率。

平均利润率实际上是按照社会总资本平均计算的利润率，是社会的剩余价值总额与社会总资本的比率。用公式表示为

$$平均利润率 = \frac{剩余价值总额}{社会总资本}$$

平均利润率的高低取决于如下两个因素。一是社会各部门的利润率水平。社会各部门的利润率水平较高，则平均利润率水平也较高；反之亦然。二是社会总资本在社会各部门之间的分配。如果投入利润率较高的部门的资本在社会总资本中所占比重大，平均利润率就较高；反之也亦然。

总之，平均利润率不是社会各部门利润率的简单和绝对的平均，而是一种利润率平均化的发展总趋势。

平均利润率形成后，利润也就转化为平均利润。即不同部门的资本家，按照等量资本获得等量利润的原则来瓜分剩余价值。

平均利润率的形成和利润转化为平均利润，进一步掩盖了资本主义剥削关系。因为，在剩余价值转化为利润时虽然已经掩盖了剩余价值的真正来源，但是剩余价值量和利润量还是一致的，人们还可以觉察到二者之间的某些联系。而在利润转化为平均利润以后，许多部门的利润量和剩余价值量不一致。此时利润的多少和预付资本的数量有关，等量资本取得等量利润。这样，利润的来源和本质被进一步掩盖起来。

三、价值转化为生产价格

平均利润率形成的过程，也是生产价格形成的过程。随着利润转化为平均利润，商品的价值就转化为生产价格。

生产价格是指成本价格加平均利润。生产价格形成以后，商品不再按照价值出售，而是按照生产价格出售。这使价值规律作用的形式发生了变化。在生产价格形成以前，商品的市场价格总是围绕价值上下波动。生产价格形成以后，商品的市场价格从过去围绕价值波动转化为围绕生产价格上下波动，此时，生产价格取代了价值成为市场价格变动的中心。但这并不违背价值规律，具体原因如下：

第一，从个别生产部门来看，资本家获得的平均利润可能高于或低于本部门工人创造的剩余价值。但从全社会来看，整个资本家阶级获得的平均利润总额与整个工人阶级创造的剩余价值总额是一致的。平均利润的形成，只是剩余价值在各个部门资本家之间重新瓜分的结果。

第二，从个别部门来看，生产价格与商品价值不一致。但从全社会来看，由于平均利润总额等于剩余价值总额，因此，生产价格总额必然等于商品价值总额。

第三，生产价格的变动，归根到底取决于价值的变动。价值的任何变动都会相应引起生产价格的变动，并且二者变动的方向总是一致的。如果生产商品的社会必要劳动时间减少，商品的价值降低，生产价格也会随之降低；如果生产商品的社会必要劳动时间

增加，商品的价值提高，生产价格也会随之提高。

平均利润和生产价格的形成，并不影响个别资本家获取超额利润。因为平均利润和生产价格是由部门之间竞争形成的。在平均利润和生产价格形成以后，部门内部各个企业之间的竞争仍然存在。在部门内部竞争中，少数先进企业率先采用先进技术或改善生产经营管理，提高企业的劳动生产率，使产品的个别生产价格低于社会生产价格，然后按照社会生产价格销售商品，从而比其他资本家获得更多的利润，即超额利润。**超额利润是由个别生产价格低于社会生产价格的差额**形成的，它是超额剩余价值的转化形式。

马克思的平均利润和生产价格理论，具有重要的理论意义和实践意义。首先，它发展了劳动价值理论。它科学地解决了劳动价值论和等量资本获得等量利润之间的矛盾，说明了利润是剩余价值的转化形式，平均利润是利润的转化形式，生产价格是价值的转化形式，证明了生产价格规律只是价值规律作用的具体形式，两者并不存在实质上的矛盾。其次，它揭示了资产阶级剥削无产阶级的关系。它指明了在资本主义社会，每个工人不仅受本企业资本家的剥削，而且还受其他资本家的剥削；每个资本家不仅剥削本企业的工人，而且还剥削其他企业的工人。在资本主义社会，工人不仅受本企业、本部门资本家的剥削，而且还要受整个资本家阶级的剥削。资本家之间尽管在争夺利润中存在着矛盾，但在剥削工人阶级这个根本问题上，他们的利益是完全一致的。工人与资本家的对立，完全是两个阶级的对立，无产阶级只有推翻资产阶级，消灭资本主义剥削制度，才能从根本上摆脱受剥削的地位。

四、平均利润率下降趋势规律

平均利润率形成以后，不是永不变动，而是随着资本主义生产的发展而变动。从长期来看，平均利润率呈现出缓慢下降的趋势，其根本原因在于社会资本的平均有机构成不断提高。在资本主义制度下，个别资本家在追逐利润的动力和竞争的压力推动下，不断改进生产技术，运用科技新成果，更新生产设备，扩大生产规模，提高劳动生产率，从而必然促进整个部门的资本有机构成提高。各个部门资本有机构成提高的结果，必然导致整个社会资本的平均有机构成提高。随着社会平均资本有机构成的提高，一方面，在剩余价值率一定的条件下，资本有机构成的提高，意味着可变资本在总资本中所占比重相对减少，使同量资本推动的活劳动减少，剩余价值或利润量也随之减少，引起利润率水平不断下降；另一方面，资本有机构成的不断提高，引起固定资本在总资本中所占比重增大。固定资本的周转速度从整体上看是远远慢于流动资本的周转速度的，这样，在全部预付资本中固定资本所占比重越大，资本周转速度就越慢，平均利润率水平就越低。上述两方面的综合作用，使平均利润率必然趋于下降，形成平均利润率下降趋势规律。

平均利润率的下降，并不意味着工人所受剥削程度的减轻和剩余价值率的下降。因为影响利润率的因素除了剩余价值率以外，还有资本有机构成和资本周转速度等因素。因此，即使在剩余价值率不变甚至提高的情况下，由于资本有机构成的提高或资本周转速度的减慢，也会导致平均利润率的下降。例如，假定社会资本为100，平均资本有机构成为$50C：50V=1：1$，剩余价值率为100%，平均利润率为50%，剩余价值量即利润量为50。再假定由于资本积累和资本有机构成提高，社会资本从100增加到200，平均有机构

成从 $50C:50V=1:1$ 提高到 $70C:30V=7:3$，剩余价值率也由 100% 提高到 150%，则平均利润率由原来的 50% 下降到 45%，而剩余价值量即利润总量由 50 增加到 90。

平均利润率的下降，也不意味着社会资本占有的利润量绝对减少。平均利润量的多少，取决于平均利润率的高低和资本总量的多少。如果利润率不变，利润量则随着资本总量的多少而增减；如果资本总量不变，利润量则随着利润率的高低而增减。因此，当利润率下降时，资本总量不变，利润量确实会减少。但是，资本主义再生产的特点是扩大再生产，资本总量在不断增大，虽然由于技术的进步，资本有机构成的提高，可变资本在资本总量中所占比重下降，但只要可变资本的绝对数量没有减少，利润量是不会减少的。在资本主义生产和资本积累的发展过程中，随着社会总资本的增加，可变资本总量也在增加。因此，即使利润率下降，利润量依然是增加的。

由此可见，随着资本积累和资本有机构成的提高，平均利润率的下降和剩余价值率的提高或利润量的增加，是可以同时发生的。正如马克思所指出的，同样一些规律，会使社会资本的绝对利润量日益增加，而使它的利润率日益下降。①

平均利润率下降趋势的规律，并不意味着平均利润率是处在连续不断的下降之中，而是指在较长时期内表现出来的一种趋势。因为在实际生产过程中，还有许多因素**阻碍着利润率的下降**。

第一，剥削程度的提高。资本家千方百计提高剩余价值率，从而延缓利润率的下降。

第二，不变资本各要素价值降低。科技进步和劳动生产率的提高，使生产资料的价值不断降低，使资本有机构成的提高放慢，阻碍利润率的下降。

第三，相对过剩人口的存在和增加。劳动力供过于求，使资本家把工资压低到劳动力价值以下。工资的下降又有利于资本家利用更多的廉价劳动力，使可变资本的比重提高，从而增加剩余价值量，进而会阻碍利润的下降。

第四，对外贸易的发展。资本家通过对外贸易廉价进口原材料，高价出口制成品，增大剩余价值。同时，资本家还在国外直接投资以获取高额利润。这些都可以阻碍平均利润的下降。

因此，平均利润率下降趋势规律，并不排除在某个时期内利润率因各种因素的综合作用而有某种程度的提高，但这些因素最终并不能改变平均利润率下降趋势的性质。

第二节　商业资本和商业利润

前面分析产业资本循环是假定产业资本独自完成货币资本、生产资本和商品资本的职能。实际上，随着资本主义生产规模的不断扩大，产业资本要想独自完成货币资本、生产资本和商品资本的职能，不仅力不从心，而且也不划算。在这样的情况下，处于流通领域的一部分商品资本必然会从产业资本运动中分离出来，成为一种独立的资本形态，

---

① 中共中央马克思恩格斯列宁斯大林著作编译局. 马克思恩格斯全集：第二十五卷[M]. 北京：人民出版社，1974：244.

即商业资本。

一、商业资本的形成和职能

商业资本是从产业资本中分离出来独立发挥作用的商品资本，是商品资本的独立化形态。随着资本主义的发展，生产规模不断扩大，市场范围日益扩展，流通中的商品越来越多，资本流通的时间也越来越长。如果产业资本家兼营商业，自产自销，就要增加商业投资，相对减少生产投资，不利于资本家获取更多的剩余价值。这样，客观上要求商品资本从产业资本中分离出来，专门从事商品销售业务，使商品资本转化为商业资本。

商品资本独立化为商业资本不仅是必要的，而且也是可能的。一方面，在产业资本循环过程中，商品资本的职能是实现生产的新产品的价值和剩余价值，本来就不同于货币资本和生产资本，这就有可能在资本家之间进行分工。产业资本家专门从事生产，商业资本家专门从事流通，实现商品的全部价值。另一方面，从社会总资本来看，总有一部分资本经常处于流通领域，执行商品买卖的职能，它们与生产资本并存，具有相对独立性。因而，商品资本有可能从产业资本中分离出来，成为独立的商业资本。

商品资本要转化为商业资本，必须具备**两个条件：一是**在商业资本家和产业资本家之间形成一种**特殊的社会分工**，产业资本家专门负责商品生产，创造剩余价值，商业资本家专门经营商品买卖，实现剩余价值。**二是**商业资本家必须有自己**的独立投资**。商业资本家用自己的资本向产业资本家购买商品，然后把它卖出去，换回更多的货币，从中赚取商业利润。有了独立的投资，商业资本才有自己独立的运动形式，即 G——W——G'。

商业资本的职能，实质上就是商品资本的职能，即推销商品，实现商品的价值和使用价值。商业资本和商品资本的职能尽管在本质上是相同的，但也有区别。主要表现为两方面：一方面，商品资本的职能是产业资本兼负的，是其执行的三种职能中的一种，而商业资本的职能是商业资本家独立执行的，是其执行的唯一职能。另一方面，商品资本职能的实现只需要一个阶级：售卖阶段，即 W'——G'；而商业资本职能的实现需要两个阶段：购买阶段和售卖阶段，即 G——W——G'。就是说，在第一阶段，产业资本家把商品卖给商业资本家之后，他的商品资本已经转化为货币资本，商品资本的职能已经实现了。但对于商业资本家或整个社会来说，商品仍然停留在流通领域，其价值并没有最终实现，商品资本的职能还有待商业资本家继续完成。只有当商业资本家把商品卖给消费者以后，商品的价值和剩余价值才最终得以实现，从而商品资本的职能才真正完成。

商业资本作为一种独立的资本形式，对促进资本主义发展起了重要**的作用。第一，它相对节省了流通资本，从而相应增加了生产资本**。产业资本家如果自己生产自己销售，必然要让一部分资本停留在流通领域，而让商业资本家专门经销商品，就可以使产业资本家减少流通过程的资本，把它用到生产领域，从而节省流通领域的资本，增加用于生产领域的资本。第二，它**有利于产业资本家集中精力从事生产活动，增加利润总额**。由于商业资本家专门经营商品的销售业务，了解市场信息，精通商务技巧，产业资本家把原来由自己经营的商品销售业务转让给商业资本家以后，可以集中精力从事生产活动，必然有利于生产的发展，并会增大产业利润。第三，它**加快了产业资本的周转速度**。由于商业资本专门从事销售业务，一个商业资本家可以同时为多个产业资本家经销商品，因而商业资本的周转速度就不受个别产业资本周转的限制，它可以在产业资本的一次周转时间内完成若干次周转。从全社会范围来看，可以加速各部门产业资本的周转速度。第四，它**有利于分工的发展和市场的扩大**。商品资本独立化为商业资本，进一步扩大了社会分工，与此同时，也促进了商品市场的发展。社会分工的发展和市场规模的扩大，有利于推动生产力的发展。

当然，商业资本的独立化，也会带来消极影响，它使资本主义生产、流通和消费之间的脱节更加严重，造成虚假需求和商业投机，从而导致资本主义的各种矛盾进一步尖锐化。

二、商业利润及其来源

商业利润是商业资本从产业资本那里瓜分到的一部分剩余价值。商业资本家投资于商业的目的是为了获取商业利润。从表象上看，商业利润来自流通领域中商品售卖价格和购买价格的差额，但这只说明了商业资本家获得商业利润的途径，并没有说明商业利润的真正来源。实际上，任何利润归根到底都是产业工人在生产中所创造的剩余价值。正如马克思所言，因为商人资本本身不生产剩余价值，所以很清楚，以平均利润形式归商人资本所有的剩余价值，只是总生产资本所生产的剩余价值的一部分。[①]由于商业资本家替产业资本家销售商品，因而产业资本家就不能独占全部剩余价值，必须把剩余价值的一部分让渡给商业资本家。

由于商业资本是与产业资本并列的独立的资本形式，所以，它也要求按照等量资本获得等量利润的原则，取得平均利润。即是说，商业资本的利润率只能相当于平均利润率。这是由产业资本和商业资本之间的竞争所决定的。如果商业利润率低于平均利润率，商业资本家就会把资本转移到产业部门中去；如果商业利润率高于平均利润率，产业部门的资本家也会把资本转移到商业部门中来。这样，资本在部门之间转移的结果，使投资于商业部门的利润同投资于产业部门的利润趋于平均化，形成平均利润。

由于商业资本也参加利润率的平均化，与产业资本共同瓜分剩余价值，因此，全社会的平均利润率的公式就变为

$$平均利润率 = \frac{剩余价值总额}{产业资本总额 + 商业资本总额}$$

三、商业流通费用及其补偿

商业资本家为了获得商业利润，除了要预付一定量的资本用于购买商品外，还必须在**商品流通中支付**一系列费用，这种费用叫**商业流通费用**。商业流通费用分为两种：一种是生产性流通费用，另一种是纯粹流通费用。由于这两种流通费用在性质上是不同的，因而其补偿的源泉和途径也不相同。

生产性流通费用是指由商品的使用价值运动引起的费用，如包装费、保管费、运输费等。这部分费用是用来对商品的使用价值加工、维护、保存和转移的，是生产过程在

---

① 中共中央马克思恩格斯列宁斯大林著作编译局. 马克思恩格斯全集：第二十五卷[M]. 北京：人民出版社，1974：314.

流通领域中的继续。因此，用在维护和转移使用价值方面的劳动就其实质来说是生产性劳动，不仅耗费的生产资料的价值要转移到商品中去，而且耗费的活劳动也能创造价值和剩余价值，增加商品的价值量。生产性流通费用可以通过商品的售卖从已经提高的商品价值中得到补偿，并获得平均利润。

纯粹流通费用是指由商品的价值运动所引起的费用，如广告费、簿记费、商业职工工资等费用。这部分费用是在纯粹买卖商品过程中为实现商品价值而花费的，它不能增加商品的价值量。为此耗费的劳动，既不参与使用价值的创造，也不参与价值的形成，是非生产性劳动。纯粹流通费用主要包括：用于商品买卖上的费用，如开设商业网点、建筑商店、支付广告费、商业职工工资、买卖双方通信联系等开支；用于簿记上的各种费用，包括雇佣簿记人员和购买各种簿记用品，如文具、纸张、打字机、计算机等方面的开支；用于维护货币流通的费用，包括不加入生产消费和个人消费而只为商品流通服务的金银铸币和纸币的发行及保管费用等。纯粹流通费用是非生产性的费用，所以，不能从出售商品的价值中得到补偿，而只能从全社会剩余价值总额的扣除中得到补偿。经过扣除后的剩余价值，才能在产业资本和商业资本之间按照资本量的多少分配。用于纯粹流通费用的这部分资本，也要获得平均利润。

值得注意的是，商业职工所从事的单纯商品买卖活动，虽然是一种非生产性劳动，并不创造价值和剩余价值，但依然受商业资本家的剥削。商业职工和产业工人一样，都是丧失生产资料靠出卖自己的劳动力为生的无产者，他们的劳动力价值，同样是由生产和再生产劳动力商品所必需的社会必要劳动时间决定的。商业职工的工资同样也是劳动力价值或价格的转化形式。虽然商业职工的劳动不创造价值和剩余价值，但它却能够为商业资本家实现商品的价值和剩余价值。商业职工的劳动同样分为必要劳动和剩余劳动两部分。在必要劳动时间里所实现的价值和剩余价值中的一部分，用于补偿商业资本家支付给工人的工资，即劳动力价值；在剩余劳动时间里所实现的价值和剩余价值中的一部分，用来补偿工资以外的纯粹流通费用和形成商业利润。正如马克思所指出的那样，商业店员的剩余劳动，虽然不会创造剩余价值，但会为它创造占有剩余价值的条件；这对这个资本来说，结果是完全一样的；因此，这种劳动对这个资本来说是利润的源泉。[①]

第三节 借贷资本和利息

参与瓜分剩余价值的资本形态，除了产业资本和商业资本之外，还有一种通过货币的借贷关系来参与剩余价值瓜分的资本形态，即借贷资本。

一、借贷资本的形成

借贷资本是指借贷资本家为了取得利息而暂时贷给职能资本家使用的货币资本。借

[①] 中共中央马克思恩格斯列宁斯大林著作编译局. 马克思恩格斯全集：第二十五卷[M]. 北京：人民出版社，1974：327-328.

贷资本是从职能资本运动中独立出来的特殊的资本形式，它体现着借贷资本家与职能资本家共同剥削雇佣工人的关系。

借贷资本的形式与资本主义再生产过程紧密联系。在资本主义再生产过程中，一方面会出现大量暂时闲置的货币资本，另一方面又会产生对货币资本的需求。于是，那些暂时闲置的货币资本被贷给需要补充货币资本的职能资本家(包括产业资本家和商业资本家)去使用，形成货币借贷关系。借贷资本的主要来源是职能资本在运动过程中出现的大量闲置的货币资本。它包括三个部分：一是固定资本的折旧费在固定资本更新之前的暂时闲置；二是部分流动资本在周转过程中的暂时闲置；三是部分积累资金在未达到追加资本数量之前的暂时闲置。此外，社会各阶层的闲置货币也是形成货币资本的来源之一。

借贷资本作为一种特殊的资本形式，有不同于职能资本的特点：第一，借贷资本是一种作为商品的资本，即商品资本。借贷资本家把暂时闲置的货币资本贷给职能资本家使用，实际上是把资本的使用价值，即生产利润的能力让渡给职能资本家，就像让渡商品一样。但是，借贷资本让渡的不是一般商品，而是特殊商品——资本商品。第二，借贷资本是一种所有权资本，即财产资本。借贷资本形式上发生了所有权与使用权的分离。借贷资本家凭借对资本的所有权定期获得利息收入。第三，借贷资本有其特殊的运动形式。借贷资本的运动公式是：$G—G'$。借贷资本家把货币资本贷给职能资本家，经过一定时期收回更多的货币，包括本金和利息。这种特殊的运动形式造成一种假象，似乎货币本身可以生出更多的货币，借贷资本能够自行增值。这进一步掩盖了资本主义剥削的实质。

二、利息和利息率

借贷资本家贷出货币资本的目的是为了取得利息。职能资本家利用借入的货币资本，就能扩大生产规模，获得更多的利润。但是，职能资本家必须把借入的货币资本所获得的利润的一部分作为利息付给借贷资本家。否则，借贷资本家是不会借钱给他的。同时，利息只能是平均利润的一部分。否则，利息等于平均利润，意味着职能资本家一无所得，职能资本家也不会借钱经营。由此可见，**利息是职能资本家因取得货币资本的使用权而让渡给借贷资本家的一部分平均利润**，是剩余价值的特殊转化形式，它体现着借贷资本家和职能资本家共同剥削雇佣工人的关系。

借贷资本不能参加利润的平均化，借贷利息只能是平均利润的一部分，这是由借贷资本的所有权和使用权的分离所决定的。在这里，平均利润分割为利息和企业利润。借贷资本家凭借资本的所有权而获得利息，职能资本家作为资本的使用者，通过资本的使用带来平均利润，然后将其中的一部分以利息的形式让渡给借贷资本家。利息在平均利润中所占的比重是由利息率来决定的。**利息率是指一定时期利息量和借贷资本量的比率**。利息率简称利率，一般用百分数表示。其计算公式为

$$利息率 = \frac{利息量}{借贷资本量} \times 100\%$$

在一般情况下，利息率的上限不能等于平均利润率，否则，职能资本家不会借入货币资本。利息率的下限也不能等于零，否则，借贷资本家不会借出货币资本。如果用 $\overline{P'}$ 代

表平均利润率,用 r 表示利息率,则利息率的确定为 $0 < r < \overline{P'}$。即利息率总是在零和平均利润之间波动。**利息率的高低主要取决于两个因素:一是平均利润率的水平,利息率与平均利润率呈正相关变化;二是借贷资本的供求状况**,一般而言,供大于求,利息率下降,供不应求,利息率则上升。

三、银行资本和银行利润

借贷资本的运动是建立在信用的基础上,**信用是以偿还为条件的价值的特殊运动形式**。随着资本主义经济的发展,借贷资本的规模越来越大,在商业信用的基础上产生了银行信用,出现了资本主义银行。

商业信用是指职能资本家之间用赊账方式买卖商品而发生的借贷关系。商业信用的工具主要是商业票据。商业票据是借者与贷者之间的债权和债务的凭证。它分期票和汇票两种。期票是债务人向债权人签发的承诺到期支付款项的凭证。汇票是债权人发出的要求债务人向第三者或持票人支付一定款项的凭证。它需要债务人签字认可方能生效。

商业信用是资本主义信用的基础,它有利于促进商品流通,加速资本周转,节约流通中的货币和流通费用,对资本主义扩大再生产有重要的作用。但商业信用也有一定的局限性,主要表现为:它受个别资本数量的限制,因为它是职能资本家之间相互提供的;它受商品流转方向的限制,因为它是以商品资本形式提供的;它的规模还受资本周转情况的限制。这些限制表明,商业信用不能满足资本主义经济发展的要求。于是,在商业信用的基础上,银行信用迅速发展起来。

银行信用是指银行向职能资本家提供贷款所形成的借贷关系。由于银行信用是以货币资本形式提供的信用,它可以贷给任何资本家,因此克服了商业信用的种种局限性。银行信用无论在数量、期限还是在范围上都远远超过商业信用,因而更能满足资本主义经济发展的需要。

银行是专门经营货币资本充当借贷关系中介的企业。银行的业务主要是信用业务。主要有两方面,即负债业务和资产业务。负债业务是以吸收存款方式借入资金;资产业务是通过放款贷出资金。

银行贷款的主要方式如下:

一是期票贴现。它是银行用现金购买未到期的票据,预先扣取贴现利息,再以现款支付给期票持有者。

二是抵押贷款。它是银行为确保贷款偿还而要求借款者以一定的抵押品作为物质保证方能取得的贷款。

三是信用贷款。它是银行确认借款人有偿还能力而不需提供物质保证的贷款。

四是证券业务。它是银行购买政府公债、公司债券以及各种有价证券。

银行资本是银行资本家经营银行业务所支配的货币资本。它可分为两部分:一是银行资本家的自有资本,它占银行资本的小部分;二是吸收的存款,即借入资本,它占银行资本的绝大部分。资本主义银行的种类繁多,根据其经营业务侧重点的不同,大致可分为三大类:中央银行、商业银行和专业银行。中央银行又称发行银行,是资本主义银行体系的中心环节，处于领导地位，一般是垄断货币发行权并向国家和其他银行办理贷款。中央银行代表国家领导和管理全国银行，制定并执行国家金融政策，管理全国金融货币市场。商业银行是以办理工商企业存贷款为主要业务的银行。专业银行主要包括：①投资银行，即专门为工商企业办理投资和长期信贷业务的银行；②不动产抵押银行，即通过发行不动产抵押证券，吸收长期资金，办理以土地、房屋等不动产为抵押品而获得长期抵押贷款业务的银行；③储蓄银行，即主要业务是吸收居民闲置小额货币的一种信用机构；④开发银行，包括国际性开发银行(如世界银行)、区域性开发银行(如亚洲开发银行、非洲开发银行等)、本国性开发银行(如建设银行、开发投资公司)、工商信贷银行、农业信贷银行等。

银行资本与其他职能资本一样，也要求获得平均利润。银行通过存款的形式把社会上的闲置资本和社会各阶层手中暂时不用的货币集中起来，形成庞大的借贷资本，然后通过贷款等方式把货币资本贷放出去。银行存贷之间的利息差额扣除业务开支后构成银行利润。由于部门之间的竞争，银行资本家得到按投入自有资本计算的平均利润，其真正来源仍是产业部门生产工人所创造的剩余价值的一部分。银行资本家参与剩余价值的瓜分所得到的平均利润，是通过直接剥削银行雇员的剩余劳动来实现的。银行雇员的劳动同商业雇员的劳动一样，虽然属于流通领域的劳动，不创造价值和剩余价值，但能使银行资本家占有产业工人创造的一部分剩余价值。

四、股份公司和股息

股份公司是通过发行股票把许多个别资本联合成为一个集团资本的合资经营企业。它是在资本主义大生产和信用制度日益发展的基础上产生的。股份公司的资本即股份资本，是股份公司通过发行股票把许多个别资本联合起来的一种集团资本。根据对公司债务所负责任的不同，**股份公司的主要组织形式**如下：

① **股份有限公司**。股东以其购买股份数额为限对公司承担责任，公司以其全部资产对公司的债务承担责任。

② **股份无限公司**。由两个以上的股东投资组建，股东对公司的债务负有无限清偿责任。

③ **股份两合公司**。由无限责任股东和有限责任股东出资组建的公司。其无限责任股东对公司债务负连带无限责任，有限责任公司以其所认购的股份为限对公司的债务负责。

④ **有限责任公司**。出资人以其出资额为限对公司承担责任，公司以其全部资产为限对公司的债务承担责任。

股份公司的最高权力机构是股东大会。股东即股票的持有者，股东大会选举的董事会，是股东大会的常设机构，代表股东大会行使最高权力。股份公司实行一股一票制，而非一人一票制。因此，小股东对公司的重大决策事实上没有表决权。股份公司实质上是大资本控制小资本的形式，是大资本家实现资本集中的工具。

股份公司作为一种现代企业的资本组织形式，是随着资本主义生产社会化的发展，生产力水平的不断提高，在资本主义信用发展的基础上产生和发展起来的。但它不是资本主义的专利，不具有社会制度性质的属性。股份公司的发展，在很大程度上解决了社会化大生产对单个资本规模扩大的要求。正如马克思的观点，假如必须等待积累去使某些单个资本增长到能够修建铁路的程度，那么恐怕直到今天世界上还没有铁路。但是，集中通过股份公司转瞬之间就把这件事完成了。[①]股份公司作为社会化大生产发展的产物，作为所有制的一种实现形式，私有制企业可以采用，公有制企业也可以采用。判断股份制企业的性质，关键是看控股权掌握在谁的手中。

股票是股份公司在筹集资本时向出资人发行的一种投资凭证。股息是股票持有者凭借股票从股份公司的盈利中分得的收入，它是企业利润的一部分，是剩余价值的一种特殊转化形式。**股票代表持有者(股东)对股份公司的所有权**，这种所有权是一种综合权利，如参加股东大会、投票表决、参与公司的重大决策、取得股息或分享红利等。股票持有者不能退股抽回自己的投资，但可以在证券市场上转让股票。买卖股票的价格叫股票行市。股票本身没有价值，但有价格，股票价格不是股票面额的货币表现，而是资本化的收入。即股东每年可从公司盈利中取得一定的股息收入，这等于有一笔相当的货币资本存入银行而取得利息一样。股票价格取决于股息和银行利息率。它与股息成正比，与利息率成反比。用公式表示为

$$股票价格 = \frac{股息}{利息率}$$

除上述两个基本因素之外，股票价格在很大程度上受股票供求关系的影响。而影响股票供求关系的因素有很多，如公司自身的经营现状及发展前景对投资者的吸引程度；政治因素(如国家或政府领导人的更迭，国家经济政策、法规的重大变化，国际形势的变化等)；投资者的心理因素；垄断组织或庄家的操纵等。

股份公司和股票的出现，使同一资本似乎取得了双重存在——实际资本和虚拟资本。一方面，作为实际资本，股份资本表现在厂房、机器设备及原材料等上面；另一方面，作为资本价值，股份资本又表现在股票上面。而股票本身没有价值，但它能够给其所有者带来收益，也能按照一定的价格出卖。所以，对股票所有者来说，股票本身好像就是资本。其实，股票并不是真实的资本，而是一种虚拟资本。所谓**虚拟资本，是指能定期带来收入的以有价证券形式表现的资本**。虚拟资本除了股票外，还有公司债券、国家公债券、各种不动产抵押证券等有价证券。虚拟资本和实际资本在质和量两方面存在着明显差别。从质的方面来看，虚拟资本本身没有价值，又不在再生产过程中发挥实际作用，只不过是资本所有权与收益权的证书，是"现实资本的纸制复本"[②]。而实际资本无论是处于实物形态还是货币形态，都是职能资本，本身有价值，并能在实际生产过程中发挥资本的作用。从量的方面看，虚拟资本的数量等于各种有价证券的价格总额，因而总量大于实际资本；虚拟资本数量的变化取决于各种有价证券的发行量及其价格水平，并不反映实际资本数量的变化；虚拟资本的增长速度呈现日益快于实际资本增长速度的趋势。

股票买卖是通过证券市场进行的。**证券市场是买卖有价证券的市场，包括股票市场和债券市场**。股票市场可分为发行市场和流通(交易)市场。前者也称"一级市场"，后者

---

① 中共中央马克思恩格斯列宁斯大林著作编译局. 马克思恩格斯全集：第二十三卷[M]. 北京：人民出版社，1972：688.

② 中共中央马克思恩格斯列宁斯大林著作编译局. 马克思恩格斯全集：第二十五卷[M]. 北京：人民出版社，1974：540.

也称"二级市场"。证券市场是聚集社会资金的中心，具有调节资金流向，提高资金的使用效率的作用，从而有利于经济的发展。同时，证券市场又是金融投机的场所，对社会经济的发展也有一定的消极作用。比如，由于制度缺陷，法制建设不完善，投机盛行引起股市暴涨暴跌，形成"泡沫经济"。所谓**泡沫经济，是指一种或一系列资产在经历一个连续的涨价过程后，其市场价格远远高于实际价值的经济现象**。泡沫经济一旦形成，不仅影响股市的正常进行，而且对整个经济的发展造成极大的危害。

第四节　资本主义地租

地租是土地所有者凭借土地所有权而获得的收入。任何形态的地租，都是土地所有权在经济上的实现，其性质是由土地所有制决定的。资本主义地租是以资本主义土地私有制的存在为前提的。

一、资本主义地租的本质

资本主义的土地私有制，是资本主义生产关系在农村中的发展，是从封建土地所有制和个体农民的土地所有制演变而来的。由于各国的历史条件不同，资本主义土地所有制的形成会有不同的道路，概括地说包含两条：一是普鲁士式道路。其特点是，封建地主经济经过逐步改良，缓慢地转变为资本主义经济，地主阶级逐步采用雇佣劳动，按资本主义经营方式把封建庄园改造为资本主义大农场。这条道路在当时欧洲的普鲁士表现得最为典型(俄国、意大利、日本等国走的就是这条道路)。二是美国式的道路。其特点是，通过资产阶级革命，在摧毁封建土地制度的基础上，使小农经济迅速两极分化，使资本主义在农业中迅速发展，农业资本家采用雇佣劳动方式经营资本主义大农场。这条道路在美国表现得最为典型，走这条道路的还有法国等国家。

资本主义土地所有制的特点主要表现在两方面：一方面是大量的农业生产者摆脱了对封建地主的人身依附关系，并失去了土地，成为一无所有但具有人身自由的雇佣劳动者；另一方面是大量的土地集中在资本主义大土地所有者手中，但他们并不经营土地，而是以获得地租为条件把土地租给农业资本家，这使得土地所有权和土地经营权完全分离。

资本主义地租和封建地租都是凭借土地私有权获得的剥削收入。但是，它们的基础、来源以及体现的阶级关系不同。第一，封建地租的基础是封建的土地所有制，并在不同程度上实行超经济强制；而资本主义地租的基础是资本主义土地所有制，大土地所有者与农业资本家之间、农业资本家与农业工人之间只有一种契约关系。第二，封建地租体现着两个阶级的对立关系，即封建地主对农民的剥削关系；而资本主义地租体现着三个阶级的对立关系，即大土地所有者、农业资本家共同剥削农业工人的关系。第三，封建地租包括了农民的全部剩余劳动产品，甚至还包括一部分必要劳动产品；而资本主义地租只能是农业雇佣工人创造的超过平均利润以上的那部分剩余价值，不可能是剩余价值的全部。

农业资本家投资经营农业，也必须得到利润。由于部门之间竞争规律的作用，农业资本家所获得的利润，大致相当于平均利润。因此，**资本主义地租，本质上是农业资本**

家为取得土地使用权而交给土地所有者的超过平均利润以上的那一部分剩余价值,它体现着土地所有者、农业资本家共同剥削农业工人的关系。

资本主义地租的形成有其自身的特殊的规律性。根据其形成的条件和原因不同,资本主义地租可分为级差地租和绝对地租两种形式。

二、级差地租

土地是农业生产的基本生产资料。由于面积相等的不同地块能够提供的农产品的数量是不等的,因而,农业资本家租种不同等级的土地所必须交纳的地租在数量上也是不相等的,优等地的地租高于中等地,中等地又高于劣等地。地租是有级差性的。

级差地租是指农业资本家因租种较好的土地而交给土地所有者的超过平均利润以上的那一部分超额利润。农业中的超额利润,是由农业中的生产条件决定的。由于土地的肥沃程度、距离市场远近等不同,等量资本投入生产条件不同而面积相同的土地,劳动生产率和产量收益也就不同。投资于条件较好的土地,由于劳动生产率高,产量也高,农产品的个别生产价格就低;相反,投资于条件较差的土地,由于劳动生产率低,产量也低,农产品的个别生产价格就高。农产品生产价格是由劣等土地的生产条件决定的,即农产品的社会生产价格是由劣等土地农产品的个别生产价格决定的。因为只有如此,才能保障租种劣等土地的农业资本家也能获得平均利润。而租种优等地和中等地的农业资本家,其农产品的个别生产价格低于社会生产价格,但仍按社会生产价格出售,从而获得超额利润。这个超额利润由农业资本家作为级差地租交给土地所有者,农业资本家则获得平均利润。

可见,**级差地租形成的条件是土地的不同等级**。

级差地租形成的原因是土地的经营权垄断。土地经营权垄断是指农业资本家对所租土地经营的排他性和独占性。土地经营权的垄断,使资本不能自由转入农业,特别是不能自由投资于优等地和中等地,结果使优等地和中等地能够长期稳定地提供超额利润并形成级差地租。这是因为农业生产较工业生产有它的特殊性。在工业中,工业产品的生产价格取决于社会平均的生产条件所决定的生产价格,即工业中只有少数先进企业能够暂时获得超额利润,但是个别企业不可能长期垄断先进技术,一旦少数先进企业的生产条件变成大多数企业都具备的生产条件,产品的社会生产价格就会降低,原来的超额利润就消失了。农业的情况则不同,农产品价格取决于劣等土地的平均生产条件所决定的生产价格。因为土地的不同等级是形成超额利润的条件和基础。土地作为一种特殊的生产资料是有限的,尤其是条件较好的土地更为有限。一旦某些农业资本家租用了好地,实际上就垄断了这些好地的经营权,其他资本家就被排斥在这些好地之外。这种经营垄断阻碍了农业内部的竞争,从而使经营好地的农业资本家能够长期拥有较高的劳动生产率,进而能够长期稳定地获得超额利润。可见,对土地的资本主义经营垄断,是形成级差地租的原因。同时也说明,级差地租的形成与土地私有权无关。

级差地租因其形成的具体条件不同而有两种形式:级差地租Ⅰ和级差地租Ⅱ。

级差地租Ⅰ是指由于不同地块土地肥沃程度差别和土地位置的优劣,租种肥力较好、位置较优的土地所获得的超额利润而形成的地租。级差地租Ⅰ是土地肥沃程度及距市场远近的不同而引起的,是由土地的自然条件的不同所引起的。

级差地租Ⅱ是指由于同一块土地连续追加投资，从而提高劳动生产率所产生的超额利润转化而成的地租。级差地租Ⅱ是以级差地租Ⅰ为基础而产生的。只要追加投资的劳动生产率高于劣等土地的劳动生产率，就能够获得形成级差地租Ⅱ的超额利润。

级差地租的来源，表面上好像是来自于土地的自然条件，实际上，土地作为自然条件并不能创造价值和利润。形成级差地租的超额利润，来自于农业雇佣工人创造的剩余价值。

三、绝对地租

在分析级差地租时，假定劣等土地不交纳地租。事实上，在资本主义土地私有制条件下，不论租种什么样的土地，都必须交纳地租。否则，土地所有者宁可让土地荒芜，也不会出租土地。这种地租就是绝对地租。

绝对地租是指由于土地私有权的垄断，租种任何土地都必须交纳的地租。

绝对地租形成的条件是农业资本有机构成低于工业或社会的资本平均有机构成。

农业资本家经营土地，必须获得平均利润，而租种任何土地包括劣等土地都必须交纳地租。因此，农产品就必须高于生产价格出售。只有这样，农业资本家才能在平均利润以外多出一个余额用于交纳绝对地租。农产品以高于社会生产价格的价格在市场出售，这并不违背价值规律。因为，在资本主义发展的一定历史时期内，农业生产技术落后于工业，因而农业的资本有机构成低于主要由工业的资本有机构成形成的社会资本平均有机构成。这样，投入农业中的同量资本中，由于可变资本所占比重较大，雇佣较多的工人能够获取更多的剩余价值，从而农业的利润率高于工业的利润率，因而，农产品的价值高于其社会生产价格。农产品按照价值出售，高于社会生产价格而产生的超额利润，便形成绝对地租。

绝对地租形成的根本原因在于土地私有权的垄断。正因如此，农业中的超额利润能够保持在本部门而不参加社会的利润平均化过程。换言之，土地私有权的垄断，事实上它成为其他部门向农业部门转移资本的障碍。这表明，如果不向土地所有者交纳地租，资本就不能转向农业部门，即使是最劣等的土地也是如此。因此，土地私有权的垄断和由此决定的交纳地租的必要，使农产品必须在生产价格以上按其价值售卖。

绝对地租作为农业产品价值的一部分，是由农业雇佣工人创造的，其来源是农业工人创造的剩余价值的一部分，它体现了农业资本家和土地所有者共同瓜分剩余价值的关系。

四、矿山地租与建筑地段地租

在资本主义社会，不仅租地经营农业要交纳地租，开发矿山和使用建筑地段也要向土地所有者交纳地租，即矿山地租和建筑地段地租。

矿山地租是资本家为了开采矿藏向矿山土地所有者缴纳的地租。矿山地租和农业地租一样，具有级差地租和绝对地租等形式，其决定方法和农业地租完全一样。形成矿山级差地租的条件包括：各个矿山矿藏蕴藏量和开采难易程度不同；矿山距离矿产品销售地的远近不同；对矿山进行追加投资所获得的生产率不同。

建筑地段地租是经营房产业和工商业的资本家为了建造住宅、厂房、商场等租用土地而向土地所有者缴纳的地租。建筑地段地租与其他非农业用地的地租一样，也具有级差地租、绝对地租和垄断地租等形式。**垄断地租是指由垄断价格带来的垄断超额利润所构成的地租。**在建筑业中,土地的地理位置起着决定性作用,建筑用地离城市越近,特别是在城市中心地段,地租就越高。此外,在建筑地租中,垄断地租占有明显的优势。特别是随着经济的发展,城市人口的大量增加,对城市建筑用地的需求不断增加。在这种情况下,土地所有者就尽可能地提高建筑用地的地租,从而获得大量的垄断利润。

五、土地价格

土地本身是自然物,不是劳动的产物,因而没有价值。但是,在私有制社会里,土地被私人垄断,是土地所有者的私有财产。特别是在资本主义社会里,土地和其他商品一样可以自由买卖,也具有价格。

土地价格是地租收入的资本化。即是说,土地价格相当于能够取得这笔地租收入的货币资本,把这笔货币收入存入银行所得的利息收入,等于购买这块土地后将其出租所得的地租收入。土地价格的高低,直接取决于地租的多少和银行利息率的高低两个因素,它与地租成正比,与利息率成反比,其计算公式为

$$土地价格 = \frac{地租}{利息率}$$

例如,一块土地年地租收入为 10 万元,而银行存款利息率为 5%,则该块土地的价格就是 10÷5%=200 万元。

在资本主义制度下,土地价格有不断攀升的趋势。这是由于地租日趋上涨,而平均利润率下降趋势带动利息率具有下降趋势所造成的。土地价格上涨趋势在大中城市表现得尤为突出。

第五节 例证分析

一、平均利润率的形成

平均利润率的形成,是部门之间竞争的结果。

假定社会上有食品、纺织、机械三个不同的生产部门,每个部门的资本都是 100,资本周转速度相同,剩余价值率也相同,都是 100%。所不同的是,由于资本有机构成不同,因而利润率也就不同。资本有机构成高的部门利润率低,资本有机构成低的部门利润率高,如表 6-1 所示。

表 6-1 不同部门平均利润率的形成

生产部门	资本	剩余价值率/%	剩余价值	商品价值	利润率/%
食品工业	$70C+30V$	100	30	130	30
纺织工业	$80C+20V$	100	20	120	20
机械工业	$90C+10V$	100	10	110	10

表 6-1 表明，尽管三个部门的投资额和剩余价值率都相同，但利润率却相差很大。食品工业部门资本有机构成最低，利润率却最高；机械工业部门资本有机构成最高，而利润率最低。尽可能获得更多的剩余价值是资本的本性，处于利润率低的部门的资本家是不会安于现状的。在这种情况下，机械工业部门的资本家首先必然将其资本转移到利润率较高的食品工业部门。随着机械工业部门资本的转移，机械生产规模缩小，产品供给减少，需求得不到满足，引起价格上涨；而食品工业部门由于投资增加，生产规模扩大，产品供大于求，价格下跌。资本转移的结果是，机械工业部门的利润率趋于上升，食品工业部门的利润率趋于下降。这种由于资本转移所引起的价格和利润率的变动，将持续进行，直到三个部门的利润率大体趋于平均化，形成平均利润率时，才会暂时停止下来。

平均利润率形成以后，利润便转化为平均利润，如表 6-2 所示。

表 6-2　不同部门的平均利润

生产部门	资本	剩余价值率/%	剩余价值	商品价值	利润率/%	平均利润率/%	平均利润	平均利润与剩余价值之差
食品工业	70C+30V	100	30	130	30	20	20	-10
纺织工业	80C+20V	100	20	120	20	20	20	0
机械工业	90C+10V	100	10	110	10	20	20	+10

从表 6-2 中可以看出，食品工业、纺织工业和机械工业三个部门的剩余价值总量和利润总量是相等的。平均利润率形成以后，各生产部门的资本家按照等量资本获得等量利润的原则，可以根据平均利润率获得与其资本量多少相适应的利润。在平均利润率为 20% 的条件下，各部门投资 100 都可以获得 20 的平均利润。

二、价值转化为生产价格

随着平均利润率的形成，利润转化为平均利润，商品的价值就转化为生产价格。

生产价格形成的过程，可用表 6-3 来说明。

表 6-3　不同部门的生产价格

生产部门	资本	剩余价值率/%	剩余价值	平均利润率/%	平均利润	商品价格	生产价格	生产价格与价值之差
食品工业	70C+30V	100	30	20	20	130	120	-10
纺织工业	80C+20V	100	20	20	20	120	120	0
机械工业	90C+10V	100	10	20	20	110	120	+10
合计	240C+60V		60		60	360	360	0

从表 6-3 中可以看出，商品价值转化为生产价格是以平均利润率的形成为前提的，生产价格的形成又使平均利润得以实现。由此可见，平均利润率的形成过程，同时也是生产价格的形成过程。生产价格形成以后，商品按照生产价格出售，资本有机构成高的部门，如机械工业部门，商品的生产价格高于商品价值；资本有机构成低的部门，如食品工业部门，商品的生产价格低于商品价值；只有资本有机构成中等的部门，如纺织工业

部门，商品的生产价格才与价值相等。

三、商业利润的来源

商业资本家投资于商品买卖活动，其目的是为了获得尽可能多的商业利润。**商业利润不是商业资本家通过贱买贵卖获得的，也不是商业职工的剩余劳动创造的，它来源于产业工人生产的剩余价值。产业资本家把产业工人创造的一部分剩余价值转让给商业资本家，这种转让是通过商品购买价格和售卖价格之间的差额来实现的。**

假定，在一年内整个社会预付的产业资本为 900，资本有机构成为 4∶1，剩余价值率为 100%，不变资本价值在一年内全部转移到新产品中去。那么，这一年内生产的商品价值总额是 $720C+180V+180m=1080$。其中剩余价值为 180，平均利润率为 $180m/(720C+180V)=20\%$。再假定，这些商品全部由商业资本家销售。商业资本家为了销售 1080 的商品，在流通中追加 100 的商业资本，这样，社会资本总额就是 900+100=1000。由于商业资本也要参加剩余价值的分配，因而平均利润率由原来的 20% 下降为 $180m/(900+100)=18\%$。这样，产业资本家的利润为 $900\times18\%=162$，商业资本家的利润为 $100\times18\%=18$。产业资本家按照 $720C+180V+162$(产业利润)=1062 的价格把商品卖给商业资本家，商业资本家按照 1062+18(商业利润)=1080 的价格把商品卖给消费者，从而获得产业资本家让渡给他的那部分剩余价值即商业利润。这样，商品生产价格的公式就转化为生产价格=成本价格+产业利润+商业利润。可见，商业利润是产业工人创造的剩余价值的一部分，它体现了产业资本家与商业资本家共同瓜分剩余价值的经济关系。

四、资本主义商业形式

在资本主义制度下，商业资本要通过一定的形式来经营商品的买卖活动，以此参与剩余价值的分割。随着资本主义商品生产和商品流通的发展，商业的形式也在不断发生变化。

在资本主义发展初期，由于产业资本的生产规模较小，产品的种类和数量较少，市场范围比较狭小，因而商业形式也比较简单，买卖方式比较单一。随着资本主义生产的发展，产业资本生产规模不断扩大，商品的种类和数量日益增多，特别是商业内部分工和专业化程度不断提高，形成了庞大的商业网，出现了各种商业形式和商品买卖方式。

(一) 批发商业

批发商业是指专门从事批量交易的资本家之间的商业形式。这种形式的主要特点是：①交易对象为产业资本家、从事批发商业的资本家和零售商，不将商品直接卖给一般消费者；②交易规模是大宗交易，大批地买卖商品；③交易类型为专营，专门经营某一类商品，如经营五金、机械、粮食、煤炭、木材等。

早期的批发商业是看货交易，即购买者必须当面看货成交。随着资本主义生产和现代交通工具的发展，商品交易的规模和地区范围不断扩大，逐步形成了专门市场。特别是在资本主义大工业生产条件下，许多商品都有统一的规格和质量，买卖双方只需要根据货样就可以进行商品的交易，这使得商品买卖行为同商品本身的运动相互分离。交易方式由看货交易发展为货样交易。

在资本主义国家，大宗商品的货样交易是在商品交易所中进行的。商品交易所的交易方式分为现货交易和期货交易。现货交易就是买卖双方看样成交后，立即或在很短的时间内完成交货和付款手续。期货交易是指交易双方或由其经纪人，按照规定的交易程序和交易规则，在交易所内以公开的交易形式，对由期货交易管理部门批准的，在将来特定的时空进行现货交割的标准化合约的交易。

期货交易为交易所的商业投机活动提供了有利的条件。由于期货交易中商品买卖行为和商品本身运动进一步分离，这使得交易中的买卖双方对商品本身并不感兴趣，他们唯一关心的是成交时期与交货时期商品价格变化的差额。在商品成交时，卖者预计商品的价格要下跌，买者则预计要上涨。到了交货日期，一般并不需要用现实的商品交付。此时，如果商品价格下跌，买者就向卖者交付价格的差额，卖者就获利；反之，如果价格上涨，则由卖者向买者交付价格差额，买者就获利。例如，商品的成交价格是10万元，到了交货日期，价格下跌到8万元，买者就要向卖者交付2万元的价格差额，卖者就获利2万元；如果价格上涨到12万元，卖者就要向买者交付2万元的价格差额，买者就获利2万元。所以，在进行期货交易时，买卖双方往往并不是真想买卖商品，而不过是对预期的价格变动进行赌博，企业从价格的变动中牟利。这种赌博式的商品投机买卖，通常称之为"买空卖空"。它虽然有其消极作用的一面，如垄断市场、操纵价格、牟取暴利等，但对整个市场经济的发展和完善仍具有积极的意义和作用，如提供转移和分散大宗现货交易中价格风险的机会。从长期发展来看，期货交易有利于平抑价格及远期价格的形成等。因而，它已经成为许多市场经济发达国家普遍的交易方式。

(二) 零售商业

零售商业是商人直接对广大消费者出售商品的经营活动。零售商人从产业资本家或批发商那里买进商品，然后卖给消费者。零售商业的特点是，商品零售出卖，随之商品从流通领域进入消费领域。

当前，资本主义国家零售商业的具体形式很多，其主要种类有百货公司、超级市场、连锁商店、专业商店、自动机售货商店等。

百货公司是综合性经营各种各类商品的大零售商店，其经营的商品种类繁多，规格齐全。一些大百货公司在全国甚至在世界各地设有分支机构，商品销售业务量大。

超级市场是一种以顾客自行选取的方式售货的大型综合性零售商店。其特点是，不设柜台，没有售货员，只有少数结算人员和服务人员，出售的大都是包装好的规格化的商品，商品置于货架上，顾客自己选取，在出口处一次结算付款。超级市场不同于自选商店，它们之间的划分，有的国家是根据营业额的多少为标准，有的国家是以营业面积的大小为标准。如根据美国1983年有关部门的规定，凡是年营业额超过200万美元的食品和杂品自选商店才算是超级市场；而在法国，营业面积超过400平方米，以经营食品为主的自选商店才算是超级市场。

连锁商店是由超级市场发展而来，最早产生于20世纪60年代的美国。其主要类型有两种：一种是由大企业或大零售商在各地开设分店，专门销售某一类或某几类商品，如鞋类、服装、医药等；另一种是由许多独立的零售商店联合组成，在采购中心的统一管理下，统一进货，统一处理共同性事务等。连锁商店在经营上比超级市场更加完善。

专业商店是专门经销某一类商品的零售店或代理商零售点，如书店、自行车店、花店等。代理商一般是受生产商委托销售商品，他们对所销售的商品没有所有权，只是在商品销售以后才向生产商支付货款。

自动机售货商店是利用各种自动化机械，实现售货操作自动化的商店。顾客只需要按照商品的价格，把货款投入自动售货机，就可以取得所需商品。

(三) 消费信贷

消费信贷是由银行、商店等机构向消费者提供赊销服务和消费支出贷款而形成的新型信贷形式和新型商品销售形式。具体包括信用卡、分期付款、短期信用贷款、长期抵押贷款等。

当前，在许多资本主义国家，消费品赊销主要是使用信用卡和分期付款方式进行。信用卡是商业银行或信用卡公司对消费者发行的一种信用凭证。顾客以有固定收入、良好的信用记录等为条件申请获得信用卡，用它在约定范围内的商店、旅行社、酒店等处凭卡签字购物、旅行、就餐住宿，也可以向发卡银行的支行或代理行透支小额现金。事后，各商店和顾客分别同银行结算。银行从商店收取手续费，向顾客收取本息。

分期付款是一种中期消费信贷方式。消费者在购买耐用消费品如家用电器、大型炊具、小汽车等物品时，与销售商签订分期付款合约，首期支付一定数额的定金，然后在合约规定的期限内(一般为 1~3 年)分期付款(包括本息)。

短期消费贷款一般有专门的贷款公司发放。贷款公司属于非银行金融机构，它不吸收存款，其资金来源于发行股票和出售商业期票。贷款公司向消费者提供贷款的做法，一是直接发放小额、短期贷款，二是与零售商合作，即由零售商向消费者赊销。

长期抵押贷款是借款人以房地产、股票债券等有价证券或其他财产作抵押向银行申请的贷款，主要有住宅抵押贷款，此外，还有汽车抵押贷款等。住宅抵押贷款是以消费者要购买的住宅为抵押申请的购房贷款。在美国，住宅抵押贷款额可达房价的八九成，还款期可长达 30 年。

五、级差地租的形成

级差地租形成的条件是：不同地块土地肥沃程度不同；土地距离市场远近不同；同一块土地连续追加投资的劳动生产率不同。前两个条件形成的级差地租叫级差地租Ⅰ，第三个条件形成的级差地租叫级差地租Ⅱ。下面分别介绍两种级差地租的形成。

级差地租Ⅰ是指由于土地肥沃程度不同或位置优劣的差别所产生的超额利润而形成的地租。

由于土地的肥沃程度不同形成的级差地租Ⅰ，其形成过程如表 6-4 所示。

表 6-4 土地肥沃程度不同条件下级差地租Ⅰ的形成

土地等级	投入资本/元	平均利润/元	产量/吨	个别生产价格/元		社会生产价格/元		级差地租Ⅰ/元
				全部产品	单位产品	单位产品	全部产品	
优	100	20	6	120	20	30	180	60
中	100	20	5	120	24	30	150	30
劣	100	20	4	120	30	30	120	0

在表 6-4 中，三块土地面积相等，肥沃程度不同，投入资本都是 100 元，平均利润都是 20 元。由于产量不同，每块土地单位产品的个别生产价格也就不同，优等地为 20 元，中等地为 24 元，劣等地为 30 元。而农产品的社会生产价格是由劣等地的个别生产价格决定的。这样，优等地和中等地生产的农产品也按劣等地的个别生产价格即社会生产价格出售，经营优等地和中等地的资本家就可以从社会生产价格和个别生产价格的差额中分别获得 60 元和 30 元的超额利润，由此形成级差地租Ⅰ。

由于位置差别，即距离市场远近不同，形成的级差地租Ⅰ如表 6-5 所示。

表 6-5 距离市场远近不同条件下级差地租Ⅰ的形成

土地等级	与市场的距离/千米	产量/吨	当地个别生产价格/元	运费/元	个别生产价格/元	社会生产价格/元	级差地租Ⅰ/元
甲	50	4	1200	200	1400	1400	0
乙	10	4	1200	40	1240	1400	160
丙	5	4	1200	20	1220	1400	180

在表 6-5 中，甲、乙、丙三块土地其他条件相同，只是距离市场远近不同，因而运费也不同。在距离市场最远地块的农产品的个别生产价格决定社会生产价格的条件下，经营乙地和丙地的资本家可以获得 160 元和 180 元的超额利润，由此形成级差地租Ⅰ。

级差地租Ⅱ是指对同一块土地追加投资所产生的超额利润转化而成的级差地租。级差地租Ⅱ是以级差地租Ⅰ为基础产生的。只要追加投资的劳动生产率高于劣等地的劳动生产率，就能够获得形成级差地租Ⅱ的超额利润。其形成过程如表 6-6 所示。

表 6-6 级差地租Ⅱ的形成

土地等级	投入资本/元	平均利润/元	产量/吨	个别生产价格/元 全部产品	个别生产价格/元 单位产品	社会生产价格/元 单位产品	社会生产价格/元 全部产品	级差地租形态及数量 形态	级差地租形态及数量 数量
优	100 100(追加)	20 20	6 7	120 120	20 17	30 30	180 210	Ⅰ Ⅱ	60 90
中	100	20	5	120	24	30	150	Ⅰ	30
劣	100	20	4	120	30	30	120		0

在表 6-6 中，优等地原来的投资是 100 元，生产 6 吨粮食，按每吨 30 元的生产价格出售，获得 20 元平均利润和 60 元级差地租Ⅰ。假定，在原来基础上追加投资 100 元，用于购买新式农业机械、追加肥料和加强农作物管理等，这样可增产 7 吨。增产部分还按单位产品社会生产价格 30 元出售，可得 210 元。除去投资 100 元和平均利润 20 元，还有 90 元超额利润，形成级差地租Ⅱ。

六、绝对地租的形成

绝对地租是指由于土地私有权的垄断，无论租种任何土地都必须缴纳地租。

绝对地租形成的条件是农业资本有机构成低于工业资本或社会资本平均有机构成。在其他条件相同的情况下，农业的利润率高于工业的利润率，如表6-7所示。

表6-7 绝对地租的形成

生产部门	资本有机构成	剩余价值率/%	剩余价值/元	平均利润率/%	平均利润/元	产品价值/元	生产价格/元	绝对地租/元
工业	80C+20V	100	20	20	20	120	120	0
农业	60C+40V	100	40	20	20	140	120	20

假定，工业部门平均资本有机构成为 $80C:20V$，剩余价值率为 100%，平均利润率为 20%。那么，剩余价值和平均利润都是 20，商品价值和生产价格都是 120。再假定，农业部门资本有机构成是 $60C:40V$，剩余价值率也是 100%。那么，剩余价值为 40，农产品的价值为 140。如果按部门之间竞争的原则，农业资本家只能得到与工业资本家相同的平均利润 20，农产品也只能按生产价格 120 出售。然而，事实上，农产品总是按照高于生产价格的价值 140 出售。这样，农业资本家就可以多得 20 的超额利润，这 20 的超额利润最终形成绝对地租，由农业资本家交纳给土地所有者。因此，绝对地租是农产品的价值与生产价格之间的差额。它不是农产品的价值以上的附加额，而是农产品价值的一部分，是由农业工人创造的超过平均利润以上的那部分剩余价值。

本章小结

当剩余价值在观念上被当作是全部预付资本的产物时，剩余价值就转化为利润。社会各个生产部门之间有机构成的差异导致利润率的差异，而等量资本要求获得等量利润的原则引发的资本在不同部门之间的转移，最终导致平均利润率的形成。随着利润转化为平均利润，商品的价值就转化为生产价格。

生产价格是指成本价格加平均利润。生产价格形成以后，商品不再按照价值出售，而是按照生产价格出售。这使价值规律作用的形式发生了变化，商品的市场价格从过去围绕价值波动转化为围绕生产价格上下波动，生产价格取代了价值成为市场价格变动的中心。但这并不违背价值规律。

商业资本是从产业资本中分离出来独立发挥作用的商品资本，是商品资本的独立化形态。商品资本独立化为商业资本不仅是必要的，而且也是可能的。商品资本要转化为商业资本，必须具备两个条件：一是在商业资本家和产业资本家之间形成一种特殊的社会分工，产业资本家专门负责商品生产，创造剩余价值，商业资本家专门经营商品买卖，实现剩余价值。二是商业资本家必须有自己的独立投资。商业资本家用自己的资本向产业资本家购买商品，然后把它卖出去，换回更多的货币，从中赚取商业利润。商业资本的运动形式，即 $G—W—G'$。商业利润是商业职工的劳动为商业资本家销售商品而瓜分到的那部分剩余价值。

借贷资本是借贷资本家为了取得利息而暂时贷给职能资本家使用的货币资本。借贷资本作为一种特殊的资本形式，有不同于职能资本的特点：第一，借贷资本是一种作为商品的资本，即商品资本；第二，借贷资本是一种所有权资本，即财产资本；第三，借贷资本有其特殊的运动形式，借贷资本的运动公式是：$G—G'$。借贷资本家贷出货币资本的目的是为了取得利息。利息是职能资本家因取得货币资本的使用权而让渡给借贷资本家的一部分平均利润，是剩余价值的特殊转化形式，它体现着借贷资本家和职能资本家共同剥削雇佣工人的关系。

资本主义地租，本质上是农业资本家为取得土地使用权而交给土地所有者的超过平均利润以上的那一部分剩余价值，它体现着土地所有者、农业资本家共同剥削农业工人的关系。根据其形成的条件和原因不同，资本主义地租可分为级差地租和绝对地租两种形式。

级差地租是指农业资本家因租种较好的土地而交给土地所有者的超过平均利润以上的那一部分超额利润。级差地租形成的条件是土地的不同等级，形成的原因是土地的经营权垄断。

绝对地租是指由于土地私有权的垄断，租种任何土地都必须交纳的地租。绝对地租形成的条件是农业资本有机构成低于工业或社会的资本平均有机构成，形成的原因在于土地私有权的垄断。

复习与思考

1. 名词解释。
   利润率　　　　　平均利润率　　　　商业资本　　　　商业利润
   利息　　　　　　股票
2. 什么是成本价格？它对资本主义生产有何意义？
3. 剩余价值是怎样转化为利润的？
4. 影响利润率的因素有哪些？
5. 平均利润率是怎样形成的？
6. 价值转化为生产价格以后，市场价格不再围绕价值而是围绕价格波动，这是否违背价值规律？为什么？
7. 怎样理解平均利润率下降的规律？
8. 商业资本的职能和作用是什么？商业利润的来源何在？
9. 借贷资本是怎样形成的？有何特点？
10. 利息的本质是什么？影响利息率的因素有哪些？
11. 股票价格是怎样决定的？
12. 资本主义地租与封建地租有何区别？
13. 简述级差地租形成的条件和原因。
14. 简述绝对地租形成的条件和原因。

第七章
资本社会化和垄断形成

资本主义经济制度的发展经历了两个阶段,即自由竞争资本主义阶段和垄断资本主义阶段。本书前面几章,已就自由竞争资本主义生产、流通、分配等方面进行了系统论述。本章主要对垄断资本主义阶段进行研究和分析。垄断资本主义也经历了两个阶段:一般垄断资本主义(或称私人垄断资本主义)和国家垄断资本主义。

第一节 资本社会化和垄断的形成

从资本主义生产方式来看,在自由竞争资本主义时期,生产力增长和生产社会化的发展,使资本的占有形式和组织形式实现了社会化。这种资本社会化发展到了一定程度,就使资本主义的生产关系出现部分质变,形成以垄断作为其经济实质的垄断资本主义。

一、生产与资本集中和垄断的形成

资本主义的自由竞争会导致生产和资本的集中,而生产和资本的集中发展到一定程度就必然会产生垄断。

(一) 资本主义的自由竞争

资本主义起始于16世纪,通过18世纪后半期开始的产业革命以及与之并行的世界市场的形成,建立起自己的物质生产基础,使资本主义生产方式最终确定。在这个阶段,自由竞争在经济领域中占据统治地位,这就是自由竞争资本主义阶段。

所谓**自由竞争**,就是商品生产经营者之间为了争夺有利的生产和销售条件而进行的**不受限制的竞争**。其主要特征有:第一,竞争的主体是以分散的、生产经营规模不大的、单个资本构成的个人业主制为主;第二,各个竞争主体之间的关系以自由竞争为基础,即生产资料和劳动力等生产要素可以在生产部门之间自由转移,除了土地私有权外,没有人为的或自然的垄断障碍;第三,竞争的主要手段是改进技术、扩大规模以降低成本,增大利润;第四,社会经济运行中,主要靠市场机制这只"看不见的手"来调节,资产阶级国家政府奉行"管的最少的政府是最好的政府"的原则,一般不直接干预经济活动。

19世纪60—70年代,这种自由竞争发展到顶点。资本主义自由竞争规律发生作用的结果总是大企业战胜小企业,大资本吞并中小资本,从而推动生产和资本的集中。

(二) 自由竞争引起生产集中和资本集中

生产集中,是指生产资料、劳动力和产品的生产集中于少数大企业,它们在社会生产中所占的份额越来越大。**资本集中，就是个别资本结合形成更大的资本**。

生产集中和资本集中是生产力发展和自由竞争的必然结果，是生产社会化和资本社会化的重要表现。主要原因如下。

第一，少数大企业由于资本雄厚，技术水平较高，经营管理先进，生产规模大，劳动生产率高，从而生产经营成本较低，经济效益比较好，在竞争中处于有利地位。竞争的结果是少数大企业吞并中小企业，使生产和资本越来越集中到少数大企业。

第二，信用制度和股份公司加速了生产集中。由于大企业竞争实力强，不容易破产，因而信用较高，可以获得较多的贷款，从而使资本更加迅速地扩大。同时，在股份公司制度下，一方面，企业可以凭借社会信用关系，通过发行股票的办法，把中小资本和其他分散的社会资本集合起来，进行巨额投资活动，组建大型企业，直接加速了资本集中。另一方面，股份公司制度也为大资本兼并中小资本及大资本与大资本、中小资本与中小资本之间的合并提供了最便捷的方式，即通过股份参与控制的方法实现不同企业之间的联合，形成更大的企业。

第三，资本主义经济危机的爆发，促进了生产和资本的集中。少数大企业实力较强，较能经得住经济危机的冲击，不易破产；而大多数中小企业经济实力弱，在危机中纷纷破产。这就加速了大企业吞并中小企业的进程，促进了生产和资本的集中。

到 19 世纪末 20 世纪初，各主要资本主义国家的生产集中已经达到很高的程度。如在德国，雇佣 50 个工人以上的大企业，1882 年只占工业企业总数的 0.3%，而雇用的工人却占全国工人总数的 22%；到了 1907 年，这样的大企业在工业企业的总数中所占的比例已达 0.9%，雇佣工人人数竟达全国工人总数的 37%。包括商业和交通运输业等在内的德国广义工业企业中，仅占 0.9% 的大企业占有全部蒸汽动力的 75.3%，占有全部电力的 77.2%，而占企业总数 91% 的小企业却只占有 7% 的蒸汽动力和电力。在美国，生产集中更为迅速。1904 年产值在 100 万美元以上的最大企业只占企业总数的 0.9%，而雇用的工人占工人总数的 25.6%，产值占全部工业产值的 38%。到了 1909 年，产值在 100 万美元以上的大企业占企业总数的 1.1%，而雇用的工人占工人总数的 30.5%，产值占全国工业总产值的 43.8%。即美国雇佣工人的近三分之一、所有企业全部产值的近一半，掌握在占企业总数 1% 左右的大企业手里。

(三) 生产和资本集中产生垄断

当生产高度集中时，就必然会形成垄断。垄断就是独占，是指少数资本主义大企业联合起来，通过某种协议，对某个或某些部门的大部分产品的生产、原料来源和销售市场、产品价格等实行操纵或控制。简单来说，**垄断就是少数大企业联合起来独占生产和市场**。

生产和资本的高度集中产生了垄断的可能性。在资本主义的自由竞争阶段，生产和资本的集中一直在进行着。不过，在自由竞争阶段，某一部门的产品生产和销售是由几百个甚至几千个资本规模较小的中小企业分散进行的，同时，受市场自发力量调节，企业间竞争激烈，彼此间很难达成协议，即使某些企业实现了联合或达成了某种默契，但由于单个企业的产量和市场份额微不足道，要想操纵整个市场的产品生产和销售的目的也是难以实现的。当生产高度集中后，由于企业数目减少，几个或十几个大企业掌握了一个生产部门的大部分产品的生产和销售,就有可能形成垄断。所以说,生产的高度集中是垄断形成的基础。

生产和资本的高度集中也使垄断的产生具有必然性。因为少数大企业规模巨大,实力雄厚,彼此之间势均力敌。为了避免在激烈的竞争中两败俱伤,同时也为了获取高额利润,少数大企业在客观上也需要谋求暂时的妥协而达成协议,从而形成垄断。同时,生产集中发展到一定高度后,要建立相同规模的企业必须有足够数量的巨额资本,这就使新的大企业不易产生。所以生产集中必然产生垄断组织。

垄断组织的形成和发展大体上经历了以下三个时期。

① 垄断组织的萌芽时期,时间是19世纪70年代。在这个时期,自由竞争达到顶峰。垄断组织开始出现,但尚处于萌芽状态。

② 垄断组织的广泛发展时期,时间是1873年经济危机以后到19世纪90年代。在这个时期,垄断组织(如卡特尔)有过广泛的发展,但大多是短期的垄断协定,很不稳定。

③ 垄断最后形成时期,时间是19世纪末至20世纪初。在这个时期,垄断组织已遍及工业的各主要部门,特别是重工业部门。垄断组织掌握了国民经济命脉,在各主要资本主义国家的经济领域中占据了统治地位。

二、垄断的组织形式

垄断组织是指若干资本主义大企业,联合起来操纵和控制某一个部门或几个部门绝大多数产品的生产和销售以及原料市场,以保证获取高额垄断利润的组织。为适应垄断资本的发展及维护其在经济生活中的统治作用,垄断组织具有各种不同的形式。

(一) 短期价格协定

短期价格协定是指几个大的资本主义企业相互协商,在一个比较短的时间内签订一种或几种产品的售价协议,参加者要遵守协议所规定的价格。这种垄断形式很不稳定,一旦市场情况发生变化,协定就随之失效。

(二) 卡特尔

卡特尔是由生产同类商品的资本主义企业,通过签订某种协议而建立的一种垄断组织。参加卡特尔的企业,在生产和销售方面仍然保持经营的独立性,只是根据协定瓜分销售市场,确定商品产量,规定标准价格。这种形式的垄断组织也不稳定,参加者之间往往为争取有利的销售市场和扩大销售限额进行激烈的竞争。一旦企业间的实力发生变化,原来的卡特尔就会瓦解,或按照变化了的势力重新签订协议。

(三) 辛迪加

辛迪加是由同一生产部门的少数大企业结成的统一的销售组织。参加辛迪加的企业已经丧失了商业上的独立性,它们的商品销售和原料购买完全由总办事处办理,仅仅保留生产上和法律上的独立形式。由于这种垄断组织建立有统一的购销机构,因此比卡特尔更稳定。但因各企业在生产上仍是独立经营,在各企业经济实力发生变化时,彼此之间争夺产品销售和原材料分配份额的斗争必然会很尖锐,从而导致辛迪加的解体。

(四) 托拉斯

托拉斯是由生产同类商品的若干个大企业或在生产上有密切联系的大企业结成的联

盟。参加托拉斯的企业，完全丧失了生产上和商业上的独立性，大家联合成为一个庞大的企业，由董事会统一经营管理，各个资本家变成托拉斯的股东，按照股份获得股息和红利。由于参加者在生产、商业、财务等各个方面失去了独立性，一切活动都统一由董事会掌握，领导权由最大企业控制，各股东按投资比例来分配利润，所以托拉斯比卡特尔、辛迪加更为稳定。

(五) 康采恩

康采恩也称财团，它是由不同经济部门的许多大企业联合组成的庞大的垄断公司。参加康采恩的既有单个的企业，也有其他的垄断组织，如辛迪加、托拉斯。参加康采恩的企业只保持着形式上的独立性，实际上受到居于核心地位的大企业或大银行的直接控制。康采恩在 20 世纪 30 年代首先产生于法国，随着垄断资本主义的发展而日益成为最重要的垄断组织形式。

垄断组织的各种形式反映不同的垄断程度。在德国，卡特尔曾经盛行一时；在英国，广泛采用辛迪加的形式；美国则被称为托拉斯的国家。各国后期实际上都采用了康采恩这种复杂的垄断组织形式。到 20 世纪后半叶，垄断组织的形式又有了新的发展，主要特征是混合联合公司的兴起。它们的生产经营已不限于同类或相关产品，而是跨行业、跨部门进行混合联合生产经营。这一方面可以保证一定时期内最大限度地提高企业的利润率，另一方面还可以在经济结构不断变化、新兴产业部门层出不穷、市场行情不断波动的条件下，通过混合经营规避风险，稳定、平衡、持久地保持垄断地位和获取高额垄断利润。但不论是哪一种形式，其实质都是垄断资本家为了垄断生产和市场以攫取高额垄断利润的工具。

三、金融资本和金融寡头

在工业生产的集中和垄断形成工业垄断资本的同时，银行业的高度集中也在 20 世纪初期迅速发展，形成银行垄断，产生了银行垄断资本。

(一) 金融资本的形成

银行业的集中和垄断是以产业资本的集中和垄断为基础，并与产业资本的集中和垄断同时形成的。产业资本的集中，既为银行提供了大量的闲置货币资本，又对银行贷款提出了巨额需求。银行业内部的相互竞争是导致银行资本集中和垄断形成的强有力的杠杆。为了争夺客户，各银行之间也会展开激烈的竞争。在竞争中大银行信用程度高，经营费用省，经常处于有利地位。它可以通过提高存款利息率吸收大量存款、压低贷款利息率发放大宗贷款等手段，排挤、兼并小银行；也可以用参股等方式控制小银行，从而不断使大批社会资本和信贷业务日益集中在少数大银行手里。同工业集中走向垄断一样，银行集中到一定程度时，几家大银行为了避免在竞争中两败俱伤以及获取高额垄断利润，必然会联合起来走向垄断，形成若干个庞大银行。这些大银行通过星罗棋布的分支机构，把千千万万个分散的企业联系起来，并且集中着全国的周转资金，成为资本主义经济生活的神经中枢。

随着银行垄断的形成，银行的作用也发生了根本变化，由普通的中介人变成了万能的垄断者。这是因为，一方面，由于工业生产集中，生产规模扩大，需要的资本数量增大，工业企业常常需要银行提供数量较大、时间较长的贷款，从而形成了工业企业对银行的依赖；另一方面，由于银行业的集中，大银行吸收了社会上大量的存款，有足够的资本为企业提供数量大、期限长的贷款。这就促使大银行与大企业之间建立起长期的、固定的联系。大银行为了使自己贷出的巨额货币资本有保障并取得高额的银行利润，必然十分关心向它借款的企业的生产经营活动，对它加以监督和干预，并通过扩大或者减少贷款的办法影响企业，甚至决定企业的命运。于是银行成了工商企业的支配者，银行的作用也就由普通的中介人变成了万能的垄断者。

银行垄断的形成和银行新作用的出现，促使银行垄断资本和工业垄断资本逐渐融合。一方面，银行资本通过购买工业企业的股票和开办新工业企业，把自己的资本渗透到工业中去，成为工业资本的所有者；另一方面，工业资本也通过购买银行和投资开办新的银行，成为银行资本所有者。资本参与的结果是互相成为对方的股东。同时在银行资本和工业资本相互渗透的基础上，所谓"个人联合"也发展起来了。他们互派人员参加对方的领导机构，担任要职，以便相互影响。正是通过这些途径，使**垄断的银行资本与垄断的工业资本实现了完全的融合，形成了一种新型资本，即金融资本。**

（二）金融寡头在经济和政治上的统治

金融资本是垄断的银行资本和垄断的工业资本融合或混合生长而形成的一种新型资本形式，**掌握**这种庞大的**金融资本的最大资本家或资本家集团就是金融寡头**。一小部分金融寡头支配了大量的社会财富，控制了整个国家的经济命脉和国家的上层建筑，成为垄断资本主义国家的主宰者。

金融寡头在经济上的统治，主要是通过"参与制"的形式实现的。"**参与制**"**是指金融寡头通过掌握一定数量的股票对企业实行层层控制的一种制度**。金融寡头通过自己掌握的总公司作为"母公司"去收买其他公司一定数量的股票，使之成为受自己控制的"子公司"，各"子公司"又以同样的办法去控制更多别的公司的股票，使之成为"孙公司"。如此逐级参与控制，在经济上就形成了金字塔式的控制体系，站在塔顶上的就是极少数的金融寡头。金融寡头就是利用这种层层"参与"的制度，控制比自己的资本大几倍、十几倍，甚至几十倍的他人资本，从而扩大自己的实力，强化自己的统治。此外，金融寡头还通过创办企业、改组企业、发行有价证券、办理公债、从事各种金融投机和房地产买卖等来谋取高额利润。

金融寡头在政治上的统治，主要是通过"个人联合"的方法实现的。其途径一是**金融寡头亲自或委派代理人到政府部门中担任要职**；二是**金融寡头把政府官员、军事将领聘请到自己的公司中担任要职**。例如，20世纪40年代以来，美国历届政府中都有大批垄断资本家的代表官居要职。杜鲁门政府中，有40个主要官员是大银行和大企业资本家；艾森豪威尔政府中有150个主要官员是大垄断资本家；卡特政府中最重要的19名官员，有15人是分属各主要财团的；依靠西部财团的势力登上总统宝座的里根，其13名内阁部长中，有8名是百万富翁，3名是准百万富翁；至于肯尼迪总统和洛克菲勒副总统，则更是以财团家族主要成员的身份直接走上政治舞台的。各大财团操纵总统选举，争夺政府要职，总统上台后，照例是按各财团的实力分配政府要职的，这就是金融寡头控制政治的现实。正如列宁所说，这些人今天是部长，明天是银行家；今天是银行家，明天是部长①。

金融寡头既然控制了经济、政治，势必要把垄断统治的触角伸向社会生活的各个方面。垄断资本主义国家的新闻、出版、广播、通信、科学、文艺、体育和教育等各项文化事业，实际上也都控制在金融寡头手中，成为他们维护垄断统治的工具。

四、垄断利润和垄断价格

垄断形成以后，垄断组织生产的目的不只是局限于取得平均利润，而且是要取得高额垄断利润。追求高额垄断利润是垄断资本主义生产的目的和发展的动力。**垄断利润是凭借在生产和流通中的垄断地位而获得的远远超过平均利润的高额利润。**

在自由竞争阶段，资本主义企业一般只能获得平均利润。个别资本家通过改进技术、提高劳动生产率可以获得超额利润，但这只是暂时的现象。一旦新技术被普遍采用，少数资本家所获得的超额利润就会消失。而在资本主义垄断阶段，垄断资本家却可以凭借其在生产和流通中的垄断地位，长期获得大量的高额垄断利润。

垄断利润是通过垄断价格实现的。**垄断价格是指在垄断组织操纵下，可以保证获得垄断利润的一种市场价格，包括垄断高价和垄断低价两种形式。**垄断高价是指垄断组织在出售商品时，采用人为抬高的价格出售。垄断组织在按垄断高价出售商品后，减去商品的生产成本，其差额就构成高额垄断利润。垄断低价是指垄断组织在购买和倾销商品时人为压低的价格。垄断低价包括两种情况：一是垄断组织在向非垄断企业、小生产者和其他国家购买商品时，凭借自己的垄断地位把价格压到商品价值或生产价格以下；二是垄断组织为了挤占竞争对手的市场份额和处理过剩、滞销商品，实行低价倾销政策。一旦上述目标实现，再从提高商品售价中挽回过去的损失。

在现代西方国家中，垄断组织在规定商品价格时，实际上是按照"价格领袖制"的原则，即由该部门最大的垄断企业确定商品价格，其他企业跟随定价。最大垄断企业在定价时，先定出一个纳税后应达到的目标利润率，再根据这个利润率测算利润，把它加在成本上面，由此形成超过商品生产价格以至价值，能保证高额利润的市场价格。虽然垄断价格是由垄断组织制定的，但是垄断组织并不能随心所欲地无限抬高销售商品的价格或无限压低收购原材料的价格。这是因为：首先，在垄断条件下仍然存在着竞争。如果垄断组织把垄断价格定得过高，竞争对手就会以较低的价格抛售商品，夺取市场。其次，某种商品垄断价格定得过高，其他企业也会争相生产同类的商品，或者生产这种商品的代用品，从而使这类商品增多，结果必然导致垄断价格下降。此外，把商品的垄断价格定得过高，超过了消费者有支付能力的需求，会使商品积压，卖不出去。这样的垄断价格，实际上起不到垄断价格的作用，最终仍然会使过高的垄断价格下降。

垄断价格的形成并不违背价值规律，它只是进一步改变了价值规律作用的表现形式，使商品的市场价格比较长期地、稳定地背离生产价格和价值，但不能脱离商品的价值。从全社会来看，整个社会的商品价值，仍然是由生产它们的社会必要劳动创造的。垄断价格不能增加或减少社会的价值总量，只能使价值和剩余价值发生有利于垄断资本家的

---

① 中共中央马克思恩格斯列宁斯大林著作编译局. 列宁全集：第二十四卷[M]. 北京：人民出版社，1960：97.

重新分配。从整个社会来看,商品的价格总额仍然等于商品的价值总额。

五、垄断统治下的竞争

垄断资本的形成及垄断势力的出现和发展,并没有消除资本之间的竞争关系,只是部分改变了竞争的形式,使资本竞争呈现出新的特征。

(一) 垄断与竞争并存

垄断资本家通过垄断价格获取垄断利润,是在激烈的竞争中进行的。垄断产生于自由竞争,并且代替自由竞争,但却没有消除竞争,而是使竞争更加激烈起来。对于垄断条件下的竞争,列宁做了精辟的总结,从自由竞争中成长起来的垄断并不消除自由竞争,而是凌驾于竞争之上,与之并存,因而产生许多特别尖锐特别剧烈的矛盾、摩擦和冲突。[①]

垄断之所以不能消除竞争,这是因为:

第一,竞争是一般商品生产的必然产物。垄断代替自由竞争,但并没有消除以生产资料私有制为基础的资本主义商品生产,所以垄断不可能消除资本主义的竞争。

第二,在垄断资本主义时期,除了垄断组织之外,还存在着大量的中小企业。所谓"纯粹的垄断"是不存在的。既然中小企业还大量存在,它们之间就必然存在着竞争。

第三,各个垄断组织和垄断资本家,都力图巩固和发展自己,削弱和吃掉对方,因而必然造成更加激烈的竞争。

(二) 垄断条件下的竞争

在垄断占统治地位的情况下,竞争主要有三种形式:**一是垄断组织之间的竞争;二是垄断组织和非垄断组织之间的竞争;三是垄断组织内部的竞争。**当然,也存在非垄断企业之间的自由竞争。

垄断组织之间的竞争主要表现在:同一部门的垄断组织之间,为控制本部门的生产、销售和原料来源等而进行的激烈斗争;不同部门的垄断组织之间,进行渗入和反渗入的斗争。它们之间还会发生因相互供应原材料和成品等而引起的竞争,因产品可以相互替代(如能源中煤、石油、电力之间相互替代)而争夺销售市场的竞争,因争夺科技人才和熟练劳动力的竞争,因资本在不同部门之间转移而进行的竞争等。

垄断组织和非垄断组织之间的竞争,是指它们之间存在着扼杀与反扼杀、控制与反控制的斗争。其手段主要是:第一,依靠进入壁垒排挤中小企业。大企业垄断市场的目的在于控制产品价格以提高利润,但是较高的价格和利润又会诱使新企业的进入,因而,较高的进入壁垒是维护垄断企业统治地位的必要条件。进入壁垒是指垄断部门形成的、对新的企业或资本进入构成的障碍,其实质在于使新进入的或可能进入的企业的成本过高而无利可图。第二,通过转包等形式控制中小企业。垄断企业可以通过对本部门或相关部门中的中小企业实行直接控制,如通过转包制度或订立购销合同等方式,把一部分生产任务交给中小企业去做,从而把它们纳入自己的生产体系。在一定条件下,控制中小企业可能比排挤中小企业对垄断企业更为有利,大企业把部分生产工作分散给小企业

---

① 中共中央马克思恩格斯列宁斯大林著作编译局. 列宁选集:第二卷[M]. 北京:人民出版社,1960:807-808.

并通过商业关系对这些小企业实行控制,有利于提高利润率。第三,通过买方垄断掠夺中小企业。企业既是产品的卖者又是原材料和其他投入品的买者。生产的高度集中不仅可能导致卖方集中和卖方垄断,而且可能导致买方集中和买方垄断。当一个市场上购买企业的集中达到较高程度,而它们面对的又是数量众多且分散的中小企业时,便会发生与卖方垄断相似的情形:几个占有较大市场购买份额的企业之间形成勾结,通过联合行动行使买方垄断,压低供应品的购买价格,牺牲卖者的利益来谋取买者的利益。

垄断组织内部也存在竞争。大多数垄断部门都存在一定数量的大公司,它们或者在竞争中加强各自的垄断地位,或者通过不同形式的勾结实行寡头垄断。然而,勾结并不意味着矛盾的消除,寡头垄断既是竞争的结果,又是竞争的延续。同一部门内部垄断企业之间竞争的表现形式:一是在垄断企业进行价格协调的同时,继续进行公开的、隐蔽的价格竞争。任何垄断性的勾结定价都是若干大公司在激烈竞争中所达成的暂时妥协。一旦寡头垄断形成,参与寡头垄断的大公司又会产生新的竞争动机欺骗其他公司,暗地降低价格或增加产量,以扩大自身的销售份额,获得更多利润。市场需求的变动越是不规则,各个公司的成本差别越大,那些成本较低的大公司暗地降价的动机越强烈。但垄断大公司秘密削价可能会被其他公司察觉而引起公开的价格战,因此防止这类欺骗行为便成为巩固卡特尔和其他垄断组织形式的中心问题。二是垄断企业还进行着广泛的非价格竞争和市场外竞争。非价格竞争通常和寡头垄断勾结定价结合在一起,把垄断企业的竞争纳入较安全的轨道,因而成为寡头垄断企业竞争的主要形式。非价格竞争包括促销竞争、产品质量方面的竞争、服务方面的竞争,以及市场外各个垄断企业进行争夺原料、技术专利、熟练工人、专业人员、运输条件和优惠信贷等的竞争。

(三) 垄断条件下竞争的特点

垄断时期的竞争与自由竞争相比,具有以下特点。

(1) **竞争的目的不同**。自由竞争时期竞争的目的是为了获取超额利润和取得好的投资场所。垄断时期竞争的主要目的是攫取高额垄断利润以及巩固自己的垄断地位。

(2) **竞争的主体不同**。自由竞争时期的竞争主体是为数众多的分散资本家。垄断时期竞争的主体却是为数不多的大垄断资本组织。

(3) **竞争的手段不同**。自由竞争时期资本家之间采用的竞争手段主要是价格手段,垄断时期垄断组织之间则容易达成协定,协调价格,价格竞争降到次要地位,而非价格竞争,如争取对原料、技术、信贷、交通运输、熟练劳动力等生产销售的控制权,以及在产品质量、花色品种、广告宣传、维修服务等方面的竞争,上升成为主要手段。垄断时期垄断组织还会运用政治手段,有时甚至不惜采取暴力来打垮竞争对手。

(4) **竞争的激烈程度和后果不同**。自由竞争时期由于企业规模较小且力量单薄,限制了竞争的激烈程度。在垄断时期,由于垄断组织的实力异常强大以及所采用的手段与自由竞争阶段不可同日而语,造成竞争的规模比过去大大扩大,竞争程度更加激烈,时间更加持久,破坏性后果更加严重。

(5) **竞争的范围不同**。自由竞争的范围主要是国内经济领域。垄断阶段的竞争范围则遍及各个领域和部门,不仅存在于国内,而且扩展到了国外;除了经济领域的竞争外,在政治、军事、文化、科技等领域的竞争也广泛存在。

第二节　国家垄断资本主义

在垄断资本主义阶段，生产力的增长与生产社会化的发展，进一步推动了资本社会化的发展，使一般垄断资本主义成长为国家垄断资本主义。

一、国家垄断资本主义的产生和原因

国家垄断资本主义是资产阶级国家政权同垄断资本相结合的一种垄断资本主义。

一般垄断资本主义向国家垄断资本主义的转化，是由于资本主义基本矛盾和其他矛盾日益激化的必然结果。资本主义从自由竞争发展到垄断阶段，资本主义基本矛盾的发展也达到了新阶段。一方面是生产日益高度社会化；另一方面，社会财富却为一小部分垄断资本家所有。结果使竞争和生产无政府状态更加剧烈，经济危机更加频繁和严重，阶级矛盾进一步尖锐。资本主义生产方式的发展明显地证明，私人垄断资本不能继续驾驭这种高度社会化的生产力。于是垄断资本便操纵国家机器，以"资本主义生产的国家化"[①]形式来支配社会经济生活，从而有保证地攫取高额垄断利润。

(一) 国家垄断资本主义的产生和发展

国家垄断资本主义在垄断资本主义阶段的初期就已出现，在第一次世界大战期间和19世纪30年代资本主义世界经济大危机期间得到发展。当时各垄断资本主义国家，特别是交战国，为适应战争的需要，空前加强了国家对经济的干预，对生产和分配普遍实行了国家的监督和控制，从而大大加速了国家垄断资本主义发展的步伐。这一过程的具体表现是：一些国家成立了专门的经济管理机构，对生产、原料、劳动力、工资、物价和商品等实行国家调节与控制，强行摊派国债、取消罢工。没有直接参战的美国，建立了战时工业局、战时贸易和战时金融公司等机构；直接参战的德国，设立了战时委员会、战时原料管理处和帝国谷物管理局等机构；英国设立了军需部、农业局和商业局；一些国家还对企业实行国有化。美国在1917年实行铁路国有化，英国也将相当多的企业收归国有。当战争结束后，各国经济逐步转入正轨时，国家垄断资本主义也开始逐步进入低潮。随着战时经济向和平经济的转变，国家在战时采取的一系列国家垄断资本主义措施大多先后被取消，许多国家的国有企业也廉价转让给私人垄断组织，或由私人垄断组织经营。

国家垄断资本主义发展的第二次高潮出现在大危机期间。1929—1933年空前严重的经济危机，震撼了整个资本主义世界，资本主义面临着极度的恐慌和灾难。为了应对经济危机和维护垄断资本的利益，垄断资本主义国家采取了许多干预经济的方法，使国家垄断资本主义再次得到了发展。这一次国家垄断资本主义的发展突出表现为两种类型：一种是美、英等国家实行的国家干预政策。例如，美国罗斯福政府推行的"新政"，包括改革控制投资业和银行业、恢复工商业和农业、救济贫民和失业者、改善劳资关系等

[①] 中共中央马克思恩格斯列宁斯大林著作编译局. 列宁选集：第三卷[M]. 北京：人民出版社，1960：75.

内容。为了实施"新政",美国当时设立了全国产业复兴局、农业调整局和复兴银行公司等机构,整个"新政"耗资 350 亿美元;英国实行的以改进技术基础,用加强许多重点工业部门的垄断联合等方法来提高工业产品的竞争能力,并对伦敦的客运实行国有化,邮政、电信归国家经营等举措;而德国、意大利、日本等法西斯国家,则通过扩军备战,以经济军事化方式干预和组织国民经济。"二战"期间,国家垄断资本主义进一步得到加强。各交战国建立了战时经济管理机构(如美国的战时生产局),国家对战时经济进行了全面的管理和调节。但是危机和战争过去以后,各国政府又都取消了经济管制并大大减少了对社会经济生活的干预和调节,因而又使国家垄断资本主义的发展出现了低迷,所以这一时期国家垄断资本主义的发展具有暂时性和不稳定性的特点。

第二次世界大战以后,国家垄断资本主义在主要资本主义国家得到了普遍发展,其表现是国家干预和调节社会经济成为经常而普遍的现象,国家的经济职能已经和市场机制紧密结合在一起,共同维护和保证现代国家经济的稳定运行和发展。在"二战"结束后的最初几年中,国家对经济的干预和调节虽然有所收缩,但是时间很短。随着科技革命的迅速展开和生产社会化程度的提高,以及战后主要资本主义国家面临的国内外经济和政治斗争形势的变化,国家垄断资本主义在生产、分配、交换、消费等各个领域都有了普遍、迅猛的发展。和前两个阶段相比,这一时期国家垄断资本主义的发展具有经常性、广泛性、持续性和稳定性的特点,并且在经济生活中逐步占据了主导地位,在国民经济中的作用也日益重要。国家对经济的干预和调节已成为经济运行的内在机制,而不再是战争、经济危机等特殊时期的权宜之计。

国有经济在国民经济中所占的比重是反映国家垄断资本主义发展水平的一个指标。这在西欧一些发达资本主义国家最为突出。英、法、意、奥等国都先后对电力、煤炭、煤气、铁路运输等许多部门和企业实行了国有化,当时的联邦德国由国家投资兴办了许多国营企业和国家与私人合营企业。到了 1972 年,英、法、意、联邦德国、奥的国有企业占本国全部资产总额的比重分别为 33%、20%、30%、30%、35%。日本战后虽然没有搞"国有化",但国家投资迅速增长,到 20 世纪 80 年代初期,国有成分在经济中的比重占到了 35%左右。美国国家直接投资兴办企业起步较早但发展较慢,到 20 世纪 80 年代初期,国有经济成分在经济中的比重也达到 10%左右,这表明国家已经不仅从外部干预与调节资本主义的经济运行,而且通过国有经济直接参与了资本主义再生产的各个环节,因而国家垄断资本主义在整个资本主义经济中的地位与作用日益重要。

近年来,在英、法、意等西方主要资本主义国家,由于国有企业经营管理不善和经济效益低下,又相继将许多国有企业转入私人垄断资本手中,出现了非国有化即私有化的浪潮。但这并不意味着国家垄断资本主义统治的削弱。这是因为:其一,推行非国有化政策,把许多国有企业转入私人垄断资本家手中,虽然会使国有经济所占比重下降,但是它在国民经济中仍然占有相当大的比重。到 1995 年,法国在重要的部门由国家直接控制和国家控股 50%以上的大型国有企业有 2158 家,产值占国内生产总值的 15%,投资额占全国投资的 21.3%。德国国有企业拥有 95%的铁路、80%的市内交通、75%的公用电厂,国有企业产值占整个国民生产总值的 5.6%。其二,实行非国有化以后的私人垄断企业,仍然不可能摆脱与国有垄断资本在社会范围内的密切联系,因而它仍然是国家垄断资本主义的一种基本形式。

国有化与非国有化的实质,只不过是资产阶级国家为了干预和调节社会经济生活而交替采用的两种措施而已。例如,为应对 2007 年爆发的美国次贷危机,布什政府于 2008 年 10 月提出了 7000 亿美元的金融援救方案,美国联邦储备委员会推出了包括降息、购买商业票据、向银行注入流动性等一系列稳定市场的措施,但这些对市场的干预与调控措施短期内仍无法取得明显成效。随着金融危机的持续恶化,美国、英国等主要资本主义国家采取了把私人银行收归国有、直接向金融机构注入国家资本等手段,呈现出新一轮的国有化特别是银行国有化的进程,国家垄断资本主义在西方各国经济社会中的地位和作用将进一步增强。

国家财政支出在国民生产总值中所占的比重也是衡量国家垄断资本主义发展水平的主要指标之一。据有关资料统计,现在发达资本主义国家的财政支出已占到国民生产总值的 30%～40%,高的甚至达到 50%以上,并且主要是投入社会资本再生产过程和对社会经济生活的调控方面。这表明,现在的国家垄断资本主义已经发展到了相当高的水平。

(二) 国家垄断资本主义产生和发展的原因

国家垄断资本主义的形成和发展不是偶然的,从根本上说,它是科技进步和生产社会化程度进一步提高的产物,是资本主义基本矛盾加剧的必然结果。

随着资本主义经济的发展,特别是"二战"后,由于新的科学技术革命极大地推动了社会生产力的发展,生产社会化程度有了很大的提高,这就同垄断资本主义私人占有的矛盾尖锐化起来,由此而引起一系列的矛盾日益加剧。这些矛盾是私人垄断资本所不能解决或缓和的,需要垄断资本同国家机器结合起来,凭借国家的力量来暂时解决或缓和这些矛盾,以保证资本主义再生产的正常进行和高额垄断利润的获得。具体表现为以下几个方面。

(1) **市场问题日趋严重**。现代科学技术革命推动下急剧膨胀起来的社会生产力,使社会产品大幅度增加,这同国内外市场日益相对狭小的矛盾越来越尖锐。要缓和和解决这一矛盾,就要借助国家的力量进行干预和调节,开拓国内市场,刺激需求增长,对过度膨胀的生产加以控制。同时,随着经济的全球化,国际市场的竞争更加激烈,需要依靠国家的力量来争夺国际市场。

(2) **规模巨大的社会化大生产和一系列新兴工业的建立**,以及对传统工业进行大规模的设备更新和技术改造等都需要投入巨额的资本,单靠私人垄断资本是不能承担的。特别是一些新兴工业部门如宇航工业,投资大、风险大、周期长,私人垄断资本往往无力或不愿承担,这就需要国家直接投资或资助。例如,从 20 世纪 60 年代初开始至 70 年代初完成的美国"阿波罗"登月工程,总计投入 40 多万人力,耗资达 300 亿美元。这是任何一个私人垄断组织都无法完成的,需要国家垄断资本来承担和协调。

(3) **经济现代化的发展**,要求建设现代化公共基础设施、交通通信等服务设施、环境保护设施,建立大型科研和实验机构,发展教育文化事业等,这些都需要国家规划和调节。代表现代生产力的新兴工业的发展,必须要有强大的基础工业和基础设施为后盾。而基础产业和基础设施往往投资较大,周期较长且利润较低,私人垄断资本出于追求自身利益和眼前利益的需要而不愿投资,不得不由国家直接投资经营或在国家参与和资助下进行。例如，日本政府为建设鹿岛新兴工业区，投资 400 亿日元，同时引导私人资本投资 1500 亿日元，使鹿岛在 1968—1978 年这 10 年间，终于建成了一个包括钢铁、炼油、石油化工和发电的综合性新兴工业区。

(4) **随着新科学技术的发展，生产社会化程度日益提高，客观上要求对整个国民经济的结构进行调整**，尤其是国民经济中新兴工业部门不断增多，各部门之间的联系日益错综复杂，都需要进行社会规模的调节与协调，这只有国家干预经济才能实现。

(5) **科学技术开发与研究的社会化，使私人垄断资本无力承担开发与研究项目**。某些科学技术的开发和研究，往往需要跨学科、跨部门庞大的科研人员的协同配合，某些不能直接获利的基础理论科学研究，防止和消除现代化生产对自然环境的污染等，往往都是私人垄断资本所不能或者不愿意承担的，只能由国家来承担。

(6) **科技发展，经济结构调整，使工人阶级的构成发生了深刻变化，失业现象日益突出，贫富差距更趋严重**。这也需要依靠国家力量，改善和发展社会保障制度，以缓和阶级矛盾。所谓"福利制度"就是在这种历史背景下逐步产生的。

(7) **经济危机频繁爆发，要求国家采取各种措施缓解经济波动**。"二战"后，由于私人垄断统治的加强，资本主义基本矛盾日趋激化，经济危机频繁发生。伴随着经济危机，通货膨胀更加严重。各主要资本主义国家为减轻经济危机造成的损失，摆脱"滞涨"，纷纷采取各种宏观调节措施。事实说明，经济危机越频繁，危机程度越严重，国家垄断资本主义也就越需加强，才能暂时渡过经济危机的难关。

上述种种矛盾和问题的解决是垄断资本利益的需要，但必须借助于国家的力量来调节不断激化的资本主义基本矛盾，调整资本主义的生产关系以适应迅猛发展的社会生产力，用国家有形的手来弥补市场经济体制本身的缺陷。于是私人垄断资本便日益发展成为国家垄断资本。

二、国家垄断资本主义的形式和实质

(一) 国家垄断资本主义的形式

国家垄断资本主义在不同的国家有不同的具体形式，这些形式的分类方法也各异。如果从资产阶级国家和私人垄断资本相结合的不同方式来考察，国家垄断资本主义可划分为下述三种基本形式。

(1) **国家与私人垄断资本合为一体**。这是国家直接掌握的垄断资本，或称国有企业垄断资本。这种形式的产生，一是通过国家采取"国有化"政策，用高价收购或者用其他补偿方式，把某些面临破产倒闭的私人垄断企业收归国有。"二战"后，西欧曾掀起"国有化"热潮，国家通过财政拨款以高额补偿金的方式，把那些设备陈旧、利润率低甚至亏损的基础工业，如煤炭、钢铁、电力、煤气、铁路等部门或企业收归国有。二是通过国家的财政拨款，直接投资兴建企业。这种方式在战争期间主要兴建军事工业，服务于战争需要。战后，随着科学技术革命的发展，一批新兴的尖端技术工业如航天、核能等需要建立，庞大的投资和很高的风险系数使这类工业只能由国家直接投资兴建。与此同时，大量的基础设施也需要由国家投资兴建。无论是通过国有化形式，还是由国家直接投资兴建新企业，最终都使国家所有制达到很高的程度，国有企业在整个国民经济中占有很高的比重。许多国家的国有企业已占有全国企业资产、投资总额和就业工人总数的10%～30%。无论是否实行过国有化，各资本主义国家都通过日益增长的国家投资来发展国有企业，使国有企业不但扩大到更多部门，而且在许多部门中占据着越来越大的比重。在英国，目前国有企业的生产占一半以上的部门已有10个之多，在意大利和德国这样的部门也分别有9个和7个。国家与私人垄断资本合为一体是国家资金保证垄断资本家取得高额垄断利润的一种形式。

(2) **国家和私人垄断资本在企业内部的结合**。国家与私人共有的垄断资本，也称半国有企业垄断资本，是国家垄断资本主义的又一种基本形式。它的组织形式是国私合营企业或国家参与制企业。国私合营企业是由国有垄断资本与私人垄断资本混合组成，股份所有权分属国家和垄断组织。因此，在国私共有垄断资本这种形式中，国家与垄断资本的结合表现为国有垄断资本与私人垄断资本在一个企业范围内的结合。这种国家垄断资本主义的形式，可以通过国家购买私人垄断企业的部分股票；或私人垄断组织购买国有企业的部分股票；或国家和私人垄断企业共同出资建立新企业；或国有企业和私人垄断企业合并；或国有企业转由私人垄断租赁、承包经营。不论通过什么途径建立起来的国私共有垄断资本，它们都包含了国家资本和私人资本的结合。

国私共有垄断资本在形式上表现为股份公司，但它不同于单纯私人垄断资本组成的股份公司。因为这种股份公司有国家的参与，国有垄断资本与私人垄断资本的结合是在企业内部进行的，从所有权、经营管理到利润分配等方面都体现国家和垄断资本直接在企业内部的结合，国家可以直接干预私人资本的再生产过程。以国有资本的股份为参照，可以分为两种基本类型：一种是国家掌握控股权的合营企业。在这种类型的企业中，国有垄断资本占据主导地位，国家对企业的生产经营活动起监督、控制和调节的作用。另一种是国家不掌握控股权的合营企业。在这种类型的企业中，私人垄断资本占据主导地位，企业的生产经营活动主要由私人垄断资本决定和支配。国家只是对其间接调控。国有垄断资本参与这类企业，实际上就是国家对私人垄断资本的支持与资助。由于国私合营企业可以利用国有资本来加强自己的经济实力，而且这类企业可以更方便地从国家得到各种优惠，如在补贴、信贷、税收、订货、科技等方面的优惠，从而更有保证地获得高额垄断利润。但与此同时，它在生产经营活动中也将更多地受到国家的干预与调控。国私合营企业的经营目标是企业利润的最大化，但由于国家股和国家委任的董事在企业内部的作用，又使它必须考虑国家的宏观社会经济目标。可见，建立和发展国私合营企业，既有利于垄断资本主义国家的政治利益和经济利益，又有利于私人垄断资本的发展。因此，"二战"后，特别是20世纪50年代以后，这种形式的垄断资本在北美、西欧、日本等发达资本主义国家获得了迅速广泛的发展，并已成为国家垄断资本主义的一种基本形式。

(3) **国家与私人垄断资本在企业外部的结合**。这种企业在所有制性质上仍然是私人垄断企业，但它已和国有资本发生了密切联系，同国家资本在再生产过程的各个环节中内在地结合起来了，因此也属于国家垄断资本主义的范畴。这种形式有以下几种类型。①国家通过各种形式，直接、间接地对私人垄断企业进行补贴。直接补贴是指国家直接付给私人企业一定的现金补贴，如对某些产品的价格补贴，对某些急需发展、经营困难、需要国家支持的部门的补贴。间接补贴是指国家给予私人企业财政上的优惠，如减免税收、加速折旧等。间接补贴的作用在于降低企业成本、增加利润或增加企业自己支配的资本。②国家投资发展基础工业和基础设施，其目的是为私人资本的扩大再生产提供有保障的外部条件。国家无论是无偿或低价向私人资本提供生产要素或基础设施，都意味着国家投资代替了部分私人投资。国家投资代替一部分私人资本的投资和成本支出，这意味着不变资本再生产方式在资本界限内的社会化。③国家投入巨额资金进入教育、劳动训练、卫生保健和科研等领域。这些费用多是私人不愿意或无力承担的，只好由国家来解决。而国家则要从全社会范围来保障符合垄断资本需要的劳动力供给，为私人垄断资本节约科研经费、避免风险、使用先进的科研成果和提高资本有机构成提供有利的条件。④国家垄断资本参与私人垄断资本剩余价值的分配和使用。如国家通过各种税收政策、财政金融政策、工资政策等影响剩余价值在企业内的分配以及在国家与企业之间的分割等。⑤国家积极为私人垄断资本开辟国内外市场。在国内，作为商品和劳务的采购者，向私人垄断企业大量订货，为私人垄断企业提供有保证的国内市场，加速了私人垄断资本在循环中由商品资本到货币资本的转化，促进了其生产的发展。⑥国家通过社会福利开支，提高社会购买力，扩大消费需求，为私人垄断企业创造市场条件。

以上这些都说明了在现代垄断条件下，私人垄断资本已经不能离开国家垄断资本而独立完成它的再生产运动了。国家垄断资本的三种形式，构成了国家垄断资本主义生产关系总体，在这三种形式中，国有垄断资本是起主导作用的，它参与并调节社会资本的再生产。

(二) 国家垄断资本主义的实质

国家垄断资本主义仍然是资本主义，国家垄断资本主义空前广泛而深入的发展，并没有改变以资本主义私有制为基础的生产关系。**国家垄断资本主义的实质是：国家垄断资本主义并没有替代私人垄断资本主义，而是在私人垄断资本主义的基础上国家日益与垄断资本相结合，并在这种结合的基础上，国家作为"总资本家"，为垄断资本获取高额垄断利润创造更有利的条件。** 这是因为：

首先，国家垄断资本主义是资产阶级国家政权与私人垄断资本相结合的资本主义。 这种结合使资本社会化和生产社会化的发展达到了新的高度，但是国家垄断资本主义没有改变资本主义私有制的经济基础。在当代发达资本主义国家，大部分生产资料、主要经济力量仍然掌握在私人垄断资本家手中，特别是极少数金融寡头手中，在国民经济中占统治地位的仍然是私人垄断资本。因此，国家垄断资本主义丝毫没有改变资本主义生产关系的本质。无论资产阶级国家政权通过什么形式与私人垄断资本结合，都是在资本主义私有制范围内进行的。同时，在这种结合过程中，资产阶级国家是作为垄断资产阶级的总代表与私人垄断资本相结合的。因此，资产阶级国家没有也不可能改变它的阶级本质。

其次，国家垄断资本主义的各种形式，从本质上看，无非就是私人垄断资本利用国家政权来维护垄断统治并获取高额垄断利润而采取的一些手段。 就国家垄断资本主义最高形式的国有垄断资本来说，由于国有垄断资本的组织形式是国有企业，而资本主义国有企业的形成途径主要有国家直接投资兴办和对私人企业的国有化两种。就国家直接投资兴办国有企业来说，这种投资主要集中在煤炭、电力、钢铁、铁路、航空、邮电等各种公用事业和基础工业，或者是需要大量投资，而又盈利低、周期长、风险大的新兴产业和科技研究部门。投资的目的主要是为私人垄断企业再生产提供有利条件。无论是就国有企业的分布情况，还是从其形成途径来看，都表明国有企业的建立与发展是为私人垄断资本保证扩大再生产和攫取高额垄断利润服务的，而不是私人垄断企业的对立面和竞争者。而国私共有合营企业这种形式，实质上就是私人垄断资本直接利用国家资本来增强自己的经济实力和竞争能力，以攫取高额垄断利润的手段。至于国有垄断资本和私人垄断资本在社会范围内的结合这种形式，其有利于私人垄断资本则是十分明显的。

再次，资产阶级国家既然是作为垄断资产阶级利益的总代表，就必然不同于个别垄断或垄断资本集团，而是凌驾于个别私人垄断资本之上。它不仅作为经济基础的组成部分发挥作用，而且作为上层建筑起作用，采取各种政策措施干预国内经济生活，调节国际经济关系。但是，这一切都是为了缓和资本主义社会固有的各种矛盾，以维护垄断资产阶级的根本利益，乃至资本主义制度的生存与发展。

国家垄断资本主义虽然是为垄断资本服务的，但是只有在广大劳动人民收入增加，以及众多中小企业经济发展的基础上，才有可能使垄断资本获得更多的垄断利润。因而国家垄断资本主义在为垄断资本服务的同时，也要顾及非垄断资本中小企业的利益。但这种对中小企业的照顾，以及对工人阶级的一定"让步"，归根到底还是为了维护垄断资本的利益。在国家垄断资本主义的条件下，工人仍然是雇佣劳动者，无产者。资本关系没有被消灭，反而被推到了顶点。[①]

三、国家垄断资本主义的作用

国家垄断资本主义的产生和发展，一方面，是垄断资本主义生产关系的自我发展，是在一定程度上适应社会化大生产的资本主义生产关系的社会化形式。所以，国家垄断资本主义在一定时期内会使资本主义基本矛盾有所缓和，给生产力的发展提供一定的余地。另一方面，国家垄断资本主义丝毫没有改变资本主义剥削的性质，没有消除资本主义社会的基本矛盾。在资本主义制度下，生产关系社会化形式的变化，在任何时候和任何情况下，都是以维护和巩固资本主义剥削制度为前提的。因此，从一般垄断到国家垄断的发展，使资本主义经济的各种矛盾更加扩大化和复杂化，使资本主义陷入困境。这两方面决定了国家垄断资本主义对经济发展的作用具有两重性。

(一) 对社会经济发展的促进作用

国家垄断资本主义对社会经济发展的促进作用表现如下。

第一，国家垄断资本主义运用国家掌握的巨额资本投入社会资本再生产过程，可以兴办私人垄断资本无力兴办的、适应新科技革命要求的巨大新兴工业企业(如航天工程等)，从而**部分地克服了社会化大生产与私人垄断资本之间的矛盾**。

第二，在国家垄断资本主义条件下，资本主义国家作为"理想的总资本家"，凌驾

---

① 中共中央马克思恩格斯列宁斯大林著作编译局. 马克思恩格斯选集：第三卷[M]. 北京：人民出版社，1972：436.

于个别私人垄断资本利益之上，代表着垄断资本家的整体利益。因而在调节经济运行过程中，可以**在一定范围内突破私人垄断资本单纯追求利润的狭隘界限**。

第三，国家垄断资本主义使竞争在更大的范围内展开，**促使垄断资本加强科技的研究和在生产中的应用，提高产品质量，降低成本，加强竞争能力**，以便在竞争中立于不败之地，从而加快了资本主义经济的发展。

第四，资本主义国家为垄断资本提供了有保障的国家市场，**保证了垄断组织获得高额垄断利润，增加了资本积累**。同时，还采取许多"反危机"措施，暂时地减弱了经济危机的打击和破坏，使资本主义的经济得以较快的发展。

(二) 对社会经济发展的阻碍作用

国家垄断资本主义对社会经济发展的阻碍作用，集中表现在它使垄断资本主义的某些内在矛盾更加发展和复杂。

第一，国家垄断导致生产技术的停滞趋向。国家可以通过制定国家垄断价格，通过限制产量，通过政府对商品和劳务的采购等办法，使垄断资本家获得有保障的可靠的高额利润。因此，推动技术进步的动因就在一定程度上消失了，甚至有可能通过收买科技发明，将它封存不用等办法，人为地阻止技术的进步，结果导致经济停滞，甚至倒退的趋势。

第二，国家垄断资本主义的经济力量主要来自税收。随着国家垄断资本主义的发展，财政支出的增大，财政赤字日益严重，这使得广大人民的税负越来越沉重，进一步削弱了本来已相对缩小的人民群众有支付能力的需求，使日益巨大的社会化生产同消费之间的矛盾进一步加深，导致经济危机的频繁出现，危机平均周期缩短。

第三，国有垄断企业经营管理不善，效率低下，造成严重亏损，成为国家财政的沉重包袱。

第四，国家垄断资本主义与资本主义国家的国民经济军事化密切地联系在一起，使国家大量的人力、物力和财力用于军事方面，大量的社会财富游离出社会再生产过程之外，造成社会财富的巨大浪费，影响资本积累和经济发展。

第三节 例证分析

一、国有经济已成为资本主义经济不可缺少的组成部分

资本主义国家很早就开始发展国有经济。15世纪下半叶，西欧许多国家把采矿业、冶金业、金属加工业掌握在自己手中。意大利政府办了瓷器厂、挂毯厂等，甚至连罗马的教堂也有官办的制造厂。日本明治政府出于侵略的需要，实行官营模范工厂制度，把大批军事工业、矿山、冶金企业、造船企业和铁路收归国有。当代社会发展国有经济更是西方国家的一种普遍现象和国民经济的重要组成部分。它掌握着许多国家的经济命脉，在这些国家的国民经济中居举足轻重的地位。近半个世纪以来，国有经济对资本主义经济的发展、资本主义秩序的维护和资本主义制度的巩固，起了极其重要的、不可缺少的

作用。今后的发展会有反复，投资方向和管理方式会不断变化，比重会时高时低，但国有经济会继续得到重视和发展，而不会退出西方国家的经济舞台。这是肯定无疑的。

资本主义国家国有经济的发展主要有以下几个方面的特点：

第一，国有经济占了西方资本主义国家国民经济的很大比重，其中以20世纪50—60年代为最。据国际货币基金组织的调查资料，20世纪70年代中期，包括美国在内的70多个国家中，国家投资在全社会固定资本投资中所占比重平均为16.5%，不包括美国在内的近50个国家中，国有经济产值占国内生产总值的比重平均为9.5%。在西欧诸国，国有企业产值平均占国内生产总值的20%，占工业总产值的30%。20世纪80年代，多数西欧国家国有工业产值占工业总产值的比重仍达20%以上。1982年，工业发达国家国有工业产值平均占工业总产值的22.5%，投资占14.5%，就业人数占18.2%。在1984—1993年的10年中，美国、日本、德国、英国、法国和意大利的政府投资在国内固定资本总投资中所占的比重，分别平均为15.6%、23.8%、11.6%、17.2%、16.2%和16.7%。1995年，法国能源、交通、通信等基础设施、公用事业及国防工业中，有国有或国家控股50%以上、职工超过500人的大型国有企业有2158家，产值占国内生产总值的15%，投资占21.3%，出口占16%，职工总人数占全国总人口的10.8%；意大利国有企业的产值占国内生产总值的24.7%、工业总产值的23%、投资的47.1%、信贷业务的75%和就业人数的25.4%；德国国有企业的产值占国内生产总值的20%、工业总值的22%、投资的22.7%和信贷金融的10.5%；奥地利国有企业的产值占国内生产总值的24%、工业总产值的29%、投资14%、信贷业务的82%和就业人数的10%。

第二，国有经济大都分布在国民经济的关键部门。国有经济主要涉及钢铁、能源、石油、电力、机械等基础工业，铁路、公路、航空、邮电、通信等公用事业，汽车、造船等机器制造业以及原子能、宇航、海洋、轻工业等高科技产业和研究部门。据统计，法国国有工业控制了全国电力工业的90%，钢铁工业的80%，冶金工业的62%，基础化工的48%，航空工业的85%，玻璃工业的35%，制药工业的22%。法国能源和矿业部门的11个国有公司，拥有的国家资产占整个部门的68.3%，年增加值占71.6%，职工人数占86%；交通运输部门18个国有企业，拥有的固定资产占全行业的48%，职工人数占43.8%；邮电通信部门2个大型国有企业，固定资产占全行业的98%，年增加值占99%，职工人数占99%。意大利国有工业企业产品中，产量达到全国总产量75%的有钢铁工业、汽车工业、造船工业和电力工业，达到或接近100%的有铁路、航空、煤气、邮政、电信业。英国国有工业产量达到全国总产量的75%的有采煤、汽车、造船、电力、煤气、铁路、邮政和电信业。德国达到25%的有石油、汽车、造船工业，达到50%以上的有采煤、煤气业，达到或接近100%的有铁路、航空、邮政、电信业。荷兰达到75%的有汽车、电力、煤气、航空业，达到100%的有铁路、邮政、电信业。其他资本主义国家如奥地利、澳大利亚、新西兰、巴西等国家的具有战略意义的重要部门都为国家垄断，几乎所有大项目都由政府投资。

第三，资本主义国家国有企业都有一定规模，且实力强大。1985年按销售额计算的世界最大的50家工业公司中，有7家是国有公司，其中6家是国有跨国公司。1983年伦敦列出的控制涉外投资80%的500家主要跨国公司中，有19家是国有跨国公司。不少国有企业是集团公司或控股公司，拥有雄厚资本，通常在整个行业中居垄断地位。例如，法国资产超过800亿法郎的最大银行中，国有银行占10家，其中前7家全为国有，资产总额超过2000亿法郎。法国最大的20家工商业公司中，国有公司占13家。1995年，德国最大的500家企业集团中，国有或政府持股的有71家，占总数的14.2%。西欧销售额超过50亿美元的40家最大工业公司中，国有企业占16家，占总数的40%。智利最大的国有铜矿是政府收入的重要来源。韩国最大的企业是国有企业，国有浦项钢铁公司垄断了全国的钢铁生产；20世纪80年代，有12家国有企业进入世界500强。

第四，国有化进程潮起潮落。 20世纪30年代以来，西方国家时而掀起国有化高潮，时而把一部分国有企业卖给私人。近十几年来，西欧一些国家推行私有化，国有企业的数量有所减少，但国家总投资并没有减少，而是增加了，且私有化并未涉及许多要害部门的国有企业，西方国家始终把国有经济放在重要位置。

二、西方国家发展国有经济的原因

在资本主义国家，生产资料资本主义私有制是主导一切、垄断一切的。资本主义国家的国有经济本质上是为资本主义经济和政治服务的资本主义经济，是用国家的名义装饰起来的、没有私有财产控制的私人生产。国有经济作为资本主义社会普遍出现并起重大作用的一种重要的社会现象和发展趋势，其之所以发展，在不同国家有不同原因，有许多不同的具体的政治、经济、军事和历史因素在起作用，但归根到底是社会化大生产与生产资料私人占有之间的社会矛盾的反应，是社会化大生产发展的要求和集中体现。

资本主义发展初期，生产规模小，生产社会化程度低，主要依靠资本主义私有企业进行资本主义生产。"看不见的手"可以决定一切，个别资本可以自由地在市场上驰骋。但随着资本主义的不断发展，生产的社会化程度日益提高，资本主义的基本矛盾越来越尖锐。个别资本追求利润与不能满足资本发展整体需要的矛盾，是这一矛盾的一个直接表现。资本运行的唯一目的是追求利润，追求利润在资本充足和符合社会按比例发展需要的前提下，可以促进社会生产发展。但个别资本并不了解社会按比例发展的需要，也不能按照社会发展需要的比例投资，这特别表现在基础设施、基础产业和公共事业的投资上。基础设施投资大，回收期长，收益低，公共事业盈利率更低，甚至必须长期亏损经营。但基础设施、公共事业是资本主义发展不可缺少的。资本家不投资，资本主义国家就不能不代表资本家的总利益出面管起来。这是西方国家发展国有经济，并集中在基础设施和公共事业的重要原因。邮电、煤气、电力供应和铁路等部门，西方称之为"自然垄断"行业。这些行业除投资大、要求满足全社会的需要外，还带有垄断性和军事性，由私人垄断，过度竞争，会造成高额利润、资源浪费和居民消费不便，甚至社会混乱。资产阶级政治家感到"自然垄断"行业被垄断资本控制，于整个资本主义发展是不利的，于是一些西方国家制定相关法律加以限制，另一些国家则以国有化的方式把它控制在自己手中，以维护资本主义秩序，为整个资产阶级服务。

资本主义再生产过程，是资本主义周期性危机不断产生和经济结构不断调整的过程。资本主义市场的自发性、盲目性和破坏性，必须由国家干预和发展国有经济来加以调整和补充，否则，宏观经济发展所需要的比例不可能得到满足。而克服经济危机和调整经济结构不能完全依靠私人资本自发地进行，这就需要从宏观经济出发，国家对经济活动进行干预，发挥国有经济的作用。如罗斯福通过国家干预使美国度过了 20 世纪 30 年代的大危机。"二战"后法、英等国把大批私有企业收归国有，推行国有化，也出于增强民族独立性，加速本国经济发展，应付国际经济激烈竞争的需要。法国 1982 年颁布《国有化法案》，在一系列国民经济最重要的部门实行国有化，对许多高技术行业进行投资，都是出于这一目的。英国在 20 世纪 70 年代掀起第二次国有化高潮，国有化涉及包括罗尔斯——罗伊斯飞机发动机公司、莱兰汽车公司等制造业，2/3 的造船业，以及飞机和导弹制造业和英国最大的机床制造工业——艾尔弗雷德·赫伯特公司，也是出于这一目的。

西方国家发展国有经济，还缘于政治需要。邮政、电信、造币、国防工业几乎在所有西方国家都属于国有，因为它们涉及国家机密和安全。多数国家对铁路、航空、宇航实行国有化，也大都出于国家安全的考虑。日本在 1900—1945 年掀起长达半个世纪的国有企业热，把铁路、钢铁、电信、印刷、电力以至粮食经营都收归国有，建立大批所谓"国策企业""军需企业"，完全是为扩军备战、进行侵略战争服务的。

对资本主义国家来说，发展国有经济是对生产社会化的一种默认和对资本主义生产关系的一种不得不进行的调整。西方政治家们早就认识到生产社会化与私人垄断资本是存在矛盾的，认识到单纯依靠"看不见的手"治理高度社会化了的国民经济再也行不通了，必须把"看不见的手"与"看得见的手"两手并用，才能缓解私人占有与社会化大生产的矛盾，使资本主义制度得以延续维持。因此，近几十年来，国有化和私有化成为西方国家政治力量斗争的一个重要内容。资本主义国有经济的发展，作为资产阶级对资本主义生产关系在资本主义制度范围内的一种调整，应该说是一种进步。但这种进步并不改变它的资本性质，更不能触动资本主义的根本制度。事实上，西方国家国有化与非国有化都是出于为总资本服务和维护资本主义秩序的需要，往往交替进行，或同时并举，哪一种方式对资本主义的发展有利就采取哪一种。一些国家在私人资本行将破产时，往往通过高价购买收归国有；有利可图时，又低价卖给私人。"二战"结束后，美国就曾按原价的 15% 把大量运输工具卖给私人。联邦德国在 1949—1959 年间以原价的 1/4 价格把 32 个大型国有企业卖给私人。西方国家发展国有经济代表着社会主义的入口，它迫使资本家阶级本身在资本关系内部可能的限度内，越来越把生产力当作社会生产力看待，要求摆脱它作为资本的那种属性。

本章小结

资本主义的自由竞争会导致生产和资本的集中，而生产和资本的集中发展到一定程度就必然会产生垄断。

垄断组织的形成和发展大体上经历了三个时期：垄断组织的萌芽时期；垄断组织的广泛发展时期；垄断最后形成时期。为适应垄断资本的发展及维护其在经济生活中的统治作用，垄断组织所采用的各种形式包括：短期价格协定、卡特尔、辛迪加、托拉斯、康采恩等。

在工业生产的集中和垄断形成工业垄断资本的同时，银行业的高度集中也在 20 世纪初期迅速发展，形成银行垄断，产生了银行垄断资本。随着银行垄断的形成，银行的作用也发生了根本变化，由普通的中介人变成了万能的垄断者。银行垄断的形成和银行新作用的出现，促使银行垄断资本和工业垄断资本逐渐融合，形成了一种新型资本——金融资本。

金融寡头在经济上的统治，主要是通过"参与制"的形式实现的；金融寡头在政治上的统治，主要是通过"个人联合"的办法实现的。

垄断资本家通过垄断价格获取垄断利润，是在激烈的竞争中进行的。垄断产生于自由竞争，并且代替自由竞争，但却没有消除竞争，而是使竞争更加激烈起来。在垄断占统治地位的情况下，竞争主要有三种形式：一是垄断组织之间的竞争；二是垄断组织和非垄断组织之间的竞争；三是垄断组织内部的竞争。当然，也还存在着非垄断企业之间的自由竞争。

国家垄断资本主义是资产阶级国家政权同垄断资本相结合的一种垄断资本主义，在垄断资本主义阶段的初期就已出现。第二次世界大战以后，在主要资本主义国家，国家垄断资本主义得到了普遍发展，其表现是国家干预和调节社会经济成为经常的和一般的现象。国家的经济职能已经和市场机制紧密结合在一起，共同维护和保证现代国家经济的稳定运行和发展。国家垄断资本主义的形成和发展不是偶然的，从根本上说，它是科技进步和生产社会化程度进一步提高的产物，是资本主义基本矛盾加剧的必然结果。

国家垄断资本主义在不同的国家有不同的具体形式。这些形式的分类方法也各异。如果从资产阶级国家和私人垄断资本相结合的不同方式来考察，国家垄断资本主义可划分为国家与私人垄断资本合为一体、国家和私人垄断资本在企业内部的结合和国家与私人垄断资本在企业外部的结合三种基本形式。

国家垄断资本主义的产生和发展，一方面，是垄断资本主义生产关系的自我发展，是在一定程度上适应社会化大生产的资本主义生产关系的社会化形式，在一定时期内会使资本主义基本矛盾有所缓和，给生产力的发展提供一定的余地。另一方面，国家垄断资本主义丝毫没有改变资本主义剥削的性质，没有消除资本主义社会的基本矛盾，反而使资本主义经济的各种矛盾更加扩大化和复杂化，使资本主义陷入困境。这两方面决定了国家垄断资本主义对经济发展的作用具有两重性。

国有经济作为资本主义社会普遍出现并起重大作用的一种重要的社会现象和发展趋势，其之所以发展，在不同国家有不同的原因，有许多不同的具体的政治、经济、军事和历史因素在起作用，但归根到底是社会化大生产与生产资料私人占有之间的社会矛盾的反应，是社会化大生产发展的要求和集中体现。

复习与思考

1. 名词解释。
   自由竞争　　垄断　　垄断组织　　金融寡头　　国家垄断资本主义
2. 资本主义的自由竞争有哪些特征？
3. 为什么说生产集中和资本集中是生产力发展和自由竞争的必然结果？

4. 为适应垄断资本的发展及维护其在经济生活中的统治作用，垄断组织具有哪些不同的形式？
5. 垄断组织为何不能随心所欲地无限抬高销售商品的价格或无限压低收购原材料的价格？
6. 垄断为何不能消除竞争？
7. 垄断组织和非垄断组织之间竞争的主要手段有哪些？
8. 同一部门内部垄断企业之间竞争的表现形式是什么？
9. 为什么说推行非国有化政策并不意味着国家垄断资本主义统治的削弱？
10. 国家垄断资本主义产生和发展的原因有哪些？
11. 从国家和私人垄断资本相结合的不同方式来考察，国家垄断资本主义可划分为几种基本形式？
12. 国家垄断资本主义对资本主义国家的经济发展具有怎样的双重作用？
13. 资本主义国家国有经济的发展主要有哪几个方面的特点？
14. 资本主义国家发展国有经济有哪些原因？

第八章
资本国际化和经济全球化

垄断资本对高额垄断利润的追求，必然导致其向国际范围扩张。第二次世界大战后，特别是 20 世纪 80—90 年代，在新科技革命的推动下，垄断资本主义国家生产社会化程度进一步提高，国际分工有新的发展，导致垄断资本主义的国际化，形成经济全球化，出现经济一体化。

第一节　生产和资本的国际化

生产和资本国际化是剩余价值生产和实现的国际化，因而在本质上，生产和资本国际化是资本主义生产关系在全世界的扩张过程。跨国公司在生产国际化和资本国际化过程中扮演着特殊的角色，并使国际经济一体化逐步深化。

一、生产的国际化与资本输出

生产和资本国际化是资本主义商品经济发展到一定程度的必然经济现象。在自由资本主义阶段是通过国与国之间的商品交换形成国际市场和国际分工体现出来的，进入垄断资本主义阶段以后，则是通过资本输出并带动商品输出、形成国际垄断同盟以及在全世界范围内生产和实现剩余价值等形式体现出来的。

(一) 生产和资本的国际化与资本输出

生产国际化，是指生产过程本身越出一国范围，在国际范围形成各国生产相互依赖、相互补充的格局。这是生产社会化越出国界向国际发展的表现。**资本国际化**，是指资本活动越出国家的界限，在国际范围不断运行的过程。资本国际化包括商业资本国际化、货币资本国际化和生产资本国际化。商业资本国际化指的是资本主义企业生产的商品在国际范围内流动，即商品输出；货币资本国际化和生产资本国际化统称为资本输出。

资本输出是垄断资本主义的一个基本经济特征，是资本国际化的主要标志。所谓**资本输出**，是指垄断资本家、垄断财团和资本主义国家，为攫取垄断高额利润或谋求其经济、政治和军事利益而对国外进行投资和贷款。

资本输出按其形式可分为两种：一是借贷资本的输出(货币资本国际化)，即由资本主义国家的政府、私人银行或企业对别国政府、私人银行或企业提供的贷款；二是生产资本的输出(生产资本国际化)，即资本主义国家政府或资本家在国外直接开办工厂、矿山、银行等企业。资本输出按其主体也可划分为两类，即私人资本输出和国家资本输出。由资本家或资本家集团输出的资本叫私人资本输出；由资本主义国家政府出面输出的资本，叫国家资本输出。其中生产资本输出是资本国际化的主要形式和基本标志。

生产资本输往国外，在第二次世界大战前虽已出现，但数量不大，第二次世界大战之后开始迅猛发展起来，才可以说发展成生产资本的国际化。第二次世界大战以后，生产资本国际化的重要特征是生产领域的国际分工由垂直型分工逐渐发展为水平型的国际分工。

"二战"前和战后初期，生产和资本的国际化主要是借贷资本和商业资本的国际化。当时的科学技术使生产领域的国际分工呈现垂直型分工。垂直型国际分工经历了两个阶段，第一阶段是落后的农业国从事农业生产及初级产品的生产，先进的工业国从事工业制成品的生产，由此形成的国际分工合作体系，其特点是两种不同类型的国家的生产分别属于两个不同的产业。第二阶段是发展中国家从事劳动密集型产品的生产，发达国家从事技术密集型和资本密集型产品的生产，从而在同一产业的不同部门间形成垂直型国际分工。垂直型国际分工虽然使世界各国经济联系在一起，彼此相互依赖、相互依存，但是，在这种依赖关系中，发达国家的利益明显优于发展中国家。且垂直型分工是以生产要素相对凝固为前提的，流动的只是商品，因而无法实现各国经济的融合，经济一体化处于较低层次。

20世纪50—60年代，以原子能、核能、宇航为代表的新科技革命极大地推动了生产的社会化和国家垄断资本主义的发展。20世纪80—90年代，以计算机及其应用软件、通信设备为代表的信息产业的突飞猛进，使自然科学、社会生产和生活各个方面都发生了巨大的变化，极大地推动了垄断资本主义国家生产力的发展，使得各国之间的分工从垂直型分工，逐渐发展为水平型的国际分工。水平型国际分工的主要特点是在同一产业的同一部门内部，按照产品生产的不同工艺环节或按照产品零部件或按照产品型号进行分工。这种按工艺、生产阶段和产品型号进行的专业化分工，要求国家间的分工协作范围进一步扩大，使有关国家组成一条条国际生产流水线，各个国家只是这些国际生产流水线上的一个岗位而已。如新型的波音客机的生产与装备，除了美国外，还有六个国家11 000家大型企业和15 000家中小企业参加。

总之，随着新科技革命的进展，国际分工由垂直型分工发展为水平型分工，使发达国家国内经济结构实现了调整和升级。这造成了一方面发达国家对发展中国家原料和初级产品依赖程度的减弱；另一方面，则是发展中国家对发达国家技术依赖程度的加深，形成了国际分工中新的依赖关系。

此外，第二次世界大战以后，**生产资本的国际化**还有以下**特征**：

(1) **生产资本输出量迅速扩大**。第二次世界大战前，美国已是最大的生产资本输出国，1920—1939年整整20年间美国私人资本国外投资总和只有178亿美元，平均每年国外投资量不足9亿美元。1940—1945年私人国外投资约38亿美元，平均每年减少到6.3亿美元。第二次世界大战后的1960年仅私人对外直接投资额已达585亿美元，1973年增长到2070亿美元，1984年更猛增到5490亿美元。[①] 1973年日本对外直接投资额已达103亿美

---

① 美国统计摘要[J]. 经济. 1986(5).

元，1988 年累计额已达 1864 亿美元。

(2) **国家生产资本输出也有较大增加。**第二次世界大战前，西方主要国家的生产资本输出基本上都是私人资本的输出。第二次世界大战以后，西方主要国家通过政府直接投资和"援助"等形式大规模输出国有生产资本，在国外建立国有经济，已达到了前所未有的水平。

(3) **生产资本输出方向有了重大变化。**第二次世界大战前，西方主要资本主义国家生产资本主要输往经济落后国家和一些所属领地。第二次世界大战之后，这种输出方向有了重大改变，西方主要资本主义国家相互输出生产资本已占主导地位，生产资本的大多数已集中输往西方主要资本主义国家。目前，美国对发达国家的直接投资占其对外直接投资总额的 75% 以上，在美国的全部外国直接投资中 85% 以上是来自发达国家的投资。

(4) **生产资本输出的部门结构也有了重大变化。**第二次世界大战前，西方主要资本主义国家对外直接投资的大部分集中于开发国外资源。第二次世界大战之后，对外投资逐渐转向制造业，特别是主要集中于一些发展迅速、以高新技术为主的新兴工业部门。

(二) 资本国际化的必然性

在垄断资本主义阶段，资本国际化是由资本无限增值的本性所决定的。垄断资本由于对利润的追逐，它们从来就不想局限于本国的经济领域，而是力图冲破地理上的障碍，对外进行漫无边际的渗透。只是在资本主义生产方式出现的初期，由于受当时生产力发展水平的限制，资本的这种欲望、本性只能以对外贸易的形式表现出来。而在当代，由于社会生产力的发展以及生产力和资本主义生产关系之间矛盾的加深，资本本性的表现形式已经发生了重大的变化，资本运动不再限于一国境内，而是在整个世界范围内广泛地行使它的职能，资本的增值过程连同它的剩余价值的生产和实现过程都已经实现了国际化。

首先，资本国际化是社会再生产和追逐利润的要求。资本运动的唯一目的就是实现并扩大利润，没有利润，资本的生命就会终止。为了追逐更高的利润，资本不仅在国民经济各部门流动，还要跨越国界，在世界范围内取得原料和销售市场并获取更多的利润。商业资本的国际化不但可以带来较高利润，而且按国际价值交换还可得到超额利润。资本输出则可以获得较高利润率和较大利润量。正如马克思的观点，资产阶级社会的真实任务是建立世界市场(至少是一个轮廓)和以这种市场为基础的生产。[①]创造世界市场的趋势已经直接包含在资本的概念本身中。任何界限都表现为必须克服的限制。[②]这都说明，资本这个概念本身便包含了它必然要越出国界，在国际范围内运行。

其次，资本国际化是竞争的压力和资本积累的要求。资本主义竞争是一种社会强制，它迫使资本家通过积累不断扩大自己的资本。为了增强竞争实力，资本必须在国内外扩大积累源泉。在国外扩大市场、输出资本，是增强积累能力从而加强竞争地位的重要途径。

---

① 中共中央马克思恩格斯列宁斯大林著作编译局. 马克思恩格斯全集：第二十九卷[M]. 北京：人民出版社，1972：348.

② 中共中央马克思恩格斯列宁斯大林著作编译局. 马克思恩格斯全集：第四十六卷[M]. 北京：人民出版社，1972：391.

再次，资本国际化是阻止利润率下降的要求。随着技术发展和资本有机构成的提高，利润率呈现下降的趋势，因此，通过对外贸易和投资来获取利润以阻滞利润率的下降成为资本国际运动的诱因。

最后，资本国际化是过剩资本寻找出路的要求。第一，垄断统治的存在及其不断加强，使得新资本的转移和投资发生困难。因为在已形成垄断的部门或行业，进一步投资必然困难重重；而在未形成垄断的部门或行业，又由于利润较低，垄断资本不愿向其投资或转移资本。这样就有大量货币资本沉淀下来，形成过剩资本。第二，国外市场，特别是广大经济不发达国家的市场十分广阔，对发达工业国家有许多有利可图之处。

资本国际化不仅是必要的，而且也是可能的。由于资本主义国家的对外扩展，把许多落后国家卷进了世界资本主义流通范围，这些国家的自然经济已经瓦解，发展工业的基本条件，如雇佣工人、基础设施(交通运输)、商品销售市场等基本具备，从而为垄断资本主义国家的资本国际化提供了现实可能性。

二、资本国际化的影响

第二次世界大战以后，以生产资本为核心和主导的资本国际化，极大地促进和加速了资本主义经济的增长，并且也大大加强了国际金融资本的统治。其中，商业资本国际化是进行资源互补、科技互补、争夺市场、促进国民经济增长、增加就业和获取超额利润的重要手段，是资本主义再生产正常运转的条件之一。对于那些出口系数高的国家如日本和德国来说，国际贸易对国民经济的作用尤其重要。借贷资本国际化使垄断资本家和垄断组织坐收来自全球的剩余价值，加速其资本积累，从而进一步推动了生产的扩张。与此同时，吸收国际借贷资本最多的国家恰恰是发达资本主义国家。资本的国际流动从总体上大大促进了工业国经济的发展，壮大了国际垄断组织的实力。20世纪60年代西欧和日本经济的高速增长，都在一定程度上借助于国际借贷资本。对于参与借贷市场的各个经济和政府实体来说，时而是借方，时而是贷方，调剂资本余缺，互惠互利。当然，国际借贷的流动有时也带来一些消极后果，如货币流窜、干扰货币政策、发生输入性通货膨胀等。产业资本国际化使垄断资本在国外直接增值剩余价值，获取丰厚利润。它们实现了生产要素的跨国配置，广泛利用国际水平分工和垂直分工，广泛利用国际资本和世界市场，实现了产业资本的全球性循环与周转，从而促使国际利润率远高于国内利润率。直接投资给各发达资本主义国家带去的是新型工业、新技术、新工艺、就业机会，促进了经济发展。例如，20世纪50年代，美国为西欧和日本带去的是资本和崭新的技术，对西欧和日本的复兴起了重要作用。20世纪70年代以来，西欧和日本为美国带去了制药、化工和电子等技术，并且也为美国弥补了资本缺口。

资本国际化也就是资本主义生产关系的国际化，意味着资本关系在广度上和深度上的极大发展，也意味着其他国家的再生产受发达资本主义国家再生产的左右和影响。这种情况在生产资本国际化之后更为突出。现在许多发展中国家的经济增长和出口随着发达资本主义国家的经济周期而波动，而发达资本主义国家之间的商品、货币、资本关系如此紧密，以致需要国际协调，甚至发展到"干预"他国宏观经济政策的地步，如要求日本扩大内需、美国削减财政赤字、德国降低利率等。对许多发展中国家来说，资本国际化带来双重作用：一方面，发展中国家可以积极参与国际交换，借助国际分工，互通有无，加速自身的经济建设。外资的进入在客观上也为发展中国家带来了资金、技术和管理经验。一些新兴工业国家和地区、东盟国家和少数拉丁美洲国家，由于善于利用外资，经济发展速度较快，其经验值得借鉴。另一方面，在发达国家控制国际贸易的条件下，发展中国家所处的地位是极其不利的。垄断资本主义国家对外输出资本的目的并不是帮助输入国发展经济，而是为了对外扩张和获得高额利润。其结果造成发展中国家的沉重债务负担，经济发展片面化、畸形化，影响其民族经济的全面独立发展。

资本国际化还会加剧资本主义经济发展的不平衡。资本输出和国际剩余价值再投资于垄断部门或获利部门，使非垄断部门和获利少的部门发展更加缓慢。与此同时，在战后的资本国际化进程中，主要发达国家的国际地位发生了兴衰变化。由于美国国际贸易逆差的长期效应和"二战"以来的大规模输出资本，导致美国国内投资不足，出现产业空心化现象，现在既是最大的出口国和对外投资国，又是最大的国际贸易逆差国、资本进口国和债务国；由于日本长期的国际贸易顺差，及实施首先满足国内投资政策，只是在 20 世纪 80 年代中后期资本十分充裕后才大规模进行国际投资和银行对外贷款的资本国际化策略，现在日本跃居头号债权国和国际贸易顺差国。与大国兴衰变化相适应，美、加、墨集团，欧盟和日本形成了新的三极对峙局面，即资本国际化导致发达资本主义国家的发展不平衡。

第二节　经济全球化

一、经济全球化的含义

早在 160 年前，马克思就在《德意志意识形态》和《共产党宣言》中提出了资本主义发展必然形成世界市场的思想。不过，真正在现代意义上提出并全面阐述全球化思想的，应该是发展经济学中的激进主义学派。1957 年，阿明(Amin.S.)在其博士论文中最早建构了世界资本积累和发展模式。20 世纪 70 年代，出现了沃勒斯坦的"世界体系"理论。当时已经出现了跨国公司在财源、功能、责任等方面替代国家，而国家局限于国界疆土之内对此却无能为力的现象。1961 年，"global"(全球化)一词被正式收入《韦氏词典》，次年收入《牛津英语词典》。

由于学者们是从不同的角度分析和研究经济全球化问题，因而对经济全球化的内涵有不同的理解。比较有代表性的观点有四种：一是经合组织(OECD)首席经济学家奥斯特雷的观点，他认为，经济全球化主要是指生产要素在全球范围内的广泛流动，实现资源最佳配置的过程；二是国际货币基金组织(IMF)对经济全球化的定义"跨国商品及服务贸易与国际资本流动规模和形式的增加，以及技术的广泛迅速传播，使世界各国经济的相互依赖性增强"[①]；三是法国学者雅克·阿达的观点，他认为经济全球化就是资本主义经济体系对

---

① 国际货币基金组织. 世界经济展望[M]. 北京：中国金融出版社，1997：45.

世界的支配和控制;四是德国学者卡尔·海因茨·巴奎(1995)的表述,他指出,全球化与国际贸易紧密相关,全球化"最贴切的概念是以贸易联系的密切程度为基准的。根据这种见解,世界出口率越高,跨越国界的贸易额在世界生产中所占的比例越高,世界经济就越强烈地表现为全球化"[①]。尽管这些观点对经济全球化含义的表述存在一定差异,但基本点还是一致的,那就是都强调了世界各国之间的经济联系越来越密切的客观事实。

据此,我们可以对经济全球化的基本内涵做一个为大多数学者认可的大致界定。我们认为,**经济全球化是指随着科学技术和国际社会分工的发展以及生产社会化程度的提高,使世界各国、各地区的经济活动越来越超出一国和地区的范围而相互联系和密切结合的趋势**。经济全球化的行动主体既可能是主权国家,也可能是企业和居民。各国政府、企业和居民等经济行为主体突破国界和主权国家的限制,以普遍接受的经济原则为基础,平等互利地进行经济交往。

二、经济全球化的成因

经济全球化的形成可追溯到19世纪中期。18世纪中期至19世纪中期,以蒸汽机和纺织机的发明和使用为重要标志的第一次工业革命,使资本主义生产从工场手工业过渡到机器大工业,从而使工农业生产和交通运输业获得了空前发展。工业革命不仅奠定了资本主义制度的物质基础,确定了资本主义制度在全球的统治,导致了世界市场的形成,同时也开始了经济全球化的进程。第二次世界大战后,随着世界各国经济相互依赖的加强,经济全球化的进程日益加快。经济全球化是当今世界经济发展的主要趋势,成为当代世界经济发展的新特征。

经济全球化已成为20世纪80年代开始在世界经济发展中出现的一个重要现象。其原因如下。

(一) 现代科学技术进步和生产力的发展

科学技术的发展特别是信息技术的出现,为经济全球化提供了坚实的技术基础。20世纪50年代发生的第三次科技革命,从美国开始,接着波及西欧、日本等发达国家,随后向发展中国家和地区扩散,逐渐形成世界范围的科技革命。科技革命加快了各国之间的技术交流,引进技术和技术转让已成为国际经济贸易的一个重要组成部分,技术贸易的增长速度甚至超过了传统商品贸易的增长速度。20世纪80年代以来,大规模集成电路技术、超导技术、高清晰度技术的研究和开发的国际合作有了很大发展,科学技术研究和开发出现了国际化趋势。目前,这一趋势正向新能源、地球环境保护、航天与海洋开发等众多新兴领域发展。新技术革命的发展,促进了信息技术产业、宇航工业、生物工程工业、新能源、新材料工业等一系列高科技产业的形成和发展,也推动了高附加值的服务业的发展,加速了发达国家产业结构的升级换代。这次科技革命以最便捷的方式沟通了各国、各地区、各企业、各团体以及个人之间的联系,并且打破了种种地域乃至国家的限制,把整个世界联系在一起,推动了全球化的迅速发展。先进的信息传送手段不

[①] 张世鹏,等.全球化时代的资本主义[M].//卡尔·海因茨·巴奎.世界经济结构变化与后果.北京:中央编译出版社,1998:56.

仅加快了信息传送的速度，也大大降低了信息传送的成本，使生产要素以更快的速度在全球范围内流动。20世纪80年代以来，微电子信息技术和交通运输技术的发展，带来了通信手段和交通运输工具的现代化，大大降低了商品和资本的交易成本，加快了商品、资本的国际流动和信息的全球传播，有利于生产要素在全球范围内优化配置，加强了各国之间的联系，推动着经济全球化的进程。

(二) 市场经济体制在全球范围的确立

经济全球化赖以存在的资源配置机制是市场机制。现代科学技术进步和生产力发展，必然促使生产关系和经济运行方式发生相应变化。从发达资本主义国家来看，资本主义的生产关系一直在做适应性调整。从20世纪50年代开始，美国的垄断企业进行大规模的合并和兼并，凭借着雄厚的资本力量和先进的技术和管理经验，开始在欧洲和日本开展跨国经营。与此同时，私人垄断资本主义向国家垄断资本主义发展，国家对经济进行全面的干预和宏观调控，形成了诸个具有不同典型特征又具有普遍适用的市场经济体制模式。20世纪80年代，发达资本主义国家为了摆脱经济滞胀而不断减弱国家对经济的控制，同时更加强调市场机制的自发调节作用。进入20世纪90年代，传统的计划经济国家纷纷放弃计划经济，转而向市场经济过渡。在国际社会，随着世界贸易组织的成立，各国对本国市场的控制大大放松，贸易自由化和投资自由化成为时代潮流。同时，世界各国均把扩大对外开放，积极参与国际竞争，充分利用外国的资本、技术及其他资源以实现本国经济的迅速发展作为基本国策。所有这些都为国际资本的流动、国际贸易的扩大、国际生产的大规模进行提供了适宜的制度环境和政策条件，从而有力地促进了经济全球化的发展。

(三) 全球多边贸易体制的建立

国际货币基金组织、国际复兴开发银行(世界银行)和世界贸易组织是国际经济秩序的三大支柱，奠定了战后国际经济关系的基本规则。在这些国际经济组织的推动下，许多国家和地区的国际贸易体制和汇率制度纳入世界统一体制中。国际货币基金组织是根据1944年7月在美国新罕布什尔州布雷顿森林会议上签订的《国际货币基金协定》而建立的政府间的国际金融组织，1947年3月1日起开始运作。该组织的宗旨是：增进国际货币合作；促进国际贸易的扩大与平衡发展；稳定国际汇率；协助成员国建立多边支付制度、克服国际支付困难。该组织向成员国筹集基金，成员国在其国际收支发生困难时，可向基金组织以"购买"或"提款"的方式取得基金，用以平衡贸易、稳定汇率，对其成员国的汇率和金融政策进行监督，并做出相应的制度规定。国际复兴开发银行是联合国专门机构之一，1945年成立。其宗旨是向成员国提供用作生产性投资的长期贷款，以促进经济的复兴与发展，银行资金来源除成员国缴纳的股金与历年纯利积累外，主要从国际资本市场借款。世界贸易组织的前身是"关税及贸易总协定"(以下简称"关贸总协定")，它是一个有关关税及贸易政策的多边协定，该协定于1947年10月30日在日内瓦签订，当时有23个国家和地区参加，1948年1月1日起生效。关贸总协定是世界各国为了促进自由贸易而进行的一系列多边贸易谈判，要求在世界范围内，逐步降低关税和消除其他贸易障碍，取消国际贸易中的歧视待遇，实现贸易自由化。各国达成的多边贸易协定推动着缔约国逐步开放国内市场，实行自由贸易政策。经过8个"回合"的全球贸易谈判，已逐步把成员国之间的平均关税从第二次世界大战后的 40%降低到 5%左右。1993 年年底，关贸总协定乌拉圭回合协议达成，标志着世界贸易进入自由化的新时期。关贸总协定在 1995 年 1 月过渡为世界贸易组织(WTO)，这表明在全球经济合作中，贸易领域的统一规范已经形成并强化。国际资本在全球大规模迅速的流动和欧元的诞生，需要国际货币基金组织和国际复兴开发银行(世界银行)进行改革，制定统一规范的全球金融监管已经成为国际社会的共同要求。上述国际经济组织对世界经济进行的宏观协调，对于推动世界经济市场化、自由化起到了极为重要的作用，有力地促进了经济全球化的发展。

此外，跨国公司作为与经济全球化相适宜的企业组织形式，已成为全球经济的核心，在推动经济全球化和世界对外直接投资的高速发展上起到了主导作用。

三、经济全球化与跨国公司

(一) 跨国公司的发展及原因

经济全球化是资本国际化发展的必然结果和高级阶段。在此阶段，出现了以生产资本运动为核心和主导的垄断资本的全面国际化。垄断资本的全面国际化，使资本国际垄断的形式与手段也随之发生了变化。

第二次世界大战前，经济全球化还不突出，国际垄断组织的基本形式是国际卡特尔、国际辛迪加和国际托拉斯，其中国际卡特尔一直是主要形式，"二战"前夕，已有 1200 个。这些国际垄断组织签订的协定内容很广，包括划分销售地区、规定商品销售价格与销售数量、彼此交换技术发明和共同享受发明专利等。"二战"后，随着经济全球化的迅速发展，国际卡特尔不能适应新的要求而逐渐减少，一种新的国际垄断组织形式——跨国公司应运而生，并有了广泛而迅速的发展，成为国际垄断组织的主要形式。

跨国公司又称"多国公司"或"国际公司"，它是指发达资本主义国家中那些通过对外直接投资，在国外设立子公司和分支机构，从事生产、销售和金融等各种经营活动，以获取高额垄断利润的大型垄断企业。 跨国公司与国际卡特尔最大的不同在于，它是由一国的垄断组织或是以一国的垄断组织为主建立起来的。跨国公司中的绝大多数是私人垄断公司，也有少数属于国有或部分国有的垄断公司。

第二次世界大战后，跨国公司呈非常迅猛的发展态势。1946 年美国国会通过了一项鼓励私人向国外投资的法案。从 1957 年开始，美国跨国公司在世界跨国公司中居于绝对优势地位。20 世纪 60 年代中期之后，跨国公司得到空前迅速发展。据统计，1968—1969 年主要资本主义国家的跨国公司已达 7276 家，其海外子公司已达 27 300 家；1973 年跨国公司为 9481 家，其海外子公司约达 3 万多家；1977 年跨国公司为 10 727 家，其海外子公司达 82 266 家；1996 年跨国公司为 4.4 万家，其海外子公司达 28 万家。[①]据联合国贸发会议《2000 年世界投资报告》的统计，到 20 世纪末，全球跨国公司已达 63 459 家，其中发达国家 47 850 家，占 75.4%；国外分支机构达到 689 520 家。另据美国《财富》杂志 2018 年 7 月评出的 2018 年世界跨国公司 500 强排行榜显示，上榜的 500 家公司中各国家/地区上榜公司数前三位的分别为：美国 126 家，中国 120 家，日本 52 家。与 2017

---

① 宋则行，樊亢. 世界经济史：下卷[M]. 北京：经济科学出版社，1998：379-381.

年相比,2018 年上榜的 500 家公司的总营业收入近 30 万亿美元,同比增加 8.3%;总利润达到创纪录的 1.88 万亿美元,同比增加 23%;销售收益率则达到 6.3%,净资产收益率达到 10.9%,都超过了 2017 年。

2018 年世界跨国公司 500 强中排名前 20 位的企业,其营业收入和利润等基本数据如表 8-1 所示。

表 8-1 2018 年世界跨国公司 500 强排名前 20 家企业

排名	公司名称	营业收入/百万美元	利润/百万美元	国家
1	沃尔玛	500 343.0	9862.0	美国
2	国家电网公司	348 903.1	9533.4	中国
3	中国石油化工集团公司	326 953.0	1537.8	中国
4	中国石油天然气集团公司	326 007.6	-690.5	中国
5	荷兰皇家壳牌石油公司	311 870.0	12977.0	荷兰
6	丰田汽车公司	265 172.0	22 510.1	日本
7	大众公司	260 028.4	13 107.3	德国
8	英国石油公司	244 582.0	3389.0	英国
9	埃克森美孚	244 363.0	19 710.0	美国
10	伯克希尔－哈撒韦公司	242 137.0	44 940.0	美国
11	苹果公司	229 234.0	48 351.0	美国
12	三星电子	211 940.2	36 575.4	韩国
13	麦克森公司	208 357.0	67.0	美国
14	嘉能可	205 476.0	5777.0	瑞士
15	联合健康集团	201 159.0	10 558.0	美国
16	戴姆勒股份公司	185 235.4	11 863.9	德国
17	CVS Health 公司	184 765.0	6622.0	美国
18	亚马逊	177 866.0	3033.0	美国
19	EXOR 集团	161 676.5	1569.1	荷兰
20	美国电话电报公司	160 546.0	29 450.0	美国

目前,跨国公司已控制世界生产的 40%,控制世界对外直接投资的 90%,世界贸易销售额的 1/3,掌握目前世界 80% 的新技术和新工艺,垄断了国际技术贸易的 75%。全球最大的 100 家跨国公司的总资产几乎占了全球生产性资产的 1/4。跨国公司的发展已被越来越多的人所重视,成为全球经济的核心,在推动经济全球化和世界对外直接投资的高速发展上起到了主导作用。

二战后跨国公司之所以迅猛发展,其原因主要包括:一是以跨国公司的形式直接对外投资,就地生产、就地销售,可以绕过所在国的关税壁垒和贸易障碍,获得更大的利益;二是"二战"后西方经济的迅速发展面临资源短缺的严重问题,不得不大量发展跨国公司,利用国外相对廉价的资源;三是在"二战"后旧殖民体系瓦解的背景下,采取跨国公司这种比较隐蔽的方式对发展中国家实行经济渗透,推行新殖民主义政策比较容易得手;四是"二战"后交通运输、通信、金融、保险等方面的发展,为跨国公司向外扩张提供了良好的条件;五是西方各国采取一系列政策和措施,支持跨国公司在国外的扩张。

(二) 跨国公司对经济全球化发展的影响

跨国公司在"二战"后的蓬勃发展,一方面对资本主义生产和世界经济有着不可低估的作用,另一方面也给发展中国家带来了一些消极影响。

1. 跨国公司在经济全球化发展过程中的积极作用

跨国公司在经济全球化发展过程中的积极作用表现如下。

(1) **跨国公司推动生产要素在全球范围内的流动,有利于加速世界经济的发展**。当前,生产国际化和金融全球化的趋势日渐加强,跨国公司的经营活动几乎遍及全球。尽管追求最大利润是跨国公司的唯一目的,但这种全球化的经营方式不可避免地促进了资金、技术和先进管理方式在全球范围的流动,带动相对落后国家和地区的经济发展:一是跨国公司经营内部化促进了国际分工的发展。经营内部化表现为信息内部化、资本货物内部化、中间产品交易内部化、最终产品价格内部化、资金调拨内部化等。产业内国际分工越来越多地由跨国公司来实现。产业内分工的发展,标志着国际分工进入一个新阶段。随着内部化的发展和国外子公司经营规模的扩大,跨国公司把子公司所在的国家纳入国际分工体系。20世纪80年代以后,新科技革命浪潮推动了产业结构的调整和升级,跨国公司投资的重点部门,从标准技术产业转向高新技术产业,从制造业向非制造业转移。跨国公司通过国际投资,将生产边界延伸到全球最有效率的地区,把不适合在本国发展的产业转移到生产要素最便宜的地区,有利于优化母国和东道国的产业结构,形成新的国际分工格局,促进了世界经济和东道国经济的发展。因此,跨国公司在全球产业转移中起到了重要作用;二是跨国公司促进了金融资本的全球化。充分利用国际金融市场上的资金,是跨国公司的一项经营原则。融资来源除了总公司提供的一部分外,大部分是在国内外金融市场上以各种形式筹集和利用公司利润再投资。利用国际金融市场融资,主要是在国际债券市场发行债券,向国际银团贷款,在国际股票市场上发行和上市本公司的股票,在东道国的债券和股票市场上借入贷款资金或发行和上市交易本公司的股票。国际金融市场的发展和金融创新工具的增多,使跨国公司的融资战略有越来越大的选择余地。可以说,跨国公司和国际金融市场之间是一种相互促进的关系。融资是为了增加投资,国际直接投资同跨国公司多渠道融资有直接联系,影响其直接投资的流向。从跨国公司对外投资的流向来看,北美、西欧等发达国家和经济增长较快的东亚,因为具有熟练的劳动力、良好的基础设施、广阔的市场和吸引外资的优惠政策,而成为跨国公司竞相投资的热点地区。

(2) **跨国公司推动了贸易的全球化**。跨国公司分布在国外的子公司网的形成,为在全球范围内进行一体化生产和销售活动提供了现实基础。第二次世界大战以后,世界贸易出现了自由化趋势,跨国公司对此起到了非常重要的作用。战后初期,一部分国家实行极为严格的贸易保护措施,还有一些国家组织区域性的集团组织对区域范围内的贸易实行联合保护。跨国公司本能地倾向自由贸易,在一些国家和地区开设生产性的子公司,利用当地的资源,在当地生产、销售,便可绕过或打破各种形式的贸易壁垒,达到向那里出口的目的,从而以实际行动反对贸易保护主义。在跨国公司内部贸易日益发展的情况下,公司内部调拨引起国际贸易量日增,跨国公司必然会要求尽可能减少贸易障碍,特别是跨国公司进行以世界为工厂,以各国为车间,以全球客户为市场的生产经营活动,需要建立全球性的生产网络和销售网络,更加要求世界贸易自由化,所以它们会通过各种手段来影响各国政府进行旨在实行贸易自由化的谈判,推动贸易自由化的进程。

(3) 跨国公司是国际技术转移的有效通道。跨国公司在高、中技术部门的集中倾向,显示了它在生产、获得、掌握和组织技术性资源方面的突出优势。跨国公司通过其国际化生产网络直接转移软、硬件生产技术,使得国际技术转移具有动态的特征。跨国公司在总公司和子公司之间支付的技术转让费占全部专利技术国际使用费的75%,这说明跨国公司是推动科学技术在全球扩散的一个主要途径。跨国公司在海外的扩张,必然促使工业研究与开发投资移向海外。知识在全球的迅速传播和国外廉价的科学技术人才,为跨国公司在海外开展科学技术研究和开发活动提供了条件。美国、日本和欧洲的跨国公司纷纷在海外设立研究与开发机构,在海外的研究和开发投资激增,使技术创新与技术流动出现全球化趋势,促进了各国技术优势互补和世界科学技术的发展。世界科学技术的发展实现了交通运输、通信联络、信息传递的革命,在时空上缩短了国家之间、公司之间的距离,为跨国公司的母子公司和总分公司之间进行集中管理、分散经营、企业内分工协作和业务的开展提供现代化的数据处理和传递设备、通信设备、交通工具,为跨国公司在全球开展经营活动提供了便利条件。

总之,跨国公司以其雄厚的实力,凭借其技术垄断优势、市场垄断优势、产品差异化优势、规模经济优势、内部化优势和国际投资选择的区位优势,从国内到国外,从生产到销售、金融、劳务等各个领域,形成国际性的生产体系和经营体系;在全球范围合理配置资源,把产品设计、生产与工艺、产品销售、零部件的采购等再生产各环节安排在成本低、效益好的地区。跨国公司的全球经营战略,既形成了跨国公司在全球范围的整体竞争优势,实现了跨国公司在全球的最大利益和长远利益;又促进了生产要素的国际流动和生产的国际化,扩大了国际贸易,推动了世界科学技术的发展和传播,加快了经济全球化的进程。

2. 跨国公司对经济全球化发展的消极作用

跨国公司对经济全球化的发展也具有消极作用,其表现如下。

(1) 加剧了国际金融市场的动荡。跨国公司拥有大量流动资金,成为国际资本流动的重要组成部分,据有关部门统计,在全球流动的私人资本中,约有一半以上由跨国公司所控制。跨国公司资金调拨内部化所带来的大规模资金在母子公司之间转移,利用国际汇率差异在金融市场上套利套汇,利用内部转移价格逃避税收等,都是造成国际金融市场不稳定的因素。

(2) 跨国公司的发展加深了西方发达国家与发展中国家的矛盾。跨国公司通过直接投资，加强对发展中国家各产业部门的渗透，并极力维持旧的国际分工体系，不可避免地加剧了发展中国家的资源耗费和环境污染。为了争夺有利的投资场所和最佳的销售市场，各国跨国公司间存在着矛盾与冲突，一些大的跨国公司为了维持自身的经济利益而干预所在国的内政，或采用收买、行贿等手段，在某些经济落后的东道国谋取各种特权，而成为"国中之国"。

(3) 跨国公司对全球贸易的发展也有不良影响。跨国公司制定垄断价格，进行不等价交换，损害了东道国企业的利益。跨国公司通过转移价格，逃避了东道国的税收和外汇管制。跨国公司对东道国贸易形成了控制，引发了各国为争夺市场而采取贸易保护主义政策，妨碍着国际贸易的正常发展。

(4) 跨国公司的经营战略目标经常与分公司、子公司所在国（东道国）的国家主权和经济利益、计划战略发生矛盾，甚至引起发展中东道国的经济波动。跨国公司对发展中东道国的重要经济领域以至经济命脉的不同程度的控制，使东道国产生对跨国公司的严重经济依赖，从而妨碍了东道国民族工业的发展，影响了东道国的产业结构调整并加剧产业结构的不平衡。此外，跨国公司在技术转让上常对东道国实行垄断高价和种种限制性条款，控制其技术进步和推广，通过划拨价格和实盈虚亏等，逃避税收、增加汇出利润，更是其惯用手法，这也使东道国经济受损。

目前，跨国公司的发展呈现出下述趋势：一是技术研究和开发呈国际化合作趋势；二是对发展中国家的直接投资有加强趋势；三是知识型投资从而使知识性产品生产成为主要投资和生产活动；四是强强联合式的兼并使之规模不断扩大；五是各国跨国公司有相互结成联盟的趋势；六是跨国公司的新形式——全球公司即打破国与国界限，由不同国家的人领导的联合公司呈发展趋势。

四、逆全球化运动

就在经济全球化进程不断加快的同时，近年来，"逆全球化"也在世界各地形成一种运动，并与"全球化"的支持者在全球化的利弊等问题上发生激烈争论和冲突，形成一股逆全球化的浪潮。逆全球化运动引起全世界注意的一次重大行动是 1999 年 11 月底到 12 月初在美国西雅图世贸组织部长会议期间，主要由美国工会组织和环保主义者发动的大规模反全球化示威。此后凡是有重大的国际会议召开，会场外就有反全球化示威。如 2000 年 1 月在瑞士达沃斯召开的世界经济论坛年会，2000 年 9 月在布拉格举行的世界银行与国际货币基金年会，2001 年 7 月的意大利热那亚八国峰会，会场外到处都是情绪激昂的反西方全球化的抗议人群。每次大规模示威，都迫使有关西方国家政府动用大批警察军队加以镇压，造成一些伤亡。参加意大利热那亚八国首脑会议的官员们甚至找不到一块安全的栖身之地，不得不住到军舰上。这种情况使一些西方国家得了峰会恐惧症，以致意大利政府要求原定 2001 年在该国召开的北约国防部长会议和世界粮食首脑会议移至他国举行。2007 年 6 月在德国小镇海利根达姆举行八国峰会期间，距会场 25 公里外的德国港口城市罗斯托克爆发大规模游行，就应对全球变暖、贫困疾病等问题向八国峰会呼吁示威，并与警察发生了冲突。游行人群拿着石块与手里握着高压水龙头及警棍的防爆警察搏斗，造成警察受伤433人、重伤30人，示威者受伤520人、重伤20人、128人被拘留，千人血洒街头。

2008年金融风暴之后，逆全球化运动越来越多，包括美国的占领华尔街运动、英国的占领伦敦运动、西班牙的"我愤怒"运动、德国的"Pegida"反移民运动等。这些运动的共同点是：参与者大部分是普通民众，他们发泄着对社会公正性的不满，认为全球化贸易与人才流动剥夺了属于本地居民的就业机会，或者砸了他们的饭碗。与精英阶层相比，这些底层民众缺乏竞争力，更加脆弱，更容易受冲击。他们意识到，如果不能打破这样的分配格局，他们的处境将会进一步恶化，成为利益受损者和失败者，因而成为逆全球化思潮的主力。在美国，他们是特朗普的忠心选民；在英国，他们是支持退欧的中坚力量。调查显示，2016年，美国49%的普通民众对本国参与全球经济持负面态度，认为它在拉低工资水平的同时，还减少了就业机会；与之相反，对参与全球经济持正面态度的民众只有46%。[1]在英国公投中，那些受国外竞争影响、工作岗位大量流失的地区，以压倒性多数选择退出欧盟。

2016年6月，英国通过脱欧公投。2017年初，英国议会下议院以压倒性多数投票通过政府提交的"脱欧"法案，授权首相特雷莎·梅启动"脱欧"程序。英国脱欧是欧洲一体化进程的重大挫折。

2017年，特朗普政府以"美国优先"为旗帜入主白宫，退出跨太平洋贸易伙伴协定(TPP)，退出巴黎气候协定，退出伊朗核协议，退出联合国教科文组织，终止北美自由贸易协定(NAFTA)，并多次威胁要退出WTO，对欧盟、日本、中国甚至北美自由贸易协定的成员，以及加拿大和墨西哥采取征收高额惩罚性进口关税，发动贸易战。以此为标志，说明逆全球化发展进入新阶段，其有两个重要的政治性指标：一是发达资本主义国家成为逆全球化的重要策源地，由此导致的支持民族、支持本土不断发展为共识；二是发达国家普通民众对全球化进程呈现出逆反心态，不论是特朗普上台还是英国脱欧都是普通民众用脚投票的结果，他们认为在全球化进程中自身失去了更多的就业机会并不断被拉低收入水平。

导致"逆全球化"运动蓬勃发展的主要因素如下。

一是全球贫富分化日益加剧。诚然，全球化使生产要素在全球范围内更自由、更有效地流动和配置，客观上有助于社会财富的迅速增加。但是与此同时，并不是所有的国家和人们都能平等地从全球化中受益，世界也从来没有像今天这样存在着严重的不平等和不公正。在"反全球化"者看来，全球化导致"资本流向世界，利润流向西方"。的确，经济全球化的"游戏规则"是市场经济的规则，而市场竞争可能是效率的最大保证，但不一定是平等的最大保证。目前，世界上最富裕的5个国家所拥有的财富总量与最贫困的5个国家相比已相差74倍，比10年前增加了14倍。全球化同样加剧了发达国家之间和其内部的贫富差距，出现了所谓的"第三世界化"，即在原来的"第一世界"就出

---

[1] Jacob Poushter. American Public, Foreign Policy Experts Sharply Disagree over Involvement in Global Economy[EB/OL].[2016-10-28]. PewResearch Center. http://www.Pewresearch.org/facttank/2016/10/28/americanpublicforeignpolicyexpertssharplydisagreeoverinvolementingloballeconomy/.

现了贫困化与边缘化(尽管此种贫困与边缘化不能与穷国相比),但同时原来的第三世界却出现了大批可以在全球经济中进行竞争的新富。如作为全球化最大牟利者的美国,正是西方国内贫富差距最大的国家,也是"反全球化"声势最浩大的地方。在发达国家,一方面,跨国公司为增加竞争力向生产成本较低的发展中国家投资,另一方面,原有"福利国家"制度在土崩瓦解,外来移民大量涌入,当地居民便把自己的失业与收入下降归咎于全球化。

二是世界经济的长期低迷引发了对经济全球化的质疑。2008年国际金融危机以后,由于全球经济结构性失衡,导致全球化进程中量化宽松刺激政策的失效和全球经济几乎长期停滞,制约国际贸易和投资增长,导致全球化进程受阻。世界银行的统计数据显示,发达经济体2014—2016年的经济增速分别为1.9%、2.1%和1.6%。其中,美国经济由于长期采取量化宽松政策以及新兴产业的带动率先实现复苏,2014年和2015年经济增速分别达到2.4%和2.6%,但2016年却放缓至1.6%;欧盟因为货币政策一体化与各国主权、财政政策独立之间的制度性矛盾无法解决以及债务危机、难民危机、英国脱欧等因素的影响,经济持续低迷,2014—2016年的增速分别只有1.2%、2.0%和1.6%;日本经济在安倍经济学"新三支箭"政策的刺激下短期内有了一定的提振效果,但由于无法从根本上解决自身人口老龄化等问题,经济持续疲软,2014—2016年的增速分别为0.3%、1.2%和1.0%。以"金砖"国家为代表的新兴经济体尽管依然保持着中高速经济增长,是目前世界经济增长的主要动力,经济发展前景也比较好,但也都进入经济调整期。①世界经济的长期低迷,特别是发达经济体经济的长期低迷,使得许多国家看不到经济发展形势好转的希望,也无法从全球经济一体化中获得可以推动本国经济发展的动力,从而引发了对经济全球化的质疑。

三是经济全球化进程中制造业转移,导致发达国家出现产业空心化,也影响了经济全球化的顺利发展。在经济全球化发展中,以跨国公司为主导,全球产业出现转移。美欧日等发达经济体内部逐渐失去竞争优势的生产部门,大量向海外转移。在全球化生产与外包的分工体系中,可以直接或间接参与跨境经济活动的群体与不能参与跨境经济活动的群体,在全球化过程中的地位迥异。资本所有者、高技能工人与职业经理人,能够自由地把自身的资源用在那些需求最高的地方;相反,非技术与准技术工人以及大多数未受过高等教育的劳动者,却极易被其他跨国供给的劳动力所替代,因而不得不面对更多的风险和不确定性。再加上技术进步、人工智能等因素,客观上造成社会失业问题特别是蓝领工人的失业问题进一步加剧,导致社会中等收入阶层者的收入水平下降,发达国家的蓝领群体已经成为支持"逆全球化"的主要社会力量。

此外,在经济疲软、移民问题、难民危机和恐怖主义等全球化危机面前,民众期望政府的公共政策从释放市场力量的新自由主义转向保护社会、保护国内市场,也助推了逆全球化思潮的兴起。

---

① 冯新舟. 经济全球化新形势与中国的战略选择[J]. 经济问题,2018(3).

第三节 区域经济一体化

一、区域经济一体化的含义

区域经济一体化是第二次世界大战后伴随着经济全球化的发展而出现的新现象,也是对 20 世纪后半期的世界经济产生了重大影响并且对 21 世纪仍将产生重大影响的经济现象。如今,区域经济一体化和经济全球化一起构成了当代世界经济发展的基本趋势。

所谓区域经济一体化是指世界区域性的国家和地区,为了各自的及共同的经济利益,在经济联系日益紧密的基础上,相互采取比区域外国家更加开放、更加自由的政策,并在体制框架、调节机制上结合成经济联合组织或国家经济集团。就区域经济集团而言,是指地理位置毗邻、人文传统相近和历史交往密切的国家构成的自然地区。

由于世界各国情况差异很大,不同民族、不同国家在经济上的不同利益导致它们总是存在这样或那样的矛盾,这些矛盾有时还是非常尖锐的,因而往往使它们在建立国际经济制度和秩序方面不可能达成统一的意见,这就决定了经济一体化趋势不可能表现为世界经济完全的一体化,而只能表现为某些国家结成地区性的一体化集团。这也就是说,区域经济一体化实际上是世界经济一体化在区域范围内的具体表现,是世界经济一体化的过渡阶段和重要组成部分,区域经济一体化未来的发展方向是向世界经济一体化靠拢,并向有利于促进世界经济一体化的方向发展。据世界贸易组织统计,全球共有各类经济与贸易组织 100 余个,其中大多是 20 世纪 90 年代后建立的。这说明区域经济一体化已成为世界经济格局中不可忽视的力量,它的发展将对世界经济产生重大影响。

二、区域经济一体化的产生和发展

区域经济一体化起源于经济最发达和市场机制发展最充分的西欧。作为一种新生事物,以欧洲经济共同体为典型的全球经济一体化组织始建于 20 世纪 50 年代后期,其初期发展阶段进展顺利,从而产生了巨大的辐射效应,使 20 世纪 60 年代新独立的大批亚、非、拉美地区的国家纷纷效仿,先后出现了一些以关税同盟、共同市场和共同体命名的区域经济一体化组织。然而,在其后的 20 年左右时间里,除欧共体外,绝大多数区域经济一体化组织或进展缓慢,或陷于停滞瘫痪状态,个别甚至解散。究其根本原因,在于这些地区的市场经济还很不发达,成员国之间缺乏进行贸易合作的物质基础。一方面,各国的经济发展水平均比较低,这决定了它们的经济结构相类似,因而难以形成产业间贸易;另一方面,各国经济发展水平不高决定它们没有进行产业内贸易的基础,加上内部政治纷争和外部环境的干扰,致使不少一体化协议竟成一纸空文,连初级的经济合作和协调也难以奏效。20 世纪 80 年代中期以来,在国际政治局势日趋缓和及经济全球化加速发展的大背景的有力推动下,区域经济一体化高潮再起,一些原有组织经过调整重新复苏,新建的区域经济一体化组织如雨后春笋般遍及世界各个地区。无论是发达国家还是发展中国家,都争相投入国际性区域经济一体化建设,掀起了第二次国际性区域经济一体化浪潮。国际性区域经济一体化组织的发展速度之快、范围之广,令世人瞩目。

欧洲经济共同体从1985年开始建设统一大市场，到1992年年末，欧共体12国已按统一的经济规则，实行了共同的商品规格和市场开放，废除了限制劳动、就业、资本流动的许多障碍，实现了欧共体市场的统一，即取消了共同体的商品在相互边境间的全部检查，统一商品技术、卫生标准；公民可在各成员国自由存款、贷款和投资，取消外汇管制；公民在欧共体内可自由迁徙，他国公民享受本国公民同等待遇，相互承认居留权、学历和技术职称。在这个基础上，欧共体成员继续努力，1993年11月，旨在实现经济货币联合和政治联合的《马斯特里赫特条约》正式生效，决定1995年成立欧洲联盟，确定在20世纪完成单一货币、建立中央银行。如人们所见，随着欧元的启动，欧盟经济一体化建设进入了更高的阶段，此时的成员间已经具备了完全的贸易自由和便利。与此同时，欧洲又分别与几乎所有东欧国家签订联系国协定，在为欧洲东扩做准备的基础上，计划在10年内实现囊括整个中东欧国家在内的自由贸易区。欧盟还与南非于2000年1月正式建立自由贸易区，于2010年建成欧盟—地中海自由贸易区。1998年12月欧盟与美国签署了《跨大西洋新纲要》，宣布最终目标是建立跨大西洋自由贸易区。2002年，自与约旦、黎巴嫩和埃及之间的联系协定生效以来，欧盟又与另外11个地中海国家签署了联系协定。根据这些协定，欧盟与签约国之间按不对称时间表实现贸易自由化。欧盟市场对这些国家自协定生效起立即免关税、免配额开放，地中海国家则在12年内(埃及为15年)逐步实现工业品贸易自由化。协定还规定，对原材料、加工农产品和渔产品贸易逐步实现自由化。协定内容也涵盖服务贸易自由化、置业权、资本流动、公共采购、竞争政策、原产地规则、知识产权保护等。2004年5月，欧盟一次接纳中东欧10个新成员国(波兰、匈牙利、捷克、斯洛伐克、爱沙尼亚、拉脱维亚、立陶宛、斯洛文尼亚、马耳他和塞浦路斯)入盟。2007年1月，欧盟再次进行东扩，吸纳罗马尼亚与保加利亚入盟。欧盟现有27个成员国和近5亿人口。

美国也没有等闲视之。以美国为中心，1988年1月签订《美加自由贸易协定》；1994年1月美、加、墨正式建立北美自由贸易区，规划自1994年1月1日起，用15年时间分三个阶段逐步取消3国间的关税和非关税壁垒，实现商品和服务的自由流通；逐步开放金融市场，成员国一致给予所有的北美金融公司以国民待遇；放宽对外资的限制，公平招标；保护知识产权；建立调节三方贸易冲突的机制以保证贸易自由化进程的顺利进行，发展各方面的区域经济合作。

在亚洲，20世纪80年代以来，随着亚太经济的快速发展，客观上要求开展和加强亚太经济合作。为推动和加强亚太地区经济合作，适应世界经济集团化和多极化的潮流，促进本地区的经济发展，增强本地区在国际竞争中的抗衡能力，在1989年年初，澳大利亚时任总理鲍勃·霍克访问韩国时提议召开亚洲太平洋地区国家部长级会议，讨论加强经济合作的问题。霍克总理的提议得到了环太平洋沿岸国家的广泛支持。同年11月，亚太经合组织在澳大利亚首都堪培拉成立。目前，亚太经合组织共有21个经济体，分别是澳大利亚、文莱、加拿大、智利、中国、中国香港、印度尼西亚、日本、韩国、墨西哥、马来西亚、新西兰、巴布亚新几内亚、秘鲁、菲律宾、俄罗斯、新加坡、中国台北、泰国、美国和越南。太平洋经济合作理事会、南太平洋论坛和东南亚联盟作为观察员参加会议。会议每年举行1次，各成员方轮流担当东道主。目前，亚太经合组织从一个默默无闻的论坛发展为世界上最重要的地区组织之一，占全世界生产和贸易额的 1/2 及人口的 1/3 以上。贸易投资的自由化、便利化和经济技术合作是亚太经合组织的两大支柱。亚太经合组织各成员以协商一致、自主自愿、灵活务实和循序渐进的方式行事，至今，在促进亚太地区的稳定、安全和繁荣方面有了较大的进展。

东盟国家早在 1993 年就签署了建立东南亚自由贸易区协议，并在 2003 年实现了这一目标。2002 年 11 月，中国与东盟签署了《中国—东盟全面经济技术合作框架协议》，这标志着中国—东盟自由贸易区开始实施。2010 年 1 月 1 日贸易区正式全面启动。自贸区建成后，东盟和中国的贸易占到世界贸易的 13%，成为一个涵盖 11 个国家、19 亿人口、GDP 达 9 万亿美元的巨大经济体，是目前世界人口最多的自贸区，也是发展中国家间最大的自贸区。

在非洲，1999 年 9 月非洲统一组织第四届特别首脑会议通过的"苏尔特宣言"，宣称要加快包括 53 国的非洲一体化进程，重申 1991 年签订的"2025 年前分 6 个阶段逐步建立非洲经济共同体"的目标仍然有效。

在大洋洲，澳、新经济一体化起步较早，1983 年就签署了以自由贸易区为目标的协定。从 2002 年开始，亚太经济合作会议成员国中的新西兰、新加坡、智利和文莱四国酝酿发起了一组多边关系的自由贸易协定——亚太自由贸易区。2005 年 7 月，四国签订"跨太平洋战略经济伙伴关系协议"(Trans-Pacific Strategic Economic Partnership Agreement, TPSEP)，这个协议就货物、服务、知识产权贸易和投资等相关领域给予互惠的经济合作协定。由于初始成员国为四个，故又称为"P4 协议"。2008 年，伴随美国高调宣布加入 P4 协议的谈判，再加上秘鲁、越南和澳大利亚紧随其后，P4 就升级成了 P8，在 2010 年 3 月 15 日正式启动了跨太平洋伙伴关系协定(Trans-Pacific Partnership Agreement)，即 TPP 协议的谈判。谈判由两大类内容构成：一是知识产权保护规则等谈判参与国一起决定的领域；二是商品进口关税减免等双边磋商领域。后来，伴随加拿大、墨西哥、日本等国的参与，P8 很快扩张到了 P12，分别为：美国、日本、加拿大、澳大利亚、新加坡、文莱、智利、马来西亚、墨西哥、新西兰、秘鲁、越南。2015 年 10 月，12 国结束 TPP 谈判，达成跨太平洋战略经济伙伴协定，并于 2016 年 2 月在新西兰奥克兰正式签署《跨太平洋伙伴关系协定》。但 TPP 协定需要各国立法部门(国会、议会)批准通过，由于美国内部分歧大，掌控国会参众两院的共和党高层对部分条款不满意。2016 年 11 月 11 日，美国参议院议长米奇奥康纳宣布，奥巴马主导的跨太平洋战略经济伙伴关系协定(TPP)计划被正式搁置。2017 年 1 月 20 日，美国新任总统特朗普就职当天宣布从 12 国的跨太平洋贸易伙伴关系中退出。同月 23 日，特朗普在白宫签署行政命令，美国正式退出跨太平洋伙伴关系协定。2017 年 11 月 11 日，日本经济再生担当大臣茂木敏充与越南工贸部长陈俊英在越南岘港举行新闻发布会，两人共同宣布除美国外的 11 国就继续推进 TPP 正式达成一致，11 国将签署新的自由贸易协定，新名称为"全面与进步跨太平洋伙伴关系协定"(Comprehensive Progressive Trans-pacific Partnership, CPTPP)。

三、区域经济一体化迅速发展的原因

区域经济一体化早在 20 世纪 50 年代就已出现，进入 20 世纪 80 年代以来，区域经济一体化得以迅速发展，其原因如下。

(一) 区域经济一体化是各国发展经济、增强综合国力的实际需要

战后世界经济呈现的一大发展趋势是经济全球化，经济全球化要求各国政府对经济管理体制和对外经济政策进行一定的改革和调整，以适应本国经济的发展要求。冷战结束后，国际军事竞争渐居次要地位，综合国力悄然进入主战场，并成为各国内政外交决策的出发点和归宿。在本国的经济技术、人力资源、资金均有限的情况下，加入区域经济集团无疑可以实现资源共享、优势互补的功效，尤其是经济实力较弱、资源匮乏、资金薄弱的国家，可以借助他国的经济强势，发展本国经济，在短期内改变落后局面。而战后新科技革命的推动，使国际分工加深，国与国之间的相互联系、相互依赖加强，地域相邻的国家和地区，一般来说经济发展水平比较接近，经济上互补性比较强，相互交往方便，大多在历史上有较深远的经济往来渊源，甚至语言、宗教、文化也相同或相近，彼此易于沟通，因此也就易于达成某种协议。欧盟等区域经济集团的发展历程即证明了这一点。

(二) 区域经济一体化是国际经济关系调整的需要

区域经济一体化是国际经济竞争日益激化的产物，反过来区域经济一体化的建立和发展又在一定范围内起着协调竞争的作用。例如，20世纪90年代孕育产生了"亚欧会议"、欧盟与南方共同市场和欧盟与拉美48国首脑会议等一系列洲际性区域组织之间对话和合作不断加强并制度化的事件；25国亚欧会议宣布建立"亚欧之间的伙伴关系"，并开展一系列机制性对话与合作。后者也宣布建立"面向21世纪的经济互助伙伴关系"，共同致力于建设开放型区域一体化，进一步加强经济、政治、社会等各个领域的合作等。这说明区域经济一体化作为一种制度安排是协调国际经济关系的需要。

(三) 现代交通运输业和通信业为区域经济一体化的发展提供了物质技术基础

交通运输业和通信业是现代化发展的标志之一，它的发展不仅缩短了各国在时间、空间上的距离，而且大大降低了贸易成本和费用，便利了商品、资本、劳动力和信息的国际流动和优化配置，使生产国际化和资本国际化得以实现，也使区域经济一体化得到长足进展。

四、区域经济一体化的形式

区域经济一体化根据其发展水平及目标的不同，以及区域内贸易壁垒被清除的程度不同，可划分为特惠关税区、自由贸易区、关税同盟、共同市场、经济同盟以及完全经济一体化。

(一) 特惠关税区

特惠关税区又称优惠贸易安排，是指在成员国之间相互给予关税减让的优惠待遇。特惠关税区的税率比最惠国税率还低，但成员国之间仍有一定程度的关税存在，它是发展程度低、最松散也最易行的区域一体化组织形式。特惠关税区的成员国之间通过协定或其他形式，对全部商品或部分商品规定特别的关税优惠，是经济一体化的最低级形式。

(二) 自由贸易区

自由贸易区是指由签订自由贸易协定的国家组成贸易区，在商品交换领域，各成员国之间相互免征商品贸易关税，但每个成员国可保持对非成员国的各自独立的关税结构。

自由贸易区是经济一体化水平中较松散和较低级的一种经济联合形式。它分为工业自由贸易区和完全自由贸易区。其中，工业自由贸易区是指只取消成员国之间工业品贸易的关税，而农产品贸易关税不包括在内的自由贸易区；完全自由贸易区是指取消成员国之间工农产品贸易关税的自由贸易区。

(三) 关税同盟

关税同盟是指成员国间完全取消关税和其他壁垒，并对非同盟国家实行统一的关税税率而缔结的同盟。关税同盟是比自由贸易区一体化程度更高的形式，其特点是在同盟内部取消所有的贸易限制，在自由贸易的基础上共同建立起对同盟以外国家的统一的关税税率，其目的是使成员国商品在统一的市场上处于有利地位，发展成员国之间的商品贸易和限制非成员国的商品进口。关税同盟规定了共同的关税税率和外贸政策，具有超国家调节的性质。

(四) 共同市场

共同市场的特点是除了取消成员国之间的关税、对外实行统一的关税外，还要取消对生产要素流动的一切限制。这种形式既包括了关税同盟的内容，即成员国间商品可以自由流动，又要求劳动力、资本等生产要素能在共同体内自由流动，同时还要求在各国之间建立逐步统一的制度，尤其是一致的汇率制度。因此，它是在关税同盟基础上的、经济一体化程度较高的组织形式，如欧洲经济共同体。

(五) 经济同盟

经济同盟是指各成员国之间不仅实现商品、生产要素在统一市场的自由流动，对外建立统一关税制度，而且要求成员国制定和执行共同的国内经济政策（包括货币、财政政策）和共同的社会政策，并使政策方面的差异逐步缩小，从而使一体化的程度从商品交换扩展到生产、分配乃至整个国民经济，形成一个有机的经济实体。经济同盟由一个超国家的权威性机构把成员国的经济组成一个整体，联盟具有统一的财政税收制度、货币制度和统一的对外经济政策。

(六) 完全经济一体化

完全经济一体化又称政治同盟，它不仅要求各成员国在经济上取消国界，实行统一的经济政策，而且还要求在政治上有共同的权力机构，拥有各国政府授予全权的中央议会及其执行机构。这是一种最高层次的经济一体化。欧洲联盟目前正朝着这一方向发展。

第四节 例证分析

一、经济全球化的历史进程

尽管现代意义上的经济全球化时代来临不久，但是作为一个客观的历史进程，全球化的步伐早就开始了。

人类社会在几千年的历史发展中，从未停止过摆脱地理空间的束缚而进行跨地区、跨国界、跨洲界经贸交流的尝试。早在公元前3—1世纪，就已开辟了欧洲与亚洲的贸易通道——丝绸之路。在12—13世纪的欧洲，通过大型的定期集市交换各地的产品已是非常普遍的现象。到14—15世纪，欧洲已形成了地中海贸易区、北海和波罗的海贸易区、汉萨同盟等几个规模较大的地区性贸易中心，初步形成了一个连接整个欧洲的贸易网络。不过，总体而言，由于经济发展水平较低，当时的国际贸易并不是建立在国际分工的基础之上的，国际贸易的商品结构主要是奢侈品和地区特产，国际贸易的目的还仅限于互通有无，国际贸易的整体水平还很低。15世纪前后，正当东西方贸易呈加速发展趋势时，土耳其奥斯曼帝国的崛起及其不断扩张，使贸易商路受阻，东西方贸易陷于危机并近乎停滞。为摆脱困境，欧洲各国急于寻找通往东方的新通道。1492年，哥伦布远航发现美洲新大陆，人类第一次知道彼此之间确实同住在一个不可分割的地球上。新发现的疆域很快便成为国际贸易和商业资本流通的乐土，世界各地的经济联系得以空前加强，自此揭开了经济全球化进程的序幕。①

经济全球化的历史进程可划分为以下三个阶段。

(一) 经济国际化阶段

地理大发现开辟了东西方的新航道，密切了西欧与世界各地的联系，为当时处于萌芽时期的资本主义经济带来了新的希望，并极大地刺激了早期西方资本主义国家的商品和资本输出，从而为资产阶级开拓世界市场创造了有利条件。地理大发现的同时也掀开了西欧强国血腥残暴的殖民主义扩张的历史。西班牙、葡萄牙、英国、法国、荷兰等西欧强国，利用超经济的强制手段从海外获得巨额财富，用武力摧毁了亚洲、非洲、南北美洲的古代文明中心，把这些一度繁荣昌盛的地区文明中心纳入到西方势力的控制范围之中，并把西方制度、文化强行施加于这些地区。

这一时期世界经济体系以国际商品交换为主要特征，虽兼有生产和资本的国际化，但规模不大，对再生产过程影响有限。重工业和制造业的兴起、巨型金融信托公司和合股公司的出现，以及所有权和经营权的分离在当时成为新的发展趋向。

18世纪中叶，西方产生了人类历史上影响深远的工业革命。工业革命的直接成果是其所创造的空前巨大的生产力和交通运输手段的改进。当交通运输技术的改进使人类具备了活动于全球的能力时，一国或一地的空间界限就被突破，人类经济活动必然会将工业革命所带来的内在扩张冲动变为经济国际化的现实行动。

随着西方工业革命的展开和完成，国际贸易已不再是少数几个国家和地区间的贸易，它囊括了世界上绝大多数国家和地区。1840—1860年，世界工业年均增长率为3.5%，同期世界贸易年均增长率为4.8%；1860—1870年世界工业年均增长率为2.9%，而国际贸易年均增长率达到5.5%。与此同时，国际贸易商品结构也发生了很大的变化，贸易商品不只限于供少数人享用的奢侈品，而是大宗日常消费品和供生产用的大宗原材料、燃料、机器设备等。特别值得注意的是，机器设备等重工业产品在国际贸易中的地位日趋上升。国际贸易的持续、快速发展，使其在各国经济中所占份额日益扩大。

---

① 关于经济全球化的起源，目前学术界争论颇多。有的学者认为20世纪80年代经济全球化才开始出现；也有学者认为1492年哥伦布发现新大陆，经济全球化即已开始。若将经济国际化理解为经济全球化的早期准备阶段，则可把1492年哥伦布发现新大陆从而经济国际化的局面初现端倪视为经济全球化的起点。

工业革命产生了真正意义上的国际分工。机器的广泛采用，导致工业内部分离出许多专门从事原料、资本品和消费品生产的独立部门。现代工业的建立使得生产规模不断扩大，一方面，大规模生产所需的原料已非国内所能满足；另一方面，产量大幅增加，产品已非本国市场所能消化。因此，大工业日益脱离本国基地，走出国门到世界各地寻找原料来源和产品销售市场。于是，社会分工迅速由国内向全球扩展，从而使经济发展水平不同的国家不同程度地卷入其中，形成既相互独立又相互依赖的垂直分工体系。国际贸易一改传统格局，基本形成了西方工业国出口工业制成品，而为数众多的农业国出口初级产品的格局。这样，人类历史上第一次形成了通过国际分工和世界市场把各国的生产、流通、分配融为一体的世界经济。

19世纪中后期，在自然科学取得一系列理论突破的基础上，欧美先进国家出现了对人类历史影响更为深远的工业技术革命。随着能源与动力、材料、交通运输等领域的工业技术革命的全面展开，生产规模更趋扩大，巨型企业和垄断组织纷纷涌现。顺应机器大生产内在必然要求的国际贸易急剧增长。这一时期国际贸易格局稳中有变，欧美先进国家在从"其余世界"进口初级品的同时，制成品的贸易却主要集中在欧美工业国家之间。一度作为"世界工厂"而主导国际贸易的英国，因工业地位的衰落而导致国际贸易地位大为下降，德国和美国大有后来居上之势。在此时期，初步形成了以英国为中心、以德国和美国为次中心的世界多边贸易支付体系，克服了传统双边贸易和三角贸易对国际贸易的制约。国际金本位制的最终确立使黄金成为世界货币，极大地推动了国际的经贸往来。在激烈的竞争中，欧美强国纷纷通过国际贸易条约来调整相互之间的贸易关系，最惠国待遇日益盛行，最终形成了全球统一的资本主义世界市场。

19世纪末20世纪初，随着生产规模的扩大和巨型垄断企业的不断出现，各主要工业国家纷纷扩大对外资本输出。其目的在于，带动本国商品出口；越过对方的贸易壁垒，占领对方市场；控制殖民地的原材料、矿物等的生产，从而保证本国工业生产及其他经济活动所需的原材料供应。资本输出使世界各国经济更紧密地联系到一起，使资本主义生产方式从流通领域渗透到生产领域，形成统一的资本主义世界经济体系。

第一次世界大战的爆发，打断了经济国际化的进程，国际经济交往全面衰退。20世纪30年代席卷西方世界的大危机更使国际经济交往雪上加霜。此前建立起来的国际金本位制、多边世界贸易支付体系事实上已不复存在，低水平、无序的国际经济交往状态一直延续到"二战"结束。

(二) 区域经济一体化阶段

"二战"结束后，被打断了数十年的经济国际化进程得以重新启动并不断发展。与此同时，国际经济交往也进入了一个崭新的时期，即区域经济一体化时期。

"二战"后，以此前发生的自然科学革命为先导，在原子能、电子、新材料、航天技术和生物工程等诸多领域发生了规模空前的科技革命。科技革命促进了劳动生产率的提高，从根本上改变了西方国家的经济结构，传统产业因科技革命的改造令面貌焕然一新，并涌现出原子能工业、电子工业等一大批新兴工业部门。同时，运输、通信技术的革命极大地压缩了时空距离，使物质与信息的流动可以跨越空间的障碍，从而为国际经济交往的发展奠定了新的物质基础。

在这种背景下,许多国家吸取战前贸易壁垒导致世界经济大危机的教训,纷纷建立区域性贸易集团,以实现区域内的贸易自由化。1951 年,法国等西欧 6 国建立煤钢共同市场,1957 年又正式成立"欧洲经济共同体"。1960 年英国等国正式成立"欧洲自由贸易联盟"。相应的,发展中国家在 20 世纪 60 年代也建立了一些区域性的组织,例如,在拉美有中美洲共同市场(1961)和安第斯条约集团(1969);在非洲有中部非洲关税及经济同盟(1964)和南部非洲关税同盟(1969);在亚洲有东南亚国家联盟(1967)。20 世纪 70 年代石油危机之后,世界各国贸易保护主义抬头,以关贸总协定维系的多边贸易体制失灵,各国又把自由贸易的希望寄托在区域性贸易集团身上,于是,掀起了区域经济一体化的第二次高潮。在这一时期,发达国家的区域经济一体化稳步发展。到 1986 年,欧共体成员国达到 12 个。1983 年澳大利亚和新西兰两国也成立了自由贸易区。

发展中国家区域经济一体化在这一时期也取得了显著的成绩,出现了许多新的规模较大的区域经济一体化组织。例如,拉美自由贸易区(1973)、加勒比共同体(1973)、拉美一体化协会(1981)、西非经济共同体(1973)、南部非洲发展协调会议(1980)、东部和南部非洲优惠贸易区(1981)、海湾合作委员会(1981)等。

20 世纪 80 年代末,由于关贸总协定乌拉圭回合谈判迟迟不能达成协议,世界各国普遍感到失望。即使是在乌拉圭回合谈判结束之后,许多国家仍然对多边贸易体制缺乏信心,因而非常重视区域性的贸易自由化。尤其是美国开始改变其长期奉行的单一多边主义原则,开始重视实行区域自由化和双边主义,积极参与区域经济一体化。1989 年,美国和加拿大建立了美加自由贸易区,随后发展成为北美自由贸易区。这一时期,欧共体由共同市场发展为经济联盟(1993),发展中国家建立了阿拉伯合作委员会(1989)等区域性经济集团。此外,还出现了像亚太经合组织(1989)这样的南北国家之间的区域经济一体化组织。经过战后 50 多年的发展,目前,区域经济一体化协议或组织已达 163 个,其中大约有 60%目前仍然生效。

"二战"后国际贸易规模空前,从 1950—1982 年,世界出口额由 603 亿美元增至 18 539 亿美元,增长了近 30 倍,年均增长率高达 112%,超过同期工业生产增长速度,成为带动经济增长的引擎。此间,国际贸易的商品结构发生了逆转,工业制成品在国际贸易中的比重大大超过初级品。1950—1980 年,按可比价格计算,工业制成品世界贸易额增加了 50.14 倍,初级品仅增加 22.68 倍。

贸易结构也发生了变化。"二战"后世界各国经济依存关系已从初始投入和最终产品扩展到中间资本品,从而贯穿整个生产过程。同时,世界范围内各国之间的关系也有所变化,发达国家间的联系更加紧密,发展中国家除少数几个国家可以凭借特有的资源或地缘优势在国际分工中占有一席之地外,大多数国家有"边缘化"的趋势。

"二战"结束后,国际资本形成重新恢复并呈现良好的增长势头。从 1961—1975 年,发达国家资本输出总额从 1400 亿美元增至 5800 亿美元。在 1967—1976 年的 10 年中,发达国家私人对外直接投资由 1053 亿美元升至 2872 亿美元,增长了 1.8 倍[①]。西方发达国家对外直接投资增加所产生的一个重要结果,就是跨国公司数量的增加和实力的提高。1980

---

① 宋则行,樊亢. 世界经济史:下卷[M]. 北京:经济科学出版社,1998:366-372.

年，西方发达国家的跨国公司海外分公司为 98 000 家，总销售额达到 26 350 亿美元，年销售额在 20 亿美元以上的跨国公司就有 350 家，少数巨型公司的资产和销售额甚至相当于一个中等发达国家的国民生产总值。跨国公司日益成为国际贸易和投资的主体，它促进了世界生产的发展，促进了国际贸易，促进了国际资本形成，推动了世界经济的融合。

在国际经贸活动自发扩张的同时，主要国家开始展开全球层次的经济协调，力图为国际经贸活动的平稳发展奠定制度基础。1944 年，在美国的布雷顿森林召开了有 44 国参加的国际货币与金融会议，成立了旨在调节国际经贸关系的国际货币基金组织、国际复兴开发银行(世界银行)和国际贸易组织，以推动全球经济的发展。

(三) 全球经济一体化阶段

以信息技术为核心的新技术革命作为战后科技革命的延续和扩展，在 20 世纪中后期全面展开。包括集成电路、生物工程、电子计算机、光纤通信等在内的高新技术迅速改造甚至取代传统产业，成为经济中的主导产业。经过高新技术改造的传统产业重现生机，生产能力得到极大提高。高新技术产业化直接催生的新兴产业部门，技术水平高，生产能力大，产品质量要求高，所需设备投资巨大。这样，无论是生产所需的投入，还是产品市场都大大超过一国的范围，从而促使经济国际化、区域经济一体化朝纵深方向发展。另一方面，高新技术的发展为交通运输、通信联络、信息传递带来了根本性的变化，它压缩了时空距离，降低了交易费用。

与此同时，各国经济体制和经济运行机制的变革也为经济全球化创造了适宜的制度环境。"二战"以后特别是近 20 年来，经济自由化在发达国家和发展中国家两个层面同时展开。从 20 世纪 70 年代开始，发达国家为了摆脱石油危机带来的经济"滞胀"和结构性危机的困扰，采取放松经济管制的经济自由化措施，以期恢复市场活力，将经济增长的重任交给微观经济主体，由此掀起了贸易自由化和资本流动自由化的浪潮。发展中国家特别是那些原来实行计划经济体制的国家，为了利用发达国家经济结构调整带来的机遇，纷纷转向市场经济体制，并实行外向型经济发展战略，以加快本国经济发展的步伐。20 世纪 80 年代末 90 年代初，柏林墙的倒塌和苏联解体宣告了冷战的终结，加之中国全面向社会主义市场经济转轨，在经济上"两个平行的世界市场"不复存在了。

席卷全球的经济自由化浪潮，使全球经济体制和经济活动规则日益趋同，它既是经济全球化的直接表现，同时也为经济全球化的进一步发展奠定了制度基础，推动了经济全球化的持续扩张和深入发展。20 世纪 80 年代以来的市场化、自由化浪潮，为国际贸易带来了更为广阔的活动空间。世界贸易的增长大大超过世界生产的增长，这表明经济活动的投入和产出越来越依赖国际市场来补充和实现。在国际贸易中，制成品继续以快于初级品的速度增长，二者的比重目前已达到 73%和 27%。在制成品的贸易方面，高技术产品的贸易日益强劲，成为推动制成品贸易乃至世界贸易的重要因素。部门内贸易已成为各主要国家贸易的普遍现象。这表明国际分工已由不同产业部门之间的分工和交换，扩大到同一行业内部不同产品之间的分工与交换，进而扩大到同一生产过程中的不同生产环节和不同零部件间的分工与交换。分工领域不断拓宽和深化，使处于不同分工层次的国家被有机地联系在一起，成为国际生产体系中不可或缺的组成部分。

国际贸易体制整体上朝着公正、平等、合理、开放的方向发展。1995 年世界贸易组织正式取代关贸总协定之后，发达国家进口关税平均下降到 3.7%的水平，发展中国家平均关税水平也下降到 11%。1995 年，西方发达国家国际直接投资由 20 世纪 90 年代初的 2000 亿美元左右增至 3178 亿美元，1997 年达到 4000 亿美元①。在 2003—2006 年间，国际直接投资从 5579 亿美元增加到 1.2 万亿美元，年均增长达 30.2%。2008 年国际金融危机以来，全球外国直接投资呈现先强劲复苏后冲高回落的态势。来自联合国贸易和发展组织的统计数据表明，2013 年全球外国直接投资增长率为 11%，达 1.46 万亿美元，超过危机前 3 年的平均水平，2015 年全球外国直接投资强劲复苏，总量达 1.76 万亿美元，增长了 38%。但从 2016 年起，全球外国直接投资开始出现回落。2016 年全球外国直接投资整体下滑 13%，从 2015 年的 1.76 万亿美元降至 1.52 万亿美元；2017 年全球跨国投资低迷，全球外国直接投资继续下降 23%。2018 年 10 月，联合国贸易和发展组织发表的报告显示，与 2017 年同期相比，2018 年上半年全球外国直接投资总额下降到了 4700 亿美元，下降幅度超过了 40%，下降主要发生在富裕的工业化国家，尤其是西欧和北美。②

二、全球经济危机

(一) "二战"结束至 20 世纪末的四次全球经济危机③

资本主义经济危机是一种周期出现的现象，从危机开始，到萧条、复苏和高涨经过四个阶段。全球经济危机是指大体在同一时期发生在西方主要发达资本主义国家的周期性经济危机。

"二战"后，发达国家的经济体制与政策虽然经过广泛而深刻的调整，涉及从微观到宏观、从企业到国家再到国家的各个层次，并使资本主义生产方式的发展进入了社会化程度更高的新阶段，但是，周期性经济危机仍困扰着已经过全面调整的发达资本主义经济，影响着世界经济。

统计资料表明，自"二战"结束至 20 世纪末，主要资本主义国家先后发生了四次世界性的经济危机，而且 20 世纪 70 年代以来各国的经济周期进程基本上是同步的，各发达国家无一能摆脱经济周期性收缩的痛疾。

1. 1957—1958 年经济危机

20 世纪 50 年代中期，发达资本主义国家普遍出现了经济高涨，各主要资本主义国家的重工业部门，特别是新兴工业部门，广泛采用先进技术，推动了固定资本的投资热潮。国家垄断资本主义刺激经济的措施在这次经济高涨中也起了重要作用。但高涨阶段孕育着危机，繁荣只是危机风暴的前奏。随着生产的扩大和有支付能力的需求之间矛盾的加深，1957 年 3 月，一场世界性的经济危机终于首先在美国爆发了，随后，日本和英国于同年 7 月，联邦德国于 1958 年 1 月，法国于 1958 年 3 月相继爆发危机。资本主义各主要国家进入危机的时间不超过一年，因而是一次周期性经济危机。危机期间，美国工业生产

---

① 刘力，等. 经济全球化：福兮？祸兮？[M]. 北京：中国社会出版社，1999：21.
② 联合国贸易和发展组织. 全球投资趋势监测报告[R]. 2014，2015，2016，2017.
③ 1997年东南亚金融危机无论是其影响的地区还是破坏的程度都不构成全球性的影响，所以此次危机不属于全球经济危机的范畴。

下降幅度为 13.7%，危机持续了 14 个月；英国工业生产下降幅度为 3.6%，危机持续了 13 个月；法国工业生产下降幅度为 4.6%，危机持续了 11 个月；联邦德国工业生产下降幅度为 3.1%，危机持续了 3 个月；日本工业生产下降幅度为 10%，危机持续了 11 个月。

2. 1973—1975 年经济危机

经历了 20 世纪 60 年代的"繁荣"期后，资本主义世界于 1973—1975 年爆发了一场严重的世界性经济危机。这次危机是由中东石油战争爆发所引起的。危机于 1973 年 1—11 月首先在英国、美国、日本等国爆发，随后波及与这些国家相联系的其他中小资本主义国家。危机期间，英国工业生产下降 11.6%，危机持续 22 个月；美国工业生产下降 13.8%，危机持续 17 个月；日本工业生产下降 20.8%，危机持续 15 个月。1974 年 4—12 月，加拿大、意大利、联邦德国和法国也先后进入危机。从 1975 年下半年开始，各主要资本主义国家相继走出危机，但并没有出现以前危机后所出现的经济高涨阶段，而是出现了经济长期萧条和通货膨胀并存的现象。

3. 1979—1982 年经济危机

1973—1975 年经济危机以后，各国经济进入滞胀阶段，经济回升、增长乏力，失业率和通货膨胀率却居高不下。然而，旧账未清，新账又至。1979 年下半年起，各主要工业国再次陷入危机，而且影响程度超过上一次。危机于 1979 年 7 月从英国开始，接着在加拿大、美国、日本、联邦德国、法国、意大利相继爆发。这次危机的危害大、时间长、范围广。美国持续了 45 个月，西欧持续了 35 个月，日本持续了 33 个月；美国 1982 年 11 月的工业生产指数比最高点下降了 12%，英国下降了 15%，1982 年 11 月美国官方公布的失业率为 10.8%，欧洲共同体十国也超过了 10%。这次危机使世界贸易出现了严重的萎缩。

4. 1989—1993 年经济危机

进入 20 世纪 80 年代，跨国公司主宰了各国经济，制造业纷纷转移到发展中国家，发达国家工人的福利和工资削减，失业率居高不下。到 20 世纪 80 年代末期，跨国公司的海外生产能力投资过度，新一轮世界经济危机又降临了。危机于 1989 年首先从美国开始，然后波及加拿大、澳大利亚、欧洲国家和日本。这次危机延续时间大约为 5 年，给日本等国的影响则更严重。危机期间，经济增长率下降幅度较大，1991 年的谷底增长率为 0.6%，比 1984 年的 4.7%下降了 4.1 个百分点；失业率较高，1992 年的失业率高达 8.2%；出口增长率大幅度下降，整个危机期间出口增长率的平均值为 3.9%，不到 1988 年的一半。

（二）21 世纪初全球经济危机

21 世纪，新一轮的全球经济危机于 2007 年在美国开始。2007 年，美国经济持续扩张的势头发生了改变。根据国际货币基金组织 2007 年 10 月发布的报告，2007 年和 2008 年美国经济实际增长率只有 1.9%。据美国商务部发布的国内生产总值报告显示，美国 2007 年第四季度的经济增长率仅为 0.6%，几乎处于停滞状态，为同期经济增长率自 2002 年以来的最低。美国 2007 年全年经济增长率仅达 2.2%，为美国经济近五年来的最低增幅。

美国此次经济增长放缓的主要原因是 2007 年美国房地产市场的危机。2003 年 6 月，美联储曾将利率下调至 1958 年以来的最低水平 1%。低利率促使美国住房市场持续繁荣，但也使房贷市场鱼龙混杂。持续的低利率使得很多工资收入不高、存款不多的人也可以负担得起向银行大笔贷款。这些经济条件比较差的购房借贷被称为次级按揭。2007年上半年,美国因购房者付不起贷款而房屋被银行收回的案例达到每季度32万的水平,比过去六年的平均每季度22.5万的水平高出近1/3。由于违约案例数量激增,美国许多从事次级抵押贷款的金融机构陷入危机而被迫申请破产。2007年2月13日作为美国第二大次级抵押贷款公司——新世纪金融发出2006年第四季度盈利预警,3月13日因濒临破产被纽约证券交易所停牌,并在4月2日宣布申请破产保护并裁减54%的员工,这标志着次贷危机的正式爆发。

住房市场状况恶化迫使金融机构提高抵押贷款的门槛,推动贷款利率上涨,使借款者面临更加沉重的还款压力。尽管房价大幅下滑,但家庭购房意愿却有所减弱,住房市场更加疲软,消费信心下挫,美国经济开始显现出萎缩的势头。美国次贷危机愈演愈烈(见图8-1),导致了全球严重的金融危机,最终演变为自20世纪30年代以来最为严重的全球性的经济危机。

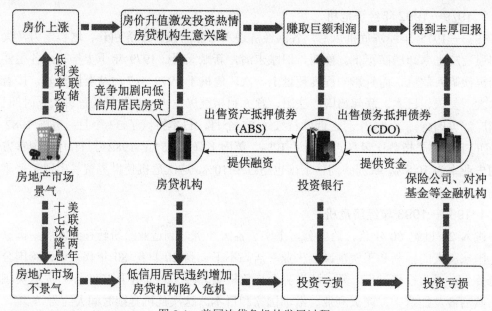

图 8-1 美国次贷危机的发展过程

自危机爆发以来,美、欧等国进行了异乎寻常的大规模直接救助,对金融市场进行直接的干预。美国政府一方面向主要的债权国大举外债,以弥补国内流动性的严重短缺;另一方面开启印钞机向国内市场大量注资,导致政府财政赤字和国债余额急剧上升。为了弥补巨额财政赤字并缓解金融市场上流动性不足的局面,美国政府大量增发货币,并使美国国债总额不断扩大。为了恢复市场景气,美国实行量化宽松的货币政策。美联储于2009年3月实施了第一轮量化宽松政策,向市场注入1.7万亿美元流动性。2010年11月,美联储实施第二轮量化宽松政策,再次向市场注入6000亿美元。2012年9月美国联邦储备委员会宣布了第三轮量化宽松货币政策,以进一步支持经济复苏和劳工市场。尽管这种量化宽松的政策采取降息和维持较低的联邦基金利率,但这种政策使得美元大幅贬值,美元的国际信用清偿能力下降。美国债务危机加重的一个重要标志就是2011年8月国际评级机构标准普尔将美国长期主权信用评级从"AAA"降至"AA+",评级展望负面。这是美国历史上首次失去 AAA 评级。

美国次贷危机也极大地影响到欧元区各个国家，并引发了欧洲主权债务危机。欧洲主权债务危机始发于希腊，从 2009 年 10 月开始，希腊债务问题就开始浮出水面，同年年底希腊政府披露其公共债务高达 3000 亿欧元，财政赤字和公共债务占国内生产总值的比例分别达到 12.7%和 113%，各大信用评级机构纷纷下调希腊的主权信用等级。希腊主权信用迅速恶化并在欧元区引起连锁反应。随后西班牙、爱尔兰、葡萄牙和意大利等国也相继遭受主权债务危机，欧洲债务危机愈演愈烈。欧盟、欧洲中央银行和国际货币基金组织先后紧急出台了 1100 亿欧元和 7500 亿欧元的救援措施，然而，欧洲债务危机却在不断扩散和蔓延。2011 年 11 月穆迪称，欧洲的债务危机正在威胁全部欧洲主权国家的信贷情况，意味即使 AAA 评级的德国、法国、奥地利和荷兰都有危险。2012 年 2 月标准普尔将希腊的主权信用评级下调至"选择性违约"级别，并将"欧洲金融稳定基金"的评级展望调降为"负面"，继而国际三大评级机构对法国、意大利等欧洲多国信用评级下调。同时，欧元区国家批准对希腊总额 1300 亿欧元的第二轮救助计划，G20 财长和央行行长会议联合声明也强烈要求欧元区国家必须加强应对措施，但是这些措施并没有为希腊及其他国家带来经济的复苏，欧洲除少数几个大国外，经济形势持续恶化。2012 年 11 月，国际信用评级机构标准普尔宣布，将法国长期本外币主权信用评级由 AA+下调一级至 AA。标普称，法国的高失业率正削弱该国政府对进一步采取财政和结构性政策措施的支持，且法国政府的宏观经济改革将不会大幅提升该国的中期增长前景。

2013 年 3 月，欧元集团主席宣布，欧元集团会议同意对塞浦路斯实施救助，救助计划规模约为 100 亿欧元。塞浦路斯由此成为三年来第五个因欧债危机而接受国际救助的欧元区成员国。2014 年 6 月，欧洲央行宣布将隔夜存款利率下调至-0.1%，成为全球首个推行负利率的主要央行。金融危机七年后，欧洲经济仍未走出阴霾，传统"德法发动机"增长乏力，意大利等国则出现负增长。此外，欧元区整体失业率仍在 10%以上，通缩风险加剧。为此，欧洲央行不得不大胆施为，但德国等担心此举会鼓励无节制借贷，削弱重债国推进财政整顿和结构性改革的动力。2015 年 3 月，欧洲央行实施全面量化宽松货币政策，每月购买 600 亿欧元区域内各国政府和私人债券，以促进疲软的欧洲经济尽快复苏。

随着美国经济不断复苏，金融市场日趋稳定，美联储开始逐步退出非常规货币政策。首先是退出流动性支持项目。2015 年 12 月 16 日，美联储七年以来首次提升联邦基金利率区间，由 [0, 0.25%] 提高至 [0.25%, 0.5%]。次日，美联储宣布将超额准备金付息率提高至 0.5%，同时将隔夜逆回购利率提高至 0.25%，以确保联邦基金利率在目标区间运行，标志着美联储货币政策正常化进程正式开始。2017 年 9 月 30 日，美联储启动缩表，货币政策进入加息周期。

三、中美贸易摩擦

2008 年金融危机爆发以后，国际贸易信用体系中断，各经济体对外贸易断崖式下滑，出现了长达八年的经济增长低迷状态。最近两年各经济体经济有所恢复。但是，在经济恢复的脆弱期，各经济体为保证这种恢复的势头，大多采取了保护本国(地区)市场的政策。

美国总统特朗普执政以来,推行一系列"美国优先"的政策。自 2018 年开始,挑起全球贸易摩擦。美国从贸易、投资、金融、知识产权保护、服务贸易等多个方面与主要贸易伙伴展开对抗,发起了以国际经济保护主义为特征的战略性贸易争端。其特征是以商品贸易冲突为先导,通过有计划的战略规划实施,为本国在国际经济交往中获取最大限度的利益,进而改变国际经济规则,强调以平衡贸易作为所有贸易活动的落脚点,而非比较优势原则下的自由贸易。① 针对贸易顺差大户中国,美国狮子大开口,不仅发起 301 调查,又层层加码,不断地对来自中国的进口商品加征高额关税,实施单边主义和贸易保护主义。

有关中美贸易摩擦的历程如表 8-2 所示。

表 8-2 2018 年中美贸易摩擦历程

时间	发起方	主要举措
2018 年 1 月 23 日	美国	特朗普签署关税公告,对进口美国的太阳能电池板和大型电冰箱征收 3% 和 50% 的关税
2018 年 2 月 17 日	美国	美国商务部公布了对美进口钢铁和铝产品国家的安全调查(232 调查)报告,认为进口钢铁和铝严重损害了美国产业,威胁到美国国家安全,建议对进口钢铁和铝实施关税、配额等进口限制
2018 年 3 月 9 日	美国	美国提出了将从 2018 年 3 月 23 日起对进口美国的钢和铝产品分别征收 25% 和 10% 的进口关税,目标直指中国
2018 年 3 月 23 日	美国	美国总统特朗普宣布,对约 600 亿美元进口自中国的商品加征关税,对中资投资设限并在世贸组织采取针对中国的行动等
2018 年 3 月 23 日	中国	针对美国对中国进口的钢铝征收 25% 和 10% 的关税,中国表达强烈不满,拟对自美国进口的部分产品加征关税,以平衡因美国对进口钢铁和铝加征的关税给中国造成的损失
2018 年 4 月 2 日	中国	中国国务院关税税则委员会正式公布了对原产于美国的 7 类共 128 项进口商品加征对等的 30 亿美元关税的决定,即日起生效
2018 年 4 月 3 日	美国	美国建议对规模 500 亿美元的 1300 个中国进口产品征收额外 25% 的关税,涉及航空航天、信息和通信技术、机器人、医药和机械等行业
2018 年 4 月 4 日	中国	经国务院批准,国务院关税税则委员会决定对原产于美国的大豆、汽车、化工等 14 类 106 项商品的 500 亿美元美国进口中国的产品加征 25% 的关税
2018 年 4 月 5 日	美国	美国总统特朗普要求美国贸易代表办公室额外对 1000 亿美元中国进口商品加征关税
2018 年 4 月 6 日	中国	中国外交部发表声明,如美公布新增税产品清单,中方将立刻进行大力度反击
2018 年 4 月 16 日	美国	美国政府认为中国电信设备制造商中兴通讯违反美国制裁规定,禁止美国企业在未来 7 年内向中兴通讯销售元器件
2018 年 4 月 17 日	中国	中国商务部宣布针对原产于美国的进口高粱采取反倾销调查。中美贸易再起风波
2018 年 4 月 17 日	美国	美国商务部部长宣布,对产自中国的钢铁轮毂产品发起反倾销和反补贴调查

---

① 佟家栋,刘程. "逆全球化"的政治经济学分析[J]. 经济学动态,2018(7).

(续表)

时间	发起方	主要举措
2018年5月3—4日	美国	美国派高级贸易代表团赴华磋商,提出要求中方一两年内缩减贸易顺差2000亿美元等
2018年5月15日	中国	国务院副总理刘鹤以中美全面经济对话中方牵头人的身份带队赴美继续进行中美贸易磋商
2018年5月19日	中、美	中美两国发表联合声明,双方达成共识,停止相互加征关税
2018年5月29日	美国	美方生变。美国白宫发表声明称,将于2018年6月15日前公布约500亿美元的中国输美重大工业技术产品清单并将对其征收25%关税
2018年5月29日	中国	中国商务部回应,无论美方出台什么举措,中方都有信心、有能力、有经验捍卫中国人民利益和国家核心利益
2018年6月2—3日	美国	美国商务部长罗斯带领美方团队在北京就两国经贸问题进行磋商,双方就落实两国在华盛顿的共识,在农业、能源等多个领域进行了沟通,取得了积极具体的进展
2018年6月15日	美国	美国政府发布加征关税的商品清单,将对从中国进口的约500亿美元商品加征25%的关税,其中对约340亿美元商品自2018年7月6日起实施加征关税
2018年6月16日	中国	中国国务院关税税则委员会发表关于对原产于美国500亿美元进口商品加征关税的公告
2018年6月19日	中国	针对美方在推出500亿美元征税清单之后,又变本加厉,威胁将制订2000亿美元征税清单。中国商务部回应,如果美方失去理性、出台清单,中方将不得不采取数量型和质量型相结合的综合措施,做出强有力反制
2018年7月4日	中国	国务院关税税则委员会办公室有关负责人表示,中国政府绝不会先于美国实施加征关税措施
2018年7月6日	美国	美国对第一批清单上515个类别、价值340亿美元的中国商品加征25%的进口关税
2018年7月6日	中国	中国实施对美国部分进口商品加征关税措施
2018年7月11日	美国	美国公布拟对中国2000亿美元输美产品加征关税清单
2018年7月11日	中国	中国商务部回应,美方以加速升级的方式公布征收清单,是完全不可接受的
2018年8月1日	美国	美国以国家安全和外交为由,对中国44家军工企业实施技术封锁
2018年8月2日	中国	中国商务部发布对美进口的600亿商品加税5%~25%的公告
2018年8月8日	美国	美国对中国输美160亿美元商品加征25%关税
2018年8月8日	中国	中国对美国进口160亿美元产品加征25%关税,8月23日生效
2018年8月22日	中美	中国商务部副部长兼国际贸易谈判副代表王受文率中方代表团在华盛顿与美国财政部副部长马尔帕斯率领的美方代表团就双方关注的经贸问题进行了副部级磋商
2018年9月9日	美国	美国总统特朗普表示对中国输美2000亿美元商品加征25%关税后,美国还将对另外2670亿美元商品加征关税
2018年9月18日	美国	美国对中国2000亿美元商品加征关税生效(2018年9月24日起税率提高至10%、2019年1月1日起提高至25%)

(续表)

时间	发起方	主要举措
2018年9月18日	中国	经国务院批准，国务院关税税则委员会决定对原产于美国的5207个税目、约600亿美元商品，加征10%或5%的关税，自2018年9月24日起实施
2018年9月24日	中国	中国发布《关于中美经贸摩擦的事实与中方立场》白皮书，在全面系统梳理中美经贸关系的同时，向世界宣告决不以牺牲中国发展权为代价解决分歧，充分表明了坚定维护国家尊严和核心利益的信心与决心
2018年11月7日	美国	美国商务部认为从中国进口的普通铝合金板和大口径焊接钢管存在倾销和补贴
2018年11月8日	美国	美国商务部启动对进口自中国的聚酯纺纱的反倾销和反补贴关税调查
2018年11月9日	中、美	美国财政部长姆努钦与中国国务院副总理刘鹤进行通话，就缓和两国贸易紧张局势进行了讨论，双方希望就贸易问题达成和解
2018年11月15日	美国	美国商务部发布对进口自中国的石英表面产品的反倾销关税的初裁决定
2018年11月20日	美国	美国商务部发布对进口自中国的钢制品货架反倾销关税的初裁决定。美国贸易代表办公室发布《关于和技术转让、知识产权和创新相关的中国法律法规、政策和行为的更新报告》
2018年12月1日	中、美	在阿根廷首都布宜诺斯艾利斯，中美两国元首举行了历史性的晚餐会晤。双方决定，停止升级关税等贸易限制措施，包括不再提高现有针对对方的关税税率，不对其他商品出台新的加征关税措施。两国元首指示双方经贸团队加紧磋商，达成协议，取消2018年以来加征的关税，推动双边经贸关系尽快回到正常轨道，实现双赢
2018年12月1日	中国	国务委员兼外交部长王毅在向中外媒体介绍中美元首会晤情况时表示，两国元首就经贸问题进行的讨论十分积极，富有建设性。双方已达成共识，停止相互加征新的关税。双方就如何妥善解决存在的分歧和问题提出了一系列建设性方案。双方工作团队将按照两国元首达成的原则共识，朝着取消所有加征关税的方向，加紧磋商，尽早达成互利双赢的具体协议

本章小结

生产和资本国际化是资本主义商品经济发展到一定程度的必然经济现象。资本输出是垄断资本主义的一个基本经济特征，是资本国际化的主要标志。资本输出按其形式可分为两种：一是借贷资本的输出，二是生产资本的输出。

资本国际化也就是资本主义生产关系的国际化，意味着资本关系在广度上和深度上的极大发展，意味着其他国家的再生产受发达资本主义国家再生产的左右和影响。对许多发展中国家来说，资本国际化带来双重作用：一方面，发展中国家可以积极参与国际交换，借助国际分工，互通有无，加速自身的经济建设；外资的进入在客观上也为发展中国家带来了资金、技术和管理经验。另一方面，在发达国家控制国际贸易的条件下，发展中国家所处的地位是极其不利的。

20世纪80年代开始，由于现代科学技术进步和生产力的发展，市场经济体制在全球范围确立，全球多边贸易体制建立，以及跨国公司成为全球经济的核心，经济全球化成为在世界经济发展中出现的一个重要现象。

跨国公司的发展，一方面对资本主义生产和世界经济有着不可低估的作用，表现为：跨国公司推动生产要素在全球范围内的流动，有利于加速世界经济的发展，推动了贸易的全球化，是国际技术转移的有效通道。另一方面也给发展中国家带来了一些消极影响：跨国公司加剧了国际金融市场的动荡，加深了西方发达国家与发展中国家的矛盾，对全球贸易的发展也有不良影响，妨碍了东道国民族工业的发展，影响了东道国的产业结构并加剧产业结构的不平衡。

区域经济一体化实际上是世界经济一体化在区域范围内的具体表现，是世界经济一体化的过渡阶段和重要组成部分，区域经济一体化未来的发展方向是向世界经济一体化靠拢，并向有利于促进世界经济一体化的方向发展。

根据区域经济一体化发展的水平及目标的不同，以及区域内贸易壁垒被清除的程度不同，可划分为特惠关税区、自由贸易区、关税同盟、共同市场、经济同盟以及完全经济一体化。

经济全球化的历史进程可划分为经济国际化、区域经济一体化和全球经济一体化三个阶段。

复习与思考

1. 名词解释。
   资本国际化　　经济全球化　　区域经济一体化
   自由贸易区　　关税同盟
2. 第二次世界大战以后，生产资本的国际化有哪些特征？
3. 为什么说资本国际化有其必然性？
4. 经济全球化为何成为20世纪80年代开始在世界经济发展中出现的一个重要现象？
5. 第二次世界大战之后跨国公司迅猛发展的主要原因是什么？对经济全球化发展有什么影响？
6. 目前，跨国公司的发展有哪些趋势？
7. 什么原因导致"逆全球化"运动的蓬勃发展？
8. 区域经济一体化得以迅速发展的原因是什么？可划分为几种形式？

第九章
社会主义初级阶段的基本经济制度

社会主义制度代替资本主义制度是人类社会发展史上的一场重大革命。本章研究中国社会主义初级阶段基本经济制度的建立及其本质特征。主要就社会主义生产资料所有制问题进行探讨,对社会主义公有制的构成、市场经济条件下社会主义公有制的实现形式,以及社会主义初级阶段的非公有制形式逐一进行分析。本章还对社会主义制度下的分配形式进行考察,就按劳分配的客观必然性和基本内容、商品经济条件下按劳分配的实现形式、中国社会主义初级阶段的多种分配形式等进行分析。

第一节 社会主义经济制度的建立

社会主义作为一种科学的理论体系是由马克思和恩格斯创立的,他们运用科学的唯物史观分析了人类社会的发展史,揭示了生产力和生产关系的矛盾运动是推动人类社会历史发展的真正动力。资本主义社会存在社会化大生产与资本主义私有制之间不可调和的矛盾,客观上要求以公有制为基础的社会主义经济制度取代资本主义经济制度。因此,社会主义经济制度代替资本主义经济制度,这是生产关系一定要适合生产力性质规律作用的必然结果。

一、社会主义是人类社会历史发展的必然结果

追寻历史的发展轨迹可以发现,社会经济制度的更替是一个由客观规律支配的漫长过程。资本主义经济制度在历史上曾经作为一种适应生产力发展的经济制度取代封建经济制度,推动了商品经济普遍化和生产社会化的发展,使得社会生产力达到相当高的水平。然而,随着资本主义经济的发展,资本主义生产关系与生产力之间的矛盾日益加深,当资本主义生产关系再也不能促进社会生产力发展的时候,社会主义替代资本主义就成为历史的必然。因为,一方面资本主义生产力的发展,不断创造着向社会主义过渡的物质条件;另一方面也同时造就了作为社会化大生产先进生产力代表的无产阶级,成为社会主义取代资本主义的主要阶级力量。

社会主义经济制度的建立是资本主义基本矛盾尖锐化的必然结果。按照马克思、恩格斯的设想,社会主义革命可能首先在资本主义经济最发达的一些国家同时发生。恩格

斯曾指出，共产主义革命将不仅是一个国家的革命，而将在一切文明国家里，即至少在英国、美国、法国、德国同时发生。在这些国家中的每一个国家，共产主义发展得较快或较慢，要依这个国家是否工业发达、财富积累较多以及生产力较高而定。[①] 然而，社会主义实践却超出了马克思、恩格斯的设想，社会主义革命首先在资本主义不发达的俄国取得胜利。苏俄的经验证明，在帝国主义时期，由于资本主义经济政治发展不平衡，社会主义革命能够突破资本主义世界体系的薄弱环节，在一个或几个国家首先取得胜利。中国革命的经验则证明，像旧中国这样半殖民地半封建社会的经济落后国家，在无产阶级政党的领导下，也可以超越资本主义充分发展的阶段，从新民主主义走上社会主义道路。

社会主义经济制度代替资本主义经济制度，虽然是生产关系一定要适应生产力性质和发展要求规律作用的必然结果，但是这一历史发展的客观必然性的实现，必须要有自身的政治前提——建立无产阶级政权。这种制度的更迭不同于历史上任何一种经济制度对另一种经济制度的替代。这是因为，以生产资料私有制为基础的社会经济制度的更迭，是一种新的私有制替代一种旧的私有制。所以在这种更迭过程中，一种新的生产关系的出现，是在旧社会的母体中适应生产力发展的客观要求而自发产生并得到一定的发展，代表新生产关系的新兴阶级的革命，是在已经有了适合自己利益的新生产关系条件下进行的。革命胜利后，他们利用政权的力量，使新的生产关系取得社会经济中的统治地位，从而建立新的经济制度。历史上的封建制度代替奴隶制度、资本主义制度代替封建制度，都经历了这样漫长而曲折的过程。但社会主义经济制度的产生不同于上述过程，社会主义公有制不可能在以资本主义私有制为基础的旧经济制度内部发育成长。因为社会主义公有制是对资本主义私有制的否定，从而是对资产阶级根本利益的否定。社会主义公有制的建立，只能通过无产阶级革命斗争掌握政权，成为统治阶级，从而依靠无产阶级政权的力量来逐步实现。无产阶级政权的建立是社会主义经济制度建立的政治前提。因此，社会主义公有制全面取代资本主义私有制，是一次更为深刻的、根本性的社会经济制度的变革，对这个过程的长期性、曲折性应该有充分的认识。但社会主义经济制度取代资本主义经济制度这一历史发展的客观趋势，是一个不以人们意志为转移的历史过程。

社会主义制度替代资本主义制度是人类社会发展的普遍规律。但是由于各国的历史条件不同，经济发展水平不同，各个国家发展社会主义的具体道路也是各不相同的。马克思、恩格斯设想的社会主义经济制度，是一种由发达资本主义经济演变过来的理论模式，而现实中的社会主义经济制度，若无视自己的国情而一味地照搬照抄并教条化相关理论，则不可避免地要付出惨重的代价，历史的发展已经证明了这一点。因此，各国在建立社会主义经济制度时，必须从自身实际出发，只有这样，才能建立起真正充满活力的社会主义经济制度。

二、中国社会主义经济制度的建立

中国社会主义经济制度的建立不能照搬马克思、恩格斯的模式，必须从中国自己的实际出发，走有中国特色的社会主义道路。

---

① 中共中央马克思恩格斯列宁斯大林著作编译局. 马克思恩格斯全集：第一卷[M]. 北京：人民出版社，1969：221.

中国社会主义经济制度的建立具有历史必然性。旧中国是一个半殖民地、半封建性质的社会，经济十分落后。由于帝国主义、封建主义和官僚垄断资本主义"三座大山"的压迫，严重阻碍了中国社会生产力的发展，生产力水平极其低下，机器生产的现代化工业在国民经济中只占10%左右，还有大约90%是落后的、分散的个体农业经济和手工业经济。旧中国的社会主要矛盾是无产阶级和广大劳动人民与"三座大山"的矛盾，革命的性质属于资产阶级民主革命的范畴。因此，旧中国的经济落后和特殊的社会性质决定了中国革命必须分两步走：第一步是新民主主义革命，推翻"三座大山"，改变旧中国半殖民地半封建的社会性质，使之变成新民主主义社会；第二步是社会主义革命，建立社会主义制度。1949年10月1日中华人民共和国成立，标志着我国进入了新民主主义社会。而从新民主主义社会到社会主义社会则必须经过一个过渡时期，这个时期从1949年10月中华人民共和国成立开始，到1956年"三大改造"(即对农业、手工业和资本主义工商业的社会主义改造)基本结束。这一时期的基本任务是把以生产资料私有制占统治地位的多种经济成分转变为以社会主义公有制为主体的经济结构，从而在全国范围内建立起社会主义经济制度。

我国社会主义经济制度建立的过程，从根本上讲就是生产资料社会主义公有制的建立过程。新中国成立后，我们面临两种性质完全不同的私有制：资本主义私有制和农业与手工业中的个体私有制。由于两种私有制性质不同，因而必须采取不同的途径把它们改造为社会主义公有制。

首先，对于资本主义私有制，主要通过剥夺的形式将其转变为社会主义公有制。这种剥夺可以根据资本的大小及其在国民经济中的地位和作用，采取不同的办法，即无偿没收大资本(官僚资本)，和平赎买中、小资本(民族资本)，建立社会主义全民所有制。官僚资本属于国家垄断资本主义，控制着旧中国的经济命脉，是反动统治的经济基础。它依附于帝国主义，并与封建势力相勾结，严重阻碍社会生产力的发展。因此，当我国新民主主义革命在全国胜利后，立即在全国范围内没收官僚资本，把它变成社会主义全民所有制的国有经济，这就使无产阶级领导的国家掌握了国民经济命脉，从而为建立社会主义经济制度奠定了基础。对于民族资本主义经济则通过"赎买"的方式，逐步将其改造为社会主义公有制。根据民族资本的特点和当时我国的实践，我国对民族资本的赎买采取了利用、限制和改造的政策。对民族资本所付给的赎买金，在全行业公私合营以前，采取利润分配形式，使资本家获得一部分利润；全行业公私合营以后，在企业的利润中，资本家按照其股金的数额，每年获得5%的定息。1956年定息被取消，完全建成社会主义全民所有制企业。

其次，对农业和手工业中的个体私有制经济则采取合作化的方式将其改造为社会主义劳动群众集体所有制。对个体经济的改造，只能在自愿的基础上，通过典型示范、思想教育和国家帮助，引导个体劳动者走上合作化的道路，建立社会主义劳动群众集体所有制经济。我国对农民个体经济的改造，是通过从互助组、初级社到高级社这样三个互相衔接、渐进的形式和步骤实现的。高级农业生产合作社的建立，标志着农业个体经济转变成社会主义劳动群众集体所有制经济。城镇个体手工业是一种小商品经济，与市场有着紧密联系，所以，对它的改造是从流通领域入手，实行"由小到大，由低到高"的社会主义改造步骤。首先建立供销合作组织，然后进一步进入生产领域的合作，建立手工业生产合作社。

到 1956 年年底，我国对个体农业、个体手工业和民族资本主义工商业的社会主义改造基本完成，确立了社会主义公有制的主体地位，标志着我国过渡时期的结束，基本上完成了从新民主主义社会到社会主义社会的转变，建立起了社会主义的经济制度。当然，由于这项巨大而复杂的社会主义改造任务是一场前无古人的深刻革命，因此工作中出现了一些缺点和偏差，如在社会主义改造过程中要求过急，工作过粗，变化过快，形式过于简单，以致遗留了一些问题，需要在长时期内加以补救和解决。我国的经验表明，走社会主义道路，既不能把书本当教条，也不能照搬外国模式，必须以马克思主义为指导，以实践作为检验真理的唯一标准，从实际出发，走一条有中国特色的社会主义道路。

三、中国社会主义的初级阶段

(一) 对我国社会主义初级阶段的认识

经过对生产资料私有制的社会主义改造，我国建立了社会主义经济制度。但是，我国建立社会主义经济制度的背景及基础同马克思、恩格斯所设想的相去甚远。我国的社会主义社会是在半殖民地半封建社会的基础上建立的，带有浓重的资本主义甚至封建主义的痕迹，需要经过更加长期的建设和改革，才能在生产力持续长期发展的基础上，逐步地消除从旧社会母胎中带来的痕迹，使社会主义制度逐步地趋于成熟和完善。所以，在我国这样一个落后的大国里，经过新民主主义走上社会主义道路，不可能很快地进入发达的社会主义社会，必须经历一个相当长的初级阶段，去实现资本主义国家已经实现了的工业化和经济的社会化、市场化、现代化。这是一个不可逾越的历史阶段。邓小平精辟地指出，社会主义本身是共产主义的初级阶段，而我们中国又处在社会主义的初级阶段，就是不发达的阶段。[①]

20 世纪 50 年代中期，我国从新民主主义到社会主义的过渡时期结束，建立社会主义制度后，便进入了社会主义社会。但我国的社会主义将长期处于初级阶段。一般来说，任何一个国家的社会主义社会都要经历一个由低级到高级、由不成熟到比较成熟的发展过程。但我国的社会主义初级阶段，不是泛指任何国家进入社会主义都会经历的起始阶段，而是特指我国在生产力落后、商品经济不发达的经济条件下，建立社会主义必然要经历的特定历史阶段。

社会主义初级阶段是一个相当长的历史阶段。从我国的情况来看，这个阶段至少需要一百年时间，即从 20 世纪 50 年代基本完成生产资料所有制方面的社会主义改造，进入社会主义社会开始，到 21 世纪中叶基本实现现代化为止。我国处在社会主义初级阶段，是马克思主义发展史上第一次提出的科学论断，在社会发展阶段问题上做出了重大理论贡献。

由于社会主义初级阶段所要完成的历史任务是实现工业化和经济的社会化、市场化、现代化，而我国原来的生产力水平很低，经过 60 多年的建设，特别是近 40 年的发展，

---

① 中共中央文献研究室. 邓小平文选：第三卷[M]. 北京：人民出版社，1993：252.

生产力有了很大提高，各项事业有了很大进步。然而总的说来，人口多、底子薄、地区发展不平衡、生产力不发达的状况没有得到根本改变；社会主义制度还不完善，社会主义市场经济体制还不成熟，社会主义民主法制还不够健全，封建主义、资本主义腐朽思想和小生产习惯势力在社会上还有广泛影响。我国社会主义社会仍然处在初级阶段。

(二) 社会主义初级阶段的基本内涵

我国社会主义初级阶段，既不同于社会主义经济制度尚未奠定的过渡时期，又不同于社会主义现代化已经实现的高级阶段。**社会主义初级阶段包含两层含义：第一，我国已经是社会主义社会**。我们必须坚持而不能离开社会主义，我国今后的发展不能偏离社会主义方向，要坚定不移地走社会主义道路。**第二，我国的社会主义社会还处在初级阶段，生产力比较落后，商品经济不发达**。对这两层含义的进一步解释又可以概括如下。

1. 社会主义初级阶段是社会主义根本经济制度性质和生产力还不发达现状的统一

一方面，就根本经济制度而言，我国已经进入社会主义阶段。这是因为我们已经具备了一定的大工业基础，并且建立起以公有制为基础的社会主义根本经济制度。但另一方面，就社会生产力水平或经济发展程度来讲，中国还处于不发达阶段，距离经济现代化还有较大的差距。因此，社会主义初级阶段是生产关系上的社会主义与不发达的社会生产力的统一。我们既不能离开根本经济制度的性质来谈论中国的社会主义，也不能离开生产力发展程度来谈论中国的社会主义。只有将两个方面统一起来，才能正确认识中国社会主义的初级阶段。

2. 社会主义初级阶段是经济不发达的国家进入社会主义之后特有的一个历史阶段

社会主义初级阶段不是泛指任何国家进入社会主义都会经历的起始阶段，而是特指生产力落后、商品经济不发达的国家建设社会主义必然要经历的特定历史阶段，即生产关系基本转变为社会主义之后，到社会生产力达到现代化水平的历史阶段。中国大约到21世纪中期才能走完这一阶段。而在生产力水平已经处于现代化的发达资本主义国家，如果社会主义革命取得成功，则不必经历这种社会主义初级阶段。中国生产资料所有制社会主义改造基本完成，生产关系基本进入社会主义阶段以后，就生产力发展水平来说，还远远落后于发达资本主义国家。这就决定了我国必须利用社会主义的有利条件，从1957年算起，经历100年左右这样一个相当长的历史阶段，去实现别的国家在资本主义条件下已经实现的工业化和经济的社会化、市场化、现代化。因此，社会主义初级阶段是一个不可逾越的历史阶段。

(三) 社会主义初级阶段的主要特征

社会主义初级阶段是我国社会主义社会发展的一个历史阶段，必然具有社会主义制度的一般经济特征，如建立了作为经济主体的生产资料社会主义公有制；实行了作为分配主体的按劳分配原则；生产目的是为了满足整个社会日益增长的物质和文化生活的需要；建立起了人民民主专政政权，确立了马克思主义在思想文化领域的领导地位等。但是，社会主义初级阶段毕竟是不成熟、不发达的社会主义，因而它又必然具有自身特征，这些特征主要表现如下。

1. 生产力水平比较低，商品经济不发达

在社会主义初级阶段，社会主义生产力发展的总水平还比较低，发展不平衡，存在

着多层次的生产力。生产社会化程度从整体上看也不够高，科学技术水平比较落后，在一些地区和部门还存在大量的小生产，从而决定了社会主义经济的不成熟性。

2. 在所有制结构上，以公有制为主体、多种所有制经济共同发展

在社会主义初级阶段，必须加强公有制的主体地位，改革公有制的实现形式；非公有制经济是我国社会主义市场经济的重要组成部分，必须坚持多种所有制经济共同发展。应当指出，社会主义初级阶段的多种经济成分并存与过渡时期的多种经济成分并存是根本不同的，区别在于公有制经济在多种经济成分并存中是否占据主体地位。现阶段的多种经济成分并存，是社会主义公有制经济在整个国民经济中占主体地位条件下的并存，而过渡时期是以私有制经济占绝对优势条件下的多种经济成分并存，是私有制经济处于被改造条件下的多种经济成分并存。

3. 在分配结构与分配方式上，实行以按劳分配为主体、多种分配方式并存的制度

社会主义初级阶段存在着以公有制为主体的多种经济成分和多种经营方式，按劳分配只是社会主义经济分配个人消费品的基本原则，而不是唯一的分配原则。除了存在按劳分配以外，还存在着其他分配形式，允许和鼓励资本、技术等生产要素参与分配。在共同富裕的目标下，鼓励一部分人通过诚实劳动和合法经营先富起来。

在社会主义初级阶段，社会的阶级状况和阶级关系发生了根本变化，阶级斗争已经不是社会的主要矛盾，而人民日益增长的美好生活需要和不平衡不充分发展之间的矛盾上升为社会的主要矛盾。为了解决这个主要矛盾，必须大力发展社会生产力。因此，社会主义初级阶段的根本任务是解放和发展生产力，实现工业化和经济的社会化、市场化和现代化，把经济建设作为一切工作的中心。只有牢牢抓住这个主要矛盾和工作中心，才能清醒地观察和把握社会矛盾的全局，有效地促进各种社会矛盾的解决，也才能为建立成熟的社会主义经济制度直至实现共产主义奠定良好的物质基础。

四、社会主义经济制度的本质特征

社会主义经济制度是一种区别于以前任何经济制度的全新经济制度。科学社会主义的创始人对未来社会的基本特征做出初步的预测：第一，生产力的巨大提高和高度发展是社会主义制度的必要前提。第二，消灭私有制，社会作为一个整体直接占有全部生产资料。第三，在生产资料公有制的基础上有计划地组织生产。由于产品的生产和分配实行计划调节，商品货币关系已失去了存在的理由。第四，产品归劳动者共享。在第一阶段，实行按劳分配；在高级阶段，实行按需分配。第五，阶级和国家逐步消亡，整个社会将过渡到自由人的联合体，最终实现每个人都得到自由、全面发展的目标。经过几十年的社会主义实践，关于社会主义经济制度本质的相关论述仍然在不断进行修正。我们可以对社会主义经济制度的本质做进一步的概括，它具有如下的重要特征。

(一) 生产资料公有制

不论物质资料生产的社会形式如何，劳动者和生产资料始终是生产的基本要素。人类要进行生产就必须使劳动者和生产资料结合起来，劳动者与生产资料结合的不同方式和方法，使社会经济区别为不同的历史时期。生产资料所有制的形式决定着劳动者与生产资料的结合方式，从而决定着社会生产和再生产各个环节的特点。因此，生产资料所

有制是一种社会经济制度区别于另一种社会经济制度的重要标志。在资本主义社会，生产资料的资本主义私有制决定了劳动者与生产资料的结合方式以雇佣劳动与资本相结合为特征，从而决定了生产、交换、分配和消费等社会再生产的各个环节，都服从于资本家最大限度地追求剩余价值的目的。我国社会主义经济制度是随着生产资料私有制的社会主义改造的完成、社会主义公有制的建立而建立起来的。在公有制经济中，劳动者是生产资料的主人，生产目的是不断地满足广大劳动人民日益增长的美好生活需要。

(二) 按劳分配

生产资料的社会主义公有制，决定了劳动者是生产资料的主人，在社会生产过程中处于平等地位，不存在人剥削人的关系。在公有制范围内，人们的劳动成果在做了各种必要的社会扣除后，按照每个人为社会提供的劳动量进行分配，即实行按劳分配。列宁曾指出，人类从资本主义只能直接过渡到社会主义，即过渡到生产资料公有和按每个人的劳动量分配产品。[1]按劳分配是社会主义经济制度的一个重要特征。

(三) 共同富裕

社会主义经济制度的建立，是广大劳动人民的选择，是为不断解放和发展社会生产力，实现广大劳动人民的共同富裕服务的。邓小平指出，社会主义的本质，是解放生产力，发展生产力，消灭剥削，消除两极分化，最终达到共同富裕。[2]一个公有制占主体，一个共同富裕，这是我们所必须坚持的社会主义的根本原则。[3]社会主义经济制度是以生产资料的社会主义公有制为基础的，广大劳动人民利用共同占有的生产资料进行联合劳动，劳动产品实行按劳分配，这就使得以共同富裕为目标不仅成为必要，而且有了可能。

第二节 社会主义初级阶段的所有制结构

生产资料的所有制是全部生产关系的基础。在我国社会主义初级阶段，社会主义基本制度已经建立，公有制已在社会的所有制结构中占主体地位。但是，在坚持社会主义基本制度和公有制为主体的条件下，一切有利于生产力发展的所有制形式和多种所有制经济，都可以而且应该用来为社会主义服务。

一、社会主义初级阶段的基本经济制度

(一) 社会主义初级阶段基本经济制度的含义

公有制为主体，多种所有制经济共同发展，是我国社会主义初级阶段的一项基本经济制度。

社会主义初级阶段基本经济制度的确立，是由社会主义性质和初级阶段国情决定的。这一制度的确立，也是十一届三中全会以来，我们党对科学社会主义在所有制理论问题

---

[1] 中共中央马克思恩格斯列宁斯大林著作编译局. 列宁全集：第二十九卷[M]. 北京：人民出版社，1985：178.
[2] 中共中央文献研究室. 邓小平文选：第三卷[M]. 北京：人民出版社，1993：373.
[3] 中共中央文献研究室. 邓小平文选：第三卷[M]. 北京：人民出版社，1993：111.

上的重大发展。这一制度的确立，既体现了科学社会主义的基本原则，也与现阶段我国社会生产力发展水平相适应，对我国社会主义经济的发展和人民生活水平的提高起到了积极的作用。在改革攻坚的历史阶段，继续发展和完善所有制结构，进一步解放生产力，是经济体制改革的重大任务。

(二) 正确理解社会主义初级阶段的基本经济制度

生产资料所有制结构，简称所有制结构，指的是一定社会中各种生产资料所有制形式在国民经济中所占的比重、所处的地位以及它们之间的相互关系。我国目前的所有制格局是以公有制为主体，多种所有制同时并存、共同发展。所谓公有制的主体地位，主要体现在：第一，公有资产在社会总资产中占优势；第二，国有经济控制国民经济命脉，对经济发展起主导作用。这是就全国而言，有的地方、有的产业可以有所差别。公有资产占优势，要有量的优势，更要注重质的提高。国有经济起主导作用，主要体现在控制力上。为此，要从战略上调整国有经济布局。对关系国民经济命脉的重要行业和关键领域，国有经济必须占支配地位。在其他领域，可以通过资产重组和结构调整来加强重点，提高国有资产的整体质量。

处于主体地位的公有制经济，不仅包括国有经济和集体经济，还包括混合所有制经济中的国有成分和集体成分。集体经济是公有制经济的重要组成部分，对发挥公有制经济的主体作用具有重大意义。

公有制的实现形式可以而且应该多样化。一切反映社会化生产规律的经营和组织方式都可以大胆利用，应努力寻找能够极大促进生产力发展的公有制形式。股份制是现代企业的一种资本组织形式，国家和集体控股具有明显的公有性。要特别提倡和鼓励劳动者的劳动联合及劳动者的资本联合为主的集体经济形式。

总之，我国之所以实行公有制为主体，多种所有制经济共同发展的基本经济制度，是由我国的基本国情决定的。所谓基本国情，第一，我国是社会主义国家，必须坚持公有制作为社会主义经济制度的基础；第二，我国处在社会主义初级阶段，需要在公有制为主体的条件下发展多种所有制经济；第三，我国社会主义初级阶段的主要矛盾，是人民日益增长的美好生活需要和不平衡不充分的发展之间的矛盾。解决矛盾的途径是大力发展生产力。因此，一切有利于社会主义社会生产力发展、有利于社会主义国家综合国力的增强、有利于人民生活水平的提高的各种所有制形式，都可以而且应该用来为社会主义服务。

在社会主义初级阶段的所有制结构中，公有制必须是主体。因为我国经济制度的社会主义性质，是由处于主体地位的公有制经济决定的，而且公有制只能是主体，不能是全体。在现阶段，我国需要在发展公有制经济的同时，发展多种非公有制经济，以充分利用各种资源，调动多方面的积极性，推动我国生产力的快速发展。

非公有制经济是我国社会主义市场经济的重要组成部分。个体、私营、"三资"企业等非公有制经济，对于满足人们多样化的需要、增加就业、促进国民经济的发展有重要作用。

因此，要正确理解社会主义初级阶段的基本经济制度，必须对这两个方面有正确的认识,真正做到"两个坚定不移"。①

二、社会主义公有制

生产资料社会主义公有制是社会主义经济制度的基础。生产资料公有制是指生产资料由联合劳动者共同所有、占有、支配和使用的所有制形式。社会主义公有制除了两种基本形式即全民所有制和集体所有制以外,还包括混合所有制经济中的国有成分和集体成分及股份合作制等。公有制已经成为我国现阶段所有制结构中的主体,就全国而言,公有资产在社会总资产中占优势。

(一)全民所有制

社会主义全民所有制是生产资料归社会全体成员共同占有的一种经济形式。在全民所有制的范围内,全社会劳动者在生产资料所有关系上是平等的,是这些生产资料的共同的主人,全民所有制生产资料的使用是为了实现全社会劳动者的共同利益。在这个范围内,生产资料不仅不再是剥削手段,而且排除了由于生产资料占有的差异所引起的人们生活富裕程度上的差异。由于全民所有制的主体是社会全体成员,而数以千万计的社会成员不可能直接占有和支配庞大的全民财产,必须由一个社会中心作为代表来占有和支配,这个社会中心在社会主义阶段只能是社会主义国家。所以,社会主义全民所有制要表现为社会主义国家所有制,全民所有制经济要表现为国有经济,全民所有制企业要表现为国有企业。

现阶段,我国全民所有制财产包括矿藏、河流、国有森林、山岭、草原、荒地、滩涂和其他自然资源,绝大部分的邮电、银行、铁路、公路以及国有的工厂、农场、商店等。可见,全民所有制经济掌握着国民经济的命脉,拥有雄厚的经济实力,是我国社会主义经济制度的主要经济基础。全民所有制经济在社会主义国民经济中居于主导地位,是整个国民经济的领导力量。它在国民经济中所起的主导作用表现为:第一,全民所有制经济生产出绝大部分的现代化生产设备、原材料和能源,提供绝大部分的交通运输和邮电服务,从基本物质条件方面,保证社会主义扩大再生产的顺利进行。第二,全民所有制经济拥有现代化的生产手段、生产技术和信息网络,可为国民经济的技术改造提供先进的信息、设备和技术,促进科技的现代化,从而加速生产力的发展。第三,全民所有制经济是我国社会主义建设资金积累的主要来源。全民所有制企业上缴的税金和利润,占全国财政收入的比重很大。第四,全民所有制的生产性企业为满足劳动人民的物质文化生活提供绝大部分的消费品。全民所有制的商业,沟通城乡之间、地区之间的物资交流,调节全国的商品流向,这对满足人民的需要起着重要作用。第五,全民所有制经济对整个国民经济沿着社会主义方向发展起着领导作用。总之,全民所有制经济对于保证

---

① 江泽民在《学习邓小平理论工作会议上的讲话》中指出,坚持以公有制为主体、多种所有制经济共同发展的基本经济制度,这是十五大在理论上和实践上的新发展,是社会主义基本原则在当代中国的坚持和运用。我们干的是社会主义,国家经济的主体必须是公有制,这要坚定不移。同时,我国现阶段的生产力水平决定了必须坚持多种所有制经济共同发展,鼓励、引导非公有制经济健康发展,这也要坚定不移。如果不把这两个坚定不移统一起来,只讲一面,就会脱离社会主义初级阶段的实际,就建不成有中国特色的社会主义。

社会主义方向，加速社会主义现代化建设，促进国家繁荣富强、人民富裕幸福，都具有决定性的作用。

(二) 集体所有制

集体所有制经济是生产资料归部分劳动群众共同所有的一种社会主义公有制经济形式。一般而言，它是与较低的生产社会化程度相适应的公有制形式。在我国现阶段，集体所有制经济具有很大的包容性，它广泛存在于城镇手工业、工业、建筑业、运输业、商业、服务业等行业和农村的农业与非农产业，它与全民所有制共同构成了我国公有制经济的主体。集体所有制在一个集体范围内，劳动者取得了对生产资料占有关系上的平等地位，但由于不同的集体经济组织所拥有的生产资料的数量和质量可能不同，因此，各集体经济组织在劳动成果的占有和个人收入分配上可能存在差别，这是集体所有制区别于全民所有制的一个重要特点。

集体所有制经济在我国国民经济中占有重要的地位，发挥着重要的作用，是一种具有强大生命力的公有制形式。具体特征包括：①规模较小，资金较少，而且基本上由劳动者自行集资，不需要国家投资；②自主经营，比较灵活，对市场的适应性强；③实行自负盈亏，其经营状况同劳动者的利益密切相关，能够更好地调动劳动者积极性；④能容纳手工劳动、半机械化劳动、机械化劳动等不同层次的生产力，有利于发挥广大劳动者和各种工程技术人员的作用。在我国现阶段尚存在多层次生产力、资金短缺、就业困难、某些社会需要还得不到充分满足的情况下，发展集体所有制经济，对于充分调动广大群众中的人力、物力、财力，以发展社会生产力和整个国民经济，满足人民群众物质文化生活多方面的需要，都具有十分重要的意义。因此，集体所有制经济是一种很有发展前途的公有制形式，不能把它看作暂时的和过渡性的公有制形式，而是要积极地发展它、壮大它，这对发挥公有制经济的主体作用意义重大。

目前，我国社会主义集体所有制经济，按其所在地区或生产经营的对象不同，可分为集体所有制经济和城镇集体所有制经济。

农村集体所有制经济是我国现阶段农村中的主要经济形式，占全国人口总数70%的农民的生产和生活是与集体经济联系的，全国90%以上的粮食和经济作物是农业集体经济所生产的。而在我国农村现阶段，集体所有制经济则采取了合作经济的形式。所谓合作经济，是指劳动者在自愿的基础上，通过资金、技术、设备以及其他生产要素联合起来进行合作生产和经营的一种所有制形式。

党的十一届三中全会以后，我国农村集体经济组织基本上都实行了联产承包责任制。在家庭联产承包责任制下，基本的生产资料，如土地、水利设施等，仍归集体所有，但有一部分生产资料分别交给农户。各个农户根据与集体订立的合同，按照集体的要求，承包一定的生产任务。劳动成果除了缴纳农业税和按合同上缴一部分给集体以外，全部归自己所得。这种经营管理体制保留了集体所有制的一些性质，但由于生产条件的制约，目前农村中集体经营的比重还不大，它也有自己的新特点：集体虽然还拥有对土地和其他少数农业生产资料的所有权，但农民私有的生产资料日益增加，大部分农业机械等也为农民私有。农户的生产、经营等活动全由农户自行决定。这也就使农户经营在一定程度上带有个体经济的色彩。因此，现阶段我国农村生产资料所有制形式已经不再是过去的集体所有制,而是生产资料既有集体所有,又有农户私有的合作经济。家庭联产承包责任制这种合作经济,在统分结合的具体形式和内容上有很大的灵活性,可以容纳不同水平的生产力,具有广泛的适应性和旺盛的生命力,应该长期加以坚持。采用家庭承包这种小规模经营方式,有利于发挥家庭生产经营的长处,调动农民个人及其家庭成员的生产积极性和主动性,这对于现阶段我国农业生产的发展具有十分重要的作用。

我国的城镇集体经济,一部分是在20世纪50年代对个体手工业者和小商贩的社会主义改造的基础上建立和发展起来的,大部分则是在经济建设过程中,在地方政府、街道、企事业单位的扶持下建立起来的。中共十一届三中全会以来,城镇集体经济得到了广泛发展,目前已成为一支强大的经济力量。我国城镇集体经济包括手工业、工业、建筑业、运输业、商业和服务行业等各种形式的合作经济。城镇集体经济具有投资少、见效快、易于兴办、能吸收较多劳动力等特点。它的存在和发展对促进我国生产的发展、满足劳动人民物质文化生活需要、扩大出口、积累资金、安排就业等,都有着重要作用。因此,城镇集体所有制同农村集体所有制一样,是需要长期存在和鼓励发展的,从当前看,城镇集体所有制同全民所有制一样也存在产权问题,必须界定清楚,只有这样,城镇集体所有制才可能真正得到健康发展。

(三) 混合所有制

社会主义公有制,除了全民所有制和集体所有制两个基本形式之外,它还包括混合所有制经济中的国有成分和集体成分。所谓**混合所有制经济,是指由不同性质的所有制经济组合而成的一种经济形式**,这种所有制经济具有复合型、内部性和开放性的基本特点。在我国,混合所有制经济的形式主要有:中外合营经济(包括中外合资经营企业、中外合作经营企业)、股份制企业以及由不同所有制性质的企业、单位所组建的经济联合体和企业集团等,它们中的国有成分或集体成分也都属于公有制经济,是社会主义公有制的一个组成部分。

三、社会主义公有制的实现形式

所有制的实现形式与所有制或所有制形式是不同的,它们是既相互联系又有区别的两个概念。从一般意义上讲,所有制是指生产资料或资产归谁所有,归社会主义国家所有,就是国家所有制即全民所有制,归部分劳动群众集体所有,就是集体所有制。这里的"形式"是指公有制自身的具体形式。而所有制的实现形式则是指一定所有制经济所采取的经营方式和组织形式。一种所有制可以采取多样化的实现形式,不同的所有制也可以采取相同的实现形式。

社会主义公有制的实现形式可以而且应当多样化,并且还应随着生产力发展要求的变化而不断调整,公有制实现形式的单一化或凝固化,不利于社会主义经济的发展。公有制实现形式的选择应当符合生产力的发展,一切反映社会化生产规律的经营方式和组织形式都可以利用。要努力寻找能够极大地促进生产力发展的公有制实现形式。

改革开放以来,我国公有制经济已经突破了仅仅是国家经营和集体经营的实现形式。由于各种公有制企业的公有化程度不同、企业的规模不同、企业的产业属性不同、企业的经营管理水平不同、企业的经济效益不同,以及其他各种条件的差异,出现了公有制实现形式多样化的局面，如股份制经营、股份合作制经营、承包经营、租赁经营、委托经营等。

股份制是现代企业的一种资本组织形式，从而也可以是公有制的一种实现形式。它有利于所有权和经营权的分离，有利于提高企业和资本的运作效率。由于它是与社会化大生产相适应的、在市场经济条件下发展起来的资本组织形式，因而在社会化市场经济中具有普遍的适用性，资本主义市场经济可以用，社会主义市场经济也可以用。不能笼统地说股份制是公有还是私有，关键看控股权掌握在谁手中。国家和集体控股便具有明显的公有性，有利于扩大公有资本的支配范围，增强公有制的主体作用。

目前城乡大量出现的多种多样的股份合作制经济，是改革中的新事物。它是我国社会主义市场经济中集体经济的一种实现形式，兼有股份制和合作制的特点。在股份合作制经济中，劳动联合和资本联合有机地结合在一起，职工共同占有和使用生产资料，共同劳动，共享利益，共担风险；职工既是劳动者，又是企业出资人。它是劳动者与生产资料直接结合的一种有中国特色的企业制度，是现阶段中小企业的一种新型的公有制实现形式。实行股份合作制，落实了企业资产经营责任，提高了职工对企业资产的关心程度和风险意识，增强了企业凝聚力，调动了职工的积极性，有利于促进生产力的发展。

四、非公有制经济的发展

非公有制经济是我国社会主义市场经济的重要组成部分。当前，我国社会主义初级阶段实行的是以公有制为主体、多种所有制形式共同发展的所有制结构，也就是既要积极发展壮大公有制经济，又要鼓励支持其他非公有制经济的发展。之所以这样做，是由生产关系一定要适合生产力发展状况的规律决定的，是由我国的生产力状况和其他经济条件决定的，具有客观必然性。我国原来是一个半殖民地半封建性质的国家，生产力十分落后，进入社会主义社会之后，虽然为生产力的发展开辟了广阔的道路，生产力获得了很大发展，但生产力总体水平仍然很低，特别是在部门之间、地区之间发展很不平衡。同时，生产力发展水平又呈现多层次性，既有高度社会化的生产和经营，又有中等社会化的生产和经营，甚至有社会化程度很低的生产和经营；既有技术水平和自动化水平比较高的大机器生产，又有半机械化、半手工操作的生产，还有落后的手工劳动方式的生产。因此，针对我国社会主义初级阶段的生产力现状，既要发展公有制经济，也要鼓励、引导非公有制经济健康发展。

我国社会主义初级阶段的非公有制经济主要有个体所有制经济、私营经济、国家资本主义经济等。

(一) 个体经济

个体所有制经济是指生产资料归劳动者个人所有，并由劳动者个人及其家庭成员直接支配和使用的一种私有制形式。在我国现阶段，个体所有制经济主要存在于城乡的工业、农业、商业、交通运输业和服务行业中，它是同我国现阶段生产力水平比较低下、使用手工工具进行手工操作和分散经营相适应的一种所有制形式。在我国，个体经济有两个显著的特征，其一，生产资料和劳动产品归个人所有，属于小私有的范畴；其二，生产规模狭小，一般以个人或家庭成员参加生产劳动，自食其力，不剥削别人，也不受人剥削。我国现阶段存在的个体所有制经济主要是改革开放以后发展起来的。在改革开放之前，我国对个体所有制经济实际采取了逐步加以消灭的政策。改革开放后，国家调整了对个体经济的政策，允许其存在和发展，从而使个体经济迅速恢复发展起来。据统计，截至 2016 年年底，全国登记注册的个体工商户为 5929.95 万户，从业人员达 1.29 亿人，注册资金为 5.34 万亿元。个体经济安置了大量城镇人员、农村剩余劳动力和其他闲散人员，已成为我国社会主义公有制经济的重要补充。

个体经济具有规模小、经营分散、工具简单、主要依靠手工劳动等特点。在我国当前的生产力状况下，个体经济的生产经营活动能更好地节约劳动，方便群众的生活，从多方面满足群众的需要，还可以增加国家财政收入，积累资金和安排就业。可见，个体经济所起的作用，在一定时期之内是社会主义公有制经济所不能取代的。个体经济在许多社会形态中都存在，它是一种依附于一定社会中占主导地位的经济形式的补充经济形式，可以为不同的社会经济发展服务。在社会主义公有制占主体地位的社会主义制度下，个体经济可以为社会主义经济的发展服务。因此，国家应鼓励个体经济，在政策允许范围内进一步健康发展。

(二) 私营经济

私营经济是指企业资产属于私人所有、存在雇佣劳动关系的私有制经济，从本质上说，它是资本主义性质的经济。这是因为：从所有制关系上讲，生产资料或财产属于私人所有，是一种私有制；从劳动关系上讲，以雇佣劳动为基础而不是以业主个人劳动为基础，存在着剥削；从经营目的上讲，以盈利为目的，赚取利润是其发展的根本动力。在社会主义初级阶段，在发展商品经济过程中，私营经济的存在和适当发展是必要的。它有利于促进生产的发展，活跃市场，扩大就业，更好地满足劳动者的物质文化生活需要，国家应保护其合法权益，鼓励它在国家政策允许的范围内发展。在我国现阶段，私营经济虽然是具有资本主义性质和特点的经济成分，但是，在公有制经济占优势的条件下，它不仅受到公有制经济的影响和约束，而且受国家的控制和调节，因而它有别于一般资本主义经济，并能够为社会主义经济的发展发挥积极作用。

我国现阶段的私营经济主要是在改革开放以后迅猛发展起来的，据统计，2007 年，全国登记注册私营企业为 551.3 万户，从业人员达 7253.1 万人，注册资金为 9.29 万亿元。到 2016 年底，全国登记注册私营企业为 2309.2 万户，从业人员达 1.8 亿人，注册资金为 107.66 万亿元。我国私营经济成长的途径主要有两条：一是在个体经济发展的基础上形成的；二是由那些不适于继续实行公有制的企业转化而来的，如有些中、小型公有企业被拍卖而转化为私营企业等。与个体经济相比，私营经济的生产经营规模、技术层次以及社会化程度都要高出很多，私营经济的存在同样也是由我国的生产力状况决定的。总的来看，私营经济的存在和发展对我国国民经济的发展有积极的促进作用，尤其是通过竞争有助于激发公有制经济的活力，但也不可忽视私营经济的发展所带来的一些消极因素。因此，国家对私营经济应本着兴利除弊的原则，有效地发挥它的积极作用，同时要加强对私营企业的生产经营活动的指导、监督和管理，通过经济立法和加强管理给予必要的调节，限制其不利于社会主义经济发展的消极方面，引导其健康发展。

(三) 国家资本主义经济

社会主义制度下的国家资本主义，是指社会主义国家"能够加以限制、能够规定其范围的资本主义"。[①]我国现阶段的国家资本主义主要有三种形式：一是中外合资经营企业。这种形式是由中外双方投资主体共同投资建立起来的，根据双方出资比例确定双方的权益和责任，利润分享，风险共担。二是中外合作经营企业。这种形式中，合营双方都提供一定的投入要素，按照双方都能接受的条件达成协议，兴办企业，合作经营，并根据协议确定双方的投入、权责和收益分配比例。三是外商独资企业。这是指由外国和中国港、澳、台地区的商户或个人单独投资、独立经营、自负盈亏的企业。上述三种国家资本主义的形式，在我国简称为"三资"企业。"三资"企业都是根据我国法律，按照平等互利原则，经我国政府批准，尊重我国主权，接受我国政府监督和管理，在社会主义公有制经济的影响和制约下进行经营的，因而，本质上都属于社会主义条件下的国家资本主义。

现阶段，我国国家资本主义的存在和发展，不仅有利于利用国外资金，缓解国内建设资金不足的矛盾，而且有利于创造更多的就业机会，促进我国劳动力资源的有效利用；不仅有利于我们引进外国的先进设备、先进技术和先进的管理方法，而且有利于促进我国技术水平和管理水平的提高；不仅有利于我国发展外向型经济、拓展国际市场，而且有利于提高我国资源开发和利用的能力。由此可见，这种经济的存在和适当发展对于发展我国的社会主义经济有着重要的作用。但是，国家资本主义经济的一定发展也会带来一些消极的东西，对此我们应有充分的认识，并采取措施尽可能地限制或减少其消极影响。

非公有制经济是我国社会主义市场经济的重要组成部分，它们对满足人们多样化的需要、增加就业、促进国民经济的发展都有重要作用。就我国目前的情况来看，除全民所有制经济以外，其他经济成分不是发展得太多，而是还很不够。对于城乡合作经济、个体经济、私营经济和国家资本主义经济，都要继续鼓励和引导它们健康的发展，以形成适应我国市场经济发展的所有制结构。

第三节　社会主义初级阶段个人收入分配制度

生产决定分配，"消费资料的任何一种分配，都不过是生产条件本身分配的结果。而生产条件的分配，则表现生产方式本身的性质。"[②]个人收入分配是生产资料所有制的实现。个人收入分配是否合理，直接关系到全体社会成员的经济利益，也关系到我国社会经济制度的生存和巩固。在社会主义初级阶段，个人消费品实行按劳分配的原则。但是，目前在我国社会主义市场经济条件下，按劳分配的内容及形式有着其自身的特点。

[①] 中共中央马克思恩格斯列宁斯大林著作编译局. 列宁全集：第四十三卷[M]. 北京：人民出版社，1987：84.

[②] 中共中央马克思恩格斯列宁斯大林著作编译局. 马克思恩格斯选集：第三卷[M]. 北京：人民出版社，1995：306.

一、按劳分配的内容

(一) 按劳分配的客观必然性

按劳分配是社会主义公有制经济中个人消费品分配的基本原则,是由社会主义社会的客观经济条件决定的,具有客观必然性。

首先,生产资料公有制是实行按劳分配的前提条件。生产资料所有制是劳动产品分配关系的基础,在社会主义公有制经济中,生产资料归劳动者共同所有,劳动者不为那些生产资料的私有者劳动,他们劳动的成果属于全体劳动者所有,并在劳动者内部按照劳动者的共同利益分配。因此,在生产资料公有制的范围内,消灭了一小部分人凭借他们掌握的生产资料无偿占有广大劳动者剩余劳动或剩余产品的制度,为实现按劳分配建立了前提,按劳分配是同公有制经济相适应的分配形式,它体现着社会主义公有制经济的特性和要求。因此,公有制是按劳分配的前提和基础,按劳分配是公有制的实现和体现。

其次,实行按劳分配的根本条件是由生产力发展水平决定的。生产力发展水平的高低,直接决定了一个社会可供分配的产品数量的多少。在社会主义公有制经济中,为什么只能按劳动而不能按需要来分配个人消费品呢?恩格斯指出,分配方式本质上毕竟要取决于可分配的产品的数量。① 也就是说,生产力发展水平决定社会产品满足社会需要的程度,原始社会实行平均分配,未来共产主义实行按需分配都是由生产力发展水平决定的;现阶段,在生产力没有达到高度发展以前,在旧的社会分工依然存在的条件下,不具有实行按需分配的物质条件,因而只能实行按劳分配的模式。

最后,旧的社会分工的存在和劳动还是个人谋生的手段,是实行按劳分配的直接原因。在社会主义初级阶段,由于受生产力发展水平的限制,旧的社会分工还没有消失,工农之间、城乡之间、脑力劳动和体力劳动之间的本质差别还依然存在,因而劳动者向社会提供的劳动在数量和质量上也有着明显差别。同时,对大多数劳动者来说,劳动仍然是个人谋生的手段,还没有成为人们生活的第一需要。如果在分配个人消费品的时候,不考虑劳动者劳动的差别,实行平均主义分配,就会挫伤人们的劳动积极性,不利于生产的发展。因此,只有承认不同劳动者之间的劳动存在差别,并把劳动者向社会提供的劳动量同他可能获得的消费品的数量联系起来,实行按劳分配,才能调整劳动者的积极性并进而推动社会生产力的发展。

(二) 按劳分配的基本内容

按劳分配是社会主义制度的基本特征之一,是社会主义的基本分配原则,是不以人们的意志为转移的客观规律。一般而言,按劳分配的主要内容包括以下几个方面。

第一,凡是有劳动能力的人,都必须以参加劳动作为获取消费品的前提条件。按劳分配是在社会主义公有制基础上,劳动者对共同劳动的成果进行分配。因此,要想获取个人消费品,必须参加劳动。只有这样,才有资格从劳动的总成果中获取应得的份额,劳动是获得消费资料的唯一手段,有劳动能力而不参加社会劳动的人,没有权利向社会领取劳动报酬。

---

① 中共中央马克思恩格斯列宁斯大林著作编译局. 马克思恩格斯选集:第四卷[M]. 北京:人民出版社,1995:475.

第二，实行按劳分配的物质对象不包括全部社会产品，只是其中的个人消费品。全部社会产品在减去用来补偿消耗掉的生产资料以及扩大生产基金、后备基金、管理费用、满足公共需要的费用和社会救济费用等各项社会扣除以后，剩余的部分才在劳动者个人之间进行分配，用于满足劳动者个人及其家庭的消费需要。按劳分配也必须借助商品货币形式来实现，按劳分配的实现程度必然会受到市场机制的制约。

第三，社会以劳动作为分配个人消费品的尺度。按劳分配所依据的劳动，本质上是符合社会需要的、被社会所承认的劳动。在社会主义市场经济条件下，劳动虽然失去私人性质，但是由于全民所有制企业之间、集体所有制企业之间以及全民所有制企业与集体所有制企业之间还存在商品货币关系，所以商品生产劳动还存在个别劳动和社会劳动的矛盾，劳动还不完全具有直接的社会性。只有被社会承认的劳动才代表劳动者对社会的真正贡献，它才是按劳分配的根据。在量的方面，是以社会平均劳动量为尺度。社会和集体按劳动者提供的劳动质量和数量分配给个人消费品，等量劳动领取等量报酬，多劳多得，少劳少得，不劳不得。按劳分配还不能在全社会范围内按照统一的标准进行，而只能在公有制企业和单位内部实现。从全社会来看，不同企业和单位的劳动者所付出的等量劳动，并不一定能获得等量报酬。

按劳分配不等于平均分配，必须反对分配上的平均主义，要承认不同劳动者在劳动上的差别，并在劳动报酬上体现这种差别，应当允许劳动者在共同致富的道路上有先有后。因此，按劳分配的实行对于社会主义制度具有十分重要的意义。首先，它用劳动代替了资本，使劳动成为占有社会产品和获得收入的唯一根据，体现了生产资料公有制中人们在占有生产资料上的平等关系，从而为消灭剥削、消除两极分化、实现共同富裕奠定了基础。其次，它用劳动的尺度代替了需要的尺度，承认个人能力和与此相关的利益差别是个人天然的权利，承认社会主义经济中劳动者所具有的"经济人"身份，从而为社会主义经济的有效运行提供了有效的激励和约束机制。最后，按劳分配内容所包含的劳动者之间劳动相交换的个别劳动与社会劳动的矛盾关系，是推动劳动者提高自身素养、革新技术、发展生产力的重要力量，也是推动社会主义经济不断发展的动力所在。

二、按劳分配的实现形式

我国现阶段的按劳分配同马克思当年设想的未来社会的按劳分配存在着重大差别。马克思设想的按劳分配，是不存在商品货币关系条件下的按劳分配，而我国现阶段的按劳分配是在社会主义市场经济条件下实行的，存在着商品货币关系。这种差别主要表现在：

第一，按照马克思的设想，由于不存在商品货币关系，"个人的劳动不再经过迂回曲折的道路，而是直接作为总劳动的组成部分存在着。"[①]而在市场经济条件下，个别企业中联合劳动者的劳动，也只能是局部劳动，不可能直接成为社会劳动。必须经过市场交换，产品被社会接受了，局部劳动才能实现为社会劳动。不适应市场需要的商品长期积压在仓库里，最终报废，就是局部劳动得不到社会承认，最终成为无效劳动的表现。

---

① 中共中央马克思恩格斯列宁斯大林著作编译局. 马克思恩格斯选集：第三卷[M]. 北京：人民出版社 1995：303.

第二，按照马克思的设想，由于社会主义劳动者的个人劳动直接被视为社会劳动，"各个生产者的个人劳动时间就是社会劳动日中他所提供的部分"[①]。劳动者的劳动贡献就可以直接用劳动时间或劳动强度来衡量。而在市场经济条件下，商品中所包含的劳动量，不能直接用劳动时间或强度来衡量，只能迂回曲折地通过价值来表现。

第三，在没有商品货币关系的条件下，马克思设想按劳分配将借助于劳动证书或劳动券的形式来实现，而在市场经济条件下，必须借助于货币。

第四，既然没有商品货币关系，就不再有价格与价值的背离，所以马克思设想，虽然消费品的按劳分配"通行的是商品等价物的交换中通行的同一原则，即一种形式的一定量的劳动同另一种形式的同量劳动相交换。"[②]这就是说，将不会有劳动报酬与劳动贡献相脱节的情况。但是，由于商品货币关系的存在，劳动报酬与劳动贡献相符也只能是一种趋势。两者完全相符是罕见的，两者之间一定程度的背离则是普遍的。

第五，马克思所设想的按劳分配在全社会按统一的标准实行，而现实中由于各个全民所有制经济、集体所有制经济单位都是市场主体，都以利润最大化为目标，都有自身独立的利益，因而，按劳分配在全社会范围内没有统一的标准，只能以企业为单位，在各个企业内部按照各自企业内部的状况进行分配。

由于社会主义的现实同马克思的设想相去甚远，所以社会主义现阶段按劳分配的实现形式也必然不同于马克思所设想的。而且在公有制经济中，由于生产力发展的水平和公有制的形式有所不同，按劳分配的实现形式也有所不同。这就决定了社会主义初级阶段个人消费品的分配方式，必须坚持以按劳分配为主、多种分配方式并存的制度，坚持按劳分配和按生产要素所有权分配相结合的原则。

在全民所有制经济和城镇集体所有制经济里，按劳分配借助于货币工资形式来实现。社会主义工资是实行按劳分配的劳动报酬形式，是劳动者在必要劳动时间内创造的价值的货币表现。社会主义工资有计时工资和计件工资两种基本形式。至于选择何种工资形式，也应体现按劳分配的要求，如在那些劳动量可以直接通过产品数量或工作定额反映出来的工种和岗位，实行计件工资是适当的；在不适于实行计件工资的地方，实行计时工资时也应尽可能使工资与劳动实绩联系起来，实行按劳分配。此外，在全民所有制经济和城镇集体所有制经济里，还有奖金、津贴等补充形式。

由于全民所有制经济、城镇集体所有制经济各自具有独立的经济利益，所以，社会主义的按劳分配只能在企业内部进行，各个企业职工的工资标准也就很难一致。在这种情况下，职工个人收入不仅取决于个人提供的劳动量，而且决定于企业经济效益的高低。企业经济效益的高低既受主观因素的影响，也受客观因素如技术水平、自然条件等的影响。因此，在社会主义现阶段，各个企业之间劳动者个人收入分配必然会出现差别。

工资问题是一个极其重要而又比较复杂的问题，它直接涉及经济的发展、职工的生

---

① 中共中央马克思恩格斯列宁斯大林著作编译局. 马克思恩格斯选集：第三卷[M]. 北京：人民出版社，1995：304.

② 中共中央马克思恩格斯列宁斯大林著作编译局. 马克思恩格斯选集：第三卷[M]. 北京：人民出版社，1995：434.

活以及职工与国家之间的关系,而且还影响企业内部职工的关系,影响工人、农民、公务员、知识分子等各个阶层之间的关系。正确处理工资问题,必须采取合理的工资形式,并且要根据劳动的具体条件和是否有利于调动劳动者的积极性来决定。

在我国农村合作经济中,农户的收入除劳动收入外,还包括对土地投资带来的收益等。当前我国农村实行家庭承包责任制,即以家庭为单位,通过承包合同将国家、集体和农户之间的关系固定下来。根据合同,集体将土地等生产资料包给农户使用,规定农户完成上缴国家和集体的任务。合同实际上是预先确定了分配方案,承包户收获的农产品在完成了合同规定的该上缴的任务以后,其余部分就是劳动者的个人收入。这种分配方式把劳动成果与劳动报酬联系起来,较好地贯彻了按劳分配原则,并有效地克服了平均主义,极大地调动了广大农民的积极性,推动了社会经济的巨大发展。但也要看到土地的级差收益和对土地追加投资而带来的超额收入等因素对农民收入产生的巨大影响,由这些因素造成的农民收入差别基本上不属于按劳分配的范围。允许非按劳分配因素的存在是由目前农村的生产力和生产关系决定的,是不可避免的。

三、社会主义初级阶段的多种分配形式

(一) 确立社会主义初级阶段分配制度的依据

分配是所有制的实现。我国社会主义初级阶段以公有制经济为主体的多种所有制形式并存的所有制结构,决定了我国在个人收入分配制度上,除了以按劳分配为主体以外,还存在按生产要素分配等其他多种分配形式。确立以按劳分配为主体、多种分配方式并存这一社会主义初级阶段分配制度的依据主要如下。

1. 多种所有制经济共同发展的所有制结构决定了分配领域的多种分配方式并存

社会主义初级阶段的所有制结构、所有制形式决定了分配方式,有什么样的所有制形式,就会有什么样的分配方式。我国现阶段除作为主体的公有制以外,还有个体经济、私营经济、外资经济以及混合所有制经济等多种所有制经济。按劳分配只是公有制范围内个人收入的分配方式。在公有制以外的经济成分中,由于生产资料的占有关系不同,存在不同的分配方式。在各种生产要素,如资本、技术、劳动力、信息、房地产及其他各种生产资料属于不同个人所有的情况下,它们在生产经营中的投入,其所有者必然要求取得相应的收入,从而存在着按生产要素获取收入的个人收入分配方式。

2. 多种经营方式也是决定多种分配方式的重要条件

即使在公有制经济中,也有多种经营方式。按照所有权与经营权分离的原则,根据企业的性质、规模和技术特点,分别实行国家经营、承包经营、租赁经营、股份制经营等经营方式。在这些不同的经营方式中,所有者、经营者、劳动者的职能以及他们的相互关系存在着差别,因此,他们获得收入的方式也会不同。

3. 社会主义市场经济的发展要求实行多种分配方式

在社会主义市场经济条件下,市场对社会资源的配置起着基础性作用。而通过市场对资源进行配置,意味着各种生产要素的流通及其在生产经营中的投入,都应按照市场经济原则,向生产要素的所有者支付代价,或者为生产要素的所有者带来相应的收益,从而形成按生产要素分配。如在市场经济中,资金要通过市场筹集和调配,这样所筹集

的资金要支付一定代价,通过发行股票和债券来筹集资金,就要支付一定股息、红利和利息等。在市场经营中有风险和机遇,从而形成风险和机遇的收入。因此,社会主义市场经济的发展是建立这一分配制度的现实要求。

(二) 社会主义初级阶段的其他分配形式

把社会主义按劳分配和按生产要素分配结合起来,是社会主义市场经济发展的必然要求。目前,我国社会主义初级阶段的收入分配方式除了存在按劳分配这个主体外,还存在着其他非按劳分配方式,主要有如下几种形式。

1. 个体劳动收入

个体劳动收入即个体劳动者和农村专业户的个人收入,其实质是劳动者及其家庭成员的劳动和经营所创造的全部新价值。但是,它不同于按劳分配,因为个体劳动者是独立的小商品生产者,同样存在着生产商品的个别劳动时间与社会必要劳动时间、私人劳动与社会劳动的矛盾,只有个别劳动时间小于或等于社会必要劳动时间,而生产出来的商品又是社会所需的,则私人劳动才会转化为社会劳动。这样,个体劳动者通过出售商品而实现了其劳动经营所创造的价值,便获得了收入。所以个体劳动收入,是以个体私有制为基础的商品价值关系中的劳动收入。

2. 劳动力价值收入

劳动力价值收入即在私营企业和外资企业中工作的劳动者得到的工资收入。包括:**私营企业中劳动者的工资**。我国的私营经济中存在雇佣劳动关系,雇佣工人取得的工资,实际上是工人劳动力价值或价格的转化形式,反映了雇主对工人的剥削关系。**外资企业中劳动者的工资**。外商独资企业职工的收入是劳动力价值或价格。中外合营企业是国家资本主义性质的企业,职工的个人收入具有二重性。一方面,职工是国家的主人,也是企业内国有资产的主人,他们的收入是劳动报酬,具有按劳分配性质;另一方面,职工同外商的关系是雇佣关系,他们的收入又具有劳动力价值的性质。因此,这里既存在按劳分配收入,也有劳动力价值或价格收入。

3. 资本收入

资本收入主要有两种情况:一是私营企业和外资企业的企业主的利润,其实质是雇佣工人创造的剩余价值,具有剥削性质。但是,只要是合法收入,就应该受到国家法律的保护。二是各类社会成员通过储蓄、购买债券、投资入股等所带来的利息、债息、股息、红利等,都是凭借资金所有权获得的资本分配收入。

4. 风险收入和机会收入

在市场经济中,个体劳动者、私营企业等市场主体在经营活动中都受到市场供求与竞争的影响,会给他们带来有利或不利的后果,他们在经营上都有一定的风险,如果在经营中取得较好效果,其中就包含着风险收入。同时,那些善于捕捉市场有利机会并善于经营的经营者,会得到较多的收入,其中就包含着机会收入。个体劳动者、私营业主、外商以及公有制企业的经营者的收入中,都有一部分属于风险收入和机会收入。

5. 技术、信息、房地产收入

随着市场经济的不断发展,技术、信息、房地产等成为越来越重要的生产要素,它们在生产经营中的投入,必然参与个人收入的分配,为其所有者带来相应的收入,从而形成技术、信息、房地产等收入分配方式。党的十六大报告明确指出：确立劳动、资本、技术和管理等生产要素按贡献参与分配的原则，完善按劳分配为主体、多种分配方式并存的分配制度。

上述各种收入，包括劳动收入和非劳动收入，只要是合法的都应受到法律的保护。在分配上，既要坚持按劳分配，又要提倡按生产要素分配；既要坚决反对平均主义，允许富裕程度的先后差别，又要贯彻效率优先、兼顾公平的原则。而对那些以非法手段牟取暴利或以索贿受贿等形式攫取非法收入的，则应依法严厉制裁，以维护社会积极进取、合法致富的良好社会风气，推动社会进步。

(三) 公平与效率的关系

在分配关系中，效率与公平是矛盾的统一体，也是经济学中的一道难题。效率与公平之间既存在着此消彼长的替代关系，同时又存在着相辅相成、互相促进的关系。在社会主义初级阶段，个人收入的差距是不可避免的。但是，无论是试图通过实行平均主义的政策拉平这种差距，还是对过分悬殊的收入差距置之不理，甚至人为地拉大差距，都会不利于社会主义经济的发展。允许适度收入差距的存在，允许一部分人通过合法经营和诚实劳动先富起来，有利于优化资源配置，提高效率，促进经济发展。但是，收入差距过大，又不利于社会稳定。没有稳定的社会环境，经济发展也是不可能的。因此，在我国社会主义初级阶段，**收入分配必须坚持效率优先、兼顾公平的原则**。

为了促进经济效益的提高，就必须建立健全与社会主义市场经济相适应的激励机制，就必须依法保护社会成员的合法收入，允许和鼓励一部分地区、一部分人通过诚实劳动和合法经营先富起来，允许和鼓励资本、技术等生产要素参与收益分配。因为在社会主义初级阶段，劳动者的劳动客观上存在质和量的差距，而且，由于多种所有制经济的共同发展，社会成员对生产资料的占有也会产生差别。为了广泛调动劳动者的积极性和创造性，广泛动员社会资金和其他经济资源，发展社会生产，就必须打破平均主义，引入竞争机制，合理拉开收入差距。但是，我国是社会主义国家，在坚持效率优先的同时，必须兼顾公平。要坚决取缔非法收入，对侵吞公有财产和用偷税逃税、权钱交易等非法手段牟取利益的，要坚决依法惩处。要整顿不合理收入，对凭借行业垄断和某些特殊条件获得个人额外收入的，必须纠正。要通过完善个人所得税制，开征遗产税等新税种，调节过高收入。要规范收入分配，使收入差距趋向合理，防止两极分化。同时，还要通过建立和不断完善社会保障制度，为社会成员提供最基本的社会保障，走共同富裕的道路。

四、对我国个人收入分配制度改革的思考

经过多年的发展，我国已建立起以按劳分配为主体、多种分配方式并存，按劳分配与按生产要素分配相结合的基本分配制度。通过把市场竞争机制引入收入分配领域，克服了计划经济体制中收入分配的平均主义和"大锅饭"倾向，有效地促进了机会平等，激励了人们生产和创业的积极性，解放了生产力，对推动经济社会的快速发展发挥了重要作用。然而，随着我国经济社会发展进入新阶段，受改革不彻底、制度不健全、调控不到位等诸多因素影响，不同群体之间的收入差距越来越大，初次分配和再分配领域的

不公平问题越来越严重,已经引起了社会各界的高度关注。差距过大和分配不公问题的存在不利于国民平等共享改革发展成果,影响着未来经济的发展和社会的稳定,不利于小康社会目标的实现。因此,如何正视发展中存在的问题,深化改革,不断调整和完善收入分配格局,具有重要的现实意义。收入分配制度改革涉及中央与地方、政府与企业、群体与群体之间的关系,是一项极其复杂、敏感的重大改革。因此,必须站在国家达到中等发达国家水平,社会实现全面小康和共同富裕,人民更加幸福、更有尊严的战略高度,充分认识收入分配制度改革的重要性、紧迫性。

2012 年 11 月 8 日,在党的十八大报告中,就收入分配改革问题提出了思路与措施:千方百计增加居民收入。实现发展成果由人民共享,必须深化收入分配制度改革,努力实现居民收入增长和经济发展同步、劳动报酬增长和劳动生产率提高同步,提高居民收入在国民收入分配中的比重,提高劳动报酬在初次分配中的比重。初次分配和再分配都要兼顾效率和公平,再分配更加注重公平。完善劳动、资本、技术、管理等要素按贡献参与分配的初次分配机制,加快健全以税收、社会保障、转移支付为主要手段的再分配调节机制。深化企业和机关事业单位工资制度改革,推行企业工资集体协商制度,保护劳动所得。多渠道增加居民财产性收入。规范收入分配秩序,保护合法收入,增加低收入者收入,调节过高收入,取缔非法收入。

同时,在党的十八大报告中也提出了我国必须坚持走共同富裕道路:共同富裕是中国特色社会主义的根本原则。要坚持社会主义基本经济制度和分配制度,调整国民收入分配格局,加大再分配调节力度,着力解决收入分配差距较大问题,使发展成果更多更公平惠及全体人民,朝着共同富裕方向稳步前进。

(一) 改革开放以来中国收入分配制度演变历程[①]

纵观改革开放以来我国收入分配制度的演变,主要可以划分为以下四个阶段。

第一阶段:自党的十一届三中全会至 20 世纪 80 年代初期,是对平均主义的修正时期。

1978 年党的十一届三中全会对传统的收入分配制度进行了修正,反对平均主义的做法,强调真正意义上的按劳分配,并鼓励一部分人先富起来。邓小平指出,收入分配的改革首先要打破"平均主义"的"大锅饭","要允许一部分地区、一部分企业、一部分工人农民,由于辛勤努力成绩大而收入先多一些,生活先好起来"。在这一思想的指导下,我国开始了农村经济体制改革,发展家庭联产承包责任制,极大地调动了劳动者的生产积极性。

第二阶段:自 20 世纪 80 年代中期至 90 年代初期,是收入分配制度的改革探索时期。

1984 年党的十二届三中全会提出社会主义经济是公有制基础上有计划的商品经济,这是社会主义经济发展不可逾越的阶段。同时,提出了收入分配制度改革的原则:使企业职工的工资和奖金同企业经济效益的提高更好地挂钩。在企业内部,要扩大工资差距,拉开档次,以充分体现奖勤罚懒、奖优罚劣,充分体现多劳多得、少劳少得,充分体现脑力劳动和体力劳动、复杂劳动和简单劳动、熟练劳动和非熟练劳动、繁重劳动和非繁重劳动之间的差别。1987 年党的十三大首次明确提出我国的收入分配原则,是"以按劳

---

① 龙玉其. 中国收入分配制度的演变、收入差距与改革思考[J]. 东南学术,2011(1).

分配为主体，其他分配方式为补充"。

第三阶段：自20世纪90年代初期至2005年之前，是收入分配制度的全面改革时期。

随着改革开放的深入进行和市场经济体制的不断完善，我国的收入分配制度进入了全面改革时期。1993年提出个人收入分配要坚持以按劳分配为主体、多种分配方式并存的制度，体现效率优先、兼顾公平的原则。劳动者的个人劳动报酬要引入竞争机制，打破平均主义，实行多劳多得，合理拉开差距。1997年党的十五大进一步提出：把按劳分配和按生产要素分配结合起来，坚持效率优先、兼顾公平，有利于优化资源配置，促进经济发展，保持社会稳定。明确提出了按要素分配的原则，这是我国收入分配制度的又一重大改革。2002年党的十六大又进一步提出，要确立劳动、资本、技术和管理等生产要素按贡献参与分配的原则，完善按劳分配为主体、多种分配方式并存的分配制度，并且提出要"以共同富裕为目标，扩大中等收入者比重，提高低收入者收入水平"。

第四阶段：自2006年以来，是收入分配制度的完善时期。

2006年，"十一五"规划提出要加大收入分配调节的力度，提出要更加注重社会公平，加快推进收入分配制度改革，规范个人收入分配秩序，强化对分配结果的监管，努力缓解行业、地区和社会成员间收入分配差距扩大的趋势。党的十七大提出了深化收入分配制度改革的目标，认为合理的收入分配制度是社会公平的重要体现，提出要健全劳动、资本、技术、管理等生产要素按贡献参与分配的制度，初次分配和再分配都要处理好效率和公平的关系，再分配更加注重公平。

(二) 中国收入差距扩大的原因分析

在认识到收入分配制度取得的成就的同时，我们必须更加清醒地认识到，居民收入差距的不断扩大成为我国收入分配制度改革面临的一个严重问题，已经引起了全社会的高度关注。收入差距的扩大主要表现在城乡之间、地区之间、部门之间、行业之间、不同要素之间，甚至不同群体内部的收入差距也越来越明显。造成我国不同群体收入差距不断扩大的原因主要包括以下几个方面。

第一，收入分配的理念与认识上存在误区。改革开放以来，随着我国经济体制改革的逐步深入，收入分配制度不断进行改革，从改革初期对平均主义的纠正到实行真正的按劳分配；从按劳分配为主体，其他分配形式为补充，到实行劳动、资本、技术、管理等多种要素按贡献参与分配的原则。收入分配制度的多次改革都强调的是效率优先的原则，尤其是初次分配领域，极为注重效率，而相对忽略了分配的公平性。

第二，体制转轨与社会转型所形成的二元结构与非均衡发展战略。中国社会从传统走向现代，从计划经济体制走向市场经济体制，正在迈上快速的工业化、城市化、市场化与现代化发展之路。长期以来形成的城乡分割的二元结构和重城市轻农村的发展思路及其产生的诸多政策措施，使得农村发展相对落后，城市发展相对迅速，导致了发展差距的加大和城乡居民收入差距的不断扩大。目前我国实行的仍是城乡割裂的二元分配机制，还没有从总体上统筹考虑城乡居民收入分配机制的调整和改进问题，是导致我国居民收入差距扩大的重要因素。

第三，收入分配秩序混乱。在转型的过程中，由于市场经济体制还不完善，劳动力市场还不发达，初次分配和再分配的机制还不健全，收入分配的秩序比较混乱，进一步加剧了收入分配的不公。在市场经济还不成熟的情况下，各种要素并没有得到合理的定价，一些要素定价过高，如国有企业负责人的收入过高；而一些要素定价过低，如农村土地的征用补偿不合理。实际上并没有实现不同要素的公平价值，在给少数人带来较大利益的同时，损害了大多数人的利益，直接造成了收入差距的扩大。同时，行政管理体制改革的相对落后和转轨时期的制度缺陷也是造成收入分配秩序混乱的根本原因。

第四，劳动者收入保障机制缺失。 劳动者报酬占整个国民收入比重的下降是导致不同群体之间初次分配不公和收入差距不断扩大的重要因素。在我国加快经济发展的过程中，重视投资和资本的优先作用，导致出现了"强资本弱劳工"的局面，再加上长期以来我国劳动力供大于求的状况，使得企业的劳动力成本相对较低，劳动者的劳动报酬不合理，劳动者创造的绝大部分利润归于企业。在劳动者低水平的劳动所得下，并没有建立合理的工资增长机制，工资增长缓慢且具有随意性或者不规范。普通劳动者的收入难以得到保障，不能实现真正的按劳取酬，导致了收入分配的不公平。

第五，再分配的调节作用缺失。 初次分配和再分配是收入分配的不同层次，二者收入分配的职能导向各有偏重。初次分配是直接的分配形式，既要通过合理的分配达到调动积极性、提高效率的目的，也要注重分配的公平性。而再次分配则是在初次分配形成的分配格局基础上，本着更加注重公平的原则，采取不同的分配措施对其进行调节，达到公平的分配目的。近些年来，我国不仅初次分配过于强调效率而导致公平的缺失，在再分配领域，也没有发挥相应的调节作用，甚至起到了负面的作用，进一步加剧了收入分配的不公平。我国的收入再分配主要通过财政转移支付、税收调节、社会保障等措施进行。但从现实的情况来看，再分配的这些手段并没有较好地发挥作用。

(三) 收入分配制度改革的必要性与紧迫性

收入差距的扩大已经给我国经济社会的发展带来了诸多的现实问题，对我国未来的发展构成了严峻挑战。当前加快收入分配制度改革，十分必要且非常紧迫。

第一，加快收入分配制度改革是科学发展观和我国基本经济制度的必然要求。 我国是一个社会主义的国家，坚持公有制为主体、多种所有制共同发展的基本经济制度。社会主义社会既不是共同贫穷，也不是贫富悬殊，而是共同富裕，需要统筹考虑全体国民的共同利益。公有制为主体、多种所有制度共同发展的格局需要建立起劳动、资本、技术、管理等要素平等参与的分配制度，让劳动者真正成为国家、企业和社会的主人，充分调动劳动者的积极性，不断创造更多的财富。

第二，加快收入分配制度改革是维护社会稳定、构建和谐社会的重要任务。 我国正处于改革开放和经济发展的关键时期。改革、发展、稳定三者位于一体，改革是发展的动力，稳定是发展的前提，改革和稳定都是为了发展。只有确保社会稳定、民族团结，才能凝聚人心、共同奋斗，从而保持经济社会的永续发展。党的十六届六中全会提出了构建社会主义和谐社会的战略目标，构建社会主义和谐社会，需要坚持以科学发展观为指导，按照民主法治、公平正义、诚信友爱、充满活力、安定有序、人与自然和谐相处的总体要求，解决人民群众最关心、最直接、最现实的利益问题。因此，当前需要下大力气从根本上解决收入分配不公的问题，迫切需要加强收入分配制度的改革。

第三，加快收入分配制度改革是扩大内需、转变经济发展方式的重要手段。投资、消费、出口是我国经济发展的"三驾马车"。近些年来，我国投资和消费两大需求的比例不相协调，扩大内需、转变经济发展方式是我国经济社会持续健康发展的迫切任务。我国城乡居民之所以消费不旺，一方面与城乡居民尤其是农村居民的收入较低、劳动者报酬在国民收入中的比重较低有关；另一方面与社会保障制度的不健全、公共服务的不均等有关。加强收入分配制度改革，规范收入分配秩序，释放居民消费潜能，是有效拉动内需、实现中国经济发展方式成功转型的关键。

第四，加快收入分配制度改革是促进国民平等共享改革发展成果的重要途径。改革开放以来，我国经济社会快速发展，各个方面都取得了举世瞩目的成就。在今后的发展过程中，需要统一考虑国民的不同需求，让全体国民平等共享改革发展的成果，进一步提高国民为国家未来发展做贡献的积极性。收入差距过大不符合平等共享的要求，因此，需要本着公平共享的原则，针对收入分配领域存在的种种问题，对其进行全面改革。尤其是针对贫困地区、中西部地区、农村地区的低收入群体，需要通过财政、税收、社会保障、公共服务等措施对其进行扶持，只有这样，才能实现全面小康社会的目标，才能实现改革开放的最终目的。

(四) 收入分配制度改革的思路与措施

收入分配制度改革要以保障和改善民生、维护稳定和促进和谐为根本出发点，坚持完善市场经济体制和加快转变政府职能两个根本性方向；坚持按劳分配为主体、多种分配方式并存的基本分配制度；初次分配和再分配都要处理好效率和公平的关系，再分配更加注重公平，以"完善市场，政府转型，促进参与，补低、扩中、调高"为基本思路；努力提高劳动报酬在初次分配中的比重，提高居民收入在国民收入分配中的比重。

第一，明确公平共享的价值理念是收入分配制度改革的根本前提。收入分配制度改革必须要明确科学合理的价值理念。在初次分配和再分配领域都要坚持公平的分配原则，再分配领域更要着重强调公平原则，加大公平分配的力度。在明确合理的价值理念的前提下，采取一系列重大的改革举措，标本兼治。尤其是要对中低收入群体给予重点扶持，通过财政、税收、公共服务、社会保障等手段促进中低收入群体收入的提高，实现全体国民的共同富裕和公平共享。

第二，加快完善社会主义市场经济体制，确保不同要素公平参与分配。收入分配制度改革的重要突破口就是要加快完善社会主义市场经济体制，完善市场配置资源的基本职能，这是实行公平分配的基本条件。完善社会主义市场经济体制，需要重新审视以前对劳动、土地、资本、技术、管理等要素的价值认可，真正确立公平的分配原则，尤其是要对过去所忽视的劳动贡献进行弥补，提高劳动者报酬在国民收入中的比重，充分调动劳动者的积极性。而提高劳动者的收入比重，需要建立完善的劳动力市场和科学合理的薪酬福利制度。同时应建立和完善工会组织，真正发挥工会的职能，切实维护劳动者的合法权益。

第三，加强对农村的投入，推进城市和乡村的统筹协调发展。加快收入分配制度改革，必须破除城乡二元对立的壁垒，统筹推进城市和农村的发展。首先，要加快城乡户籍制度改革，让市民和农民平等享受各项发展权利。在城乡户籍制度改革不能一步到位的情况下，可以考虑先将与户籍相联系的各种利益独立出来，平等考虑市民和农民的利益。其次，在未来加快推进工业化和城市化的过程中，需要重点考虑农民尤其是被征地农民的利益。一方面，为被征地农民提供合理的土地补偿；另一方面，要为被征地农民在城市的发展创造机会和条件；同时还要考虑被征地农民的社会保障问题。总之，今后需要财政和政策对农村重点倾斜，提高农民收入，改革各项政策，统筹推进城乡发展。

第四，理顺收入分配关系、规范收入分配秩序。在明确收入分配制度改革理念的根本前提下，在市场经济体制的框架内进一步理顺收入分配关系、规范收入分配秩序，是加强收入分配制度改革的必然要求。目前要加大对收入分配秩序混乱的治理力度，建议对按要素分配的法律、法规、规章、制度重新进行一次清理，根据需要分别进行废除、修改和制定新的法律法规；应该放宽市场准入门槛，治理行业垄断和部门利益，实现公平竞争；要坚持正面激励和反面惩罚相结合，加大对腐败的惩治力度；需要规范灰色收入，清理非法收入；需要建立以市场为主导，政府、雇主、雇员三方共同协商的企业工资决定机制与增长机制；加强政府在规范收入分配秩序中的监督管理，制定和完善相关的法律法规，运用法律和行政手段加强干预，真正建立起既体现合理差距、又注重公平的科学的分配秩序。

第五，完善政府的财税职能，加大再分配的力度。在税收收入方面，个人所得税税率的设置应该综合考虑家庭负担、地区差异、通货膨胀、婚姻状况等因素。其他税种的设置应该倾向于直接税而非间接税，如房产税、遗产税等。同时应注重税收的累进性，充分发挥税收的收入分配调节功能。在税收的征管上，需要通过法律、行政等手段强化征收力度，采取综合与分类相结合的征税办法，对经常性固定收入采取综合征税的办法，而对非经常性收入则采取分类征缴的办法。在财政支出方面，应该完善政府的公共财政职能，减少政府的直接投资支出和行政支出，加强公共服务支出。要建立民生财政的理念，加强对民生事业的财政投入力度，在民生事业的投入中，需要明确投入的针对性，偏向于落后地区、农村、农民和城乡中低收入群体。还应该通过完善政府的纵向和横向财政转移支付职能，平衡不同级别、不同地区的政府财政支出能力。

第六，加快建立和完善城乡统筹、全民共享的社会保障体系。从总体上来看，我国社会保障制度还需要在制度设计、扩大覆盖面、筹资机制、管理体制、补偿机制等各个环节加以完善。在制度发展的定位上，应该始终坚持公平优先的原则，逐步建立全民共享、基础整合、城乡统筹、权利与义务相结合、普惠与差别相结合、管理相对统一的社会保障体系。社会保障覆盖面的扩大需要重点突破，尤其是对残疾人、边缘贫困群体、农民工、流动人口、非正规就业人员等人群的社会保障有待加强。应该通过转移支付支持中西部地区发展社会保障事业，对于贫困县区、革命老区、老少边穷地区，需要加强中央财政的投入。农村社会保障是当前社会保障发展的弱点，今后一个时期，需要从城乡统筹的角度去完善农村各项社会保障制度，扩大农村社会保障的覆盖面和保障水平，缩小与城市社会保障的差距。此外，还应该从法律、税收、舆论等方面支持慈善事业的发展，达到改善收入分配的目的。

第四节 例证分析

一、改革开放以来我国所有制结构的变革

改革开放 40 年来,中国所有制理论取得了一系列重大进展,最大的突破是提出了公有制为主体、多种所有制经济共同发展的基本经济制度理论。中国特色社会主义进入新时代,中国经济社会发展的基本条件发生了重大变化。从经济发展阶段看,中国经济已经从高速增长阶段转向高质量发展阶段,社会的主要矛盾已经转化为人民日益增长的美好生活需要和不平衡不充分的发展之间的矛盾;从经济发展的复杂程度来看,中国的经济关系越来越复杂,分工越来越细密,经济联系越来越广泛,各类经济信息呈几何级数增长;从经济发展的资源环境条件看,高投入、高排放、高污染的粗放增长之路已经走到了尽头,资源、环境约束越来越硬。具体来看,新时代我国所有制结构呈现出以下几方面特征。

第一,将社会主义基本经济制度提升到新的理论和实践高度。1997 年,党的十五大提出社会主义基本经济制度,2013 年中共十八届三中全会通过的《中共中央关于全面深化改革若干重大问题的决定》(以下简称《决定》)指出,公有制为主体、多种所有制经济共同发展的基本经济制度,是中国特色社会主义制度的重要支柱,也是社会主义市场经济体制的根基。这就把社会主义基本经济制度上升到了一个新高度。基本经济制度的"重要支柱"和"根基"地位,是改革开放 40 年来中国特色社会主义和社会主义市场经济建设经验的科学总结,促进了中国经济实力的稳步提升。从资本形成来看,1998 年,全社会固定资产投资为 28 406.17 亿元,其中公有制经济为 19 561.54 亿元,混合所有制经济为 2 007.5 亿元,非公有制经济为 6 718.18 亿元,其他经济为 118.95 亿元。2016 年,全社会固定资产投资增加到 606 465.7 亿元,公有制经济为 137 967.0 亿元,混合所有制经济为 220 849.8 亿元,非公有制经济为 225 394.1 亿元,其他经济为 22 254.7 亿元。仅从资本形成来看,已呈现出各种经济形式共同发展的局面,这从侧面说明,中国基本经济制度是适合社会生产力发展要求的,这一基本制度安排有利于激发各种所有制经济的活力和创造力,为中国经济持续健康发展奠定坚实基础和提供广阔空间。

第二,混合所有制经济理论的新发展。基本经济制度理论的一个重要发展是对混合所有制经济的认识向前推进了一大步。《决定》提出,国有资本、集体资本、非公有资本等交叉持股、相互融合的混合所有制经济,是基本经济制度的重要实现形式,有利于国有资本放大功能、保值增值、提高竞争力,有利于各种所有制资本取长补短、相互促进、共同发展。1993 年,十四届三中全会提出了混合所有制经济的思想,经过 20 多年认识和实践的发展,《决定》把混合所有制经济提高到"基本经济制度重要实现形式"的新高度,这是对中国特色社会主义和社会主义市场经济认识的深化。十九大又提出,深化国有企业改革,发展混合所有制经济,培育具有全球竞争力的世界一流企业,把发展混合所有制经济作为培育世界一流企业的重要途径。在实践中,发展混合所有制的途径日益多样化,形式更加开放,如允许非国有资本参股国有资本投资项目,鼓励发展非公有资本控股的混合所有制企业,鼓励"交

叉持股、相互融合"。允许非公有资本控股的混合所有制企业意味着多种所有制经济可以在公平竞争的环境中融合发展,主体地位是完全平等的。

实践中,混合所有制经济改革不断向前推进。2013年9月,国务院常务会议提出,尽快在金融、石油、电力、铁路、电信、资源开发、公用事业等领域向民间资本推出一批符合产业导向、有利于转型升级的项目,形成示范效应,发展混合所有制经济。2014年7月,国资委选择具有较好基础的中国建材集团和国药集团开展混合所有制经济改革试点。2017年年底,中国建材集团和国药集团实施混合所有制经济改革的企业户数占比分别超过85%和90%,营业收入分别超过70%和90%。2015年,国务院《关于国有企业发展混合所有制经济的意见》发布后,国资委和发改委共同在7个重点领域(电力、石油、天然气、铁路、民航、电信、军工)开展混合所有制经济改革试点,目前已确定3批50家试点企业。截至2017年年底,中央企业各级子企业,包含98家中央企业集团公司,基本上完成了公司制改制,其中超过2/3的企业引进各类社会资本,实现了混合所有制。中央企业产权登记数据显示,2013年至2016年,中央企业及各级子企业中混合所有制企业户数占比由65.7%提高到68.9%,2017年,中央企业新增混合所有制企业户数超过700户,其中通过资本市场引入的社会资本超过3386亿元。

第三,**国有经济改革发展形成新思路**。一是强调国有资本的合理分布。国有资本有其自身的特定功能,国有资本只有分布于自身功能领域,才能更好地发挥作用。《决定》指出了国有资本的五大功能领域,"国有资本投资运营要服务于国家战略目标,更多投向关系国家安全、国民经济命脉的重要行业和关键领域,重点提供公共服务、发展重要前瞻性战略性产业、保护生态环境、支持科技进步、保障国家安全"。明确了国有资本的功能领域,也就明确了国有经济改革的基本方向,那就是国有资本向五大功能领域集中,以此彰显自己的本质,发挥自己的影响力、控制力。二是提出国有企业分类管理。将国有企业分为公益类和商业类两大类型。公益类国有企业以保障民生、服务社会、提供公共产品和服务为主要目标,考核重点是成本控制、产品服务质量和服务保障能力;商业类国有企业主要分布在重要竞争性领域和技术创新等领域,按照市场规则实行商业化运作,遵循价值规律和竞争规律,优胜劣汰,以利润、资产保值增值和市场竞争力为考核目标。

第四,**构建国有资产管理新体制,提出"以管资本为主加强国有资产监管"的新思路**。国有资产监管机构职能从"以管企业为主"向"以管资本为主"转变,具有重大的理论和实践意义。一是有利于推进国有资本所有权和经营权的分离,使国有资本控股和参股企业真正成为自主经营、自负盈亏、自担风险、自我发展的独立市场竞争主体;二是有利于提高国有资本的流动性,促进国有资本在不同领域、地区、企业和项目上流动,实现优化配置,同时规避风险。

第五,**非公有制经济的新定位**。改革开放初期,非公有制经济的定位为公有制经济的"补充",随后非公有制经济地位提升到"我国社会主义市场经济的重要组成部分"。新时代,对非公有制经济在中国特色社会主义经济中的地位有了更进一步的认识。一是不仅一再重申"公有制经济和非公有制经济都是社会主义市场经济的重要组成部分",更进一步指出它们都是"我国经济社会发展的重要基础",肯定非公有制经济在支撑增长、促进创新、扩大就业、增加税收等方面具有重要作用。二是强调各类经济主体的平等地位和"权利平等、机会平等、规则平等"的现代市场经济竞争规则,废除对非公有制经济各种形式的歧视性规定,保证各种所有制经济依法平等使用生产要素,同等遵守政府监管规则;加强对非公有制经济产权保护,提出"公有制经济财产权不可侵犯,非公有制经济财产权同样不可侵犯"。三是废除对非公有制经济各种形式的不合理规定,为非公有制经济开辟更加广阔的发展空间。四是着力构建新型政商关系。习近平提出的"亲""清"二字为处理好政商关系提供了科学准则。[①]

二、珠江三角洲:以非国有经济为主体的所有制经济结构

珠江三角洲主要是通过吸引外资的投入,承接港澳转移的劳动密集型轻型加工制造业,完成其非国有经济发展的任务。多种经济成分的共同发展,增强了市场竞争,提高了经济活力,使得交易费用降低,劳动生产率大大提高。

在传统计划经济体制下,珠江三角洲并非国家重点投资地区,"一大二公"的所有制结构与其他地区别无二致,这种高度公有化的所有制结构严重阻碍了珠江三角洲地区优势的发挥和经济的发展。改革开放以来,所有制结构的调整成为珠三角市场取向改革的主要内容,外资的大量引入和国家政策的倾斜为各种非国有经济的发展创造了有利的条件。非国有经济的发展对传统体制产生了很大的冲击,主要体现在新的市场主体的形成及市场因素的孕育与不断发展。在国有和集体经济不断巩固和发展的同时,珠江三角洲的乡镇企业异军突起、"三资"企业蓬勃发展、个体私营经济遍地开花,形成了以非国有经济为主体,多种经济成分共同发展的多元化格局。微观经济组织的制度创新和重构促使资源要素在比较利益基础上,寻找利益最大化的区位。珠江三角洲工业所有制产值结构变化的情况,如表9-1所示。

表9-1 珠江三角洲工业所有制产值结构变化

%

年份 经济类型	1980	1985	1990	1995	2000	2005	2010	2015
国有经济	68.60	60.05	41.90	15.90	7.70	20.28	19.94	17.27
集体经济	29.10	33.80	29.20	16.90	8.00	1.42	0.48	0.12
股份合作经济	/	/	/	/	0.76	0.16	0.08	0.02
股份制经济				6.52	14.60	22.16	29.90	45.17
外商投资经济	/	/	6.95	21.90	22.54	24.91	26.31	17.26
港澳台投资经济	/	/	2.40	37.10	41.20	31.07	23.29	20.16
其他经济	2.30	6.15	19.55	1.68	5.24	/	/	/
工业总产值	100	100	100	100	100	100	100	100

资料来源:根据《珠江三角洲经济区统计资料(1980—1994)》和《广东统计年鉴》(1996,2001,2006,2012,2016)有关数据计算整理。

[①] 胡家勇. 改革开放40年中国所有制理论的创新和发展[J]. 中州学刊, 2018(05).

从表 9-1 可以看出，在珠江三角洲所有制经济类型的变迁中，国有经济和集体经济所占的比重在不断下降。1980 年二者比重分别为 68.6%和 29.1%，1990 年国有经济的比重降至 41.9%，2000 年国有经济所占比重降至最低水平，仅为 7.7%，而 2005 年比重又上升到 20.28%，之后 2015 年下降到 17.27%。改革开放以来，港澳台资金的大量注入带动了非国有经济的迅速增长。2000 年珠江三角洲工业总产值中，港澳台投资经济所占比重最高，达到 41.2%，其次为外商投资，为 22.5%，二者合计达到 63.7%，而在 1990 年其所占比重仅为 9.35%。20 世纪 90 年代以来，港澳台投资经济和外商投资经济发展迅速，增长势头强劲，成为珠江三角洲工业增长的主导力量；同时股份制经济的比重也在不断上升，已从 1995 年的 6.52%上升到 2015 年的 45.17%，成为当下经济发展的主导力量，其中 2000 年港澳台投资经济这种新的经济类型占了 41.2%的份额。40 年来，珠江三角洲地区国有经济的比重不断下降，而非国有经济的比重逐渐上升，形成了以港澳台投资经济、外商投资经济、股份制经济等为主的多元化的所有制经济格局。乡镇企业成为企业新机制形成的成功载体。乡镇企业吸纳了大量农业剩余劳动力，机制灵活、适应市场能力强，富有竞争活力，成为区域工业发展的主要支柱。

从产值的绝对量上看，20 世纪 90 年代以来，各种经济类型的产值均有不同程度的增长。1990—2000 年间，国有经济的增长率为 1.62%，集体经济为 9.59%，股份制经济为 19.4%，外商投资经济为 38.2%，港澳台投资经济为 69.7%；2005—2015 年间，股份制经济的增长率最高，2015 年产值总量达到了 19 281.84 亿元，是 2005 年股份制经济产值的 7.4 倍，其次国有经济和外商投资经济产值也迅速增长，至 2015 年国有经济产值已达 16 516.21 亿元，约为 2005 年产值的 3.1 倍，外商投资经济产值则为 16 506.31 亿元，约为 2005 年产值的 2.5 倍，而集体经济和国有经济则出现明显的缩减现象，降幅约为 69.2%和 47.7%。伴随着所有制结构的制度创新，工业化发动主体已变为政府与民间投资相结合。多元化民营经济取代国有经济，已成为珠三角经济发展的必然趋势。图 9-1 所示为珠江三角洲工业所有制产值结构变化。

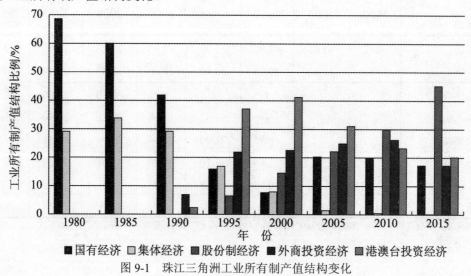

图 9-1 珠江三角洲工业所有制产值结构变化

从不同经济类型的工业企业单位数的变化来看，非国有经济也已成为主体。由于缺乏珠江三角洲所有制经济工业企业单位数的详细资料,这里采用广东省的相关数据来代替,如表 9-2 所示。珠江三角洲的各项经济指标占全省的 2/3 以上,因此这种替代是可行的。改革开放 40 年来,广东省国有和集体工业企业总数分别由 1980 年的 5654 家和 16 720 家降为 2015 年的 1256 家和 212 家,在全部工业企业中所占比重由 25.2%和 74.8%缩减为 3.0%和 0.5%,下降幅度之大居于全国前列;与此相对应的是外资企业和港澳台地区投资企业的大幅度增长,1990—2015 年间,二者分别增加了 3811 家和 8826 家,其中港澳台投资企业数量为 9006 家,约为 1990 年企业数量的 50 倍,占全部工业企业的 21.4%,外商投资企业 4374 家,占 10.4%;此外,2000 年以后股份制企业迅速发展,至 2015 年其数量达到了 26 200 家,占比高达 62.2%。非国有经济的企业数所占比重合计超过了 90%,其中股份制企业占比超过一半,外资企业和港澳台投资企业占比达 31.8%,这也是珠江三角洲所有制结构不同于其他地区的显著特征之一。[①]

表 9-2　广东省不同所有制经济工业企业单位数变化情况

年份 经济类型	1980	1985	1990	1995	2000	2005	2010	2015
全省工业企业单位数/个	22 413	25 361	30 404	42 680	19 695	35 157	53 418	42 134
国有经济	5654	5717	6886	6873	2383	1033	1846	1256
集体经济	16 720	17 768	20 641	20 556	4158	1272	872	212
股份合作经济	—	—	—	—	299	331	223	59
股份制经济	—	—	—	297	1 875	12 753	25 490	26 200
外商投资经济	—	—	563	2154	1682	4416	5790	4374
港澳台投资经济	—	—	180	8776	6731	11 292	13 151	9006

资料来源:根据《广东统计年鉴》(1986,1991,1996,2001,2006,2011,2016)有关材料整理。

三、公民私有财产权入宪的意义[②]

2004 年,第十届全国人民代表大会第二次会议审议通过《中华人民共和国宪法修正案》,根据我国的现实情况,对现行宪法有关保护私有财产的规定做了重要修改,进一步明确规定:"公民的合法的私有财产不受侵犯。""国家依照法律规定保护公民的私有财产权和继承权。""国家为了公共利益的需要,可以依照法律规定对公民的私有财产实行征收或者征用并给予补偿。"对《中华人民共和国宪法》(以下简称《宪法》)做出的这一重要修改,必将对我国社会主义市场经济进程产生重大影响。

在《宪法》中进一步完善私有财产保护制度,具有重要意义。

首先,有利于坚持和完善基本经济制度,促进非公有制经济发展。个体、私营等非公有制经济是社会主义市场经济的重要组成部分,是促进社会生产力发展的重要力量。《宪法》规定,国家在社会主义初级阶段,坚持公有制为主体、多种所有制经济共同发展的基本经济制度。发展非公有制经济和保护私有财产权有着密切联系。保护私有财产

---

① 段杰. 珠江三角洲产业空间集聚研究[D]. 广州:中山大学,2003.
② 佚名. 公民私有财产权入宪的意义[J]. 人民日报,2004.

权是发展非公有制经济的土壤和前提，只有承认和保护私有财产权，才能产生和发展非公有制经济。目前，在私人财产中，有相当一部分是个体工商户、私营企业主在生产经营中积累的，也是他们从事生产经营活动所不可缺少的。在《宪法》中进一步加强对公民合法的私有财产的保护，包括保护个体工商户、私营企业主通过自己的辛勤劳动和合法经营而创造和获得的私人财产，可以起到鼓励公民从事个体工商业和创办企业的积极作用；可以使现有的个体工商户、私营企业主放心大胆地搞经营、谋发展；也有利于引进和吸收海外资本，解除非公有制经济发展的后顾之忧。这对于坚持和完善社会主义初级阶段的基本经济制度，促进非公有制经济的发展，必将发挥重要作用。

其次，有利于保障公民权利的实现，推进依法治国。历史唯物主义告诉我们，无论哪一个社会，人们只有首先解决了衣、食、住、行等基本的物质生活问题，才有可能从事政治、科学、艺术、哲学等方面的活动。公民权利的实现同样需要有相应的物质基础作保障。实现公民权利的物质基础，一方面要由国家提供物质保障；另一方面，公民的私有财产在公民权利的实现过程中也发挥着十分重要的作用。在公民权利中，生命权、自由权和财产权被称为公民的三大权利。这三大权利是相互联系、密切相关的。财产权是实现生命权、自由权的物质基础。拥有了私有财产，意味着人们有了实现自己合法权利的物质条件。赋予个人私有财产权，意味着个人有权依法支配属于自己的财产，能够用自己的劳动成果来保障自己的生存与发展，个人的财产不会为他人所非法占有。没有财产权作为基础的生存权和自由权是不可想象的，不仅个人的生存失去了物质条件，而且个人的自由也失去了物质基础。因此，保护公民合法的私有财产不受侵犯，对于保障和实现公民的权利具有重要作用。

再次，有利于调动广大人民群众的积极性和创造性，全面建设小康社会。财产权体现了对公民个人物质利益的保护以及对公民追求个人物质利益的肯定，可以鼓励人们追求和创造财富。"有恒产者有恒心，无恒产者无恒心"。如果缺乏对私有财产的有力保护，不能形成一套完整的对个人财产权予以确认和保护的规则，个人对其财产权的实现及其自身利益的享有就会处于不确定的状态，从而也就不会形成所谓的恒产，也就很难使人们产生投资的信心、置产的愿望和创业的动力。保护私有财产，有利于调动人们创造物质财富的积极性和主动性。十六大确立了全面建设小康社会的目标，提出要在21世纪初的20年，集中力量，全面建设惠及十几亿人口的更高水平的小康社会。保护私有财产，鼓励个人合法致富、勤劳致富，增加公民的家庭财产，使人们的生活殷实起来，将有力地促进全面建设小康社会目标的实现。

本章小结

社会主义经济制度代替资本主义经济制度，是生产关系一定要适合生产力性质规律作用的必然结果。社会主义公有制全面取代资本主义私有制，是一次更为深刻的、根本性的社会经济制度的变革，对这个过程的长期性、曲折性应该有充分的认识。

中国社会主义经济制度的建立，不能照搬马克思、恩格斯的模式，而必须从中国自己的实际出发，走有中国特色的社会主义道路。

我国目前仍处于社会主义初级阶段。这里所说的初级阶段，不是泛指任何国家进入社会主义都会经历的起始阶段，而是特指我国在生产力落后、商品经济不发达的经济条件下，建立社会主义必然要经历的特定历史阶段。社会主义初级阶段的根本任务是解放和发展社会生产力，应把经济建设作为一切工作的中心。

社会主义经济制度是一种区别于以前任何经济制度的全新经济制度。它具有生产资料公有制、按劳分配和共同富裕等重要特征。

我国社会主义初级阶段的基本经济制度是以公有制为主体、多种所有制经济共同发展。这是由我国的社会主义性质和初级阶段国情决定的。公有制的主体地位体现在：第一，公有资产在社会总资产中占优势；第二，国有经济控制国民经济命脉，对经济发展起主导作用。

生产资料的社会主义公有制是社会主义经济制度的基础。社会主义公有制除了两种基本形式即全民所有制和集体所有制以外，还包括混合所有制经济中的国有成分和集体成分，以及股份合作制等。社会主义公有制的实现形式可以而且应当多样化，并且应随着生产力发展要求的变化而不断调整。

非公有制经济是我国社会主义市场经济的重要组成部分。我国社会主义初级阶段的非公有制经济主要有个体经济、私营经济、国家资本主义经济等，应鼓励和引导它们健康发展。

生产决定分配，按劳分配是社会主义公有制经济中个人消费品分配的基本原则，是由社会主义社会的客观经济条件决定的。按劳分配不等于平均分配，必须反对分配上的平均主义。

社会主义初级阶段的个人收入分配制度是：按劳分配为主体，多种分配方式并存，按劳分配与按生产要素分配相结合。

保护一切合法的劳动收入和非劳动收入。在我国社会主义初级阶段，收入分配必须坚持效率优先、兼顾公平的原则。

收入分配制度改革涉及中央与地方、政府与企业、群体与群体之间的关系，是一项极其复杂、敏感的重大改革。因此，要充分认识收入分配制度改革的重要性与紧迫性。

复习与思考

1. 名词解释。

    社会主义经济制度　　生产资料公有制　　国有经济
    股份合作制　　　　　私营经济　　　　　按劳分配

2. 如何理解以公有制为主体、多种所有制经济共同发展，是我国社会主义初级阶段一项基本经济制度？
3. 中国的社会主义经济制度是如何建立的？
4. 中国的社会主义为什么要经历一个初级阶段？初级阶段有哪些经济特征？
5. 如何理解公有制经济及其实现形式？
6. 社会主义初级阶段多种所有制并存的原因是什么？各种非公有制形式有哪些特征

和作用？

7. 为什么说社会主义实行按劳分配具有客观必然性？其基本内容有哪些？

8. 能否说我国现阶段的私营经济就是典型的资本主义经济？

9. 中国社会主义现阶段存在按劳分配与按生产要素分配并存的原因是什么？按生产要素分配有哪些具体形式？

10. 如何认识中国目前收入分配差距过大的现实问题？为什么说中国现阶段进行收入分配制度改革具有紧迫性？请分析讨论我国进行收入分配制度改革的基本思路与主要措施是什么？

11. 如何理解新常态下我国经济发展的主要特征？我党提出的"两个一百年"奋斗目标是什么？实现目标的基本原则有哪些？

12. 如何认识中共十八届五中全会提出的五大发展理念？其深刻内涵是什么？

13. 新时代中国特色社会主义经济思想的主要特征有哪些？如何理解其现实意义？

14. 为什么说社会主要矛盾的转化是中国特色社会主义进入新时代的重要标志？

15. 怎样理解创新是进行现代经济体系建设的主要动力？

第十章
社会主义市场经济理论

社会主义市场经济理论是对马克思主义政治经济学的继承和创新。中国改革开放发展的成功经验证明了马克思主义政治经济学基本原理和方法论的科学性、正确性以及在当代中国强大的生命力。中国的市场经济是与社会主义制度相结合的市场经济，要坚持社会主义市场经济改革的方向，就要建立和完善社会主义市场经济体制。

第一节 社会主义市场经济体制的理论依据

市场经济是与计划经济相对应的一种资源配置方式。无论是马克思主义经济学还是西方经济学都认为，计划调节、计划经济是社会主义的经济制度属性，而市场调节、市场经济，是资本主义的经济制度属性。因为所有资本主义国家，始终实行市场经济制度；而苏联建立社会主义后的长时期中，所有社会主义国家都实行计划经济。我国改革开放过程中，认识到传统计划经济日益显露出的弊端，进行市场取向改革的探索。最终，突破了市场经济姓"资"、计划经济姓"社"的理论框架，找寻到完全创新的改革模式。

中国关于社会主义市场经济的理论思想，经历了四个发展阶段。

一、计划经济为主，市场调节为辅(1979—1987年)

我国的经济体制改革首先是在农村取得突破的。在十一届三中全会之前，安徽和四川等地的农村基层干部和群众就已经开始了实行包产到组、包产到户、包干到户等形式的农业生产责任制。1978年，党的十一届三中全会开启了改革开放历史新时期。1980年在上一年允许包产到户形式存在的基础上，中共中央又发文指出，对于边远山区和比较贫困的地区，要求包产到户的，应当支持群众的要求。由于有了这个文件精神，包产到户、"大包干"等发展很快，到1983年初，全国实行农户家庭承包的生产队已占到93%，其中绝大部分是包产到户①。在城市，从1978年开始扩大企业自主权试点，1981年推行承包经营责任制，1983年实行利改税，国家放权让利给国有企业，激发了企业生产的积极性。在此基础上，中共十二大明确提出了经济体制改革要贯彻"计划经济为主、市场调节为辅"的原则。

1984年，中共十二届三中全会认为，增强企业活力，特别是增强全民所有制的大、

---

① 中共中央书记处农村政策研究室资料室. 十一届三中全会以来农村政策文件选集[M]. 北京：中共中央党校出版社，1985：42-43.

中型企业的活力是以城市为重点的整个经济体制改革的中心环节。其改革的进一步方向是：第一，确立国家和全民所有制企业之间的正确关系，继续扩大企业的自主权；第二，改变企业吃国家"大锅饭"、职工吃企业"大锅饭"的分配体制，明确国家、集体和个人之间的责权利关系，建立物质利益和经济收入挂钩的分配体制；第三，将政企不分的纵向隶属关系为主、条块分割的经济组织结构，改变为政企职责分明，横向经济联系为主，以中心城市为枢纽的网络化经济组织体系。同时指明，个体经济是社会主义经济必要的有益的补充，是从属于社会主义经济的。第一次正式突破了把计划经济同商品经济对立，否定商品经济的观念，正式提出了"有计划的商品经济"。

二、"国家调节市场，市场引导企业"(1987—1992 年)

社会主义市场经济的第二个阶段，是自 1987 年到 1992 年年初。根据邓小平 1987 年 2 月的讲话思想，党的十三大报告中，没有再提计划经济为主。报告中的新提法是：社会主义有计划商品经济的体制，应该是计划与市场内在统一的体制，把新的经济运行机制概括为"国家调节市场，市场引导企业"。"国家调节市场"就是国家运用宏观调控手段调节市场机制；"市场引导企业"就是由市场机制直接调节企业的经营活动。从而市场调节的范围不再是一个狭小的辅助领域，全面实行社会主义市场经济的模式已经呼之欲出了。

三、社会主义市场经济体制的确立(1992—2012 年)

转向社会主义市场经济的第三个阶段，是从邓小平 1991—1992 年的南方谈话开始直到现在的继续发展与完善。邓小平在南方讲话中提出了引人注目的新论断："计划经济不等于社会主义""市场经济不等于资本主义""计划和市场都是经济手段"。完全超越了计划经济和市场经济是两种对立的社会经济制度范畴的传统观念。

为了落实邓小平关于市场经济的指导思想，1992 年 6 月 9 日，江泽民在中央党校的讲话中，提出了《关于在我国建立社会主义市场经济体制》的建议，他从资源配置的角度界定市场经济："市场是配置资源和提高激励的有效方法""它通过竞争和价格杠杆把稀缺物资配置到创造最好效益的环节中去"。同时指出：市场不是万能的，它有"自身的明显弱点和局限性"。在同年召开的党的十四大报告中，根据邓小平的指导思想和江泽民的讲话，提出了建立社会主义市场经济体制的目标模式，并将其界定为："就是要使市场在国家宏观调控下对资源配置起基础性作用。"并强调说明，社会主义市场经济是市场经济与社会主义基本制度相结合的。社会主义市场经济理论的提出和这一体制的确立，完全突破了将市场经济与私有制和资本主义相联系的传统观念，为社会主义经济的发展，开辟了一条新的途径。

1993 年，中共十四届三中全会勾勒出了社会主义市场经济体制的基本框架，指出社会主义市场经济体制是同社会主义基本制度结合在一起的。建立社会主义市场经济体制，必须坚持以公有制为主体、多种经济成分共同发展的方针，进一步转换国有企业经营机制，建立适应市场经济要求，产权清晰、权责明确、政企分开、管理科学的现代企业制度；建立全国统一开放的市场体系，实现城乡市场紧密结合，国内市场与国际市场相互衔接，促进资源的优化配置；转变政府管理经济的职能，建立以间接手段为主的完善的宏观调控体系，保证国民经济的健康运行；建立以按劳分配为主体，效率优先、兼顾公平的收入分配制度，鼓励一部分地区一部分人先富起来，走共同富裕的道路；建立多层次的社会保障制度，为城乡居民提供同我国国情相适应的社会保障，促进经济发展和社会稳定。这些主要环节是相互联系和相互制约的有机整体，构成社会主义市场经济体制的基本框架。①

2002年党的十六大提出，要建立中央政府和地方政府分别代表国家履行出资人职责，享有所有者权益和权利，履行相应的义务和责任，管理资产和管人、管事相结合的国有资产管理体制，除了极少数必须由国家独资经营的企业外，应积极推进股份制，发展混合所有制经济；完善保护私人财产的法律制度；整顿和规范市场体系，健全现代市场经济的社会信用体系，打破行业垄断和地区封锁，促进商品和生产要素在全国市场的自由流动。

2003年中共十六届三中全会通过《中共中央关于完善社会主义市场经济体制若干问题的决定》，在理论上又有重大突破，主要有：第一，明确指出要大力发展国有资本、集体资本和非公有制资本等参股的混合所有制经济，实现投资主体多元化，使股份制成为公有制的主要实现形式。②明确个体、私营等非公有制经济是促进我国社会生产力发展的重要力量。消除限制非公有制经济发展的体制性障碍。第二，提出建立健全现代产权制度。指出这是完善基本经济制度的内在要求，是构建现代企业制度的重要基础。第三，对国有资产管理和监督的新体制做出具体描述。强调了国有资产管理机构对企业监管与企业有效经营的关系，实行政企分开，所有者职能和经营者职能分开。政府公共管理职能和国有资产出资人职能分开，国有资产管理机构履行出资人职责，维护所有者权益，维护企业享有的各项权利，督促企业实现国有资本保值增值。第四，建立健全社会信用体系。认识到建立健全社会信用制度是建设现代市场体系的必要条件和规范市场经济秩序的治本之策。该决定指出，按照完善法规、特许经营、商业运作、专业服务的方向，加快建设企业和个人信用服务体系。

2007年胡锦涛在党的十七大报告中总结了我国在改革开放的历史进程中，作为发展中大国，摆脱贫困、加快实现现代化、巩固和发展社会主义的十大"宝贵经验"，其中重要的一条就是"把坚持社会主义基本制度同发展市场经济结合起来"。就是强调说明：我国实行的市场经济是与社会主义基本制度首先是公有制度相结合的。既要坚持社会主义基本制度，又要发展和完善市场经济。

党的十八大和十八届三中全会强调"坚持社会主义市场经济改革的方向"。十八大报告提出要全面深化经济体制改革，指出：经济体制改革的核心问题是处理好政府和市场的关系，必须更加尊重市场规律，更好发挥政府作用。要加快完善社会主义市场经济体制，更大程度更广范围发挥市场在资源配置中的基础性作用，完善宏观调控体系。③

---

① 中共中央关于建立社会主义市场经济体制若干问题的决定[M]. 北京：人民出版社，1993.
② 中共中央关于完善社会主义市场经济体制若干问题的决定[M]. 北京：人民出版社，2003.
③ 胡锦涛. 坚定不移沿着中国特色社会主义道路前进 为全面建成小康社会而奋斗[M]. 北京：人民出版社，2012：18-20.

党的十八届三中全会通过的《中共中央关于全面深化改革若干重大问题的决定》(以下简称《决定》)既是全面落实十八大提出的改革任务,又将各项任务具体化,并提出了新的理论指导。《决定》关于深化经济体制改革的一个新提法是:"使市场在资源配置中起决定性作用和更好发挥政府作用。"[1]将多年来所讲的市场配置资源的"基础性"作用,改变为"决定性"作用,强化和扩大了市场配置资源的作用,是全会提出的一个重大理论观点。同时,习近平总书记在关于《决定》的说明中指出:我国实行的是社会主义市场经济体制,我们仍然要坚持发挥我国社会主义制度的优越性,发挥党和政府的积极作用。

习近平在党的十九大报告中鲜明指出:"坚持社会主义市场经济改革方向""加快完善社会主义市场经济体制",明确经济体制改革必须以完善产权制度和要素市场化配置为重点,实现产权有效激励、要素自由流动、价格反应灵活、竞争公平有序、企业优胜劣汰。[2]这些重要论述,在党的十八届三中全会新实践的基础上进一步深化了对社会主义市场经济规律的认识,进一步坚定了社会主义市场经济改革方向,明确了加快完善社会主义市场经济体制的重点任务。

改革开放以来,我国一直推进市场取向的改革。后期的改革理论指导是以前期的改革理论指导为铺垫和基础的。改革初期的计划经济为主,市场调节(市场经济)为辅,是市场取向改革的出发点,它将传统计划经济体制打开了一个缺口,是社会主义经济理论发展史中一次重大的突破。随着改革理论和实践的发展,最终完成了向社会主义市场经济体制的根本性转变。

四、新时代中国特色社会主义经济思想(2012年以后)

党的十八大以来,以习近平同志为核心的党中央围绕新发展理念、全面深化改革、建设现代化经济体系、促进经济高质量发展,创造性地提出了一系列新思想、新观点和新论断,形成了以新发展理念为主要内容、"七个坚持"为基本内涵的科学完整的经济思想体系和理论架构。新时代中国特色社会主义经济思想,是对马克思主义政治经济学的继承与发展,是中国特色社会主义政治经济学的最新理论成果。这一思想对新时代经济的发展理念、政治保障、根本立场、发展阶段、发展路径、发展机制、发展主线、发展方式进行了系统阐述,其内容丰富、逻辑清晰、富含创新性,是引导中国特色社会主义经济发展的重要理论武器。概括来讲,新时代中国特色社会主义经济思想具有以下几方面特征。

(一) 定位于进入新时代这一历史方位,实现从站起来、富起来到强起来的伟大飞跃

历史唯物主义认为,历史是一个时空单位,历史方位是指客观事物在历史发展中所处的位置,是不以人的意志为转移的客观存在。对时代的准确判断是正确制定政策和战略的前提。新时代的条件总是从旧时代中脱颖而出,新时代的任务也总是从过去的历程

---

[1] 中共中央关于全面深化改革若干重大问题的决定[M]. 北京:人民出版社,2013.
[2] 习近平. 决胜全面建成小康社会 夺取新时代中国特色社会主义伟大胜利[M]. 北京:人民出版社,2017:33-34.

中自然地产生。在社会主义发展史上，马克思提出共产主义社会可分为两个发展阶段，因而创建了科学社会主义理论；邓小平提出了社会主义初级阶段的理论，开辟了中国特色社会主义道路；习近平提出的新时代中国特色社会主义经济思想的"新时代"界定，立足社会主义初级阶段，又力图实现并超越社会主义初级阶段目标的历史发展时期，是为走向中国社会主义现代化强国准备条件的历史时期，是中国特色社会主义伟大事业的新征程。党的十九大报告指出，经过长期努力，中国特色社会主义进入了新时代，这是我国发展新的历史方位。①这是对我国历史方位变化的科学把握，是历史方位理论的一次重大创新和突破。社会处在哪个历史发展阶段，是由该社会的主要矛盾及其各个方面的特殊性所决定的，社会基本矛盾的特殊性是划分不同社会发展阶段的根本依据。十九大报告精辟地回答了一系列重大的时代课题，包括坚持和发展中国特色社会主义的总目标、总任务、总体布局和发展方向、发展方式、发展动力、战略步骤、外部条件、政治保证等基本问题。这个时代以实现从站起来、富起来到强起来的伟大飞跃为主题，以解决经济改革和发展的重大问题为导向，以应对重大挑战、抵御重大风险、克服重大阻力和解决重大矛盾为使命，有强烈的问题意识和辩证思维，具有雄伟的中国气魄和鲜明的时代特征。

（二）紧扣社会主要矛盾的转化，实现"以人民为中心"的发展主线

社会主要矛盾的转化是**中国特色社会主义**进入**新时代**的重要标志和创新。原有的"人民日益增长的物质文化需要"的论断已经无法全面解释社会矛盾的根本内涵，为此，十九大做出了新的科学论断："**我国社会主要矛盾已经转化为人民日益增长的美好生活需要和不平衡不充分的发展之间的矛盾**"②。人民美好生活需要与现实经济社会不平衡不充分的发展之间形成的社会主要矛盾，是推进中国经济、社会、政治、文化、军事、生态各项事业发展的根本动力。社会主要矛盾发生改变成为社会主义新时代的主要标志，表明我国社会主义初级阶段社会生产力呈现出阶段性新特征。社会生产力不平衡发展，包括地区之间发展的不平衡、产业之间的不平衡、城乡之间的不平衡、供需之间的不平衡等；生产力呈现出不平衡不充分的发展特征，说明在社会主义初级阶段进一步提高生产力发展水平的艰巨性。新时代主要矛盾判断的变化并不意味着我国社会主义初级阶段的实质发生了变化。十九大报告指出，我国仍处于并将长期处于社会主义初级阶段的基本国情没有变，我国是世界上最大发展中国家的国际地位没有变。③认识和把握我国社会发展的阶段性特征，要坚持辩证唯物主义和历史唯物主义的方法论，辩证唯物主义强调变与不变的统一，不变的是社会主义初级阶段，这是由于我国生产力落后的基本国情和基本矛盾没有变，发展仍是第一要务。但初级阶段的过程具有不断变化的特点，在初级阶段的不同时代，发展的侧重点也会变化。

新时代主要矛盾的变化，必然意味着新的发展战略和发展规划在不同阶段做出相应

---

① 习近平. 决胜全面建成小康社会　夺取新时代中国特色社会主义伟大胜利[R] //在中国共产党第十九次全国代表大会上的报告. 北京：人民出版社，2017：10.
② 中国共产党第十九次全国代表大会文件汇编[M]. 北京：人民出版社，2017.
③ 中国共产党第十九次全国代表大会文件汇编[M]. 北京：人民出版社，2017.

安排。在发展战略上，十九大以"决胜全面建成小康社会，夺取新时代中国特色社会主义伟大胜利"为主题，实现2020年全面建成小康社会的既定目标，并要求坚决打好防范化解重大风险、精准脱贫、污染防治的攻坚战。同时，十九大报告还对2020年到21世纪中叶的战略规划做出"两个阶段"的安排：第一个阶段，从2020到2035年，在全面建成小康社会的基础上，再奋斗15年，基本实现社会主义现代化；第二个阶段，从2035年到21世纪中叶，在基本实现现代化的基础上，再奋斗15年，把我国建成富强民主文明和谐美丽的社会主义现代化强国。这为实现中华民族伟大复兴的中国梦提供了最新的蓝图。

新的社会主要矛盾紧扣新时代"人民需要"这一简明而又庄重的主题，深刻体现了以人民为中心的发展观。以人民为中心，就是把坚持以人民为中心作为治国理政的价值引领，从人民的整体利益和长远利益出发，统筹推进"五位一体"总体布局，以人民的诉求为标准，协调推进"四个全面"战略布局，以人民对美好生活的需要为落脚点，不断实现好、维护好、发展好广大人民的根本利益。习近平新时代中国特色社会主义经济思想强调要着力解决"人民群众反映最强烈"的问题，要建成"覆盖全民、城乡统筹、权责清晰、保障适度、可持续"的多层次社会保障体系，要建设"人民满意"的服务型政府。这一系列科学的阐述，充分体现了新时代中国特色社会主义思想的价值导向和精神引领作用。

(三) 以全面深化改革为动力，以供给侧结构性改革为抓手

改革开放是当代中国最鲜明的特色，也是我们党最鲜明的旗帜。新时代中国特色社会主义经济思想高举改革开放的旗帜，坚持全面深化改革，不断把社会主义市场经济体制改革引向深入。社会主义市场经济是一种有效率、讲公平的制度安排，是"五位一体"社会主义现代化建设的共性平台，它不仅要解决腐败和两极分化问题，更要解决低效率问题。①全面深化改革在指导思想上要以促进社会公平正义、增进人民福祉、实现共同富裕为出发点和落脚点，进一步解放思想、解放和发展社会生产力、解放和增强社会活力。新时代中国特色社会主义经济思想指明了全面深化改革的重点是经济体制改革，核心问题是处理好政府和市场的关系。当前，全面深化经济体制改革要以供给侧结构性改革为抓手，以提高社会生产力为目的。供给侧改革的着眼点在于生产，在于生产领域通过优化要素配置和调整产业结构；根本目的在于通过解放和发展生产力，增加有效供给、减少无效供给、增强优质供给；把提高供给体系质量作为主攻方向，显著增强我国经济质量优势，加快建设制造强国，加快发展先进制造业，促进我国产业迈向全球价值链中高端。②主要任务是长期推进创新驱动战略和近期实现"三去一降一补"，有效化解过剩产能，促进产业优化重组，提高供给结构对需求变化的适应性和灵活性。全面深化改革是一项复杂的系统工程，需要把握好各领域改革的关联性和耦合性，同时以供给侧改革为主线，切实推动中国特色社会主义经济的高质量发展。

同时，从重量转为重质的增长必然意味着经济增长的驱动因素要从过去侧重要素投入的驱动转为创新驱动，注重提高全要素生产率。十九大报告提出：创新是引领发展的

---

① 中共中央关于全面深化改革若干重大问题的决定[M]. 北京：人民出版社，2013.
② 中国共产党第十九次全国代表大会文件汇编[M]. 北京：人民出版社，2017.

第一动力,是建设现代化经济体系的战略支撑。科技在经济增长中的重要作用早已被认知,邓小平指出,科学技术是第一生产力;十七大报告明确提出了要追求自主的科技进步;十八大报告则提出实施创新驱动发展战略,推进经济结构战略性调整。要素投入驱动的经济增长是增长的一个必然阶段,科技与创新可以起一定的推动作用。进入新时代,科技与创新必然起主导作用,十九大报告侧重强调的创新,包括市场和组织管理的创新,比单纯的科技进步含义更广,要"建立以企业为主体、市场为导向、产学研深度融合的技术创新体系"。并且,十九大报告将创新与供给侧结构性改革联系起来,供给侧结构性改革为创新的作用提供舞台,而创新则为供给侧结构性改革提供发展路径,供给侧结构性改革的方向就是通过政策推动科技创新和发展实体经济来调整产业结构,促进产业结构优化,实现创新驱动引领和建设现代化经济体系的目的。

(四) 以新发展理念引领现代经济体系建设

新时代中国特色社会主义经济思想对中国经济所处的发展阶段和基本特征做出了新的科学判断。中国经济发展进入了新时代,经济发展的基本要求就是要实现由高速增长、粗放式增长向高质量发展转变,用现代化经济体系支撑现代化强国,用现代化经济体系去服务人民群众美好生活的需要。建设现代化经济体系是一个重大实践课题,需要贯彻新发展理念,努力实现更高质量、更有效率、更加公平、更可持续的发展。在深刻总结国内外发展经验教训以及分析国内外发展大势的基础上,十九大提出"坚持创新、协调、绿色、开放、共享"的五大发展理念,集中反映了我们党对经济社会发展规律认识的深化。[①]在五大发展理念之中,创新是引领发展的第一动力,是物质财富和精神财富之源;协调发展主要是运用马克思主义整体性、系统性、协同性思维,解决发展不平衡、不充分的问题;绿色发展的基本内涵是人与自然和谐共生,并指明改善环境就是发展生产力,是对马克思主义生产力发展理论的创新;开放发展要遵循共商、共建、共享的原则,用好国际国内两个市场、两种资源;共享理念的实质是坚持以人民为中心的发展思想,其内涵包括全民共享、全面共享、共建共享、渐进共享。

在新常态中审时度势,深化改革,贯彻新发展理念,建设现代化经济体系,以解决新时代的主要矛盾,这是十九大报告关于经济工作的总目标,也是经济体制改革的最新理论指南。十九大报告指出,现代化经济体系必须坚持质量第一、效益优先,以供给侧结构性改革为主线,推动经济发展质量变革、效率变革、动力变革,提高全要素生产率,着力加快建设实体经济、科技创新、现代金融、人力资源协同发展的产业体系,着力构建市场机制有效、微观主体有活力、宏观调控有度的经济体制,不断增强我国经济创新力和竞争力。[②]现代化经济体系是个系统工程,包括三个层次,一是质量第一、效益优先的整体性的经济发展,即高质量的发展;二是科技创新、现代金融、人力资源协同发展的产业体系,形成现代化的产业发展体系;三是形成高质量发展和现代化产业体系所需的体制改革,包括供给侧结构性改革和其他经济体制改革。三个层次分别从整体发展、产业发展和体制改革的角度论及现代化经济体系,产业发展是建设现代化经济体系的着

---

① 单敏."创新、协调、绿色、开放、共享"五大发展理念研究[J]. 科技经济导刊, 2017(03): 213-214.
② 中国共产党第十九次全国代表大会文件汇编[M]. 北京: 人民出版社, 2017.

力点,整体高质量发展是建设现代化经济体系的原则,推动质量变革、效率变革、动力变革的体制改革是建设现代化经济体系的途径,提高全要素生产率、经济的创新能力和竞争力是建设现代化经济体系的表现。

第二节 社会主义市场经济的基本特征与市场机制

市场经济作为一种经济体制和资源配置方式,不能脱离一定的社会经济制度而独立存在。它可以与资本主义制度相结合,形成资本主义市场经济,也可以与社会主义制度相结合,形成社会主义市场经济。党的十四大明确把建立社会主义市场经济体制作为我国经济体制改革的目标,使我们党在社会主义经济理论上实现了一次重大突破,在经济体制改革实践上取得了重大进展。党的十八大和十八届三中全会对市场作用的新定位成为在经济体制中处理政府作用和市场作用的新指南,使市场在资源配置中起决定性作用和更好发挥政府作用,表明我国的社会主义市场经济理论又取得了突破性进展。

社会主义市场经济的根本特点,在于将社会主义基本制度的优越性同市场经济的灵活性、效率性结合起来。市场经济是竞争经济,市场规律会形成一种激励机制和创新机制,促进经济的发展。同时也要看到,市场调节经济具有自发性、盲目性和滞后性,存在市场失灵。当代资本主义的市场经济也已不是政府只起"守夜人"作用的自由市场经济,也要实行政府干预。"二战"后,许多资本主义国家如日、法、韩等实行的经济计划,包括短期计划和长期计划,用"看得见的手"引导"看不见的手"。德国实行"社会市场经济",也是将政府的作用与市场的作用结合起来。我国是社会主义国家,公有制的主体地位和国家的宏观调控制约着市场经济的负面效应,可以避免和削弱资本主义市场经济必然产生的经济震荡和经济危机。

一、社会主义市场经济的含义

市场经济是由市场机制(供求机制、竞争机制、价格机制等)调节资源配置的经济体制。**社会主义市场经济包括两层含义:一是社会主义市场经济是市场经济与社会主义基本制度相结合的经济,是以公有制为基础或为主体、以共同富裕为根本目的的**。社会主义市场经济是与社会主义经济制度相结合的市场经济,就是以国有经济为主导、以公有制为基础或为主体的社会主义市场经济。实行和发展市场经济,应以坚持和发展社会主义经济制度和社会主义初级阶段的基本经济制度为条件,要有利于国家保障国有经济的巩固和发展,有利于巩固和促进公有制的基础和主体地位。**二是社会主义市场经济不是完全自发的自由市场经济,而是在社会主义国家宏观调控下运行的市场经济**。国家要运用经济政策、经济法规、计划指导和必要的行政管理和法律手段,引导市场健康发展。[①]

社会主义市场经济是在研究什么是社会主义、怎样建设社会主义的理论和实践过程

---

① 卫兴华. 坚持社会主义市场经济的改革方向[J]. 光明日报, 2013(1).

中逐步形成的。要把握社会主义市场经济含义的前提是把握社会主义和市场经济的本质，对这个问题，邓小平指出：资本主义和社会主义的区分不在于是计划还是市场这样的问题，社会主义也有市场经济，资本主义也有计划控制。计划多一点还是市场多一点，不是社会主义与资本主义的本质区别。计划经济不等于社会主义，资本主义也有计划；市场经济不等于资本主义，社会主义也有市场。计划和市场都是经济手段。社会主义的本质，是解放生产力，发展生产力，消灭剥削，消除两极分化，最终达到共同富裕。[1]江泽民指出：市场经济是同社会主义基本制度紧密结合在一起的。如果离开了社会主义基本制度，就会走向资本主义。[2]

社会主义市场经济指的是社会主义制度下的市场经济，是市场经济同社会主义基本经济制度相结合的经济。 也就是说，社会主义规定了社会主义市场经济的特殊属性，市场经济规定了社会主义市场经济的一般属性，二者是有机统一。同时，市场在资源配置中起决定性作用，并不是起全部作用，发展社会主义市场经济，还必须坚持发挥社会主义制度的优越性，发挥政府宏观调控的积极作用。

二、社会主义市场经济的基本特征

社会主义市场经济既应具有市场经济的一般性特征，还必须有社会主义的制度特性。所谓社会主义市场经济的基本特征，是相对于资本主义市场经济和社会主义计划经济而言的。

(一) 相对于计划经济而言，社会主义市场经济的基本特征

第一，市场在资源配置中起决定性调节作用。计划经济体制的主要特征之一是资源配置依靠的手段是指令性计划、行政审批。由计划经济向市场经济转变最根本的就是资源配置方式的转变，即由行政审批分配资源为主转变为依靠市场机制自动在生产的各个方面配置资源。

第二，社会主义市场经济是信用经济和法治经济。市场经济是信用经济，随着市场经济发育的成熟程度不断提高，交易规模不断扩大，信用交易方式逐步取代传统的"一手交钱、一手交货"，成为现代市场经济中的主要交易方式。信用交易的普遍化大大降低了市场交易费用。在没有信用制度的条件下，交易者为了避免利益受损，必须花费大量的精力、财力、物力去查证对方的信誉，避免那些以次充好、假冒、欺诈、逃债、恶意违约的一方却会得到利益而不受惩罚。只有把诚实守信作为行动的准则，市场竞争才能充分发挥资源配置的基础性作用，没有信用就没有秩序，市场经济就不能健康发展。

市场经济是一种法律治理的经济。市场主体的确立、财产权的有效保护、市场交易的正常进行，以及政府对市场的调控和管理都需要完善的法制。缺乏相应的法律法规，就不可能有健康、繁荣的市场经济。

第三，社会主义市场经济是开放经济和平等竞争的经济。在计划经济体制下，由于基本是按行政区划、行政部门和行政层次管理经济，形成了行业和地区之间的条块分割，

---

[1] 中共中央文献研究室. 邓小平文选：第三卷[M]. 北京：人民出版社，1993：364.
[2] 中共中央文献研究室. 江泽民论有中国特色社会主义[M]. 北京：中央文献出版社，2002：69.

各行政区域内追求自给自足，搞地方保护，各部门也从自身的利益出发不能分工协作，搞部门垄断。这些是与商品经济的发展背道而驰的。商品经济的发展历史和运行规律表明，市场经济的发展要求参与主体能够有充分自由竞争的环境，要求市场是开放的而不是封闭的，这种开放性不仅指的是国内各地区各行业的开放，而且也包括对外开放，只有如此，才能在更大程度上优化资源配置。

(二) 相对于资本主义市场经济来说，社会主义市场经济的基本特征

第一，在所有制结构上，必须坚持市场经济与社会主义基本经济制度相结合。社会主义市场经济是在社会主义制度下搞的，不同的社会制度规定了发展市场经济的不同方向。发展社会主义市场经济，就是将社会主义的制度优势同市场经济的竞争优势结合起来，更好地解放和发展生产力。以公有制为主体、多种所有制经济共同发展，一切符合"三个有利于"标准的所有制形式都可以而且应该用来为社会主义服务。在公有制为主体的前提下，公有制企业与其他企业在市场经济中平等竞争、共同发展，国有经济在国民经济中发挥主导作用。

第二，在分配制度上，必须坚持按劳分配为主体、多种分配方式并存的制度。运用包括市场在内的各种调节手段，鼓励先进，促进效率，防止两极分化，注重社会公平，逐步实现共同富裕。

第三，在宏观调控上，以实现最广大劳动人民利益为出发点和归宿。社会主义国家能够更好地把当前利益和长远利益、局部利益和整体利益、经济效益和社会效益结合起来，充分发挥计划和市场两种手段的长处，保证市场经济按照社会主义的目的运行，使社会主义的优势与市场经济的优势都能够得到充分发挥。

三、社会主义市场经济中的市场机制

所谓机制，原意是指机器运转过程中各个部件之间互相关联及运转的方式。市场机制，就是在市场经济中价值规律发挥作用的机制。市场机制主要有价格机制和竞争机制。

(一) 价格机制

1. 价格机制的含义

价格机制是指价格与市场供给和市场需求之间的有机联系和运动，它是通过价格与供求之间的相互依赖、相互制约的关系发生作用的。市场供求关系的变动引起商品价格的变化，商品价格的变化反过来又导致供求关系发生新的变化；商品价格受供求关系的影响围绕价值不断地上下波动，是价值规律发生作用的表现形式，同样也是价格机制的主要内容和作用过程。

2. 价格机制作用的形式

价格机制是通过价格与价值的背离及其趋于一致来发生作用的。因此，价格机制能否充分发挥作用的关键在于价格与价值的背离状况。

第一，**背离的方向**。价格是在以价值为中心的上下波动中调节商品的供求关系，进而引导资源配置。价格与价值的背离方向是随机的，价格上升需求下降，价格下降供给减少。对价格背离价值的方向不能人为地加以干预，使价格朝着一个方向变动是违背价格机制的。

第二，背离的程度。 价格的背离要以价值为基础，所以价格的运动最终一定会收敛到价值这一点上。也就是说，价格不会与价值的差距无限拉大，否则价格就不能对商品的供求起调节作用。

第三，背离的时间长短。 价格与价值的背离只发生于短期，随着时间的推延，价格会向价值靠近。价格不向价值移动的情况在完全竞争的市场中是不会出现的，只有在市场存在垄断时才会出现。

3. 价格机制的作用

在充分竞争性的市场经济中，价格机制的作用主要表现在以下几个方面。

第一，对生产同一种商品的生产者来说，价格是重要的竞争工具。 生产同一种商品的生产者，要想产品占有较大的市场份额，必须依靠低价取胜，而生产成本是商品价格的主要组成部分，要降低价格，生产者就必须想办法降低生产成本，由此促使生产者不断采用新技术，优化资源配置，改善经营管理，提高劳动效率，结果必然是社会劳动消耗的节约和资源在企业内部配置效率的提高。

第二，价格对不同的商品生产者来说，是调整生产方向和生产规模的重要信号。 价格机制决定的价格比例，是制约平均利润率高低的重要因素，也是社会劳动在部门间分配的选择条件。在市场经济运行过程中，某一种商品在市场上需求量增加，生产者为了得到更多的利益，就会提高生产产量；相反，对于市场上供过于求的产品，价格低于成本，生产者就会把资本和其他生产要素转移到其他有一定利润空间的行业和产品上。可见价格的变动会引起资本和其他生产要素的转移，调节社会劳动等生产要素在各部门之间的分配。

第三，价格机制对消费者来说，是调整需求方向、需求规模和需求结构的重要信息。 由于部分商品在使用价值上存在替代性，货币本身与商品之间具有不同的使用价值。当市场上某种商品的价格发生了变化，消费者的需求结构会发生相应的变化。当价格上升时，就会减少对这种商品的消费量而增加其他商品的消费，或者增加储蓄而减少当期的消费。当价格下降时，情况正好相反。

(二) 竞争机制

1. 竞争机制的含义与类型

市场上不同经济主体从自身的利益出发而展开的竞争行为称为竞争机制。 相对于个人来说，竞争机制是一种外部的强制力，其类型依据划分的标准不同而不同，按照竞争主体可以分为三种基本类型：一是商品生产者之间的竞争。对于同一种商品，各个厂家彼此之间会进行争夺产品销路、争夺市场的斗争。二是商品需求者之间的竞争。当市场上某种商品出现供不应求时，买方之间就会为抢购这种商品而展开竞争。这种竞争反过来会促使商品价格的提高。三是商品供给者和需求者之间的竞争。前者希望商品尽量卖得高价，后者则希望能够用尽量低的价格获得商品。买卖双方相互之间会就商品的价格进行讨价还价。

2. 竞争机制发挥作用的条件

竞争机制发生作用需要以下几个条件的成立。

第一，竞争双方具有不同的经济利益。 市场经济存在的基础是独立经济利益主体的存在。不同经济利益主体的一切活动，都是为了自身的利益。

第二，**个别劳动时间和社会必要劳动时间存在矛盾**。在市场经济中，生产同一种商品的不同生产者，由于技术条件不同，劳动强度和管理水平不同，个别劳动消耗就有差别。而市场上商品的价值是由社会必要劳动时间决定的，商品按商品价值决定的市场价格出售。个别劳动时间低于社会必要劳动时间的生产者就会获得利益，高于社会必要劳动时间的生产者就会发生亏损。各个生产者为了获得更大的经济利益，必然不断改善生产条件，加强管理，提高劳动生产率，缩短生产商品的个别劳动时间。

第三，**竞争要求有一个公开平等的环境**。价值规律是关于商品价值决定和价值实现的规律，是商品经济最基本的规律，其核心是商品价值的实现，而商品价值的实现必须建立在等价交换的基础上。等价交换要求交换主体双方的交换在平等的条件下进行。在市场主体不完整、市场行为不规范、市场规则不健全的情况下，竞争是难以发挥作用的。

第三节　社会主义市场经济中政府和市场的关系

社会主义市场经济体制是社会主义基本经济制度与市场经济有机结合的经济体制，是充分发挥两者优势的新型经济体制。把发展市场经济与坚持社会主义基本制度有机结合起来，既可以充分发挥社会主义制度的优越性，又可以充分发挥市场经济在有效配置资源方面的重要作用。党的十八届三中全会通过的《中共中央关于全面深化改革若干重大问题的决定》关于社会主义市场经济体制改革的新提法是：使市场在资源配置中起决定性作用和更好发挥政府作用。[①] 将多年来所讲的市场配置资源的"基础性"作用，转变为"决定性"作用是全会提出的一个重大理论观点。

一、市场对资源配置起决定性作用

市场经济是人类社会迄今为止最具效率及活力的经济运行机制和资源配置手段，它具有其他任何机制和手段不可替代的功能优势。这主要是因为，第一，市场利益的直接刺激性，可极大调动人们的积极性和创造性。第二，市场经营决策的灵活性，能够较快实现供需平衡，减少资源浪费。第三，市场信息的有效性，能够快速传递市场交易过程的各种信息，提高资源配置效率。但是，市场经济也有其局限性，存在着自发性事后调节、催生过度垄断、排斥公共利益、引发两极分化等固有的功能缺陷，而且仅靠自身力量难以克服。因此，完全摒弃政府管理和调控的市场经济会使其缺陷大于优势，导致"市场失灵"。

我国从1992年党的十四大提出使市场在国家宏观调控下对资源配置起基础性作用的突破性理论，经过党的十五大、十六大、十七大直到2013年党的十八大，一直是我国经济体制市场化改革的指导思想。党的十八届三中全会明确提出，经济体制改革的核心问

---

① 中共中央关于全面深化改革若干重大问题的决定[J]. 人民日报，2013-11-16.

题是处理好政府和市场的关系，并且明确提出市场对资源配置起决定性作用。对市场作用的新定位成为在经济体制中处理政府作用和市场作用的指导方针，那就是市场在资源配置中起决定性作用和更好发挥政府作用。市场经济本质上就是市场决定资源配置的经济，健全社会主义市场经济必须遵循这条规律。由"基础性"作用变为"决定性"作用，是回归市场经济的本质规定和要求，是遵循市场经济规律。

二、尊重市场规律，发挥政府作用

(一) 经济体制改革的核心问题是处理好政府和市场的关系

1. 政府和市场是现代市场经济体系中相互关联的两个重要组成部分

在现代市场经济体系中，政府是经济管理和调控主体、涉及发展全局的重大利益协调主体，市场是把政府同各类微观经济运营主体连接起来的桥梁、配置各类经济资源的基础环节，也是媒介产权产品和其他要素交换活动的基本场所。政府和市场的关系决定着市场经济体制的基本走向和运行质量。政府行为往往表现为经济管理和宏观调控，市场功能往往表现为供求、价格自发调节和自由竞争，两者紧密关联、相互交织、缺一不可。发展社会主义市场经济，关键是寻求政府行为和市场功能的最佳结合点，使政府行为在调节经济、弥补市场功能失灵的同时，避免和克服自身的缺位、越位、错位。

2. 市场经济条件下政府作用和市场作用都有其优点和局限性

发展社会主义市场经济既要高度重视政府的作用，也要高度重视市场的作用。政府宏观调控和管理的主要任务是保持经济总量平衡，抑制通货膨胀，促进重大结构优化，维护社会公平正义，为转变经济发展方式、保持经济持续健康发展创造良好的环境和条件。同时，还应积极完善和规范市场准入制度，建立统一规范、竞争有序的现代市场体系，维护市场秩序，保障市场在资源配置中发挥决定性作用。但是，如果政府管理和调控的范围、力度超过了弥补"市场失灵"、维持市场机制正常运行的合理需要，或干预的方向不对路、形式选择失当，其结果非但不能纠正"市场失灵"，反而会抑制市场机制的正常运作。

3. 我国经济体制既存在政府干预过度问题，也存在"市场失灵"问题

我国社会主义市场经济体制已经基本建立并不断完善，但在政府和市场关系的处理上仍存在许多不足，政府作用和市场功能都亟待进一步完善。例如，在政府作用方面，不合理的限制性规章制度和审批程序过多过细，各种政策工具选择搭配不适当，过多运用行政手段干预市场主体特别是微观主体，抑制了市场机制的正常运作。对公共产品生产分配的管理调节作用弱化，影响社会公平和民生改善。在市场功能方面，不少企业为获取市场高额利润对自然资源进行掠夺性开采，大量排放污染物，对生态环境和人民健康造成严重影响。一个时期以来，医疗、教育、养老等社会事业发展过度市场化，造成利益导向扭曲，使公共服务长期处于总量不足、结构失衡状态等。

(二) 有效市场，有为政府

习近平在党的十八届三中全会通过的《中共中央关于全面深化改革若干重大问题的决定》的说明中指出，我国实行的是社会主义市场经济体制，我们仍然要坚持发挥我国社会主义制度的优越性，发挥党和政府的积极作用。市场在资源配置中起决定性作用，并不是起全部作用。在市场经济运行中,政府的一个重要职责是市场监管。市场配置资源的决定作用越大,范围越广,政府监管市场的职责也越大,越需要更好地发挥政府作用。政府职能和宏观调控就是指在市场对资源配置起决定作用的前提下,政府在宏观层次上对企业和市场进行必要的、科学的监管和引导,并促进市场体系的完善和发展,促进企业的科学发展。

我国改革的目标是建立社会主义市场经济体制,这一体制的重要特征就是要在坚持社会主义基本经济制度的条件下发展市场经济,经济体制改革的核心问题是处理好政府和市场的关系,既要发挥市场机制在资源配置中的决定性作用,又要更好地发挥政府的作用。习近平深刻指出,在市场作用和政府作用的问题上,要讲辩证法、两点论,"看不见的手"和"看得见的手"都要用好,努力形成市场作用和政府作用有机统一、相互补充、相互协调、相互促进的格局,推动经济社会持续健康发展。①

第四节 例证分析

一、创建和发展当代中国马克思主义政治经济学

中国共产党历来重视对马克思主义政治经济学的学习和运用。我国在马克思主义指导下建立和发展了社会主义制度。现已进入发展和完善中国特色社会主义的新的历史时期,需要结合我国社会主义经济建设的历史过程和改革开放以来经济理论和实践的新发展,创建和发展当代马克思主义政治经济学。

2014年7月8日,习近平主持召开经济形势专家座谈会,提出各级党委和政府要学好用好马克思主义政治经济学,自觉认识和更好遵循经济发展规律。2015年11月23日,中共中央政治局就马克思主义政治经济学基本原理和方法论进行第二十八次集体学习,习近平强调,要立足我国国情和我国发展实践,揭示新特点新规律,提炼和总结我国经济发展实践的规律性成果,把实践经验上升为系统化的经济学说,不断开拓当代中国马克思主义政治经济学新境界。2015年12月,中央经济工作会议强调,要坚持中国特色社会主义政治经济学的重大原则,坚持解放和发展社会生产力,坚持社会主义市场经济改革方向,使市场在资源配置中起决定性作用,是深化经济体制改革的主线。

对于为什么要强调学习马克思主义政治经济学的基本原理和方法论,习近平做了明确的回答。概括地说,就是为了能够掌握科学的分析方法,认识经济运行过程,把握社会经济发展规律,提高驾驭社会主义市场经济的能力,更好地回答我国经济发展的理论和实践问题,提高领导我国经济发展的能力和水平。科学分析方法是辩证唯物主义和历史唯物主义,掌握科学分析方法和经济发展规律,才能认识和把握经济发展过程,提高驾驭社会经济发展和运行的能力,提高领导能力和水平,更好指导我国经济发展实践。改革开放以来,中国共产党总结我国社会主义实践中得失、成败的经验与教训,提出了

---

① 中共中央文献研究室. 习近平关于社会主义经济建设论述摘编[M]. 北京:中央文献出版社,2017:64.

一系列坚持和发展马克思主义政治经济学的理论观点,并在实践中获得成效。如:社会主义本质理论;判断改革开放和一切工作是非得失的三条"是否有利于的标准"理论;社会主义初级阶段理论和初级阶段的基本经济制度理论;关于用好国际国内两个市场、两种资源的理论;关于提出中国特色社会主义理论、制度、道路的创新观点;关于社会主义市场经济理论、特别是强调使市场在资源配置中起决定作用和更好发挥政府作用的理论;关于促进社会公平正义、逐步实现全体人民共同富裕,强调"共同富裕是中国特色社会主义基本原则"的理论;十八大提出"推动经济更有效率、更加公平、更可持续发展"的理论;关于树立和落实创新、协调、绿色、开放和共享的新的发展理念;关于我国经济发展进入新常态的理论;关于推动新型工业化、信息化、城镇化、农业现代化相互协调的理论等,这些都是结合经济社会发展的新形势、新任务,创新发展了马克思主义政治经济学理论。

社会主义经济建设事业在不断发展,随着经济实践发展的新成就和出现的新问题,要总结和上升为政治经济学的新理论,用以指导社会主义新的经济建设事业。习近平要求揭示新特点、新规律,提炼和总结我国经济发展实践的规律性的成果,把实践经验上升为系统化的经济学说。这个"系统化经济学说"应具有新的经济学范畴,揭示新的经济规律,具有自己的经济学话语权。要能解析中国特色社会主义经济发展的道路和运行过程,这一经济学说应是整体的、涵盖整个社会主义历史时期并前瞻共产主义高级阶段的、创新性的中国马克思主义政治经济学。

二、计划经济不等于社会主义、市场经济不等于资本主义

在马克思主义和社会主义发展史中,曾长期把计划经济作为社会主义经济制度的属性,把市场经济作为资本主义经济制度的属性。在这个问题上,西方学者与政要也持同样的观点。在资本主义发展中,始终实行市场经济制度。在社会主义国家的发展中,曾长期实行计划经济。在这样的历史和现实背景下,我国由计划经济转型为社会主义市场经济,必然要经历一个从理论认识到经济体制改革的曲折过程。

我国的经济体制改革,是要打破僵化的计划经济体制,把社会主义经济搞好搞活,以更好更快地发展生产力和满足人民日益增长的物质文化生活需要。这就需要重视和增强市场的作用。我国的改革也称为市场取向的改革。邓小平是我国改革开放的总设计师,由传统计划经济转向社会主义市场经济的理论指导,是由邓小平于1991—1992年的南方讲话中最终确立的。

改革思想的提出和实行,是邓小平和陈云、李先念等同志相互支持和共同推动的成果。陈云最早提出计划经济为主,市场调节(市场经济)为辅的改革思想,得到了邓小平、李先念等决策层的一致赞同与支持,因而成为党中央在改革前期的指导思想。在1979年4月5日的中央工作会议上,李先念代表中央的讲话中正式提出:"在我们的整个国民经济中,以计划经济为主,同时充分发挥市场调节的辅助作用。"这是第一次以中央决策的形式公开发表的经济体制改革中计划与市场关系的指导思想。这一改革的思想得到邓小平的认同与支持。

党的十三大报告中提出,新的经济体制应当是计划与市场内在统一的机制,而新的

经济运行机制,总体上来说应当是国家调节市场,市场引导企业的机制。这实际上讲的是国家从宏观上调控市场,市场直接调节企业的市场经济运行机制。1989年11月,党的十三届五中全会提出,改革的核心问题,在于逐步建立计划经济与市场调节相结合的经济运行机制。

邓小平1992年在南方的谈话进一步指出,计划经济不等于社会主义,市场经济不等于资本主义,两者不是社会主义与资本主义的本质区别,而是发展经济的手段。这个论断完全排除了将计划经济与市场经济视为两种对立的姓"资"姓"社"的社会制度性范畴的传统观念,为建立社会主义市场经济体制提供了权威的理论认识基础。1992年10月,党的十四大报告明确提出:我国经济体制改革的目标是建立社会主义市场经济体制。

中共十八大后,以加快完善社会主义市场经济体制为目标的新一轮经济体制改革全面展开。党中央强调,公有制为主体、多种所有制经济共同发展的基本经济制度是中国特色社会主义的重要支柱,也是社会主义市场经济的根基。

三、新常态下中国社会经济发展的新思路与新理念[①]

中国共产党第十八届中央委员会第五次全体会议通过了《中共中央关于制定国民经济和社会发展第十三个五年规划的建议》,全会强调,实现"十三五"时期发展目标,破解发展难题,厚植发展优势,必须牢固树立并切实贯彻创新、协调、绿色、开放、共享的发展理念。这是关系我国发展全局的一场具有重大现实意义和深远历史意义的深刻变革。

(一) 十八届五中全会的现实意义与历史意义

十八届五中全会是全面建成小康社会进入决胜阶段的一次重要会议,具有重大的现实意义和深远的历史意义。会议提出,到2020年全面建成小康社会,是我们党确定的"两个一百年"奋斗目标的第一个百年奋斗目标。"十三五"时期是全面建成小康社会的决定性阶段,当前,和平与发展的时代主题没有变,我国经济发展进入新常态,我国发展既面临大有作为的重大战略机遇期,也面临诸多矛盾相互叠加的严峻挑战。我们要准确把握战略机遇期内涵的深刻变化,更加有效地应对各种风险和挑战,在改革开放以来打下的坚实基础上,坚定信心,锐意进取,奋发有为,继续集中力量把自己的事情办好,不断开拓发展新境界。

第一个百年奋斗目标,就是到建党一百周年时要全面建成小康社会。因此我们当前所处的历史时期,就是全面建成小康社会的决胜阶段;第二个百年奋斗目标是,到中华人民共和国成立一百周年时要建成一个富强、民主、文明、和谐的社会主义现代化国家。这进一步说明"十三五"时期是前所未有的历史转折期,具有承前启后的关键作用,是要为实现第二个百年奋斗目标奠定更加坚实的基础。

"十三五"时期我国发展环境的基本特征是重要战略机遇期与严峻挑战并存;也可以概括为"三期叠加",即中国经济进入增长速度换挡期、经济结构调整面临阵痛期、

---

① 中国共产党第十八届中央委员会第五次全体会议公报[EB/OL]. 新华网. [2015-10-29]. http://www.xinhuanet.com//politics/2015-10/29/c_1116983078.htm.

前期刺激政策进入消化期。主要表现在以下几个方面：第一，来自外部挑战的威胁。世界发展格局深度调整，世界经济面临深刻复杂的结构性矛盾，需要进行全面的体制变革。全球分工格局正在重塑，全球价值链分工更有利于发达国家，发展中国家的国际竞争将面临更为严峻的挑战。全球治理格局日趋复杂，发达国家积极主动地重构国际贸易规则，国际投资贸易格局和多边投资贸易规则酝酿深刻调整，增加了全球经济治理的复杂性、多变性、不确定性。中国迫切需要从单边开发转向多边开放，不断强化自身在国际贸易规则谈判和制定上的话语权。第二，来自内部环境的压力。中国科技创新能力不足与转型发展紧迫要求之间的矛盾日益尖锐，经济发展对资源环境的新压力与人民群众对改善生存环境的新要求之间的矛盾空前激烈，环境承载能力已达到或接近上限，必须顺应人民群众对良好生态环境的期待，推动形成绿色低碳循环发展新方式。过大的收入差距与人民群众对于公平的渴望之间矛盾突出；发展过程中既要注重经济的效率，更要注重社会的公平，避免落入"中等收入"陷阱。发展绝对水平不够高和老龄社会过快来临之间的矛盾凸显，目前我国已出现劳动年龄人口绝对下降的趋势，创造社会财富的人相对减少，依靠社会赡养的人口相对增多。第三，来自产业变革的压力。我国制造业面临发达国家的严峻挑战，必须放眼全球，加紧战略部署，固本培元，抢占新一轮制造制高点。新一代信息技术与制造业深度融合，正在引发影响深远的产业变革，形成新的生产方式、产业形态、商业模式和经济增长点。当前我国生产要素成本不断上升和资源环境压力明显增加，促使沿海向内地的"集群式"产业梯度转移格局加速形成。第四，来自区域竞合的机遇。我国区域格局加速重组，丝绸之路经济带、长江经济带、京津冀经济区成为"十三五"国家区域开发"热点"，西北五省区由于自身具备的比较优势及参与丝路经济带建设规划框架，区域战略地位得以提升，沿线地区形成了竞合新局面。

在此背景下，需要我们正确认识新常态，适应新常态，推动我国经济全方位优化升级。新常态下的经济发展主要特征表现为：①增长速度由高速向中高速转变。现在的经济增长更强调质量和效益。②产业结构由中低端向中高端转变。智能制造引领制造方式变革，"互联网+"重塑产业价值链体系，构建科技含量高、资源消耗低、环境污染少的产业结构和生产方式，加快发展绿色产业，形成经济发展新的增长点。③增长动力由要素驱动、投资驱动向创新驱动转换。《国务院关于深化体制机制改革加快实施创新驱动发展战略的若干意见》提出大力推进大众创业、万众创新，激发全社会创新活力和创造潜能，提升劳动、信息、知识、技术、管理、资本的效率和效益。④资源配置由市场起基础性作用向起决定性作用转换。党的十八届三中全会通过《中共中央关于全面深化改革若干重大问题的决定》提出"使市场在资源配置中起决定性作用"，十八届四中全会又进一步指出"社会主义市场经济本质上是法治经济"。⑤经济福祉由非均衡型向包容共享型转型。新出台的《国家新型城镇化规划》提出，有序推进农业转移人口市民化、优化城镇化布局和形态、提高城市可持续发展能力、推动城乡发展一体化、改革完善城镇化发展体制机制。

(二) 新常态下我国经济发展的指导思想和基本原则

"十三五"时期，我国经济社会发展的指导思想为：高举中国特色社会主义伟大旗帜，全面贯彻党的十八大和十八届三中、四中全会精神，以马克思列宁主义、毛泽东思想、邓小平理论、"三个代表"重要思想、科学发展观为指导，深入贯彻习近平系列重要讲话精神，坚持全面建成小康社会、全面深化改革、全面依法治国、全面从严治党的战略布局，坚持发展是第一要务，以提高发展质量和效益为中心，加快形成引领经济发展新常态的体制机制和发展方式，保持战略定力，坚持稳中求进，统筹推进经济建设、政治建设、文化建设、社会建设、生态文明建设和党的建设，确保如期全面建成小康社会，为实现第二个百年奋斗目标、实现中华民族伟大复兴的中国梦奠定更加坚实的基础。

党的十八大以来，以习近平为核心的党中央提出"四个全面"的战略布局，为推动改革开放和社会主义现代化建设迈上新台阶、开创新局面提供了顶层设计和战略导引，对党和国家的全部工作正在发挥重要的指导作用。"四个全面"中，全面建成小康社会是战略目标，而全面深化改革，全面依法治国和全面从严治党则是重要的战略举措。"十三五"规划是在"四个全面"战略思想指导下制定的首个五年规划，必须紧密围绕全面建成小康社会这一宏伟目标，这也是"中国梦"的具体体现，民生将成为2020年全面建成小康社会的重要内容。发展是硬道理，是解决中国问题的关键。全面小康不仅要追求发展的速度，更要强调发展的科学性和可持续性。

要想如期实现全面建成小康社会奋斗目标，推动经济社会持续健康发展，必须遵循以下六大原则：坚持人民主体地位，坚持科学发展，坚持深化改革，坚持依法治国，坚持统筹国内国际两个大局，坚持党的领导。

坚持人民主体地位。这是解决社会经济发展的价值目标问题。我们的发展要立足于人民，完全为了人民；人人参与，人人尽力，人人享有；让人民有更多获得感。

坚持科学发展。这是解决社会经济的发展方式问题。有了发展目标，全面建成小康社会就有了发展的价值要求，是为了人民的全面小康。还要进一步探讨，我们依靠什么样的发展方式才能够全面建成小康社会？所以要坚持科学发展的发展方式。

坚持深化改革。这是解决发展的动力机制问题。十八届三中全会提出了全面深化改革的总目标，把全面深化改革作为十八大之后的第一件大事提出来，也就解决了发展的动力机制问题。必须按照完善和发展中国特色社会主义制度、推进国家治理体系和治理能力现代化的全面深化改革总目标，加快完善各方面体制机制，进一步转变政府职能，为发展提供持续动力。

坚持依法治国。这是解决发展的制度基础问题。改革是"破"和"立"的辩证统一，既要"破"，也要"立"。必须完善社会主义市场经济法治体系，加快法治经济和法治社会建设，把经济社会发展纳入法治化轨道。

坚持统筹国内国际两个大局。这是解决发展的战略思维问题。必须深化全方位对外开放，妥善应对外部环境变化，推动互利共赢、共同发展。

坚持党的领导。这是解决发展的领导核心问题。也就是说，要实现"十三五"规划，实现全面建成小康社会的目标，必须依靠中国共产党的领导，必须贯彻全面从严治党要求，不断提高党的执政能力和执政水平，确保我国发展航船沿着正确航道破浪前进。

同时，十八届三中全会还对全面建成小康社会提出了更高的新的目标要求，即经济保持中高速增长，在提高发展平衡性、包容性、可持续性的基础上，到2020年国内生产总值和城乡居民人均收入比2010年翻一番，产业迈向中高端水平，消费对经济增长贡献明显加大，户籍人口城镇化率加快提高。农业现代化取得明显进展，人民生活水平和质量普遍提高，我国现行标准下农村贫困人口实现脱贫，贫困县全部摘帽，解决区域性整体贫困。国民素质和社会文明程度显著提高。生态环境质量总体改善。各方面制度更加成熟更加定型，国家治理体系和治理能力现代化取得重大进展。

第一，强调经济发展保持中高速增长。在全面建成小康社会的过程中，只要保持每年 6.5%的经济增长速度，就可以达到 2020 年国民生产总值和人均收入在 2010 年的基础上再翻一番的发展目标。

第二，强调发展的包容性。中国的发展，不是单方面的发展，不是单个价值目标的发展，也不仅仅是某一类、某一个地区、某一类人的发展，中国的发展要有更大的包容性。也就是说，各个地区、民族、群体都要纳入发展框架中，都要享受发展成果。

第三，强调消费对经济增长的贡献率。在拉动经济增长的投资、出口、消费这"三驾马车"中，更要强调消费，提高消费对经济增长的贡献。

第四，强调脱贫。摆脱贫困是全面建成小康社会的重大问题，既是重大的经济问题，也是重大的社会问题和政治问题。在"十三五"规划建议中，对全面建成小康社会中脱贫的重要性提出了很高的要求。按照联合国的标准，现在中国还有 2 亿左右的人口生活在贫困线以下，接近总人口的 1/6。脱贫的重要性和迫切性，是全面建设小康社会的重要攻坚战。十八届五中全会指出，实施脱贫攻坚工程，实施精准扶贫、精准脱贫，分类扶持贫困家庭，探索对贫困人口实行资产收益扶持制度，建立健全农村留守儿童和妇女、老人关爱服务体系。

第五，强调国家治理现代化。国家治理体系和治理能力的现代化，是十八届三中全会提出的全面深化改革目标的一项重要内容。国家治理现代化的提出，反映了对国家社会建设、政治建设等各个方面的全新认识。要全面建成小康社会，不仅是经济建设、社会建设、文化建设、生态建设方面的全面小康，也是政治建设方面的全面小康。

(三) 新常态下社会经济发展的五大发展理念[①]

实现"十三五"时期发展目标，破解发展难题，厚植发展优势，必须牢固树立并切实贯彻创新、协调、绿色、开放、共享的发展理念。这是关系我国发展全局的一场深刻变革。

全面建成小康社会，第一要务是发展，发展就是要回答和解决实现什么样的发展、怎样发展的问题。中华人民共和国成立后，中国共产党在领导社会主义建设、改革开放、社会主义现代化建设的过程中，一直在深入探讨发展理念问题，并且也在不断地创新丰富发展理念问题。第一，发展理念是发展思路、发展方向、发展着力点的集中体现。首先，要通过明确发展来筹划发展；其次，要解决好发展方向问题；最后，要找准发展着力点。第二，发展理念是发展行动的先导。这也涵盖了思想和实际，理论和实践的关系。发展需要靠实践来推动，而发展又是在一定的思想、理论、价值观的指导下进行的，在实现理论创新、思想解放、价值观变革的过程中，也是在为实践和

---

① 颜晓峰. 牢固树立新的发展理念，决胜全面建成小康社会——十八届五中全会精神解读[EB/OL]. [2015-11-03]. http://www.71.cn/2015/1103/845962_24.shtml.

行动提供理论指导。第三，发展理念对破解发展难题、增强发展动力、厚植发展优势具有重大指导意义。十八届五中全会中提出，要牢固树立并切实贯彻创新、协调、绿色、开放、共享的发展理念，发展理念的提出是为了解决发展中遇到的难题，主要包括：发展动力怎样转型？发展矛盾怎样处理？发展环境怎样保护？发展空间怎样拓展？发展成果怎样分配？面对这些发展难题，要明确发展目标、发展价值和发展道路，力求实现健康、有序的发展。

1. 坚持创新发展理念

创新发展的要求，就是要把创新摆在国家发展全局的核心位置。必须把发展基点放在创新上，形成促进创新的体制架构，塑造更多依靠创新驱动、更多发挥先发优势的引领型发展。一是培育发展新动力。优化劳动力、资本、土地、技术、管理等要素配置，激发创新创业活力，推动大众创业、万众创新。二是拓展发展新空间。实施网络强国战略，实施"互联网+"行动计划，发展分享经济，实施国家大数据战略。三是构建产业新体系。加快建设制造强国，实施工业强基工程，培育一批战略性产业，开展加快发展现代服务业行动。四是构建发展新体制。加快形成有利于创新发展的市场环境、产权制度、投融资体系、分配制度，深化行政管理体制改革，提高政府效能，激发市场活力和社会创造力。建立健全现代财政制度、税收制度，改革并完善适应现代金融市场发展的金融监管框架。创新和完善宏观调控方式，减少政府对价格形成的干预，全面放开竞争性领域商品和服务价格。

2. 坚持协调发展理念

协调发展的要点就是增强发展的整体性，正确处理发展中的重大关系。一是促进城乡区域协调发展。塑造要素有序自由流动、主体功能约束有效、基本公共服务均等、资源环境可承载的区域协调发展新格局。健全城乡发展一体化体制机制，健全农村基础设施投资长效机制，提高社会主义新农村建设水平。二是促进经济社会协调发展。三是促进新型工业化、信息化、城镇化、农业现代化同步发展。即"四化"的协调发展问题。四是国家硬实力和国家软实力的协调发展。经济实力、科技实力、国防实力构成国家的硬实力，但是一个国家要屹立于世界民族之林，软实力的作用也不容忽视。要大力推动物质文明和精神文明协调发展，加强社会主义精神文明建设，建设社会主义文化强国，增强国家意识、法治意识、社会责任意识，倡导科学精神，弘扬中华传统美德。五是经济建设和国防建设融合发展。发展要有安全的保障，富国要有强军的支持。坚持发展和安全兼顾、富国和强军统一，实施军民融合发展战略。

3. 坚持绿色发展理念

绿色发展，事实上就是生态文明建设。我们要坚持可持续发展，坚定走生产发展、生活富裕、生态良好的文明发展道路，加快建设资源节约型、环境友好型社会，形成人与自然和谐发展现代化建设新格局。我国作为发展中大国，要实现全面小康和现代化发展目标，一定要解决好经济发展与环境保护的关系问题，也就是习近平总书记所说的绿水青山和金山银山的关系问题。首先，要确立绿色发展。推进美丽中国建设，为全球生态安全做出新贡献。促进人与自然和谐共生，构建科学合理的城市化格局、农业发展格局、生态安全格局、自然岸线格局，推动建立绿色低碳循环发展产业体系。其次，加快建设主体功能区。发挥主体功能区作为国土空间开发保护基础制度的作用。推动低碳循环发展，建设清洁低碳、安全高效的现代能源体系，实施近零碳排放区示范工程。最后，树立节约集约循环利用的资源观。全面节约和高效利用资源，建立健全用能权、用水权、排污权、碳排放权初始分配制度，加大环境治理力度，实行最严格的环境保护制度，筑牢生态安全屏障。

4. 坚持开放发展理念

坚持开放发展的要求就是要形成深度发展的互利合作格局。必须顺应我国经济深度融入世界经济的趋势，奉行互利共赢的开放战略，发展更高层次的开放型经济，积极参与全球经济治理和公共产品供给，提高我国在全球经济治理中的制度性话语权，构建广泛的利益共同体。一要完善对外开放战略布局，推进双向开放，支持沿海地区全面参与全球经济合作和竞争，培育有全球影响力的先进制度基地和经济区，提高边境经济合作区、跨境经济合作区发展水平。二要深化内地和港澳地区、大陆和台湾地区的合作发展，提升港澳地区在国家经济发展和对外开放中的地位和功能，支持港澳地区发展经济、改善民生、推进民主、促进和谐，以互利共赢方式深化两岸经济合作。三要推进"一带一路"倡议，加强同有关国家和地区多领域互利共赢的务实合作，打造陆海内外联动、东西双向开放的全面开放新格局。四要积极参与全球经济治理，加快实施自由贸易区战略，积极承担国际责任和义务。

5. 坚持共享发展理念

共享发展，就是人人参与，人人尽力，人人享有，共同建设，共同享有。共享发展的提出，体现了我党的性质和宗旨，也体现了中国特色社会主义的本质。一是要求做出更有效的制度安排，使全体人民在共建共享发展中有更多的获得感。增强发展动力，增进人民团结，朝着共同富裕方向稳步前进。二是注重机会公平，实现全体人民共同迈入全面小康社会。机会公平就是给大家一个共同发展的起点、机会和权利。全面建成小康社会，一个民族都不能少。"小康不小康，关键看老乡"，农村也是检验全面小康最重要的行业和地区。三是增加公共服务供给，提高公共服务共建能力和共享水平。加大对革命老区、民族地区、边疆地区、贫困地区的转移支付。四是强调精准扶贫，精准脱贫。探索对贫困人口实行资产收益扶持制度，建立健全农村留守儿童和妇女、老人关爱服务体系。五是提高教育质量，推动义务教育均衡发展，普及高中阶段教育，实现家庭经济困难学生资助全覆盖。六是促进就业创业，加强对灵活就业、新就业形态的支持，使劳动力能够有就业的机会，能够通过就业来改善自己的生活。七是坚持居民收入增长和经济增长同步、劳动报酬提高和劳动生产率提高同步。这是我国收入分配制度的进一步深化，缩小收入差距，健全科学的工资水平决定机制，完善市场评价要素贡献并按贡献分配的机制。八是建立更加公平更可持续的社会保障制度。实施全民参保计划，实现职工基础养老金全国统筹，划转部分国有资本充实社保基金，全面实施城乡居民大病保险制度。九是推进健康中国建设，深化医药卫生体制改革。十是完善人口发展战略，全面实施一对夫妇可生育两个孩子政策，积极开展应对人口老龄化行动。

四、新时代中国特色社会主义的理论创新

十九大报告是一篇闪耀着真理光芒的马克思主义纲领性文献,其突出特点就是创新性。报告创意迭出、思想精辟、境界高远,提出了许多新思想、新论断、新命题、新目标。系统总结、科学把握新时代中国特色社会主义思想,从理论与实践的结合上全面系统准确回答新时代坚持和发展什么样的中国特色社会主义,怎样坚持和发展中国特色社会主义的新时代命题,要充分认识和准确把握十九大展现的新时代、新矛盾、新发展及新时代中国特色社会主义思想对马克思主义理论的系统创新和发展。具体来讲,新时代中国特色社会主义的理论创新主要包括如下几个方面。

(一) 新时代历史方位论

科学的时代理论是把握时代、找准方位的前提。党的十九大报告提出,经过长期努力,中国特色社会主义进入了新时代。①这是中国发展新的历史方位的新判断,这个判断科学、准确且有充分的依据,是对我国经济社会发展的准确定位和科学把握。"新时代"的提法既是进行理论创造的基础,又是以习近平为核心的党中央创新发展马克思主义时代理论的结晶,也是人民群众进行社会实践的理论创造性结果。首先,我国经济实力、科技实力、国防实力、综合国力逐步进入世界前列是进入新时代的客观依据。其次,党的十九大报告对进入新时代的含义做了阐述,指出新时代是在新的历史条件下继续夺取中国特色社会主义伟大胜利的时代,是决胜全面建成小康社会、进而全面建设社会主义现代化强国的时代,是全国各族人民不断创造美好生活、逐步实现全体人民共同富裕的时代,是全体中华儿女奋力实现中华民族伟大复兴中国梦的时代,是我国日益走近世界舞台中央、不断为人类做出更大贡献的时代。处于新时代,我国的发展起点又得到进一步的提升,中国特色社会主义的伟大事业也面临更多的机遇,未来发展的美丽新篇章正在打开。

(二) 新时代社会主要矛盾论

对社会主要矛盾的判断,是一个政党制定正确路线、方针和政策的主要依据,也是提出新的理论指导的科学依据。能否依据主要矛盾和次要矛盾的演变,运用唯物辩证法的基本原理对国家发展的客观实际及时做出正确判断,是一个政党执政能力高低的标志。十九大报告指出:"中国特色社会主义进入新时代,我国社会主要矛盾已经转化为人民日益增长的美好生活需要和不平衡不充分的发展之间的矛盾。"②这是对我国社会主要矛盾的新表述。综观十九大报告全文,其中"人民"这个词格外受到重视,成为整个报告的重点词汇,这也充分展示出我们党不忘初心、一心为人民的利益而努力,为人民的幸福而奋斗的勇气与担当。用"物质文化生活需要"来描述人民的真实需要已经不准确,更准确的应该是对"美好生活"的需要。美好生活是人民的需求由温饱上升为更高层次和更多方面的需求,不仅包括物质财富的增加,还强调社会的公平公正、环境的舒适宜

---

① 习近平. 决胜全面建成小康社会 夺取新时代中国特色社会主义伟大胜利[R]//在中国共产党第十九次全国代表大会上的报告. 北京:人民出版社,2017:5.

② 习近平. 决胜全面建成小康社会 夺取新时代中国特色社会主义伟大胜利[R]//在中国共产党第十九次全国代表大会上的报告. 北京:人民出版社,2017:5.

人。新时代社会主要矛盾的转化并不意味社会主义初级阶段的结束。因此,必须牢牢把握以经济建设为中心的基本路线,科学把握发展过程中存在的关键性问题,团结全国各族人民继续顽强拼搏、艰苦奋斗,不断满足人民美好生活的需要,不断提高人们的幸福感。

(三) 新发展理念的发展论

理念是发展的先导,发展理念决定发展路径与发展成效。关于发展的观点、想法是否科学、正确,从根本上决定着发展的成效。党的十九大明确要求认真贯彻执行五大发展理念,使发展方式由量的增长转变为质的提升。五大发展理念的各个部分紧密联系、相互融合,其相互间不可分割,是对我国经济发展经验的归纳与抽象,是对世界各国发展史上经验及教训的深刻归纳与总结。党的十九大报告强调:"必须坚持质量第一、效益优先,以供给侧结构性改革为主线,推动经济发展质量变革、效率变革、动力变革。"①这要求贯彻落实供给侧结构性改革,合理推进经济结构的调整,将五大发展理念落到实处。一是坚持以创新为核心,使创新成为现代化国家建设的主动力,培育新兴产业,改变产业发展模式并进行创新发展,争取实现一种全新的产业形态,不断实现新发展。二是促进城乡区域、经济社会、硬实力与软实力等方面的发展平衡,增强发展整体性,更加注重资源均衡配置,推动经济体系质量不断提升。三是坚持在发展经济的同时兼顾生态环境,形成人与自然和谐发展新格局。四是秉承互利共赢的原则与各国进行开放性、共享性的发展,加强国家间的联系,致力于共同治理全球问题,实现共同繁荣。

(四) 新时代的治国理政方略论

习近平指出,一个国家选择什么样的治理体系,是由这个国家的历史传承、文化传统、经济社会发展水平决定的,是由这个国家的人民决定的②。新时代中国特色社会主义基本方略,是以习近平为核心的中央领导集体,集中全党和各族人民的智慧,继承和发展中国特色社会主义基本理论、基本路线和基本经验,借鉴和吸收发达国家治理现代化的积极成果,梳理中国社会主义治国理政经验而总结出来的。十九大报告概括了十四条基本方略,包括坚持党对一切工作的领导、坚持以人民为中心、坚持全面深化改革、坚持新发展理念、坚持人民当家作主、坚持全面依法治国、坚持社会主义核心价值体系、坚持在发展中保障和改善民生、坚持人与自然和谐共生、坚持总体国家安全观、坚持党对人民军队的绝对领导、坚持"一国两制"和促进祖国统一、坚持推动构建人类命运共同体、坚持全面从严治党等③。其中至关重要的,是要坚持党的领导和全面从严治党相统一的执政方略。一党长期执政,要勇于自我革命,把党的政治建设摆在首位。要强化党内监督,提高党的自我净化、自我完善、自我革新、自我提高的能力;要坚持同各种既得利益集团和权力腐败进行斗争;要健全党和国家监督体系,有效规范和制约权力,把

---

① 习近平. 决胜全面建成小康社会 夺取新时代中国特色社会主义伟大胜利[R]//在中国共产党第十九次全国代表大会上的报告. 北京:人民出版社,2017:13.
② 习近平. 习近平谈治国理政[M]. 北京:外文出版社,2014:118.
③ 习近平. 决胜全面建成小康社会 夺取新时代中国特色社会主义伟大胜利[R]//在中国共产党第十九次全国代表大会上的报告. 北京:人民出版社,2017:9-12.

权力关进制度的笼子里，夺取反腐败斗争压倒性的胜利。

五、推进供给侧结构改革

2015年12月中央经济工作会议强调，推进供给侧结构性改革，是适应和引领经济发展新常态的重大创新，是适应国际金融危机发生后综合国力竞争新形势的主动选择，是适应我国经济发展新常态的必然要求。

之所以要以供给侧结构性改革统领经济工作，主要是因为：一是中国经济社会发展已进入调速、转型、提质、增效的新阶段，正逐步步入新常态，需要重点推进结构性改革。二是2008年以来以需求管理政策为主的应对国际经济危机举措，在取得较好的稳增长效果的同时，也带来了结构性产能过剩严重、资产价格泡沫、地方债务风险加大、银行不良资产率上升等问题，需要对过度偏需求侧的政策进行适当调整，寻求供给侧和需求侧更加平衡的政策组合。三是需要通过供给侧改革，化解存量问题，增加有效供给，提高供给结构适应性和灵活性，提高全要素生产率，以培育发展新动力和经济新增长点，推动实现更高质量、更有效率、更加公平、更可持续发展。

推进结构性改革，需要针对产业结构、区域结构、要素结构、排放结构、动力结构、分配结构等经济结构问题，从着力解决制约发展的深层次问题入手，加快推进如下几个重要领域和关键环节的改革：一是大力推进国有企业改革，加快改组组建国有资本投资、运营公司，加快推进垄断行业改革；二是加快财税体制改革，抓住划分中央和地方事权和支出责任、完善地方税体系、增强地方发展能力、减轻企业负担等关键性问题加快推进；三是加快金融体制改革，尽快形成投资者合法权益得到充分保护的股票市场，抓紧研究提出金融监管体制改革方案，加快推进银行体系改革；四是加快养老保险制度改革和医药卫生体制改革等。

推进供给侧结构性改革，需要实施如下相互配合的五大政策支持：第一，宏观政策要稳。继续实施积极的财政政策，同时在减税等方面加大力度，继续实施稳健的货币政策，同时要灵活适度，保持流动性合理充裕和社会融资总量适度增长。第二，产业政策要准。推进农业现代化，加快制造强国建设，加快服务业发展，提高基础设施网络化水平等。第三，微观政策要活。保护各种所有制企业产权和合法利益，提高企业投资信心，改善企业市场预期，提高有效供给能力，通过创造新供给、提高供给质量，扩大消费需求。第四，改革政策要实。完善落实机制，把握好改革试点，允许地方进行差别化探索，发挥基层首创精神，抓好改革举措落地工作。第五，社会政策要托底。把重点放在兜底上，保障群众基本生活，保障基本公共服务。

推进供给侧结构性改革，需要采取去产能、去库存、去杠杆、降成本、补短板等五大行动：一要积极稳妥化解产能过剩。加快破产清算案件审理，提出和落实财税支持、不良资产处置、失业人员再就业和生活保障以及专项奖补等政策，做好职工安置工作。二要帮助企业降低成本。开展降低实体经济企业成本行动，降低企业的制度性交易成本、税费负担、财务成本、电力成本和物流成本等。三要化解房地产库存。加快农民工市民化，扩大有效需求；允许农业转移人口等非户籍人口在就业地落户，把公租房扩大到非户籍人口，鼓励房地产开发企业顺应市场规律调整营销策略，适当降低商品住房价格，取消过时的限制性措施。四要扩大有效供给。打好脱贫攻坚战,支持企业技术改造和设备更新,培育发展新产业,补齐软硬基础设施短板,加大投资于人的力度,继续抓好农业生产,保障农产品有效供给。五要防范化解金融风险。对信用违约要依法处置,有效化解地方政府债务风险,抓紧开展金融风险专项整治,坚决遏制非法集资蔓延势头,坚决守住不发生系统性和区域性风险的底线。

六、我国社会主要矛盾的变化是关系全局的历史性变化

立足于对社会主要矛盾的科学判断确定党和国家的工作重心和根本任务,是事关中国特色社会主义建设事业全局的根本性问题。十九大报告提出:"中国特色社会主义进入新时代,我国社会主要矛盾已经转化为人民日益增长的美好生活需要和不平衡不充分的发展之间的矛盾。"以此取代原有社会主义初级阶段的主要矛盾,即人民日益增长的物质文化需要和落后的社会生产之间的矛盾。这一新的重大判断和历史性论断,坚持运用矛盾分析法看待社会发展的马克思主义理论精髓,为制定新时代中国特色社会主义改革发展的新方略提供基本依据。

社会主义初级阶段社会主要矛盾的转化问题,是马克思主义政治经济学和中国特色社会主义政治经济学的一个重要理论和实践问题,是社会主义条件下对社会主要矛盾的新的分析和新的认识,也是改革开放40年来生产力大幅度提高、人民生活质量和水平显著提升的结果。正确解读和运用这一理论,有助于明确和把握解决这一主要矛盾的途径、动力和方略,从而有助于顺利实现"两个100年"的战略目标。党的十九大报告提出社会主要矛盾转化前后,我们党一直秉持以人民为中心的发展思想。习近平在2012年11月15日的讲话中提出,我们的人民热爱生活,期盼有更好的教育、更稳定的工作、更满意的收入、更可靠的社会保障、更高水平的医疗卫生服务、更舒适的居住条件、更优美的环境,期盼孩子们能成长得更好、工作得更好、生活得更好。人民对美好生活的向往,就是我们的奋斗目标。十九大报告又进一步提出:增进民生福祉是发展的根本目的。必须多谋民生之利、多解民生之忧,在发展中补齐民生短板、促进社会公平正义,在幼有所育、学有所教、劳有所得、病有所医、老有所养、住有所居、弱有所扶上不断取得新进展,深入开展脱贫攻坚,保证全体人民在共建共享发展中有更多获得感,不断促进人的全面发展、全体人民共同富裕。确保国家长治久安、人民安居乐业。这段话既讲了人民日益增长的美好生活需要的基本方面,又提出了发展中存在的短板,同样属于发展不平衡不充分的问题。怎样弥补这些短板,换言之,怎样解决人民日益增长的美好生活需要和不平衡不充分的发展之间的矛盾,正是党和政府的战略任务,需要按照习近平新时代中国特色社会主义经济思想来加以解决。习近平明确指出,必须认识到,我国主要社会矛盾的变化,没有改变我们对我国社会主义所处的历史阶段的判断,我国仍处于并将长期处于社会主义初级阶段的基本国情没有变,我国是世界上最大发展中国家的国家地位没有变。

本章小结

社会主义市场经济体制的基本框架是:坚持以公有制为主体、多种经济成分共同发

展的前提下,由现代企业制度、统一开放的市场体系、完善的宏观调控体系、收入分配制度和多层次的社会保障制度构成的相互联系和相互制约的有机整体。

社会主义市场经济是社会主义制度下的市场经济,是市场经济与社会主义基本经济制度相结合的经济。相对于资本主义市场经济来说,其特点为:在所有制结构上,必须坚持市场经济与社会主义基本经济制度相结合;在分配制度上,必须坚持按劳分配为主体、多种分配方式并存的制度;在宏观调控上,保证市场按照社会主义的目的运行。

价格机制和竞争机制是市场运行中两种主要的经济机制。

政府和市场是现代市场经济体系中相互关联的两个重要组成部分,市场经济条件下政府作用和市场作用都有其优点和局限性,经济体制改革的核心问题是处理好政府和市场的关系。

新常态的"经济发展的大逻辑"的判断,是综合分析世界经济长周期和我国发展阶段性特征及其相互作用做出的重大判断,是对社会主义市场经济理论的重要探索。

推进供给侧结构性改革,是适应和引领经济发展新常态的重大创新,是适应国际金融危机发生后综合国力竞争新形势的主动选择,是适应我国经济发展新常态的必然要求。全面深化经济体制改革要以供给侧结构性改革为抓手,以提高社会生产力为目的。建设现代化经济体系是一个重大实践课题,需要贯彻新发展理念。

党的十八届五中全会强调,实现"十三五"时期发展目标,破解发展难题,厚植发展优势,必须牢固树立并切实贯彻创新、协调、绿色、开放、共享的发展理念。

新时代中国特色社会主义经济思想,是对马克思主义政治经济学的继承与发展,是中国特色社会主义政治经济学的最新理论成果。我国社会主要矛盾已经转化为人民日益增长的美好生活需要和不平衡不充分的发展之间的矛盾。这一变化是关系全局的历史性变化。社会主要矛盾的转化是中国特色社会主义进入新时代的重要标志和创新。

复习与思考

1. 名词解释。
   市场经济　　社会主义市场经济　　社会主义市场经济体制的基本框架
   经济新常态　　市场失灵
2. 为什么说社会主义可以搞市场经济?
3. 如何处理好政府和市场的关系?
4. 怎样认识社会主义市场经济的性质?
5. 如何正确认识我国社会主要矛盾的变化是关系全局的历史性变化?

练 习 题

第一章 导 论

一、单项选择题

1. 政治经济学研究的出发点是( )。
   A. 生产力　　　　　B. 物质资料生产　　C. 生产关系　　　　D. 商品
2. 劳动对象是( )。
   A. 传导劳动的物质资料　　　　　　　B. 原材料
   C. 生产手段　　　　　　　　　　　　D. 把劳动加在其上的一切东西
3. 生产力中最根本的因素是( )。
   A. 科学技术水平　B. 生产工具　　　　C. 劳动者　　　　　D. 劳动对象的状况
4. 劳动资料是( )。
   A. 使人的劳动与劳动对象连接起来的一切物质资料
   B. 生产工具
   C. 生产工具和原材料
   D. 把劳动加在其上的一切东西
5. 社会生产力发展水平的物质标志是( )。
   A. 劳动者的技能　　　　　　　　　　B. 劳动对象的状况
   C. 劳动资料的状况　　　　　　　　　D. 生产工具的状况
6. 人类社会由低级向高级发展的根本动力是( )。
   A. 生产力和生产关系的矛盾运动　　　B. 生产工具的不断变革
   C. 生产资料所有制的形式和性质　　　D. 劳动者和生产资料的结合方式
7. 生产关系的基础是( )。
   A. 生产力　　　　　B. 生产资料　　　　C. 经济基础　　　　D. 生产资料所有制形式
8. 社会生产总过程中起主导和决定作用的环节是( )。
   A. 生产　　　　　　B. 分配　　　　　　C. 交换　　　　　　D. 消费
9. 马克思主义政治经济学的任务是( )。
   A. 揭示生产力的发展规律　　　　　　B. 揭示生产力和生产关系的矛盾
   C. 揭示经济运动的客观规律　　　　　D. 揭示剩余价值的来源和本质
10. 马克思研究政治经济学的最基本方法是( )。
    A. 唯物辩证法　　　　　　　　　　　B. 科学的抽象法
    C. 逻辑法和历史法的统一　　　　　　D. 系统的方法
11. 在社会生产中最活跃、最革命的因素是( )。
    A. 劳动者　　　　　B. 劳动对象　　　　C. 生产力　　　　　D. 生产关系
12. 政治经济学的研究对象是( )。
    A. 生产力　　　　　　　　　　　　　B. 上层建筑
    C. 生产关系及其发展规律　　　　　　D. 经济基础

13. 生产力与生产关系的有机统一构成了( )。
    A. 经济基础   B. 上层建筑   C. 社会生产方式   D. 社会方式
14. 资本主义物质生产关系赖以存在的物质技术基础是( )。
    A. 生产资料的资本家所有制   B. 雇佣劳动
    C. 大规模固定资本更新   D. 机器大工业
15. 马克思主义政治经济学的创立没有脱离世界文明发展的轨迹,它的主要理论来源是( )。
    A. 劳动价值论   B. 辩证唯物主义和历史唯物主义
    C. 重商主义经济学   D. 古典政治经济学和空想社会主义
16. 马克思主义政治经济学研究生产关系必须密切联系( )。
    A. 生产方式   B. 物质资料生产
    C. 生产资料所有制状况   D. 生产力和上层建筑
17. 物质资料生产中的劳动资料和劳动对象的总和是( )。
    A. 生产方式   B. 生产资料   C. 不变资本   D. 生产关系
18. 从劳动过程来看,修配厂正在检修的机器设备是( )。
    A. 劳动工具   B. 劳动资料   C. 劳动产品   D. 劳动对象
19. 在人们的各种社会关系中,生产关系是最基本的关系,社会生产关系的基础是( )。
    A. 劳动者的劳动   B. 劳动资料   C. 生产资料所有制   D. 生产方式
20. 推动社会经济制度变革的最根本的动力是( )。
    A. 生产者的消费   B. 生产工具的先进程度
    C. 生产关系的性质   D. 生产力和生产关系的矛盾运动
21. 在社会生产过程中起决定作用的环节是( )。
    A. 生产   B. 分配   C. 交换   D. 消费
22. 人们在经济规律面前的主观能动作用表现为人们可以( )。
    A. 创造经济规律   B. 改变经济规律
    C. 消灭经济规律   D. 认识和利用经济规律
23. 决定生产关系性质和构成生产关系基础的是( )。
    A. 生产资料所有制及生产资料与劳动者的结合方式
    B. 产品的分配及分配方式
    C. 产品的交换及交换方式
    D. 产品的消费及消费方式
24. 在屠宰场和种植业中,牛分别是( )。
    A. 劳动对象和劳动力   B. 劳动对象和劳动资料
    C. 劳动资料和劳动对象   D. 劳动资料和劳动产品
25. 生产关系是人们在生产过程中结成的( )。
    A. 人与自然的关系   B. 人与人的物质利益关系
    C. 管理和被管理的关系   D. 分工协作关系
26. 社会生产力发展水平的主要标志是( )。
    A. 劳动对象   B. 生产工具
    C. 科学技术   D. 生产劳动
27. 人类社会进行生产必须具备的三个简单要素是( )。
    A. 人的劳动、资本和生产资料   B. 资本、劳动力和土地
    C. 人的劳动、劳动对象和劳动资料   D. 科学技术、先进的管理方法和信息
28. 建立在经济基础之上并与之相适应的政治法律制度和社会意识形态是( )。
    A. 社会的上层建筑   B. 生产关系   C. 生产力   D. 生产资料

29. 关于经济基础与上层建筑之间的关系，正确的是(　　)。
    A. 上层建筑决定经济基础　　　　　　B. 经济基础反作用于上层建筑
    C. 经济基础决定上层建筑　　　　　　D. 二者没有关系
30. 关于生产力与生产关系的关系，正确的是(　　)。
    A. 生产力是生产的社会形式，生产关系是生产的物资内容
    B. 生产关系决定生产力
    C. 生产力反作用于生产关系
    D. 生产关系一定要适应生产力的发展状况
31. 经济规律的客观性是指(　　)。
    A. 经济规律是经济运动过程中的必然趋势
    B. 经济规律可以被人们随意创造
    C. 人们在经济规律面前无能为力
    D. 人们无法认识经济规律
32. "手推磨产生的是封建为首的社会，蒸汽机产生的是工业资本家为首的社会"指的是(　　)。
    A. 生产关系反作用于生产力
    B. 生产关系决定生产力
    C. 生产力决定生产关系
    D. 有什么样的生产关系，就有什么样的生产力
33. "科学技术是第一生产力"指的是(　　)。
    A. 在生产力中科学技术已经成为一个独立的要素
    B. 科学技术已经取代生产力
    C. 科学技术决定生产关系
    D. 科学技术作为一个加强因素对促进社会生产力发展发挥着越来越重要的作用
34. 在一定社会形态中，占主导地位的生产关系的总和构成该社会的(　　)。
    A. 上层建筑　　　　B. 经济基础　　　　C. 生产力　　　　D. 意识形态
35. 从经济规律的类型来看，生产关系一定要适应生产力的发展状况属于(　　)。
    A. 各种社会形态共有的经济规律　　　　B. 某几个社会形态共有的经济规律
    C. 某个社会形态特有的经济规律　　　　D. 以上都不对

二、多项选择题

1. 马克思主义政治经济学创立的时代背景和社会历史条件是(　　)。
   A. 资本主义生产关系的成熟
   B. 简单商品经济的形成
   C. 资产阶级古典政治经济学的形成和发展
   D. 无产阶级反对资产阶级的斗争的需要
2. 马克思主义政治经济学的理论来源有(　　)。
   A. 德国古典哲学　　　　　　　　　　B. 英国古典政治经济学
   C. 资产阶级庸俗经济学　　　　　　　D. 英法空想社会主义学说
3. 物质资料生产是马克思主义政治经济学研究的出发点，这是因为(　　)。
   A. 它是人类最基本的实践活动
   B. 它是人类社会存在的基础
   C. 它是人类政治、科技、艺术等发展的基础
   D. 人们在社会生产中结成的经济关系是一切社会关系中最基本的关系
4. 社会生产总过程内部的四个环节包括(　　)。
   A. 生产　　　　　　B. 分配　　　　　　C. 交换　　　　　　D. 消费

5. 下面关于经济规律的表述，正确的是( )。
   A. 经济规律具有客观性
   B. 它随着客观经济条件的变化而变化
   C. 人们可以认识和利用经济规律
   D. 在阶级社会里，认识和利用经济规律有阶级背景

三、判断题
1. 物质资料的生产是人类社会存在和发展的基础。( )
2. 马克思主义政治经济学的研究对象是生产力和生产关系。( )
3. 政治经济学的研究对象是社会生产。( )
4. 劳动对象是传导劳动的物质资料。( )
5. 生产力中最根本的因素是生产工具。( )
6. 社会生产力发展水平的物质标志是生产工具的状况。( )
7. 人类社会由低级向高级发展的根本动力是生产力和生产关系的矛盾运动。( )
8. 生产关系的基础是生产资料所有制形式。( )
9. 在社会生产中最活跃、最革命的因素是劳动者。( )
10. 生产力与生产关系的有机统一构成社会生产方式。( )
11. 物质资料生产中的劳动资料和劳动对象的总和是生产资料。( )
12. 在社会生产过程中，起决定作用的环节是生产。( )
13. 在屠宰场和种植业中，牛分别是劳动资料和劳动对象。( )
14. 社会生产力发展水平的主要标志是科学技术。( )
15. 马克思主义政治经济学的阶级性是由其研究对象的特殊性所决定的。( )
16. 人类社会生产关系的阶段性更替归根到底是由生产力的发展决定的。( )
17. 经济规律可以完全离开人的活动而独立存在和发挥作用。( )
18. 由于生产关系一定要适应生产力状况，因此，生产关系的变革总是顺利实现的。( )
19. 科学技术是通过渗透到生产力中人的因素和物的因素而发挥作用的。( )
20. 在人与人之间的各种社会关系中最基本的关系是政治关系。( )

四、区别题
1. 劳动资料与劳动对象
2. 生产力与生产关系
3. 劳动资料与生产资料
4. 经济基础与上层建筑
5. 经济规律的客观性与人的主观能动性

五、简答题
1. 为什么说生产关系一定要适应生产力的发展状况是人类社会最基本的规律？
2. 怎样正确认识和利用经济规律？
3. 如何理解经济规律与自然规律在特点方面的不同？
4. 如何理解科学技术在促进社会生产力发展方面的巨大作用？
5. 为什么生产资料所有制是生产关系的基础？

六、论述题
1. 为什么说马克思主义政治经济学是经济学而不是政治学？
2. 如何理解马克思主义政治经济学是阶级性与科学性的统一？

第二章　商品经济一般理论

一、单项选择题

1. 商品经济是(　　)。
   A. 自给自足的经济形式　　　　　　　　B. 为他人而生产的经济形式
   C. 以商品生产和商品流通为内容的经济形式　　D. 不存在社会分工的经济形式
2. 交换价值的内容或基础是(　　)。
   A. 商品　　　　B. 货币　　　　C. 使用价值　　　　D. 价值
3. 市场经济是(　　)。
   A. 市场调节价格的经济　　　　　　　B. 市场调节流通的经济
   C. 市场发挥作用的经济　　　　　　　D. 市场对资源配置起决定性作用的商品经济
4. 使用价值不同的商品可以以一定的数量比例关系相交换，是因为它们(　　)。
   A. 价值量相等　　　　　　　　　　　B. 效用相同
   C. 都是商品的社会属性　　　　　　　D. 都是商品的自然属性
5. 不会出现通货膨胀的现象是在(　　)。
   A. 纸币流通条件下　　　　　　　　　B. 金属货币流通条件下
   C. 社会主义条件下　　　　　　　　　D. 简单商品经济条件下
6. 金和银之所以能固定地充当一般等价物是因为(　　)。
   A. 它们天然是货币　　　　　　　　　B. 金和银的天然特性最适合充当货币的材料
   C. 人们协商的结果　　　　　　　　　D. 聪明人的发明创造
7. 货币执行支付手段使(　　)。
   A. 经济危机形式上的可能性消失　　　B. 经济危机成为现实
   C. 经济危机形式上的可能性进一步加深　D. 经济危机形式上的可能性减弱
8. 充当商品交换媒介的货币(　　)。
   A. 可以是观念上的　　　　　　　　　B. 必须是现实的
   C. 必须是金属货币　　　　　　　　　D. 只能是纸币
9. 货币作为贮藏手段的作用是(　　)。
   A. 防止通货膨胀　　　　　　　　　　B. 促进商品经济发展
   C. 增加社会财富　　　　　　　　　　D. 自发调节金属货币流通量
10. 货币充当商品交换的媒介是指货币的(　　)。
    A. 价值尺度　　　　B. 支付手段　　　　C. 贮藏手段　　　　D. 流通手段
11. 简单商品经济的基本矛盾是(　　)。
    A. 私人劳动和社会劳动的矛盾　　　　B. 城乡之间的矛盾
    C. 体力劳动和脑力劳动之间的矛盾　　D. 工农之间的矛盾
12. 商品经济的基本规律是(　　)。
    A. 按劳分配规律　　　　　　　　　　B. 价值规律
    B. 剩余价值规律　　　　　　　　　　D. 按需分配规律
13. 某一商品的价值表现在其他一系列商品上的价值形式为(　　)。
    A. 简单的价值形式　　　　　　　　　B. 扩大的价值形式
    C. 一般的价值形式　　　　　　　　　D. 货币形式

14. 在简单价值形式"1只绵羊＝2把石斧"中，（　　）。
    A. 绵羊处于相对价值形式，是一般等价物
    B. 绵羊处于等价形式，是一般等价物
    C. 绵羊处于相对价值形式，是价值被表现的商品
    D. 石斧处于等价形式，是一般等价物表现的商品

15. 商品能够满足人们的某种需要的属性为（　　）。
    A. 商品的使用价值   B. 商品的价值
    C. 商品的交换价值   D. 商品的社会属性

16. 在商品使用价值和价值的关系中（　　）。
    A. 使用价值的大小决定价值的大小   B. 价值是使用价值的物质承担者
    C. 使用价值是价值的物质承担者   D. 价值的大小决定使用价值的大小

17. 我们通常所说的商品价值一般指（　　）。
    A. 社会价值   B. 个别价值
    C. 超额价值   D. 复杂劳动创造的价值

18. 体现在商品中的劳动二重性是（　　）。
    A. 简单劳动和复杂劳动   B. 具体劳动和抽象劳动
    C. 私人劳动和社会劳动   D. 体力劳动和脑力劳动

19. 劳动生产率与单位商品的价值量（　　）。
    A. 成正比   B. 成反比
    C. 同方向同比例变化   D. 始终一致

20. 商品不同于一般劳动产品的特点是（　　）。
    A. 只有价值，没有使用价值
    B. 是生产者为自己生产的产品
    C. 是用来馈赠他人的产品
    D. 不仅有使用价值，而且是为他人生产的产品

21. 商品价格（　　）。
    A. 与商品价值成正比，与货币价格成反比   B. 与商品价值成正比，与货币价格成正比
    C. 与商品价值成反比，与货币价格成反比   D. 与商品价值成反比，与货币价格成正比

22. 决定商品价值量的是（　　）。
    A. 社会劳动时间   B. 个别劳动时间
    C. 必要劳动时间   D. 社会必要劳动时间

23. 从本质上看，决定两种商品相互交换数量比例的是（　　）。
    A. 使用价值   B. 供求关系   C. 价值   D. 自然属性

24. 劳动生产率越高，同一劳动在同一时期内生产的产品数量越多，其创造的价值总量（　　）。
    A. 越多   B. 越少   C. 不变   D. 无法确定

25. 货币具有价值尺度职能是因为（　　）。
    A. 货币具有价格标准   B. 货币是稀少物品
    C. 货币具有价值   D. 货币具有价格

26. 商品的生产过程是（　　）。
    A. 价值的形成过程和使用价值的生产过程   B. 价值的形成过程
    C. 使用价值的生产过程   D. 使用价值的生产过程和再生产过程

27. 劳动力商品使用价值的特点是在被使用时（　　）。
    A. 能把自身价值转移到产品中去   B. 把全部使用价值消费掉
    C. 只能创造出自身的价值   D. 能创造比自身价值更大的价值

28. 通货膨胀是指( )。
    A. 商品供过于求，物价水平下跌
    B. 由于纸币发行过多，而引发的纸币贬值，物价水平上涨
    C. 商品供不应求而造成的个别商品物价上涨
    D. 由于纸币发行量与实际需要量相对应而使得物价稳定
29. 在货币的各种职能中，以观念上的货币执行的职能是( )。
    A. 价值尺度　　　B. 流通手段　　　C. 贮藏手段　　　D. 支付手段
30. 商品内在的使用价值和价值的矛盾，其完备的外在表现是( )。
    A. 商品与商品之间的对立　　　　B. 具体劳动与抽象劳动的对立
    C. 资本与劳动之间的对立　　　　D. 商品与货币之间的对立
31. 商品经济产生和存在的一般基础和条件是( )。
    A. 自然分工　　　　　　　　　　B. 社会分工
    C. 企业内部分工　　　　　　　　D. 体力劳动和脑力劳动分工
32. 某肉食加工厂与某养猪大户签订合同，约定以现行市场价格加上一定的价格预期涨幅购买该养猪大户饲养的优良种猪，并于一年后结付所有款项。货币在这里执行的职能是( )。
    A. 价值尺度和流通手段　　　　　B. 流通手段
    C. 支付手段　　　　　　　　　　D. 价值尺度和支付手段
33. 处在相对价值形式上的商品的价值通过( )。
    A. 本身的使用价值表现出来　　　B. 另一种商品的价值表现出来
    C. 抽象的劳动表现出来　　　　　D. 处在等价形式的商品的使用价值表现出来
34. 在一切社会中，财富都由( )构成。
    A. 使用价值　　　B. 价值　　　C. 货币　　　D. 资本
35. 货币的本质是指( )。
    A. 货币天然是金银
    B. 货币是价值尺度
    C. 货币是固定地充当一般等价物的特殊商品，它体现着商品生产者之间的社会经济关系
    D. 货币是流动手段
36. "金银天然不是货币，但货币天然是金银"指的是( )。
    A. 从人类社会有商品交换开始，金银就是货币
    B. 由于金银最适合充当货币材料，因此，当金银固定地充当一般等价物时，金银就转化为货币
    C. 货币可以由其他商品充当，如贝壳、兽皮等
    D. 以上都不对
37. 在劳动的二重性与商品的二因素的关系中( )。
    A. 具体劳动形成商品的价值　　　B. 抽象劳动形成商品的价值
    C. 抽象劳动创造商品的使用价值　D. 以上都不对
38. 关于价值规律的表述，不正确的是( )。
    A. 在任何社会形态里，不论是否存在商品生产和商品交换，价值规律都发挥作用
    B. 价格围绕价值上下波动是价值规律的表现形式
    C. 价值规律是商品价值决定和实现的规律
    D. 价值规律的核心内容是社会必要劳动时间决定商品的价值量

二、多项选择题

1. 商品经济产生的条件是( )。
    A. 社会分工的出现　　　　　　　B. 商品的出现
    C. 货币的出现　　　　　　　　　D. 生产资料属于不同的所有者

2. 商品的使用价值( )。
   A. 是具体劳动的产物
   B. 构成社会财富的物质内容
   C. 是价值的物质承担者
   D. 决定商品的价值量
3. 商品的价值是( )。
   A. 一般人类劳动的凝结
   B. 由具体劳动创造的
   C. 由抽象劳动形成的
   D. 体现着商品生产者之间的社会经济关系
4. 使用价值和价值的关系是( )。
   A. 价值的存在以使用价值的存在为前提
   B. 使用价值是价值的物质承担者
   C. 使用价值和价值是对立统一关系
   D. 价值的大小决定于使用价值的大小
5. 下列关于劳动二重性的表述中正确的是( )。
   A. 生产商品的劳动具有具体劳动和抽象劳动二重性质
   B. 劳动二重性决定商品的二因素
   C. 具体劳动和抽象劳动是各自独立存在的两种劳动或两次劳动
   D. 具体劳动性质不同，而抽象劳动的量上有差别但质相同
6. 决定商品价值量的因素有( )。
   A. 商品的使用价值
   B. 生产商品所耗费的劳动量
   C. 商品的供求状况
   D. 劳动生产率
7. 同一劳动在同一时间内，当部门劳动生产率提高时会使( )。
   A. 单位商品的价值量降低
   B. 商品的使用价值量增加
   C. 单位商品的价值量不变
   D. 单位商品的价值量提高
8. 纸币是由国家发行的强制使用的价值符号，它可以( )。
   A. 代替金属货币执行流通手段职能
   B. 代替金属货币执行支付手段职能
   C. 执行价值尺度职能
   D. 按一定汇率在不同国家之间进行兑换
9. 决定一定时期内流通中所需货币量的因素主要有( )。
   A. 进入流通的商品数量
   B. 商品的价格水平
   C. 货币发行量
   D. 货币流通速度
10. 在商品经济运行中，价值、价格、供求三者之间的关系是( )。
    A. 价格受供求关系影响，围绕价值上下波动
    B. 价格受价值影响，随供求关系变化而变动
    C. 价格由价值决定，反映价值并反映供求关系
    D. 价格由价值决定，受供求关系影响又制约供求关系
11. 价值规律促进社会生产力发展的作用主要体现在能促使商品生产者( )。
    A. 采用先进技术   B. 改善经营管理   C. 提高劳动生产率   D. 自觉保护生态环境
12. 马克思的劳动价值论( )。
    A. 是对古典政治经济学劳动价值论的批判、继承和发展
    B. 是剩余价值理论的基础
    C. 为揭示资本主义生产方式的本质奠定了理论基础
    D. 是随时代和实践的发展而不断发展的科学理论
13. 在货币的职能中，最基本的职能是( )。
    A. 价值尺度   B. 流通手段   C. 支付手段   D. 贮藏手段

三、判断题

1. 劳动二重性决定商品二因素。 ( )
2. 商品供大于求，价格就下跌；供不应求，价格就上涨，因此，商品的价格是由供求关系决定的。
   ( )

3. 商品的价值量与生产该商品的劳动生产率成反比，因此，商品生产者提高劳动生产率，就会降低其所生产的商品价值，这对提高劳动生产率的商品生产者不利。（ ）
4. 各种商品的价值之所以能相互比较，是因为货币执行价值尺度的职能。（ ）
5. 劳动时间不变，提高劳动生产率可以增加单位时间内生产的商品数量和价值量。（ ）
6. 在几个社会经济制度中都发生作用的经济规律是价值规律。（ ）
7. 价值规律是资本主义社会特有的经济规律。（ ）
8. 商品的价值量是由生产商品的社会必要劳动时间决定的。（ ）
9. 生产商品的劳动的二重性是个别劳动和社会劳动。（ ）
10. 商品之所以能按一定的比例相交换，是因为它们都具有使用价值。（ ）
11. 纺织工的劳动是具体劳动，科学家的劳动是抽象劳动。（ ）
12. 商品价格围绕价值上下波动，是价值规律的基本内容。（ ）
13. 流通中所需要的货币量与商品价格总额成正比，与货币的流通速度成反比。（ ）
14. 纸币发行量增加，就一定会引起通货膨胀。（ ）
15. 商品经济是为他人而生产的经济形式。（ ）
16. 市场经济是市场发挥作用的经济。（ ）
17. 金和银之所以能固定地充当一般等价物是因为它们天然是货币。（ ）
18. 在货币的各种职能中，以观念上的货币即可执行的职能是价值尺度。（ ）
19. 通货膨胀是指由于纸币发行过多，而引发的纸币贬值，物价水平上涨。（ ）
20. 商品经济的基本规律是按劳分配规律。（ ）
21. 某一商品的价值表现在其他一系列商品上的价值形式为一般的价值形式。（ ）
22. 在简单价值形式"1只羊＝2把石斧"中，羊处于相对价值形式，是一般等价物。（ ）
23. 体现在商品中的劳动二重性是简单劳动和复杂劳动。（ ）
24. 决定商品价值量的是社会劳动时间。（ ）
25. 劳动生产率越高，同一劳动在同一时期内生产的产品数量越多，其创造的价值总量越多。（ ）
26. 劳动力商品使用价值的特点是在被使用时能创造比自身价值更大的价值。（ ）
27. 交换价值是指一种使用价值同另一种使用价值相交换的量的比例。（ ）
28. 商品经济的基本矛盾是私人劳动和社会劳动的矛盾。（ ）
29. 商品的价值是用货币来表现的，价值的货币表现就是价格。（ ）
30. "男耕女织"是社会分工与自然经济的典型写照。（ ）
31. 个别劳动时间越长所生产的商品的价值量越大。（ ）
32. 从自然经济过渡到商品经济以及商品经济的充分发展，是社会经济发展不可逾越的阶段。（ ）
33. 在资本主义社会以前也存在商品的交换，因此，在资本主义社会以前的经济形式也可以称之为商品经济。（ ）
34. 使用价值是商品的社会属性，它体现着商品生产者互相交换劳动的社会关系。（ ）

四、区别题

1. 使用价值与价值
2. 价值与交换价值
3. 个别劳动时间与社会必要劳动时间
4. 具体劳动与抽象劳动
5. 私人劳动与社会劳动

五、简答题

1. 如何理解商品是使用价值和价值的矛盾统一体？

2. 为什么说私人劳动与社会劳动的矛盾是商品经济的基本矛盾？
3. 简述商品经济产生的条件。
4. 简述货币的本质和职能。
5. 简述劳动生产率与商品价值量的关系。

六、论述题

论述价值规律的内容、表现形式及其作用。

第三章 资本和剩余价值

一、单项选择题

1. 资本的本质在于它是( )。
   A. 资本家手中的纸币　　　　　　　B. 资本家手中的生产资料
   C. 价值的代表　　　　　　　　　　D. 资本主义生产关系的体现
2. 解决资本总公式矛盾的条件是剩余价值( )。
   A. 不能从流通中产生
   B. 能从流通中产生
   C. 不能离开流通产生
   D. 不在流通中产生又不能离开流通领域而产生
3. 资本的总公式是( )。
   A. $G—W—G'$　　　　　　　　　B. $G—W—G$
   C. $W—G—W$　　　　　　　　　D. $W—G—W'$
4. 分析资本总公式的矛盾，指明价值增值产生的具体所在( )。
   A. 发生在 $G—W$ 购买阶段的货币上
   B. 发生在 $W—G$ 售卖阶段上
   C. 发生在购买阶段 $G—W$ 所购买的商品的价值上
   D. 发生在购买阶段 $G—W$ 所购买的商品的使用价值上
5. 相对剩余价值的获得是( )。
   A. 绝对延长工作日的结果　　　　　B. 提高工人强度的结果
   C. 整个社会劳动生产率提高的结果　D. 个别企业提高劳动生产率的结果
6. 在资本主义生产过程中，所消耗生产资料的价值是( )。
   A. 借助于具体劳动创造出来的　　　B. 借助于抽象劳动创造出来的
   C. 借助于具体劳动转移到新产品中去的　D. 借助于抽象劳动转移到新产品中去的
7. 资本主义工资是( )。
   A. 劳动的价值或价格　　　　　　　B. 劳动力的价值或价格的转化形式
   C. 工人的劳动报酬　　　　　　　　D. 可变资本
8. 货币和资本的根本区别在于( )。
   A. 能否作为流通手段　　　　　　　B. 能否作为支付手段
   C. 能否购买商品　　　　　　　　　D. 能否带来剩余价值
9. 货币转化为资本的前提或关键是( )。
   A. 劳动者有人身自由　　　　　　　B. 存在商品经济
   C. 劳动力成为商品　　　　　　　　D. 在商品生产和商品交换基础上产生了货币

10. 资本总公式的矛盾是( )。
    A. 资本价值增值和价值规律的矛盾　　B. 资本价值增值和竞争规律的矛盾
    C. 资本价值增值和供求规律的矛盾　　D. 资本价值增值和货币流通规律的矛盾
11. 能准确反映资本家对工人剥削程度的因素是( )。
    A. 工人工资的高低　　　　　　　　　B. 工人劳动时间的长短
    C. 剩余价值率的高低　　　　　　　　D. 工人劳动强度的大小
12. 资本主义的基本经济规律是( )。
    A. 剩余价值规律　　　　　　　　　　B. 价值规律
    C. 生产无政府状态规律　　　　　　　D. 生产关系一定要适合生产力性质规律
13. 在资本主义工资形式上，工人的全部劳动都表现为( )。
    A. 必要劳动　　　B. 剩余劳动　　　C. 无酬劳动　　　D. 抽象劳动
14. 假定工人劳动日价值为 6 元，每小时劳动创造价值为 1 元，工作日长度为 12 小时。当劳动力价值下降为 3 元时，剩余价值率的变化是( )。
    A. 从 100%下降至 50%　　　　　　　B. 从 100%上升至 200%
    C. 从 100%上升至 300%　　　　　　 D. 从 100%上升至 400%
15. 划分不变资本和可变资本的对象只能是( )。
    A. 生产资本　　　B. 货币资本　　　C. 商品资本　　　D. 借贷资本
16. 某资本家经营的企业通过改进技术、提高劳动生产率，使其生产商品花费的劳动时间比社会必要劳动时间少 10%，由此形成商品个别价值低于社会价值的那部分是( )。
    A. 超额剩余价值　　B. 绝对剩余价值　　C. 相对剩余价值　　D. 剩余价值
17. 某企业与工人签订为期 3 年的劳动合同，约定在 3 年内按现行工资水平付给工人工资。此后 3 年内，企业所在国发生了通货膨胀，并且企业经常以各种借口缩短中午休息时间。企业在 3 年经营当中获取了超过同行业其他企业的更高的利润，那么该企业超出其他企业的利润的来源是( )。
    A. 一部分工人工资与绝对剩余价值
    B. 绝对剩余价值与相对剩余价值
    C. 一部分工人工资与相对剩余价值
    D. 一部分工人工资、绝对剩余价值与相对剩余价值
18. 价值增值过程是超过一定点而延长了的价值形成过程，这个一定点是指( )。
    A. 具体劳动转移生产资料价值的时间　　B. 劳动者再生产自身劳动力价值的时间
    C. 劳动者创造生产资料价值的时间　　　D. 劳动者创造剩余价值的时间
19. 绝对剩余价值生产是( )。
    A. 在工作日不变条件下，延长工人必要劳动时间实现的
    B. 在工作日不变条件下，缩短工人必要劳动时间实现的
    C. 在必要劳动时间不变条件下，延长工人工作日实现的
    D. 在必要劳动时间不变条件下，缩短工人工作日实现的
20. 绝对剩余价值生产和相对剩余价值生产都是( )。
    A. 依靠延长工作日获得的　　　　　　B. 依靠提高劳动生产率获得的
    C. 依靠减少工人的必要劳动时间获得的　　D. 依靠增加工人的剩余劳动时间获得的
21. 个别资本家提高劳动生产率的直接目的是( )。
    A. 获取绝对剩余价值　　　　　　　　B. 获取相对剩余价值
    C. 获取劳动力价值　　　　　　　　　D. 获取超额剩余价值
22. 清洁工的工资比科学家的工资低，因为他们的劳动体现了两种不同性质的劳动，即( )。
    A. 具体劳动与抽象劳动　　　　　　　B. 简单劳动与复杂劳动
    C. 个别劳动与社会劳动　　　　　　　D. 必要劳动与剩余劳动

23. 以下关于资本主义工资形式的描述，错误的是( )。
   A. 计时工资是按工人的劳动时间支付的工资
   B. 计件工资是按工人生产的产品数量或完成的工作量支付的工资
   C. 计时工资是在计件工资的基础上转化而来的
   D. 计件工资比计时工资具有更大的欺骗性，更有利于资本家加强对工人的剥削

24. 关于名义工资、实际工资、价格水平三者之间的关系的描述，错误的是( )。
   A. 名义工资不变，价格水平上升，实际工资下降
   B. 名义工资上升，价格水平以更大的幅度上升，实际工资下降
   C. 价格水平上升，名义工资不变，实际工资不变
   D. 价格水平上升，名义工资以更大的幅度上升，实际工资上升

25. 剩余价值率是剩余价值与( )的比率。
   A. 不变资本   B. 可变资本   C. 总资本   D. 生产成本

26. 解决资本总公式矛盾的根本条件和货币转化为资本的关键是( )。
   A. 劳动力成为商品   B. 剩余价值在流通领域产生
   C. 资本家通过贱买贵卖取得更多的价值   D. 资本家购买生产资料

27. 以劳动力形式存在的那部分资本是( )。
   A. 不变资本   B. 可变资本   C. 总资本   D. 生产成本

28. 劳动力商品的价值是( )。
   A. 由使用价值决定的
   B. 由工资决定的
   C. 由劳动者维持劳动力再生产所必需的生活资料的使用价值决定的
   D. 由生产和在生产劳动力商品的社会必要劳动时间决定的

29. 关于劳动力作为商品，错误的是( )。
   A. 劳动力作为商品具有商品的二重属性
   B. 劳动力的使用价值就是劳动者创造商品、创造价值的能力
   C. 劳动力商品的使用价值是价值的源泉
   D. 资本家购买的是工人的劳动，而不是劳动力

30. 关于剩余价值规律，错误的是( )。
   A. 剩余价值规律是资本主义社会的基本规律
   B. 剩余价值规律是所有社会形态的经济规律
   C. 剩余价值规律决定着资本主义生产的实质
   D. 剩余价值规律决定着资本主义生产的一切主要方面和主要过程

二、多项选择题

1. 作为商品交换媒介的货币与作为资本的货币，其运动公式的区别有( )。
   A. 买与卖的顺序不同   B. 流通的起点和终点不同
   C. 流通的媒介不同   D. 流通的目的不同

2. G——W——G'之所以被称为资本的总公式，是因为它( )。
   A. 既包括商品运动，又包括货币运动
   B. 概括了各种资本运动的一般特征
   C. 概括了资本流通与商品流通的共同特征
   D. 体现了资本运动的根本目的

3. 劳动力成为商品的条件是( )。
   A. 劳动者必须在法律上是自由的人   B. 劳动者出卖的劳动必须能创造剩余价值
   C. 劳动者必须丧失生产资料   D. 劳动者必须依附资本家

4. 劳动力是任何社会生产的基本要素，在特定的社会发展阶段和特定的历史条件下，劳动力作为一种特殊商品，其价值的构成包括( )。
  A. 维持劳动者自身生存所必需的生活资料的价值
  B. 劳动者在必要时间内创造的价值
  C. 劳动者繁育后代所必需的生活资料的价值
  D. 培养和训练劳动者所需要的费用

5. 资本主义价值增值过程包括( )。
  A. 转移生产资料价值的过程
  B. 创造生产资料价值的过程
  C. 再生产劳动力价值的过程
  D. 创造剩余价值的过程

6. 在资本主义生产过程中，雇佣工人的具体劳动的作用是( )。
  A. 生产使用价值
  B. 转移生产资料的价值
  C. 转移劳动力的价值
  D. 创造剩余价值

7. 对资本应理解为( )。
  A. 资本就是能够带来剩余价值的价值
  B. 资本是以物为媒介的社会生产关系
  C. 资本是一个历史范畴
  D. 资本不是静止物，而是一种运动

8. 马克思把资本划分为不变资本和可变资本，其意义在于( )。
  A. 揭示了剩余价值的真正来源
  B. 为计算剩余价值率提供了科学依据
  C. 为计算资本周转速度提供了依据
  D. 为资本有机构成理论奠定了基础

9. 相对剩余价值是( )。
  A. 在必要劳动时间不变的条件下，延长工人工作日的结果
  B. 在工人工作日不变的条件下，缩短工人必要劳动时间的结果
  C. 所有企业都追求超额剩余价值的必然结果
  D. 社会劳动生产率提高导致工人必要生活资料价值下降的结果

10. 超额剩余价值是( )。
  A. 首先改进生产技术的企业获得的
  B. 商品的社会价值与个别价值的差额
  C. 全社会劳动生产率提高的结果
  D. 新技术被普遍采用后所有企业都能得到的

11. 绝对剩余价值生产和相对剩余价值生产在本质上都( )。
  A. 缩短了必要劳动时间
  B. 延长了剩余劳动时间
  C. 延长了工作日绝对长度
  D. 增加了剩余价值

12. 剩余价值规律是资本主义基本经济规律，原因在于它决定( )。
  A. 资本主义生产的实质
  B. 资本主义生产的目的和动机
  C. 资本主义生产发展的一切主要方面和一切主要过程
  D. 资本主义产生、发展与灭亡的全过程

三、判断题

1. 剩余价值既不能在流通中产生，又不能离开流通而产生，这是资本总公式的矛盾。( )
2. 不变资本在剩余价值生产过程中没有直接带来价值量的增加，因此，不变资本在剩余价值生产中没有任何作用。( )
3. 相对剩余价值是超额剩余价值的前提。( )
4. 超额剩余价值是整个社会劳动生产率提高的结果。( )
5. 剩余价值的源泉是雇佣工人的剩余劳动。( )
6. 剩余价值规律是资本主义的基本经济规律，消灭了资本主义制度，剩余价值规律也就随之消灭了。( )
7. 劳动力商品的特殊使用价值在于能创造出大于自身价值的价值。( )

8. 资本主义生产过程是劳动过程和价值形成过程的统一。（ ）
9. 资本的本质在于它是资本主义生产关系的体现。（ ）
10. 相对剩余价值的获得是个别企业提高劳动生产率的结果。（ ）
11. 超额剩余价值的获得是个别企业提高劳动生产率的结果。（ ）
12. 货币和资本的根本区别在于能否作为流通手段。（ ）
13. 货币转化为资本的前提或关键是劳动力成为商品。（ ）
14. 资本主义的基本经济规律是价值规律。（ ）
15. 能准确反映资本家对工人剥削程度的是剩余价值率的高低。（ ）
16. 资本家支付的工资是工人劳动的价格。（ ）
17. 名义工资是指工人用货币工资所能购买到的生活资料和服务的数量。（ ）
18. 不变资本和可变资本是根据资本是否随产量的变化而变化进行区分的。（ ）
19. 资本家为追求更多的剩余价值可以通过两种途径：提高对工人的剥削率和增加可变资本总量。（ ）
20. 劳动如果是商品，有悖于价值规律和剩余价值规律。（ ）

四、区别题

1. 不变资本与可变资本
2. 绝对剩余价值与相对剩余价值
3. 相对剩余价值与超额剩余价值
4. 货币与资本
5. 价值增值过程与价值形成过程

五、简答题

1. 为什么说剩余价值的产生既在流通中又不在流通中？
2. 如何理解劳动力成为商品是货币转化为资本的关键？
3. 如何理解劳动不是商品，没有价值或价格？
4. 如何实现相对剩余价值的生产？
5. 简述劳动力商品的价值决定。

六、论述题

1. 为什么说剩余价值规律是资本主义基本经济规律？
2. 如何理解机器人在现代化生产中的地位和作用？

第四章 资本积累

一、单项选择题

1. 资本主义生产过程是（　）。
   A. 劳动过程和使用价值生产过程的统一　　B. 劳动过程和价值形成过程的统一
   C. 劳动过程和价值增值过程的统一　　　　D. 价值形成和价值增值过程的统一
2. 资本主义再生产的特征是（　）。
   A. 简单再生产　　B. 扩大再生产　　C. 物质资料再生产　　D. 劳动力再生产
3. 资本有机构成提高的前提是（　）。
   A. 社会资本增加　　B. 个别资本增大　　C. 相对人口过剩　　D. 无产阶级贫困化

4. 以下关于资本有机构成的相关描述中，错误的是( )。
   A. 资本的技术构成决定资本的价值构成
   B. 资本有机构成，表现为不变资本与可变资本的比率
   C. 在资本主义生产中，资本有机构成有不断提高的趋势
   D. 机器排挤工人，是资本有机构成不断下降的结果
5. 资本积聚是通过( )。
   A. 许多分散资本合并成大资本，扩大个别资本总额
   B. 大资本吞并中小资本，扩大个别资本的规模
   C. 资本主义企业内部通过剩余价值不断地资本化，扩大个别资本的规模
   D. 组织股份公司，扩大个别资本的规模
6. 资本家进行资本积累的原因在于( )。
   A. 追求更多的剩余价值   B. 更好地满足社会需求
   C. 降低资本的有机构成   D. 给失业工人提供再就业的机会
7. 资本积累的源泉是( )。
   A. 物质资料再生产   B. 扩大再生产   C. 剩余价值   D. 不变资本
8. 资本主义扩大再生产的源泉是( )。
   A. 劳动生产率提高   B. 劳动人数增加   C. 资本集中   D. 资本积累
9. 资本的技术构成是指由生产技术水平决定的( )。
   A. 固定资本和流动资本的比例   B. 固定资本和劳动力的比例
   C. 不变资本和可变资本的比例   D. 生产资料和劳动力的比例
10. 在资本主义生产过程中，所消耗生产资料的价值是( )。
    A. 借助于具体劳动创造出来的   B. 借助于抽象劳动创造出来的
    C. 借助于具体劳动转移到新产品中去的   D. 借助于抽象劳动转移到新产品中去的
11. 资本积累率是资本家消费和积累占( )的比例。
    A. 不变资本   B. 可变资本   C. 总资本   D. 剩余价值
12. 在资本积累率确定的情况下，影响( )的因素也就是影响资本积累量的因素。
    A. 不变资本   B. 总资本   C. 剩余价值量   D. 生产成本
13. 资本家把工人在生产过程中所创造的剩余价值全部用于个人消费，使生产规模在原有的基础上重复进行的生产是( )。
    A. 资本主义简单再生产   B. 资本主义扩大再生产
    C. 资本积累   D. 资本积聚
14. 资本主义的基本矛盾是( )。
    A. 商品经济的矛盾
    B. 生产社会化和生产资料资本主义私人占有之间的矛盾
    C. 资本总公式的矛盾
    D. 私人劳动和社会劳动的矛盾
15. 依靠生产技术的进步，生产要素质量的改善和劳动生产率的提高来扩大原有生产规模的再生产是( )。
    A. 内涵的扩大再生产   B. 外延的扩大再生产
    C. 简单再生产   D. 以上都不对

二、多项选择题

1. 资本家不断进行资本积累的原因在于( )。
   A. 增加社会财富   B. 发展社会生产力
   C. 追逐剩余价值的内在动力   D. 竞争的外在压力

2. 在剩余价值分割为积累基金和消费基金的比例既定的条件下，一切影响剩余价值量的因素都会影响资本积累量。这些因素有( )。
   A. 剩余价值率的高低
   B. 社会劳动生产率的水平
   C. 所用资本和所费资本的差额
   D. 预付资本量的大小
3. 实现个别资本增大的形式是( )。
   A. 资本循环
   B. 资本积聚
   C. 资本周转
   D. 资本集中
4. 资本集中是( )。
   A. 个别资本家把剩余价值转化为资本
   B. 将原来分散的中小资本合并成大资本
   C. 通过大资本兼并中小资本而实现
   D. 通过信用制度和组织股份公司而实现
5. 资本积聚和资本集中的各自作用是( )。
   A. 资本积聚增大了个别资本总额
   B. 资本集中增大了个别资本总额
   C. 资本积聚增大了社会资本总额
   D. 资本积聚有利于资本集中，资本集中促进资本积聚
6. 相对过剩人口产生的原因在于( )。
   A. 随着资本积累的增长，资本有机构成不断提高，资本对劳动力的需求相对减少
   B. 在资本积累过程中，劳动力的供给绝对增加
   C. 人口数量绝对增加
   D. 物质资料生产增加缓慢

三、判断题

1. 企业兼并实现了资本的积聚，增大了社会资本总额。( )
2. 资本主义的基本矛盾是社会劳动和私人劳动之间的矛盾。( )
3. 资本主义经济危机的根源在于生产和消费的矛盾。( )
4. 资本有机构成就是不变资本与可变资本的比率。( )
5. 资本积累是剩余价值的资本化。( )
6. 无产阶级的绝对贫困就是无产阶级的生活状况不断地恶化。( )
7. 在资本家的全部资本 $C:V$ 中，C 所占的比重不断增大意味着资本有机构成的提高。( )
8. 个别资本增大的唯一途径就是资本集中。( )
9. 相对过剩人口不仅是资本积累的必然结果，而且是资本主义生产方式存在和发展的必要条件。( )
10. 资本主义再生产的特征是扩大再生产。( )
11. 资本有机构成提高的前提是社会资本增加。( )
12. 资本有机构成提高的直接后果是对劳动力的需求在数量上不断减少。( )
13. 资本积聚是通过剩余价值资本化实现的。( )
14. 资本的价值构成是不变资本和可变资本的比例。( )
15. 资本主义积累的一般规律是指在资本积累发展过程中资产阶级财富的积累和无产阶级贫困的积累之间的内在联系和必然性。( )

四、区别题

1. 简单再生产与扩大再生产
2. 内涵扩大再生产与外延扩大再生产
3. 资本积累与资本积聚
4. 资本积聚与资本集中

5. 资本有机构成与相对过剩人口
6. 资本的技术构成与资本的价值构成

五、简答题

1. 决定资本积累量的主要因素有哪些?
2. 简述无产阶级贫困的两种形式。

六、论述题

怎样认识资本主义积累的历史发展趋势?

第五章 资本的流通过程

一、单项选择题

1. 产业资本循环的三种职能形式在空间上的并存性和时间上的继起性的关系是( )。
   A. 并存性决定继起性　　　　　　B. 继起性决定并存性
   C. 继起性是并存性的基础　　　　D. 互为前提，互为条件
2. 区分固定资本和流动资本的根据是资本的不同部分( )。
   A. 在价值增值过程中的作用不同　　B. 价值周转的方式不同
   C. 在运动中的职能不同　　　　　　D. 在生产中的位置移动不同
3. 价值能转移到产品中去是固定资本的( )。
   A. 有形磨损　　　　　　　　　　B. 无形磨损
   C. 由于使用而引起的有形磨损　　D. 由于自然力的作用而引起的无形磨损
4. 资本周转速度快慢的标志是( )。
   A. 周转时间　　B. 生产时间　　C. 流通时间　　D. 周转次数
5. 甲、乙两资本其他条件相同，但甲资本生产时间比乙资本长，那么甲资本周转速度比乙资本( )。
   A. 快　　　　B. 慢　　　　C. 相同　　　　D. 无法比较
6. 某企业投资 25 万元购置机器，其使用期为 5 年，50 万元购置厂房，其使用期为 20 年，5 万元购置工具，其使用期为 5 年，10 万元用于购买原材料，10 万元用于支付工资。已知其流动资本一年周转 5 次，不考虑固定资本精神磨损，该企业预付资本一年中的总周转次数为( )。
   A. 3.807 次　　B. 1 次　　C. 1.085 次　　D. 0.125 次
7. 生产资料生产之所以优先增长是因为( )。
   A. 技术进步引起资本有机构成提高　　B. 生产资料生产比生活资料生产重要
   C. 扩大再生产主要依靠生产资料　　　D. 生产资料生产周期比生活资料生产周期长
8. 社会物质资料再生产的两大部类是( )。
   A. 工业生产和农业生产　　　　　　B. 物质产品的生产和精神产品的生产
   C. 生产资料生产和消费资料生产　　D. 第一、第二产业和第三产业
9. 研究社会资本再生产的核心问题是( )。
   A. 社会总资本的运动　B. 社会总产品的生产　C. 社会总产品的分配　D. 社会总产品的实现
10. 资本主义经济危机的根源在于( )。
    A. 生产相对过剩　　B. 社会消费不足　　C. 资本主义基本矛盾　　D. 固定资本更新
11. 资本主义经济危机周期性爆发的物质基础是( )。
    A. 社会化大生产　　B. 固定资本更新　　C. 资本主义基本矛盾　　D. 资本积累

12. 资本周转时间包括( )。
    A. 生产资料储备时间、劳动时间、停工时间　　B. 采购时间和销售时间
    C. 生产时间和销售时间　　D. 生产时间和流通时间
13. 资本主义经济危机是指( )。
    A. 因生产上升人口下降而决定的生产过剩的危机
    B. 因人口过剩造成的生产不足的危机
    C. 由资本主义基本矛盾决定的生产相对过剩的危机
    D. 因自然灾害造成的生产不足的危机
14. 产业资本循环过程中 $W'\text{——}G'$ 阶段的职能是( )。
    A. 实现商品价值　　B. 实现商品价值和剩余价值
    C. 为生产剩余价值做准备　　D. 尽快卖出全部商品
15. 资本的周转速度和( )。
    A. 周转时间成正比，周转次数成反比　　B. 周转时间成正比，周转次数成正比
    C. 周转时间成反比，周转次数成正比　　D. 周转时间成反比，周转次数成反比
16. 下列既属于不变资本又属于固定资本的是( )。
    A. 原料　　B. 机器设备　　C. 燃料　　D. 辅助材料
17. 根据生产资本不同部分的价值周转方式不同，可将其划分为( )。
    A. 不变资本、可变资本　　B. 货币资本、商品资本
    C. 借贷资本、银行资本　　D. 固定资本、流动资本
18. 产业资本循环的三种职能形式是( )。
    A. 产业资本、商业资本、借贷资本　　B. 货币资本、生产资本、商品资本
    C. 固定资本、流动资本、生产资本　　D. 不变资本、可变资本、流通资本
19. 某资本家企业的预付资本是100万元，资本有机构成 $C:V=9:1$，剩余价值率是100%，可变资本一年周转4次，年利润率为( )。
    A. 20%　　B. 40%　　C. 60%　　D. 100%
20. 加快资本周转速度( )。
    A. 会导致预付可变资本增加　　B. 会导致预付总资本增加
    C. 可以提高年剩余价值率　　D. 可以提高剩余价值率
21. 社会资本简单再生产的实现条件是( )。
    A. $\mathrm{I}(v+m) = \mathrm{II}c$　　B. $\mathrm{I}(v+m) > \mathrm{II}c$
    C. $\mathrm{I}(c+v-m/x) > \mathrm{I}(v+m/x)$　　D. $\mathrm{I}(v+\Delta v+m/x) = \mathrm{II}(c+\Delta c)$
22. 社会资本扩大再生产的前提条件是( )。
    A. $\mathrm{I}(v+m) = \mathrm{II}c$　　B. $\mathrm{I}(v+m) > \mathrm{II}c$
    C. $\mathrm{I}(c+v-m/x) = \mathrm{I}(v+m/x)$　　D. $\mathrm{I}(v+\Delta v+m/x) = \mathrm{II}(c+\Delta c)$
23. 社会资本扩大再生产的实现条件是( )。
    A. $\mathrm{I}(v+m) = \mathrm{II}c$　　B. $\mathrm{I}(v+m) > \mathrm{II}c$
    C. $\mathrm{I}(c+v-m/x) > \mathrm{I}(v+m/x)$　　D. $\mathrm{I}(v+\Delta v+m/x) = \mathrm{II}(c+\Delta c)$
24. 某资本家预付不变资本900万元，可变资本100万元，剩余价值率为100%，其中可变资本每年周转2.5次，其年利润率为( )。
    A. 10%　　B. 20%　　C. 15%　　D. 25%
25. 产业资本是指( )。
    A. 投放在物资生产部门的资本　　B. 物资生产部门和服务业的资本
    C. 商业部门和金融部门的资本　　D. 交通运输业和商业部门的资本

26. 生产资本的循环公式是( )。
    A. $G—W\cdots P\cdots W'—G'$
    B. $W\cdots P\cdots W'—G'\cdot G—W$
    C. $P\cdots W'—G'\cdot G—W\cdots P$
    D. $W'—G'\cdot G—W\cdots P\cdots W'$

27. 社会资本简单再生产是通过三个方面的交换实现的。其中，第三方面交换实现的是( )。
    A. I(c+v)与 IIm 的价值补偿和实物补偿
    B. II(c+v)与 Im 的价值补偿和实物补偿
    C. I(v+m)与 IIc 的价值补偿和实物补偿
    D. II(v+m)与 Ic 的价值补偿和实物补偿

28. 如果第一部类的可变资本为3000，剩余价值为2000，第二部类不变资本为4000，则( )。
    A. 一定可以实现简单再生产
    B. 有可能实现简单再生产
    C. 一定可以实现扩大再生产
    D. 有可能实现扩大再生产

29. 固定资本折旧基金的提取和使用，按其本身的性质属于( )。
    A. 简单再生产
    B. 扩大再生产
    C. 转化成剩余价值，以便用于资本积累或资本家个人消费
    D. 转化成借贷资本，以谋取利息

30. 资本主义再生产的实质是( )。
    A. 简单再生产和扩大再生产的统一
    B. 劳动过程和价值形成过程的统一
    C. 物质资料再生产与劳动力再生产的统一
    D. 物质资料再生产与资本主义生产关系再生产的统一

31. $G—W\cdots P\cdots W'—G'$ 是( )。
    A. 生产资本的循环
    B. 货币资本的循环
    C. 商品资本的循环
    D. 以上都不对

32. 固定资本在使用过程中由于生产技术的进步而引起的价值上的损失是( )。
    A. 有形磨损
    B. 物质磨损
    C. 无形磨损
    D. 以上都不对

33. 资本的流通时间包括( )。
    A. 生产要素的购买时间和商品的售卖时间
    B. 生产要素的购买时间和劳动时间
    C. 商品的售卖时间和生产时间
    D. 劳动时间和非劳动时间

34. 实现社会资本扩大再生产的物质前提是( )。
    A. 只需要有可供追加的生产资料
    B. 只需要有用于追加劳动力所需要的消费资料
    C. 既需要有可供追加的生产资料，也需要有用于追加劳动力所需要的消费资料
    D. 以上都不对

35. 关于固定资本和流动资本的区别，错误的是( )。
    A. 固定资本多次转移；流动资本一次转移
    B. 固定资本是一次投入，分次收回；流动资本是一次投入，一次收回
    C. 固定资本在使用年限内无须进行实物更新；流动资本必须通过不断更新和购买来实现
    D. 固定资本周转时间短；流动资本周转时间长

二、多项选择题

1. 产业资本运动必须经历的阶段是( )。
    A. 购买阶段   B. 生产阶段   C. 销售阶段   D. 消费阶段

2. 产业资本在循环中采取的职能形式有( )。
    A. 货币资本   B. 借贷资本   C. 生产资本   D. 商品资本

3. 产业资本连续顺利循环的条件是( )。
   A. 必须保持产业资本三种职能形式在空间上的并存性
   B. 必须保持产业资本三种职能形式在时间上的继起性
   C. 每一种职能形式都必须生产或实现剩余价值的职能
   D. 每一个阶段都必须创造剩余价值
4. 以下既属于不变资本又属于固定资本的有( )。
   A. 以机器形式存在的资本　　　　　　B. 以厂房形式存在的资本
   C. 以工具形式存在的资本　　　　　　D. 以原材料形式存在的资本
5. 纺织厂资本家购买用于生产的棉花属于( )。
   A. 不变资本　　　B. 固定资本　　　C. 可变资本　　　D. 流动资本
6. 纺织厂资本家发放纺织工人的工资，属于( )。
   A. 不变资本　　　B. 可变资本　　　C. 固定资本　　　D. 流动资本
7. 处在生产过程中的厂房、机器设备等劳动资料，从不同角度看，它们属于( )。
   A. 不变资本　　　B. 固定资本　　　C. 可变资本　　　D. 流动资本
8. 固定资本无形损耗的原因有( )。
   A. 机器设备在生产过程中使用产生的磨损　　B. 机器设备因自然力作用形成的损耗
   C. 新的、效率更高的机器设备的出现　　　　D. 同类机器设备生产成本降低
9. 影响资本周转速度的因素有( )。
   A. 生产时间的长短　　　　　　　　　B. 流通时间的长短
   C. 固定资本和流动资本的比例　　　　D. 固定资本和流动资本自身的周转速度
10. 影响年剩余价值量的主要因素有( )。
    A. 可变资本数量　　B. 剩余价值率的高低　　C. 可变资本周转速度　　D. 利息率的高低
11. 资本家为了加快资本的周转速度，可以采取的方式有( )。
    A. 缩短生产时间　　　　　　　　　　B. 缩短流通时间
    C. 加快固定资本和流动资本周转　　　D. 降低生产资本中固定资本的比例
12. 通过对社会资本简单再生产实现过程中交换关系的分析，可以看出( )。
    A. Ⅰc是通过第Ⅰ部类内部交换实现的　　　B. Ⅱ(v+m)是通过第Ⅱ部类内部交换实现的
    C. Ⅰ(v+m)是通过和Ⅱ(v+m)交换实现的　　D. Ⅰ(v+m)是通过和Ⅱc交换实现的
13. 社会资本简单再生产的实现条件是( )。
    A. Ⅰ(v+m)=Ⅱc　　　　　　　　　　　B. Ⅰ(c+v+m)=Ⅰc+Ⅱc
    C. Ⅱ(c+v+m)=Ⅰ(v+m)+Ⅱ(v+m)　　　 D. Ⅰ(c+v+m)=Ⅰ(c+△c)+Ⅱ(c+△c)
14. 社会资本扩大再生产的实现条件包括( )。
    A. Ⅰ(v+m)=Ⅱc　　　　　　　　　　　B. Ⅰ(v+△v+)=Ⅱ(c+△c)
    C. Ⅰ(c+v+m)= Ⅰ(c+△c)+Ⅱ(c+△c)　　D Ⅱ(c+v+m)= Ⅰ(v+△v+)+Ⅱ(v+△v+m/x)

三、判断题

1. 产业资本的三种职能形式在空间上必须具有继起性。　　　　　　　　　　　　( )
2. 资本主义再生产的特征是扩大再生产。　　　　　　　　　　　　　　　　　　( )
3. 产业资本循环的第三个阶段资本采取的职能形式是生产资本。　　　　　　　　( )
4. 固定资本的磨损即为折旧。　　　　　　　　　　　　　　　　　　　　　　　( )
5. 社会总资本再生产的核心问题是社会总产品的实现问题。　　　　　　　　　　( )
6. 社会总资本简单再生产的基本实现条件是Ⅰ(v+m)=Ⅰc+Ⅱc。　　　　　　　　 ( )
7. 资本周转的核心问题是资本周转速度。　　　　　　　　　　　　　　　　　　( )
8. 资本周转速度越快，周转时间越短，所需的预付流动资本数量就越多。　　　　( )
9. 在剩余价值率一定的条件下，可变资本的周转速度和年剩余价值量成反比。　　( )

10. 年剩余价值率和剩余价值率所揭示的都是资本家对工人的剥削程度。（ ）
11. 社会总产品的补偿包括价值补偿和实物补偿两方面。（ ）
12. 生产资料生产优先增长的规律意味着生产资料生产的发展最终可以脱离消费资料生产的发展。（ ）
13. 资本主义经济危机的实质是生产相对过剩的危机。（ ）
14. 把资本区分为固定资本和流动资本的依据是资本各个组成部分的价值周转速度不同。（ ）
15. 生产资料生产之所以优先增长是因为生产资料生产比生活资料生产重要。（ ）
16. 资本主义经济危机的根源在于生产相对过剩。（ ）
17. 资本主义经济危机周期性爆发的物质基础是固定资本更新。（ ）
18. 资本周转时间包括生产时间和销售时间。（ ）
19. 产业资本循环过程中 $W'——G'$ 阶段的职能是实现商品价值和剩余价值。（ ）
20. 产业资本循环的三种职能形式是货币资本、生产资本和商品资本。（ ）
21. 独立发挥职能的资本是个别资本。（ ）
22. 社会资本的运动既包括生产消费也包括个人消费。（ ）
23. 生产资本的构成不影响资本周转速度。（ ）
24. 固定资本的磨损分为有形磨损和物质磨损。（ ）
25. 社会资本再生产理论表明社会生产的两大部类以及两大部类内部各部门之间必须保持一定的比例关系。（ ）

四、区别题

1. 资本循环与资本周转
2. 固定资本与流动资本
3. 固定资本与不变资本
4. 流动资本与可变资本
5. 有形磨损与无形磨损

五、简答题

1. 资本周转速度对剩余价值生产有什么影响？
2. 如何理解社会资本再生产的核心问题是社会总产品的实现问题？
3. 简述社会资本简单再生产的实现条件及其含义。
4. 简述资本主义经济危机的实质和根源。
5. 资本主义经济危机周期性爆发的物质基础是什么？为什么？

六、论述题

1. 分析社会资本简单再生产的实现过程及实现条件。
2. 分析社会资本扩大再生产的实现过程及实现条件。
3. 怎样理解生产资料生产的优先增长规律？
4. "二战"以后资本主义经济危机具有哪些新特点？

第六章 资本和剩余价值的具体形式

一、单项选择题

1. 在影响利润率其他条件不变的情况下，利润率和原材料价格变化的关系是（ ）。
   A. 原材料价格提高，利润率会降低　　B. 原材料价格提高，利润率会提高
   C. 原材料价格降低，利润率会降低　　D. 原材料价格降低，利润率保持不变

2. 商业资本的职能是( )。
   A. 购买生产资料和劳动力
   B. 创造价值和剩余价值
   C. 通过商品销售,实现其中的价值和剩余价值
   D. 通过商品销售,补偿用于商品买卖的各种费用
3. 股份公司的产生和发展使( )。
   A. 资本的所有权和使用权分离
   B. 资本的所有权和使用权合一
   C. 资本的所有权和剩余索取权分离
   D. 资本的所有权和剩余索取权合一
4. 部门内部竞争的目的是追求( )。
   A. 有利的投资场所
   B. 平均利润
   C. 超额利润
   D. 垄断利润
5. 土地经营权的垄断是( )。
   A. 级差地租产生的原因
   B. 级差地租形成的条件
   C. 级差地租产生的源泉
   D. 绝对地租产生的原因
6. 土地的不同等级是( )。
   A. 级差地租产生的原因
   B. 级差地租形成的条件
   C. 级差地租产生的源泉
   D. 绝对地租产生的原因
7. 土地私有权的垄断是( )。
   A. 级差地租产生的原因
   B. 级差地租形成的条件
   C. 绝对地租产生的原因
   D. 绝对地租产生的条件
8. 平均利润率是指( )。
   A. 剩余价值与预付总资本的比率
   B. 剩余价值与不变资本的比率
   C. 剩余价值与可变资本的比率
   D. 剩余价值与商品价值的比率
9. 有一张股票,当存款利率为6%时,股票价格为200元,当存款利率上升到8%时,股票价格应为( )。
   A. 240元
   B. 150元
   C. 160元
   D. 220元
10. 利息率和平均利润率在量上的关系是( )。
    A. 利息率高于平均利润率
    B. 利息率等于平均利润率
    C. 利息率低于平均利润率
    D. 利息率与平均利润率按相反方向变化
11. 农产品的社会生产价格取决于( )。
    A. 优等地的生产条件
    B. 中等地的生产条件
    C. 劣等地的生产条件
    D. 平均地的生产条件
12. 一般来说,剩余价值率总是( )。
    A. 等于利润率
    B. 小于利润率
    C. 大于利润率
    D. 与利润率按相反方向变化
13. 商品的成本价格,即资本主义生产费用或生产成本等于( )。
    A. $c+v+m$
    B. $c+v$
    C. $k+p$
    D. $k+m$
14. 生产价格等于( )。
    A. 生产成本加平均利润
    B. 生产成本加剩余价值
    C. 预付资本加剩余价值
    D. 可变资本加平均利润
15. 平均利润率的形成是( )。
    A. 不同部门的资本家之间竞争的结果
    B. 同一部门内部的资本家之间竞争的结果
    C. 资本有机构成提高的结果
    D. 无数资本家追求超额利润的结果

16. 在资本主义条件下，部门内部的竞争形成(   )。
    A. 商品的生产价格 B. 商品的个别价值
    C. 商品的社会价值 D. 商品的垄断价格
17. 资本主义商品的成本价格是生产商品(   )。
    A. 预付的不变资本和预付的可变资本之和 B. 预付的不变资本和耗费的可变资本之和
    C. 耗费的不变资本和耗费的可变资本之和 D. 耗费的可变资本和生产的剩余价值之和
18. 平均利润率趋向下降的根本原因是(   )。
    A. 剩余价值率的下降 B. 社会资本平均有机构成的提高
    C. 利润率的下降 D. 利润率的提高
19. 商业利润必须(   )。
    A. 小于平均利润 B. 相当于平均利润
    C. 大于平均利润 D. 相当于利息
20. 由于商业资本家同产业资本家一起参与利润的平均化并获得平均利润，商品的生产价格分解为(   )。
    A. 成本价格加利润 B. 成本价格加平均利润
    C. 成本价格加剩余价值 D. 成本价格加产业利润加商业利润
21. 生产性流通费用的补偿是(   )。
    A. 从生产成本中获得的
    B. 从商业工人创造的新价值中获得的
    C. 从商业工人创造的剩余价值总额中扣除而获得的
    D. 是通过对商品的加价从商品的价值实现中获得的，并给商业资本家带来相应的利润
22. 纯粹流通费用的补偿是(   )。
    A. 从剩余价值总额中扣除而获得的 B. 从商品价值实现中获得的
    C. 从商业工人创造的新价值中获得的 D. 从商品售卖价格的加价中获得的
23. 借贷资本是从(   )。
    A. 产业资本中分离出来的 B. 商业资本中分离出来的
    C. 银行资本中分离出来的 D. 金融资本中分离出来的
24. 银行利润的来源是(   )。
    A. 银行雇员创造的剩余价值 B. 贷款利息高于存款利息的差额
    C. 银行雇员实现的剩余价值 D. 产业工人创造的剩余价值的一部分
25. 在平均利润率既定条件下，利息率的高低取决于(   )。
    A. 职能资本经营状况 B. 借贷资本供求状况
    C. 商品市场价格的高低 D. 劳动力市场的供求状况
26. 资本主义地租来源于农业雇佣工人(   )。
    A. 创造的全部剩余价值 B. 创造的剩余价值的一部分
    C. 实现的全部剩余价值 D. 实现的剩余价值的一部分
27. 如果一块土地一年的地租收入为100元，当年银行存款利息率为5%，那么这块土地的价格是(   )元。
    A. 2000 B. 1500 C. 1000 D. 200
28. 借贷资本是一种特殊的资本形式，表现在(   )。
    A. 它是一种作为商品的资本 B. 它是一种所有权资本
    C. 它是一种能生产更多货币的资本 D. 它具有特殊的运动形式
29. 级差地租Ⅱ形成的条件是(   )。
    A. 在同一块土地上连续投资的劳动生产率不同

B. 土地的资本主义经营垄断
C. 土地肥沃程度的差别
D. 不同地块地理位置的差别

30. 关于成本价格，错误的是(　　)。
    A. 成本价格是商品销售价格的最低界限
    B. 成本价格出现以后，剩余价值转化为平均利润
    C. 成本价格出现以后，资本家把剩余价值当作全部预付资本的产物
    D. 成本价格高低是决定资本家竞争成败的关键
31. 利润率是剩余价值与(　　)的比率。
    A. 耗费的不变资本　　B. 耗费的可变资本　　C. 预付的不变资本　　D. 预付的总资本
32. 绝对地租形成的条件是(　　)。
    A. 农业资本有机构成低于工业或社会的资本平均有机构成
    B. 对同一块土地连续追加投资
    C. 不同地块土地肥沃程度的差别和土地位置的优劣
    D. 土地的不同等级
33. 超额利润是(　　)。
    A. 剩余价值的转化形式
    B. 个别生产价格低于社会生产价格的差额
    C. 商品的个别价值低于社会价值的差额
    D. 价值的转化形式
34. 平均利润形成以后，商品的市场价格围绕(　　)波动。
    A. 价值　　　　B. 成本价格　　　　C. 生产价格　　　　D. 利润
35. 关于剩余价值率与利润率的关系，错误的是(　　)。
    A. 剩余价值率和利润率是同一个剩余价值量与不同资本量的对比
    B. 利润率是剩余价值率的转化形式
    C. 利润率恒小于剩余价值率
    D. 剩余价值率和利润率都表示资本家对雇佣工人的剥削程度

二、多项选择题

1. 资本主义生产成本是(　　)。
   A. 商品价值中的 $c+v$ 部分
   B. 商品销售价格的最低界限
   C. 商品生产中的实际生产费用
   D. 商品生产中实际耗费的资本
2. 恩格斯指出，马克思一有机会就提醒读者注意，决不要把他所说的剩余价值同利润或资本盈利相混淆。对这段话的正确理解应是(　　)。
   A. 剩余价值与利润无本质联系
   B. 剩余价值是利润的本质内容
   C. 利润是剩余价值的一种具体形式
   D. 利润常常只是剩余价值的一部分
3. 利润率和剩余价值率的关系是(　　)。
   A. 利润率是剩余价值率的转化形式
   B. 利润率小于剩余价值率
   C. 利润率和剩余价值率按相同方向变化
   D. 剩余价值率转化为利润率掩盖了资本主义剥削
4. 提高利润率的途径有(　　)。
   A. 提高剩余价值率
   B. 提高资本有机构成
   C. 加快资本周转速度
   D. 节省不变资本
5. 平均利润率是(　　)。
   A. 部门内部资本家之间竞争的结果
   B. 各部门之间的资本家竞争的结果

C. 各企业资本家追逐超额利润的结果
D. 资本在部门间自由转移和追逐有利投资场所的结果

6. 平均利润是( )。
   A. 各部门资本有机构成趋于平均化的结果
   B. 各部门之间竞争和利润率平均化的结果
   C. 投入不同生产部门的等量资本取得的等量利润
   D. 各部门依照资本大小按平均利润率取得的利润

7. 随着利润转化为平均利润,则( )。
   A. 商品的价值便转化为商品的生产价格
   B. 全社会的平均利润总额与剩余价值总额不相等
   C. 有些部门获得的利润高于本部门生产的剩余价值
   D. 有些部门获得的利润低于本部门生产的剩余价值

8. 生产价格形成后,价值、生产价格、市场价格的关系是( )。
   A. 价值是生产价格的基础,生产价格是价值的转化形式
   B. 个别部门的生产价格与价值在量上可能不一致
   C. 全社会的生产价格总额和价值总额相等
   D. 商品的市场价格围绕着生产价格上下波动

9. 平均利润和生产价格理论( )。
   A. 揭示了等量资本获得等量利润使剩余价值在各部门资本家之间重新分配
   B. 阐明了利润转化为平均利润、价值转化为生产价格并不违背价值规律
   C. 为分析资本主义的企业利润、利息、地租提供了理论前提
   D. 阐明了无产阶级和资产阶级整体上的利益对抗性

10. 马克思关于资本有机构成学说论证了( )。
    A. 相对过剩人口的形成　　　　　　B. 技术进步条件下生产资料生产的优先增长
    C. 平均利润率的形成　　　　　　　D. 利润率的下降趋势

11. 剩余价值的转化形式有( )。
    A. 产业利润　　B. 商业利润　　　C. 借贷利息　　　D. 地租

12. 商业资本是( )。
    A. 处于流通领域的资本　　　　　　B. 商品资本独立化的形式
    C. 采取 $G——W——G'$ 运动形式的资本　　D. 参与利润平均化的资本

13. 借贷资本和职能资本相比,其特点是( )。
    A. 一种资本商品　　　　　　　　　B. 一种作为财产的资本
    C. 采取 $G——G'$ 的运动形式　　　　D. 能够获得平均利润

14. 资本主义银行利润( )。
    A. 在数量上相当于平均利润
    B. 由存贷款利息差额构成
    C. 来源于产业工人创造的一部分剩余价值
    D. 由银行雇员在剩余劳动时间内实现

15. 股票价格( )。
    A. 与银行存款利息率成反比　　　　B. 与预期股息收入成正比
    C. 是股息收入的资本化　　　　　　D. 是它所代表的实际资本价值的货币表现

16. 资本主义农业中剩余价值的具体形式主要包括( )。
    A. 级差地租　　　B. 绝对地租　　　C. 平均利润　　　D. 工人工资

17. 级差地租形成的条件包括( )。
    A. 不同地块土地的肥沃程度不同
    B. 不同地块土地的地理位置不同
    C. 不同地块土地距离交通线和市场的远近不同
    D. 同一块土地连续追加投资的劳动生产率不同
18. 资本主义绝对地租( )。
    A. 产生的原因是对土地私有权的垄断
    B. 产生的条件是农业资本有机构成低于工业
    C. 来自农产品社会生产价格和个别生产价格的差额
    D. 来自农产品的价值与社会生产价格的差额
19. 土地价格( )。
    A. 与地租成正比   B. 与地租成反比
    C. 是资本化的地租   D. 是土地价值的货币表现
20. 在剩余价值的具体形式中，相当于平均利润的有( )。
    A. 产业利润   B. 商业利润   C. 借贷利息   D. 银行利润

三、判断题

1. 借贷资本家获得的利息是平均利润的一部分。 ( )
2. 股票价格是股票价值的货币表现。 ( )
3. 不同生产部门资本家之间竞争形成了平均利润率。 ( )
4. 平均利润的形成是部门内部竞争的结果。 ( )
5. 级差地租形成的原因是对土地私有权的垄断。 ( )
6. 土地价格与地租成正比，与利息率成反比。 ( )
7. 生产价格形成后，商品的市场价格从过去围绕价值波动转化为围绕生产价格上下波动，这违背了价值规律。 ( )
8. 农产品的价格取决于社会平均条件所决定的生产价格。 ( )
9. 商业利润是商业职工的剩余劳动创造的。 ( )
10. 生产价格等于生产成本加平均利润。 ( )
11. 平均利润率的形成是同一部门内部的资本家之间竞争的结果。 ( )
12. 在资本主义条件下，部门内部的竞争形成商品的生产价格。 ( )
13. 平均利润率趋向下降的根本原因是剩余价值率的下降。 ( )
14. 商业利润必须相当于平均利润。 ( )
15. 由于商业资本家和产业资本家一起参与利润的平均化并获得平均利润，商品的生产价格分解为成本价格加平均利润。 ( )
16. 生产性流通费用的补偿是从生产成本中获得的。 ( )
17. 纯粹流通费用的补偿是从剩余价值总额中扣除而获得的。 ( )
18. 在平均利润率既定条件下，利息率的高低取决于职能资本经营状况。 ( )
19. 利息率和平均利润率在量上的关系是利息率等于平均利润率。 ( )
20. 级差地租Ⅰ形成的条件是土地肥沃程度的差别。 ( )
21. 级差地租Ⅱ形成的条件是在同一块土地上连续投资的劳动生产率不同。 ( )
22. 级差地租Ⅰ形成的条件是土地的资本主义经营垄断。 ( )
23. 级差地租Ⅱ形成的条件是不同地块地理位置的差别。 ( )
24. 部门内部竞争的目的是追求超额利润。 ( )
25. 土地经营权的垄断是级差地租产生的原因。 ( )
26. 级差地租形成的条件是土地经营权的垄断。 ( )

27. 产业资本是指投放在物资生产部门的资本。 （　）
28. 农产品的社会生产价格取决于优等地的生产条件。 （　）
29. 剩余价值转化为利润掩盖资本对雇佣劳动的剥削关系。 （　）
30. 平均利润率是社会的剩余价值总额与社会总资本的比率，社会的剩余价值总额包括农业工人创造的剩余价值。 （　）

四、区别题

1. 利润与利息
2. 利润率与平均利润率
3. 商业资本与借贷资本
4. 绝对地租与级差地租
5. 成本价格与生产价格

五、简答题

1. 影响利润率的因素有哪些？
2. 平均利润率是怎样形成的？
3. 简述级差地租形成的条件和原因。
4. 简述绝对地租形成的条件和原因。
5. 简述商业流通费用及其补偿。

六、论述题

1. 价值转化为生产价格以后，市场价格不再围绕价值而是围绕价格波动，这是否违背价值规律？为什么？
2. 怎样理解平均利润率下降的规律？
3. 借贷资本是怎样形成的？有何特点？

第七章　资本社会化和垄断形成

一、单项选择题

1. 金融寡头实现经济上统治的"参与制"，是指金融寡头(　　)。
   A. 直接参与工业企业的生产经营和管理
   B. 直接参与银行的经营和管理
   C. 通过购买一定数量的股票层层控制许多大企业和大银行的经济统治方式
   D. 通过购买所属公司全部股票直接掌握许多大企业和大银行的经济统治方式
2. 在国家垄断资本主义条件下，国家干预和调节经济生活的实质是(　　)。
   A. 促进资本主义经济稳定增长
   B. 消除经济危机的爆发
   C. 加强垄断资本对广大劳动人民的剥削
   D. 维护资产阶级的整体利益和长远利益
3. 在垄断资本主义阶段，占统治地位的资本是(　　)。
   A. 工业资本　　　B. 银行资本　　　C. 金融资本　　　D. 商业资本
4. 第二次世界大战后，发达资本主义国家的垄断组织表现在(　　)。
   A. 形成跨行业跨部门的混合联合企业　　B. 金融寡头的统治
   C. 国际垄断同盟的兴起　　　　　　　　D. 托拉斯和康采恩的出现

5. 商品的垄断价格高于价值意味着（　　）。
   A. 社会商品价格总额会大于价值总额　　　B. 垄断价格可以不受价值制约，完全脱离价值
   C. 社会商品价格总额仍然与价值总额相等　D. 垄断可以产生新的价值
6. 垄断和竞争的关系是（　　）。
   A. 垄断消除了竞争　B. 垄断缓和了竞争　C. 垄断和竞争并存　D. 垄断保护了竞争
7. 垄断资本主义的经济实质是（　　）。
   A. 生产集中　　B. 垄断　　C. 金融资本　　D. 资本输出
8. 国家垄断资本主义产生和发展的原因是（　　）。
   A. 垄断组织在经济生活中起决定作用的结果　B. 资本主义基本矛盾的不断发展和深化
   C. 金融寡头在经济上进行统治的结果　　　　D. 资本主义生产关系的进一步调整
9. 垄断资本主义阶段主要资本主义国家产生大量过剩资本的根本原因是（　　）。
   A. 国内已无有利可得的投资场所　　B. 垄断资本必须获取高额垄断利润
   C. 国内已无落后的生产部门需要投资　D. 国内各部门投资已经饱和
10. 国家垄断资本主义是资本主义国家（　　）。
    A. 与私人垄断资本相结合的资本主义
    B. 掌握全部私人垄断资本的资本主义
    C. 掌握全部社会垄断资本的资本主义
    D. 通过投资实现全部资本国有化的垄断资本主义
11. 垄断资本主义时期资本主义对外经济关系的一个重要特征是（　　）。
    A. 商品输出　　B. 资本输出　　C. 原料输出　　D. 劳动力输出
12. 垄断价格的出现表明垄断能够（　　）。
    A. 创造出新的价值，从而不违背价值规律
    B. 增加商品价值总量，不受价值规律制约
    C. 提高或压低个别商品的价格，但受价值规律制约
    D. 增加商品价值总量使之与商品价格总额相等
13. 由生产同类商品的资本主义企业，通过签订某种协议而建立的垄断组织是（　　）。
    A. 卡特尔　　B. 辛迪加　　C. 托拉斯　　D. 康采恩
14. 垄断组织形式有多种，但不包括（　　）。
    A. 短期价格协定　B. 有限公司　C. 托拉斯　D. 康采恩
15. 金融寡头在政治上的统治主要是通过（　　）的办法实现的。
    A. 垄断　　B. 控股　　C. 个人联合　　D. 参与制

二、多项选择题

1. 以下选项属于垄断的组织形式的有（　　）。
   A. 短期价格协议　B. 卡特尔　C. 辛迪加　D. 托拉斯
2. 垄断利润来自于（　　）。
   A. 垄断企业和非垄断企业雇佣工人创造的剩余价值
   B. 工人劳动力价值和小生产者创造的价值的一部分
   C. 国家政府以再分配形式转移的一部分国民财富
   D. 掠夺其他国家劳动者创造的价值和剩余价值的一部分
3. 垄断价格的形成并没有否定价值规律，因为（　　）。
   A. 垄断价格不能完全脱离商品的价值
   B. 垄断价格围绕价值波动
   C. 全社会的商品价格总额和商品价值仍然一致
   D. 垄断价格改变的只是价值规律作用的表现形式

4. 垄断和竞争的关系是( )。
   A. 竞争引起垄断　　　　　　　　　　B. 垄断不能消除竞争
   C. 垄断使竞争更加激烈　　　　　　　D. 垄断与竞争并存，并凌驾于竞争之上
5. 国家垄断资本主义的形式包括( )。
   A. 国家与私人垄断资本合为一体　　　B. 国家和私人垄断资本在企业内部的结合
   C. 国家与私人垄断资本在企业外部的结合　D. 国家代替私人垄断资本进行经营
6. 国家垄断资本主义对社会经济发展的阻碍作用体现在( )。
   A. 会导致生产技术的停滞趋向
   B. 经济危机的频繁出现
   C. 国有垄断企业经营管理不善，效率低下
   D. 财政过度军事化造成社会财富的巨大浪费

三、判断题

1. 金融寡头在经济领域内的统治，主要是通过"参与制"来实行的。　　　　　　　　　(　)
2. 垄断并不能消除竞争。　　　　　　　　　　　　　　　　　　　　　　　　　　　(　)
3. 国家垄断资本主义克服了资本主义制度内在的固有矛盾和历史局限性。　　　　　　(　)
4. 资本主义自由竞争发展到垄断，再发展到国家垄断，是资本主义生产关系的自身调节。(　)
5. 20世纪后半叶兴起的垄断组织是托拉斯。　　　　　　　　　　　　　　　　　　　(　)
6. 垄断价格是由垄断组织凭借其垄断地位制定的，因而垄断价格的出现意味着价值规律的作用消失了。　　　　　　　　　　　　　　　　　　　　　　　　　　　　　　　　　　(　)
7. 国家垄断资本是国家所有的资本，已不是垄断资本家的私有财产，因而国家垄断资本已经带有社会主义公有制的性质。　　　　　　　　　　　　　　　　　　　　　　　　(　)
8. 金融资本是银行垄断资本和工业垄断资本融合生长而成的资本。　　　　　　　　　(　)
9. 在垄断资本主义阶段，占统治地位的资本是银行资本。　　　　　　　　　　　　　(　)
10. 商品的垄断价格高于价值意味着垄断价格可以不受价值制约，完全脱离价值。　　(　)
11. 国家垄断资本主义产生和发展的原因是垄断组织在经济生活中起决定作用的结果。(　)
12. 国家垄断资本主义产生的根本原因是资本主义基本矛盾发展的产物。　　　　　　(　)
13. 国家垄断资本主义对社会经济的发展既有促进作用也有阻碍作用。　　　　　　　(　)
14. 垄断价格包括垄断高价和垄断低价两种形式。　　　　　　　　　　　　　　　　(　)
15. 生产和资本的集中发展到一定程度就必然会产生垄断。　　　　　　　　　　　　(　)

四、区别题

1. 生产价格与垄断价格
2. 金融资本与金融寡头
3. 垄断利润与垄断价格

五、简答题

1. 资本主义的自由竞争有哪些特征？
2. 垄断组织具有哪些不同的形式？
3. 垄断为何不能消除竞争？
4. 国家垄断资本主义产生和发展的原因有哪些？

六、论述题

1. 从国家和私人垄断资本相结合的不同方式来考察，国家垄断资本主义可划分为几种基本形式？
2. 国家垄断资本主义对资本主义国家的经济发展具有怎样的双重作用？

第八章 资本国际化和经济全球化

一、单项选择题

1. 生产和资本国际化是( )生产和实现的国际化。
   A. 平均利润　　　　　B. 剩余价值　　　　　C. 不变资本　　　　　D. 可变资本
2. 垄断资本主义阶段资本国际化的主要形式是( )。
   A. 商业资本国际化　　B. 借贷资本国际化　　C. 金融资本国际化　　D. 产业资本国际化
3. 跨国公司是( )。
   A. 多国垄断组织的联盟
   B. 发达国家共同出资建立的
   C. 由一国的垄断组织或由一国垄断组织为主建立起来的
   D. 由国际经济组织出资建立的
4. 战后国际垄断组织的主要形式是( )。
   A. 国际垄断同盟　　　B. 国际辛迪加　　　　C. 混合联合公司　　　D. 跨国公司
5. 国际经济一体化( )。
   A. 是经济全球化的要求　　　　　　　　　　B. 是各国独立发展经济的要求
   C. 是各国放弃本国经济利益促成的　　　　　D. 意味着各国之间不再有经济矛盾
6. 现阶段全面提高我国的对外开放水平,要求我们实施( )。
   A. 推动经济特区发展的战略　　　　　　　　B. 推进沿海地区经济发展的战略
   C. "引进来"与"走出去"相结合的战略　　　D. 大力引进外资的战略
7. 区域经济一体化的形式有多种,但不包括( )。
   A. 自由贸易区　　　　B. 关税同盟　　　　　C. 共同市场　　　　　D. 联合国
8. 当代世界经济发展的基本趋势是( )。
   A. 区域经济一体化和经济全球化　　　　　　B. 垄断
   C. 自由竞争　　　　　　　　　　　　　　　D. 寡头垄断
9. 资本国际化的原因不包括( )。
   A. 社会再生产和追逐利润的要求　　　　　　B. 竞争的压力和资本积累的要求
   C. 阻止利润率下降的要求　　　　　　　　　D. 技术扩散的要求
10. 资本输出按其主体可划分为( )。
    A. 借贷资本输出和私人资本输出　　　　　　B. 国家资本输出和生产资本输出
    C. 私人资本输出和国家资本输出　　　　　　D. 借贷资本输出和生产资本输出

二、多项选择题

1. 资本国际化是( )的要求。
   A. 社会再生产和追逐利润　　　　　　　　　B. 竞争的压力和资本积累
   C. 阻止利润率下降　　　　　　　　　　　　D. 过剩资本寻找出路
2. 属于资本国际化的影响有( )。
   A. 降低发生资本主义经济危机的可能性　　　B. 极大地促进和加速了资本主义经济的增长
   C. 资本关系在广度上和深度上的极大发展　　D. 加剧资本主义经济发展的不平衡
3. 经济全球化的成因包括( )。
   A. 现代科学技术进步和生产力的发展　　　　B. 市场经济体制在全球范围的确立
   C. 全球多边贸易体制的建立　　　　　　　　D. 跨国公司成为全球经济的核心

4. 导致"逆全球化"运动蓬勃发展的主要因素包括( )。
   A. 全球贫富分化日益加剧
   B. 世界经济的长期低迷引发了对经济全球化的质疑
   C. 全球化进程中制造业转移,导致发达国家出现产业空心化,也影响了经济全球化的顺利发展
   D. 在全球化危机面前,民众期望政府的公共政策从释放市场力量的新自由主义转向保护社会、保护国内市场
5. 区域经济一体化的形式包括( )。
   A. 特惠关税区和自由贸易区　　　　B. 关税同盟和经济同盟
   C. 共同市场　　　　　　　　　　　D. 完全经济一体化

三、判断题
1. 资本国际化的主要形式和基本标志是借贷资本的输出。　　　　( )
2. 全球化条件下经济活动的主体是跨国公司。　　　　　　　　　( )
3. 资本国际化会加剧资本主义经济发展的不平衡。　　　　　　　( )
4. 自由贸易区是比关税同盟一体化程度更高的形式。　　　　　　( )
5. 跨国公司对经济全球化的发展既有积极作用也有消极作用。　　( )

四、区别题
1. 生产国际化与资本国际化
2. 经济全球化与跨国公司

五、简答题
1. 区域经济一体化得以迅速发展的原因是什么?
2. 什么原因导致"逆全球化"运动的蓬勃发展?
3. 区域经济一体化得以迅速发展的原因是什么?可划分为几种形式?

六、论述题
1. 经济全球化为何成为20世纪80年代开始在世界经济发展中出现的一个重要现象?
2. 第二次世界大战之后跨国公司迅猛发展的主要原因是什么?对经济全球化发展有什么影响?

第九章　社会主义初级阶段的基本经济制度

一、单项选择题
1. 社会主义经济制度的基础是( )。
   A. 无产阶级专政　　　　　　　　B. 社会主义公有制
   C. 国家所有制　　　　　　　　　D. 多种所有制经济共同发展
2. 国有经济在国民经济中起主导作用,主要体现在( )。
   A. 在社会总资产中占据优势上　　B. 对国民经济发展的控制力上
   C. 在所有制结构中占主体地位上　D. 国有资产的数量占优势上
3. 社会主义初级阶段的分配制度是( )。
   A. 以按劳分配为主体,多种分配方式并存
   B. 以按资分配为主体,多种分配方式并存
   C. 以按生产要素分配为主体,多种分配方式并存
   D. 以劳动力价值收入分配为主,其他收入分配为补充

4. 确立社会主义初级阶段基本经济制度的理论依据是( )。
   A. 生产力水平和生产关系性质
   B. 所有制结构和分配结构
   C. 发展市场经济和对外开放的需要
   D. 社会主义性质和初级阶段的国情
5. 我国现阶段，不同国有企业的职工付出同样的劳动获得的劳动报酬会有所差别，这是因为( )。
   A. 贯彻按劳分配会使一部分企业先富起来
   B. 按劳分配与按资分配是结合在一起的
   C. 按劳分配要贯彻效率优先、兼顾公平的原则
   D. 按劳分配的实现程度与企业的经营成果联系在一起
6. 社会主义区别于资本主义和一切剥削制度的根本标志是( )。
   A. 多种经济成分并存
   B. 存在着复杂的多元化的所有制结构
   C. 生产资料公有制
   D. 社会化大生产
7. 在社会主义初级阶段，按劳分配中劳动量应该是( )。
   A. 劳动者实际提供的全部劳动量
   B. 被社会所承认的社会必要劳动量
   C. 创造商品个别价值的劳动量
   D. 以复杂劳动为计量单位的劳动量
8. 一定所有制经济所采取的经营方式和组织形式是( )。
   A. 所有制的实现形式
   B. 所有制
   C. 全民所有制
   D. 集体所有制
9. 关于按劳分配的基本内容，错误的是( )。
   A. 凡是有劳动能力的人，都必须以参加劳动作为获取消费品的前提条件
   B. 实行按劳分配的物质对象只是其中的个人消费品
   C. 社会以劳动作为分配个人消费品的尺度
   D. 按劳分配就是平均分配
10. 党的十七大提出了( )。
    A. 强调真正意义上的按劳分配，鼓励一部分人先富起来
    B. 以按劳分配为主体，其他分配方式为补充
    C. 确立生产要素参与分配的原则，完善按劳分配为主体、多种分配方式并存的分配制度
    D. 初次分配和再分配都要处理好效率和公平的关系，再分配更加注重公平

二、多项选择题

1. 以下关于我国社会主义初级阶段的描述，正确的是( )。
   A. 我国已经是社会主义社会
   B. 我们必须坚持而不能离开社会主义
   C. 我国的社会主义社会还处在初级阶段
   D. 我国的生产力比较落后，商品经济很不发达
2. 社会主义经济制度的本质特征包括( )。
   A. 生产资料公有制
   B. 计划经济与市场经济相结合
   C. 按劳分配
   D. 共同富裕
3. 以下关于社会主义公有制和非公有制的描述，正确的是( )。
   A. 社会主义全民所有制是生产资料归社会全体成员共同占有的一种形式
   B. 集体所有制是生产资料归全体劳动群众共同所有
   C. 个体所有制是指生产资料归劳动者个人所有，并由劳动者个人及其家庭成员直接支配和使用的一种私有制形式
   D. 私营经济是指企业资产属于私人所有、存在雇佣劳动关系的私有制经济，从本质上说，它是社会主义性质的经济

4. 以下关于社会主义初级阶段多种分配形式的描述,正确的是( )。
   A. 改革开放政策以及经济全球化决定了我国必须实行多种分配方式
   B. 多种所有制经济共同发展的所有制结构决定了分配领域的多种分配方式并存
   C. 多种经营方式也是决定多种分配方式的重要条件
   D. 社会主义市场经济的发展要求实行多种分配方式
5. 属于我国现阶段其他分配形式的有( )。
   A. 资本收入　　　B. 房地产收入　　　C. 风险收入　　　D. 个体劳动收入

三、判断题

1. 公有制经济采取多种实现形式,必然会改变公有制的性质。　　　　　　　　( )
2. 社会主义初级阶段是指任何国家进入社会主义所必须经历的特定阶段。　　　( )
3. 社会主义国家有国有经济,资本主义国家也有国有经济,它们是属于相同性质的经济。( )
4. 实行按劳分配,所分配的对象是社会总产品。　　　　　　　　　　　　　　( )
5. 一种所有制可以采取多样化的实现形式,不同的所有制也可以采取相同的实现形式。( )
6. 生产资料归社会全体成员共同占有是集体所有制。　　　　　　　　　　　　( )
7. 在我国社会主义初级阶段,收入分配应坚持效率优先、兼顾公平的原则。　　( )
8. 社会主义经济制度的本质特征是生产资料公有制、按劳分配和实现共同富裕。( )
9. 在我国现阶段,私营经济不仅受到公有制经济的影响和约束,而且受国家的控制和调节,因此,就不再存在雇佣劳动关系。　　　　　　　　　　　　　　　　　　　　( )
10. 我国收入分配制度的多次改革都强调的是效率优先的原则,尤其是初次分配领域,极为注重效率,而相对忽略了分配的公平性。　　　　　　　　　　　　　　　　( )

四、区别题

1. 社会主义经济制度与中国社会主义初级阶段
2. 个体经济与私营经济

五、简答题

1. 简述社会主义初级阶段的基本内涵。
2. 社会主义初级阶段有哪些经济特征?
3. 我国收入差距扩大的原因主要有哪些?

六、论述题

1. 中国的社会主义为什么要经历一个初级阶段?初级阶段有哪些经济特征?
2. 中国社会主义现阶段存在按劳分配与按生产要素分配并存的原因是什么?按生产要素分配有哪些具体形式?
3. 为什么说社会主义实行按劳分配具有客观必然性?
4. 论述我国收入分配制度改革的必要性和紧迫性并提出思路和措施。

第十章　社会主义市场经济理论

一、单项选择题

1. 社会主义市场经济理论是( )的继承和创新。
   A. 马克思主义哲学　　　　　　　　B. 科学社会主义
   C. 唯物史观　　　　　　　　　　　D. 马克思主义政治经济学

2. 市场经济是与(　　)相对应的一种资源配置方式。
   A. 个体经济　　　　B. 集体经济　　　　C. 计划经济　　　　D. 自然经济
3. 在我国经济运行中，对资源配置起决定性作用的是(　　)。
   A. 计划　　　　　　B. 企业　　　　　　C. 市场　　　　　　D. 政府
4. 十九大报告指出，新时代我国社会主要矛盾已经转化为(　　)之间的矛盾。
   A. 建立先进的工业国的要求同落后的农业国的现实
   B. 生产力发展水平低下与国家需要不断发展
   C. 人民日益增长的物质文化需要同落后的社会生产
   D. 人民日益增长的美好生活需要和不平衡不充分的发展
5. 在深刻总结国内外发展经验教训以及分析国内外发展大势的基础上，十九大提出"坚持(　　)"的五大发展理念，集中反映了我党对经济社会发展规律认识的深化。
   A. 开放、文明、绿色、平等、和谐　　　　B. 创新、协调、诚信、开放、和谐
   C. 开放、文明、诚信、平等、共享　　　　D. 创新、协调、绿色、开放、共享
6. 新时代中国特色社会主义经济思想必须高举(　　)的旗帜，坚持全面深化改革，不断把社会主义市场经济体制改革引向深入。
   A. 改革开放　　　　B. 艰苦奋斗　　　　C. 效率优先　　　　D. 科技创新
7. 市场机制主要有(　　)。
   A. 公平机制和效率机制　　　　　　　　B. 价格机制和竞争机制
   C. 约束机制和调节机制　　　　　　　　D. 管理机制和法治机制
8. 经济体制改革的核心问题是处理好(　　)。
   A. 国家与个人的关系　　　　　　　　　B. 政府与市场的关系
   C. 中央与地方的关系　　　　　　　　　D. 企业与职工的关系
9. 2015年12月中央经济工作会议强调，推进(　　)，是适应和引领经济发展新常态的重大创新，是适应国际金融危机发生后综合国力竞争新形势的主动选择，是适应我国经济发展新常态的必然要求。
   A. 供给侧结构性改革　　　　　　　　　B. 科技创新体制改革
   C. 产业结构改革　　　　　　　　　　　D. 收入分配制度改革
10. 第一个百年奋斗目标，是到(　　)要全面建成小康社会。
    A. 21世纪末　　　　　　　　　　　　　B. 21世纪中叶
    C. 中华人民共和国成立一百周年时　　　D. 建党一百周年时

二、多项选择题

1. 我国关于社会主义市场经济的理论思想，经历的发展阶段包括(　　)。
   A. 计划经济为主，市场调节为辅
   B. "国家调节市场，市场引导企业"
   C. 社会主义市场经济体制基本框架的确立
   D. 新时代中国特色社会主义经济思想
2. 关于现代化经济体系的描述，正确的是(　　)。
   A. 产业发展是建设现代化经济体系的着力点
   B. 整体高质量发展是建设现代化经济体系的原则
   C. 推动质量变革、效率变革、动力变革的体制改革是建设现代化经济体系的途径
   D. 提高全要素生产率、经济的创新能力和竞争力是建设现代化经济体系的表现
3. 相对于资本主义市场经济来说，社会主义市场经济的基本特征包括(　　)。
   A. 在资源配置上，市场起基础性的调节作用
   B. 在所有制结构上，必须坚持市场经济与社会主义基本经济制度相结合
   C. 在分配制度上，必须坚持按劳分配为主体，多种分配方式并存的制度

D. 在宏观调控上，国家能够更好地把当前利益和长远利益、局部利益和整体利益、经济效益和社会效益结合起来，保证市场经济按照社会主义的目的运行

4. 相对于计划经济而言，社会主义市场经济的基本特征包括(　　)。
   A. 市场在资源配置中起决定性调节作用
   B. 社会主义市场经济是信用经济
   C. 社会主义市场经济是法治经济
   D. 社会主义市场经济是开放经济和平等竞争的经济

5. "十三五"时期我国发展环境的基本特征是重要战略机遇期与严峻挑战并存，这可以概括为"三期叠加"，即(　　)。
   A. 经济全面发展面临过渡期
   B. 经济增长速度进入换挡期
   C. 经济结构调整面临阵痛期
   D. 前期刺激政策进入消化期

6. 关于供给侧结构性改革，表述正确的有(　　)。
   A. 中国经济社会发展已进入调速、转型、提质、增效的新阶段，正逐步步入新常态，需要重点推进结构性改革
   B. 需要对过度偏需求侧的政策进行适当调整，寻求供给侧和需求侧更加平衡的政策组合
   C. 通过供给侧改革，化解存量问题，增加有效供给，提高供给结构适应性和灵活性
   D. 通过供给侧改革，提高全要素生产率，以培育发展新动力和经济新增长点，推动实现更高质量、更有效率、更加公平、更可持续发展

7. 实施创新驱动发展战略包括(　　)。
   A. 提高自主创新能力
   B. 健全技术创新体系
   C. 优化创新环境
   D. 扩大科技开放合作

8. 现代化经济体系是个系统工程，包括(　　)三个层次。
   A. 质量第一、效益优先的整体性的经济发展，即高质量的发展
   B. 科技创新、现代金融、人力资源协同发展的产业体系，形成现代化的产业发展体系
   C. 形成高质量发展和现代化产业体系所需的体制改革，包括供给侧结构性改革和其他经济体制改革
   D. 实现由高速增长、粗放式增长向高质量发展转变，用现代化经济体系支撑现代化强国，用现代化经济体系去服务人民群众美好生活的需要

9. 要如期实现全面建成小康社会奋斗目标，推动经济社会持续健康发展，必须遵循(　　)原则。
   A. 坚持人民主体地位和坚持科学发展
   B. 坚持深化改革和坚持依法治国
   C. 坚持统筹国内国际两个大局
   D. 坚持党的领导

10. 关于"一带一路"倡议，以下表述正确的有(　　)。
    A. "一带一路"倡议是顺应世界经济发展新趋势做出的重大决策
    B. "一带一路"构想，国际产能合作，参与全球治理，是第二次开放
    C. 通过"一带一路"，把自己的比较优势、产业和产品推向全球市场，积极参与国际竞争
    D. 实现"一带一路"倡议的目标，必须构建广泛的利益共同体

三、判断题

1. 计划经济不等于社会主义，市场经济不等于资本主义。(　　)
2. 市场经济是推动生产力发展的有效体制，但市场经济本身也存在固有的缺陷。(　　)
3. 市场机制和计划机制都是资源配置方式。(　　)
4. 社会主义市场经济中不存在竞争。(　　)
5. 价格机制是指价格与市场供给和市场需求之间的有机联系和运动。(　　)
6. 相对于个人来说，竞争机制是一种外部的强制力。(　　)
7. 市场经济是人类社会迄今为止最具效率及活力的经济运行机制和资源配置手段。(　　)

8. 我国经济体制不存在"市场失灵"问题。( )
9. 创新是引领发展的第一动力,是物质财富和精神财富之源。( )
10. 我国现阶段的经济体制改革必须以完善产权制度和要素市场化配置为重点,实现产权有效激励、要素自由流动、价格反应灵活、竞争公平有序、企业优胜劣汰。( )

四、区别题
商品经济与市场经济

五、简答题
1. 社会主义市场经济的含义是什么?
2. 2020年到21世纪中叶,我国战略规划的"两个阶段"是什么?
3. 推进供给侧结构性改革,需要实施相互配合的五大政策支柱是什么?

六、论述题
1. 如何理解社会主义市场经济的基本特征?
2. 试论述新时代中国特色社会主义经济思想。

参考文献

[1] 张绍焱. 政治经济学概论[M]. 北京：中国经济出版社，2004.

[2] 卫兴华，林岗. 马克思主义政治经济学原理[M]. 北京：中国人民出版社，2003.

[3] 张雷声. 马克思主义政治经济学原理[M]. 北京：中国人民出版社，2003.

[4] 王元璋. 政治经济学概论[M]. 武汉：武汉大学出版社，2002.

[5] 吴树青，等. 政治经济学：资本主义部分[M]. 北京：中国经济出版社，1993.

[6] 朱方明. 政治经济学[M]. 成都：四川大学出版社，2001.

[7] 宋则行，樊亢. 世界经济史：下卷[M]. 北京：经济科学出版社，1998.

[8] 汉斯·彼得，马丁，等. 全球化陷阱. 北京：中央编译出版社，1998.

[9] 中共中央文献研究室. 邓小平文选：第三卷[M]. 北京：人民出版社，1993.

[10] 胡锦涛. 高举中国特色社会主义伟大旗帜 为夺取全面建设小康社会新胜利而奋斗：在中国共产党第十七次全国代表大会上的报告[M]. 北京：人民出版社，2007.

[11] 中共中央宣传部理论局. 科学发展观学习读本[M]. 北京：学习出版社，2008.

[12] 胡锦涛. 坚定不移沿着中国特色社会主义道路前进 为全面建成小康社会而奋斗：在中国共产党第十八次全国代表大会上的报告[M]. 北京：人民出版社，2012.

[13] 中共中央关于全面深化改革若干重大问题的决定. 北京：人民出版社，2013.

[14] 逄锦聚，洪银兴，林岗，刘伟. 政治经济学[M]. 5版. 北京：高等教育出版社，2014.

[15] 卫兴华. 中国特色社会主义经济理论体系研究[M]. 北京：中国财政经济出版社，2015.

[16] 中共中央关于制定国民经济和社会发展第十三个五年规划的建议[M]. 北京：人民出版社，2015.

[17] 中共中央马克思恩格斯列宁斯大林著作编译局. 马克思恩格斯选集：第一卷[M]. 北京：人民出版社，1972.

[18] 中共中央马克思恩格斯列宁斯大林著作编译局. 马克思恩格斯选集：第三卷[M]. 北京：人民出版社，1995.

[19] 中共中央马克思恩格斯列宁斯大林著作编译局. 马克思恩格斯选集：第四卷[M]. 北京：人民出版社，1995.

[20] 中共中央文献研究室. 邓小平文选：第三卷[M]. 北京：人民出版社，1993.

[21] 中共中央马克思恩格斯列宁斯大林著作编译局. 列宁全集：第二十九卷[M]. 北京：人民出版社，1985.

[22] 中国共产党第十九次全国代表大会文件汇编[M]. 北京：人民出版社，2017.

[23] 中共中央关于全面深化改革若干重大问题的决定[M]. 北京：人民出版社，2013.

[24] 单敏. "创新、协调、绿色、开放、共享"五大发展理念研究[J]. 科技经济导刊，2017(03)：213-214.

[25] 龙玉其. 中国收入分配制度的演变、收入差距与改革思考[J]. 东南学术，2011(1).

[26] 朱小卫. 改革开放二十年我国所有制结构的变革及变动趋势[J]. 绍兴文理学院学报，2001(1).

[27] 胡家勇. 改革开放40年中国所有制理论的创新和发展[J]. 中州学刊，2018(05)：26-32.

[28] 习近平. 决胜全面建成小康社会 夺取新时代中国特色社会主义伟大胜利：在中国共产党第十九次全国代表大会上的报告[M]. 北京：人民出版社，2017.

[29] 王立胜，等. 中国特色社会主义政治经济学的最新成果：关于十九大报告的政治经济学阐释[J]. 学习与探索，2018(03)：1-13.

[30] 荣开明. 新时代中国特色社会主义的重大创新：基于党的十九大报告的分析[J]. 江汉论坛，2018(09)：1-12.